普通高等教育“十三五”规划教材
高等学校环境科学与工程专业教材

工业循环冷却水处理

| 刘智安　赵巨东　刘建国　主编 |
| 邱广明　主审 |

中国轻工业出版社

图书在版编目（CIP）数据

工业循环冷却水处理/刘智安等主编．—北京：中国轻工业出版社，2025.1

ISBN 978-7-5184-1334-8

Ⅰ．①工…　Ⅱ．①刘…　Ⅲ．①工业用水—冷却水—循环水处理　Ⅳ．①TQ085

中国版本图书馆 CIP 数据核字（2017）第 120873 号

责任编辑：江　娟　狄宇航
策划编辑：秦　功　　责任终审：劳国强　　封面设计：锋尚设计
版式设计：姜　涛　　责任校对：燕　杰　　责任监印：张　可

出版发行：中国轻工业出版社（北京鲁谷东街 5 号，邮编：100040）
印　　刷：三河市万龙印装有限公司
经　　销：各地新华书店
版　　次：2025 年 1 月第 1 版第 5 次印刷
开　　本：787 × 1092　1/16　印张：15.5
字　　数：368 千字
书　　号：ISBN 978-7-5184-1334-8　定价：42.00 元
邮购电话：010 - 85119873
发行电话：010 - 85119832　010 - 85119912
网　　址：http://www.chlip.com.cn
Email：club@chlip.com.cn

250076J1C105ZBQ

本书编写人员

主　　编　刘智安　赵巨东　刘建国

参编人员　张树礼　贾建军　美　英　李春丽　陈江平

主　　审　邱广明

前　言

工业循环冷却水系统是工业生产设施中的重要组成部分，在电力、冶金、化工等工业过程中，以水作为热交换介质的循环冷却水系统应用非常广泛。循环冷却水的用量通常会占到工业用水总量的70%以上，因此，对工业循环冷却水的处理一直是工业生产中的重中之重。由于循环冷却水具有用水量巨大、易造成结垢、腐蚀、孳生微生物黏泥等特点，因此，循环冷却水处理一词具有特殊含义，循环冷却水处理既不同于一般意义的污水处理，也有别于常规的给水处理。循环冷却水处理主要是针对循环冷却水水质特点所进行的一系列以阻垢、缓蚀以及控制微生物孳生为主要内容的水质处理过程，既具有常规性，又具有特殊性。

近年来随着高参数、大容量发电机组在我国相继建成投产以及各发电企业节能减排的需求，对循环冷却水的处理也提出了更高的要求。本书以火电厂敞开式循环冷却水为例，首先介绍了天然水的物理化学性质，阐述了以地表水为主要水源的天然水的分类、水中主要离子含量以及与碳酸化合物之间的关系；其次阐述了敞开式循环冷却水系统的基本组成、水的冷却原理、循环冷却水系统的结垢、腐蚀和微生物危害及控制的机理和措施；随后介绍了循环冷却水系统的清洗与预膜。鉴于目前对循环冷却水的监测仍离不开实验室内的测试分析，而实验室内的测试又具有受环境和气象因素干扰少、易控制等特点，增加了第九章循环冷却水的实验室监测，将所有可在实验室内进行的阻垢、缓蚀或杀菌试验等内容单独归纳。这是由于工业规模的循环冷却水量十分巨大，加之循环冷却系统过于庞大，因此，各种水处理技术的开发，水处理剂的研制和分析，首先要在实验室内进行小规模动态模拟测试，在取得试验效果和使用安全的基础上再扩大到工业中试；其次对循环冷却水的常规监测也离不开实验室测试。

目前，各高校都在探索培养针对性强的专业技术人才，对于电力、冶金、化工等企业，非常需要一批掌握水处理专业技术的人才。本书正是在多年理论教学、科研工作和生产实践基础上总结完成的，以常用的较为成熟的化学药剂水处理技术为主，适当介绍了国内外先进适用的技术，力求理论联系实际，主要培养学生分析研究问题和解决问题的能力，可作为高等学校相关专业的研究生、本科生教材，也可供从事工业水处理的研究人员和管理人员学习参考。

本书由刘智安、赵巨东、刘建国任主编，由邱广明主审。各章节编写人员分工如下：刘智安：第七章；赵巨东：第三章；刘建国：第二章；张树礼：第八章；贾建军：第四章；美英：第一章；李春丽：第六章、第九章；陈江平：第五章。全书由刘智安统稿。

本书在编写中参考和引用了大量文献资料，没有这些文献资料，本书是不可能完成的。主要参考资料集中于书后标出，在此向所有被引用的文章作者致谢！

由于书中涉及内容较多，加上编写时间仓促，书中不当和错误之处，欢迎广大读者批评指正。

刘智安

2017 年 6 月

目　录

第一章　天　然　水

第一节　天然水的物理化学性质

一、水分子的结构与水分子的缔合

1. 水分子的结构

水是自然界一切生命赖以生存的物质，又是社会发展不可缺少的重要资源。水在地球上的分布十分广泛，全球水资源储量约为 $1.36\times10^{18}m^3$，覆盖近 70% 的地球表面。水的分子式为 H_2O，相对分子质量为 18.015，在水分子中，氢占 11.19%，氧占 88.81%。常温下，水是无色、无味、无臭的透明液体，纯水几乎不导电。水具有许多异常特性，这些都与水分子的结构有关。在水分子中，三个原子核是以氢核为底、氧核为顶呈等腰三角形方式排列，如图 1－1 所示。

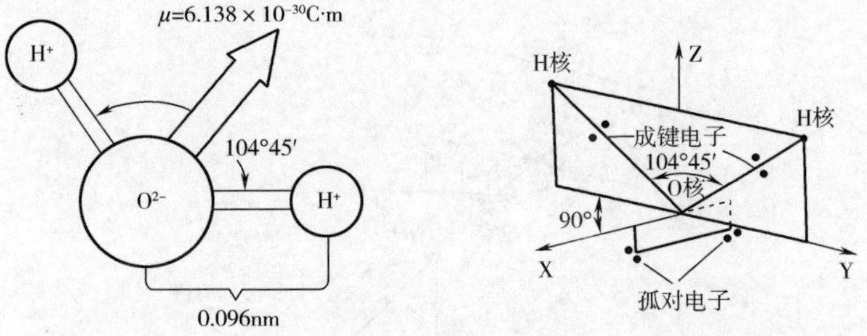

图 1－1　水分子的结构

在水分子中，氢氧原子核呈等腰三角形排列，氧原子核位于三角形的顶角上，两个氢原子核位于两个底角上，水分子中氧原子的 6 个外层电子（$2s^22p^4$）经杂化，与 2 个氢原子上的 2 个电子构成了 2 个 O—H 共价键和 2 对孤对电子。O—H 距离为 0.096nm，H—H 距离为 0.154nm，H—O—H 所夹键角为 105°（准确值 104°45′）。在水分子中，O—H 线从 O 原子算起约 0.6 键长处是构成 O—H 共价键的两个电子，由于氧的电负性远大于氢，使它们的共用电子对在很大程度上偏向氧原子核，使氢核几乎裸露出来。水分子的电子云如图 1－2 所示。

氢原子的 s 电子云同氧原子的 p 电子云相重叠，形成整个水分子的电子云，其形状类似一个扭转了一半的十字体。电子云的密度主要集中在氧核附近，这样在氧核附近的大量电子完全屏蔽住原子核的正电荷，裸露出来形成两个带正电的极。这四个极并不在一个平面上，而是处在 H—O—H 的等分角线延长处垂直于 H—O—H 平面上，相对位置类

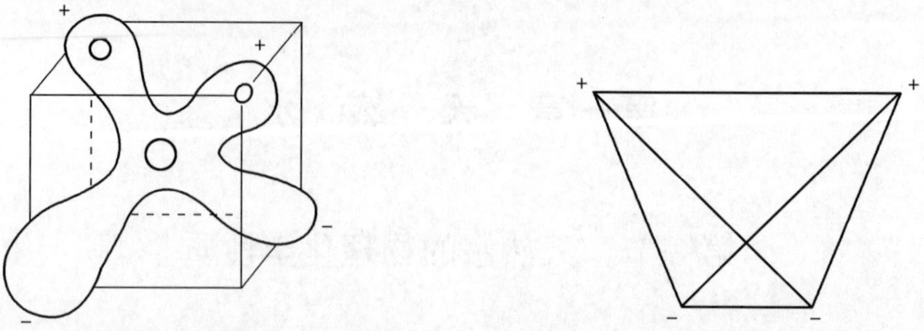

图 1－2　水分子的电子云与四个极的相对位置

似于一个楔形四面体。因此，水分子中正电荷的电荷重心和负电荷的电荷重心并不是在同一个点上，故水分子是一个极性分子和偶极子，构成一端带正电，另一端带负点的极性分子。水分子的偶极距很大($\mu = 6.138 \times 10^{-30}$C・m)，故极性很强。

2. 水分子的缔合

相邻水分子间由氢键联结，使水能以缔和水分子簇$(H_2O)_n$的巨型分子形式存在，这种由单分子水结合成多分子水而不引起水的化学性质改变的现象称为水分子的缔合作用，如图 1－3 所示。

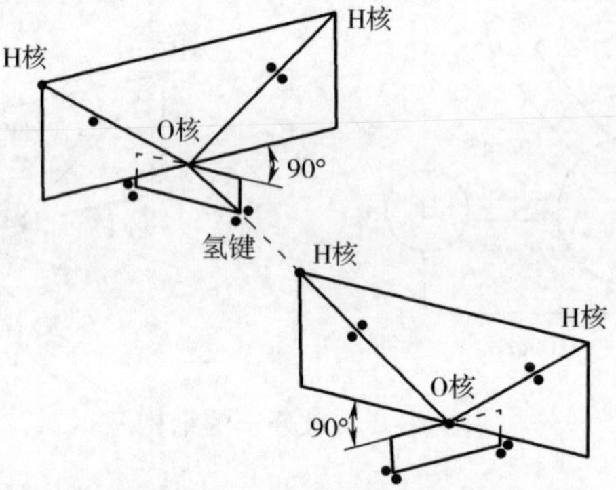

图 1－3　水分子缔合示意图

液态水分子的缔合体不是固定的，它在某一瞬间受到破坏，而在下一瞬间各自又与新的对象结合。水分子缔合体的稳定时间为 $10^{-12} \sim 10^{-6}$s，但从统计观点看，在一定的温度和压力下存在一定缔合状态。

水分子缔合可用下列平衡表示：

$$nH_2O \underset{\text{吸热}}{\overset{\text{放热}}{\rightleftharpoons}} (H_2O)_n + Q(\text{热能}) \quad (1-1)$$

单体水　　　缔合体水

水的缔合度随温度的升高而减弱，当温度为 4℃时，缔合程度最大，水的密度也最大。自然界中的水只有以气态存在时才呈现单分子状态，而以液态及固态存在时均呈多分子形式存在。$(H_2O)_n$中的 n 主要取决于温度，一般认为在标准大气压和20℃时，n 的平均值约为40，只有水温接近 200～300℃时，n 值才接近 1，也就是具有单分子水的形式。

当水处于气体状态时，由于分子间距离过大，无法形成氢键，水分子基本上单独存在。固体冰中，相邻水分子以氢键结合，形成正四面体的空间网状结构。由于氢键具有方向性，导致水分子之间的孔隙变大，密度减小。冰融化后，氢键断裂，冰变成了一块块的分子团，分子团堆积使得水的密度增加。水的固态密度低于液态密度的特性对于地球生命来说有着极其重要的意义。

3. 水分子结构的两个特点

水分子由于结构方面的原因，形成了两个突出的特点：一是水分子有很强的极性，二是水分子间有很强的氢键。

关于水分子结构具有很强的氢键特点方面，是因为每个水分子在正极一方有两个裸露的氢核，在负极一方有氧的两对孤对电子，每个水分子都可以把自己的两个氢键交出，与其他两个水分子共有，同时又可以由两对孤对电子接收第 3 和第 4 个水分子的氢核。这样在这 5 个水分子之间就形成了 4 个氢键，而每一个外围分子又可再与另外的分子继续生成氢键，从而无限地伸展下去。

由于水分子内的键角是一定的，所以水分子之间的氢键结合力也具有方向性，彼此按照四面体顶点的方式排列起来，构成立体空间结构。

在固体冰结构中，立体空间结构最明显。冰结构中的水分子氢键数目达到饱和值，即每个水分子生成四个氢键，但每两个水分子间形成了整齐排列的六方晶系晶格，使不相邻分子间保持较大空隙，冰的结构示意图如图 1－4 所示。

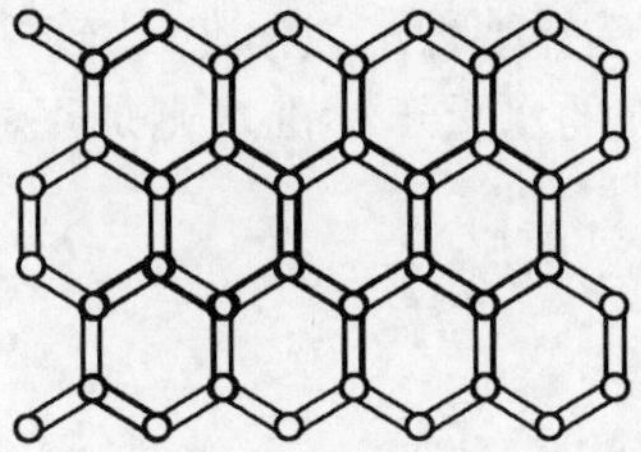

图 1－4 冰的结构图（六方晶系）

在固体冰中，通过氢键连接的各水分子间排列紧密，它们彼此的中心距离为 0.276nm，但仅相邻而不直接结合，各分子的间距要大得多，最远的达 0.347nm。可见冰的结构相当疏松，其密度仅为 0.92g/cm^3。当冰受热融化为水时，分子热运动增强，使一部分氢键解体，但是不是所有氢键都能被破坏。由 0℃的冰转化为 0℃的水时，大约有 15% 的氢键解体，若继续升高温度，将有更多的氢键随之解体。关于氢键解体的数量，一般来说，在 20～40℃大约有一半的氢键解体，而即使到达 100℃，也仍然有相当大一部分氢键存在。只有在水蒸气中各分子间氢键才完全消失，水分子才呈单个气体 H_2O 分子存在。

二、水的同位素

水的化学式为H_2O,相对分子质量为18。但是H和O都有同位素,因此会形成各种不同分子质量的水分子。在自然界中,H和O各有3种稳定同位素,即H^1、H^2(简写为D)、H^3(简写为T),和O^{16}、O^{17}和O^{18}。因此天然水实际上是下列18种水的混合物:

$HO^{16}H$	$DO^{16}D$	$DO^{16}T$
$HO^{17}H$	$DO^{17}D$	$DO^{17}T$
$HO^{18}H$	$DO^{18}D$	$DO^{18}T$
$HO^{16}D$	$HO^{16}D$	$TO^{16}T$
$HO^{17}D$	$HO^{17}D$	$TO^{17}T$
$HO^{18}D$	$HO^{18}D$	$TO^{18}T$

其中H_2O是最普通的水分子,含量占99.745%(摩尔百分含量),其余为重水。表1-1列举了蒸馏水中不同水分子的摩尔百分含量。

表1-1　　蒸馏水中不同水分子的摩尔百分含量

分子	摩尔百分含量/%	分子	摩尔百分含量/%
H_2O^{16}	99.745	HDO^{18}	0.000029
H_2O^{17}	0.042	D_2O^{16}	0.000002
H_2O^{18}	0.198	D_2O^{17}	0.0000000008
H_2D^{16}	0.015	D_2O^{18}	0.000000004
HDO^{17}	0.000006		

在水的同位素研究中,通常选择某种水为标准,比较其密度差值。设r为水的密度差值,令$r=0.000001$。如果所研究的水重于标准水则加正号,否则加负号。天然水的总同位素密度变化介于$-23r\sim+21r$。

天然水按总同位素成分分为以下类型:

轻水:雪水和冰水($-3r$, $-23r$)。

零水(标准水):地表各大河的水($0r$)。

重水:湖水和海水($+2r$, $+3r$)。

特重水:油田水($+3r$, $+16r$或更高)。

复杂成因的混合水:($0r$, $\pm1r$, $\pm2r$)。

表1-2列举各类天然水平均密度差值。

表1-2　　各类天然水平均密度差值

各类水	密度差值(r)	
	以大洋水为标准	以陆地水为标准
雪水	-3.8	-2.3
雨水	-2.5	-1.0

续表

各类水	密度差值(r)	
	以大洋水为标准	以陆地水为标准
陆地水	-1.5	0
大洋水	0	+1.5
动物体内水	-0.3	+1.2
植物体内水	+0.2	+1.7
矿物质水	+0.9	+2.4

地下水的密度差值变化为0～-3.5r。浅层地下水的加重不明显。随着地下封闭性的增强，水的重同位素增加，可达+7r、+8r。矿体溶液的密度差值较大，为+8r，有时达+14.4r。

从表1-2中可知，在自然界中进行着一系列物理化学过程，使水中的同位素产生了局部分离。一般认为，蒸发作用是促成天然水中同位素分离的主要作用。因为蒸发是天然水循环的基本因素，而重水的蒸汽压比普通水的蒸汽压略低一些，所以在蒸发区中(如海水中)重水成分稍高。由水蒸气凝结生成的雨水和雪水中重水的成分较低。南极的雪水是地球上最轻的，其大部分样品的总同位素成分低于-13r至-23r，故南极冰是由海洋上空的大气水形成。

在蒸发时存在着氘(D)和O^{18}浓度的同步变化，即H和O的重同位素同时增加，在天然水中dD和dO^{18}间存在线性关系$\delta D = 8\delta O^{18} + 10$，说明蒸发对天然水中的H、O同位素的分离起到了主导作用。

雨水和雪水中重同位素的含量随纬度和海拔发生有规律的变化，纬度和海拔越高，dD和dO^{18}含量越低。两极雨雪中O^{18}的含量约比赤道地区雨水中O^{18}的含量低55%。温带河水中D和O^{18}的含量较为稳定(其中O^{18}含量为0.1970±0.0002原子%)。

大洋水中氧同位素成分最稳定，O^{18}的含量为0.1991%，比河水中的O^{18}高。大洋水表层的O^{18}含量比深部高，这也可以用蒸发引起的分离作用来解释，由于热带蒸发强，而寒冷气候条件下大部分水汽又冷凝，因此大洋水中O的同位素也有随纬度分布的规律性。

在有大气参加的化学反应中，经常发生O^{16}和O^{18}的部分分离。自然界广泛存在下列两种置换反应：

$$CO_2^{16} + H_2O^{18} \longrightarrow CO_2^{18} + H_2O^{16}$$

$$SiO_2^{16} + H_2O^{18} \longrightarrow SiO_2^{18} + H_2O^{16}$$

上述反应一般向右进行。所以在天然水中，尤其是在河水中，O^{18}含量最低。海水中由于蒸发作用，O^{18}含量稍高一些。

空气中氧的同位素成分O^{18}较多。对于这个问题，一些学者认为，是由于有机物质氧化时，绝大多数是与大气中的O^{16}结合，从而使O^{18}在空气中相对富集。

天然水中H、O同位素的研究通常被用来研究天然水的成因。通常把水中H的稳定同位素氘(D)作为研究地下水补给来源的示踪剂,因为氘在地下水的径流过程中不发生显著变化,而仅与补给区的地理纬度、海拔、高程和蒸发分馏条件有关。如我国学者在北京地区的研究中发现,北京城区部分地下热水中的氘的浓度 dD 值为 $-9.78r \sim -6.33r$,与城区雨水中($-7.48r \sim -6.33r$)、河水中($-7.48r \sim -6.90r$)及浅层地下水中($-7.48r \sim -6.90r$)氘的浓度非常相似。因此可知,北京城区地下热水是由大气降水渗入补给的。

三、天然水的物理性质

在自然界不存在化学概念上的纯水。因为天然水在循环过程中不断地与环境中的各种物质相接触,并且或多或少地溶解它们,所以天然水实际上是一种溶液,并且是成分极其复杂的溶液。例如,作为天然水主体的海水是含有3.3%~3.7%盐类的浓稠的电解质水溶液,在这种溶液中不仅含有像 NaCl 那样的一价对一价的电解质,而且含有大量的 Ca^{2+} 与 SO_4^{2-} 等二价离子,这些离子在海水中多以络离子的形式存在。天然水的物理化学性质在许多方面与纯水存在不同,例如,天然水的电导率是纯水的数百倍。另外,由于溶质与水结合,在一定程度上也可改变水的结构。

1. 冰点

纯水的冰点为0℃。作为溶液的天然水,随着溶质含量的增高,冰点相应地降低。溶液的冰点与溶质的摩尔数之间构成关系,见式(1-2):

$$\ln N = \frac{\Delta H_v}{R}(1/T - 1/T_0) \tag{1-2}$$

式中 T_0、T——分别为纯溶剂及溶液的冰点

ΔH_v——溶解热

N——溶质的摩尔数,若溶质的摩尔数很小,则 $T = T_0$

R——气体常数,8.314J/(mol·K)

如不用溶质的摩尔数而用质量摩尔浓度 m,则:

$$T_0 - T = \lambda_b \cdot m \tag{1-3}$$

$$\lambda_b = \frac{RT_0^{\ 2}M_1}{\Delta H_v \times 1000} \tag{1-4}$$

式中 M_1——溶质的分子质量

λ_b——摩尔冰点降低常数,对溶剂来说是特定的常数

水的摩尔冰点降低常数为1.855℃/mol。天然淡水溶质含量低,冰点降低不明显。海水的大多数物理化学性质与0.5mol/kg 的食盐水溶液极为相似,假若采用式(1-4)求0.5mol/kg 的食盐水的冰点降低值为-0.93℃。但是实际上测出的0.5mol/kg 的食盐水冰点降低,大约为计算值的2倍,这是因为在式(1-4)中把食盐设想为一个不解离的分子。实际上食盐在水溶液中完全解离成离子,由于每个离子均具有与分子相同的作用,所以必须把质量摩尔浓度加倍。这一事实正是盐类在水溶液中解离成离子的一个证据。通过实验查明,海水的冰点(T)与海水的含盐量(S)之间存在如下关系:

$$T - T_0 = -0.0535S - 0.0000029 \tag{1-5}$$

图 1－5 所示为天然水的冰点与含盐量的关系。

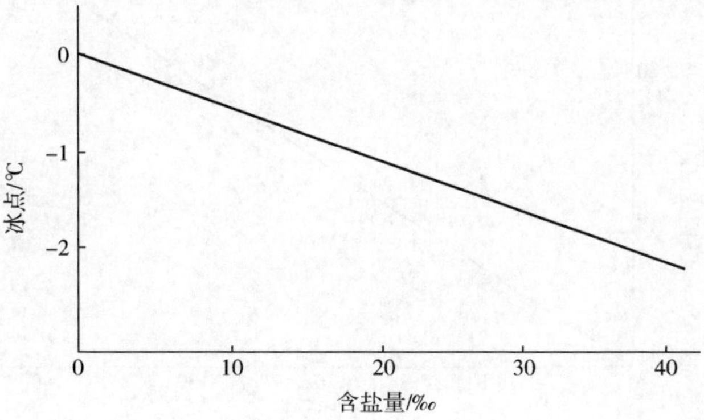

图 1－5　天然水的冰点与含盐量的关系

2. 蒸汽压

纯水的蒸汽压是温度的函数。此外，由于电解质的溶解，溶液的蒸汽压下降。在稀溶液中，根据拉乌尔定律：

$$P = N_1 \cdot P_0 \tag{1-6}$$

式中　P、P_0——分别为溶液及纯水的蒸汽压

N_1——溶剂水的摩尔分数

在计算溶液的蒸汽压时，如果不把各个离子当作分子来计算，就不能得到正确的计算结果，这与计算冰点时的情况是一致的。

对天然水而言，其蒸汽压（P）与含盐量（S）之间存在下列关系：

$$P = P_0(1 - 0.000537S) \tag{1-7}$$

根据式（1－7），对含盐量为 35‰的海水，$P = 1098P_0$，即蒸汽压约减少 2%，但是蒸汽压随含盐量的变化要比蒸汽压随温度的变化小许多。

3. 渗透压

天然水有比纯水高的渗透压。渗透压 $P(0°)$ 与冰点（$t°$）之间有下列关系：

$$P(0°) = -12.08t° \tag{1-8}$$

此外，渗透压随温度变化可用下式计算：

$$P(t°) = P(0°) \times \frac{(273 + t)}{273} \tag{1-9}$$

再者，渗透压 P 与温度 t、氯离子浓度 c（%）之间存在着下述关系：

$$P = (1.240 + 0.00454t)c \tag{1-10}$$

图 1－6 所示为天然水的渗透压与含盐量的关系。

4. 扩散

天然水中的水分子及离子的运动大致可区分为两大类：

（1）由于水流而引起的水的整体运动。

（2）由于分子和离子的运动所引起的扩散。

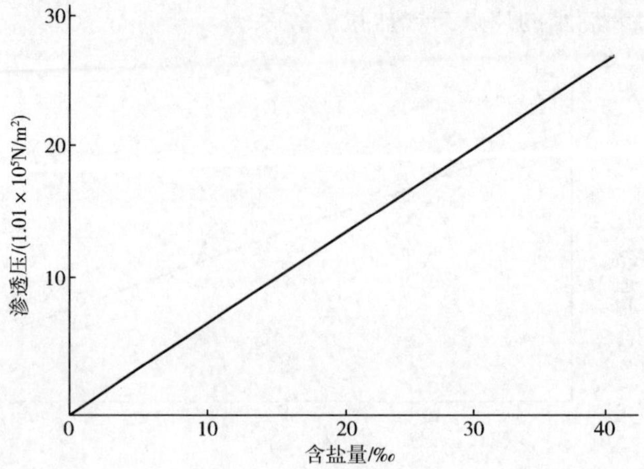

图1-6　天然水的渗透压与含盐量的关系

天然水的混合主要是由前者引起的。但在界面层上物质的移动与天然水中的化学反应过程大多数是由扩散所控制的。

扩散系数 D 可由菲克定律得出：

$$J = -D(\partial c/\partial x) \quad (1-11)$$

式中　J——由于扩散在单位时间通过单位面积物质的量[mol/(cm²·s)]

$\partial c/\partial x$——溶质移动方向上的浓度梯度

D——溶质在某种介质中的扩散系数，m^2/s

根据实验事实所设想的扩散机理认为，不是一个水分子的氢原子变成氢离子后相继向相邻的水分子移动，而是一个水分子与相邻的水分子或溶质交换位置。

在液体水中处于正四面体中心的水分子，有 4 个水分子在顶点的方向上与之配位。其中，两个水分子的方向是与氢核构成共价键的方向，其他两个水分子的方向是具有孤对电子的方向。因此，两个分子以偶极距的正极朝向中心分子，而另两个水分子的负极朝向中心分子。

电解质对水的扩散系数影响较大，在这里可以设想，如果将该中心的水分子用正离子置换，一价的离子在0.6nm 的距离上具有 10^6V/cm 的强大场强，可以引起周围的水分子以其偶极子负的方向朝着正离子的方向定向。这样定向的水分子由于受到正离子很强的约束力，所以称作电缚水分子，位于中心的离子称为水合离子。与此相反，处于距离很远位置上的水分子，由于不受离子电场的影响，具有液体水本来的构造。在上述两者之间的区域内，受到离子和水分子两方面的影响，形成了液体水结构遭到破坏的区域，如图 1-7 所示。

图 1-7 中的 A、B、C 分别表示水分子在离子附近定向的区域、水结构达到破坏的区域和水保持原有结构的区域。离子半径越小，离子电荷越高，A 区域就越厚。而 B 区域反而有变小的倾向。

A 区变大，B 区变小，从整体上看，离子周围的结构是明确的，所以这样的离子称为促成结构离子。

与此相反,离子半径大的,由于 A 区小,B 区大,即破坏了水的结构,称为破坏结构离子。例如,K^+和Cl^-对结构稍有破坏性,NO_2^-和ClO_4^-这样的大离子是强的破坏结构离子,而Mg^{2+}、Na^+、SO_4^{2-}属于促成结构离子。

在水的扩散中,由于使水结构加强的离子存在,妨碍了水分子相互位置的交换,所以水的扩散系数减小。相反,由于破坏结构离子的存在可使水的扩散系数增加。在 KCl、NaCl 和 $MgSO_4$存在下,水的扩散系数的实测值(D)与纯水的扩散系数(D_0)之比如图 1-8 所示。

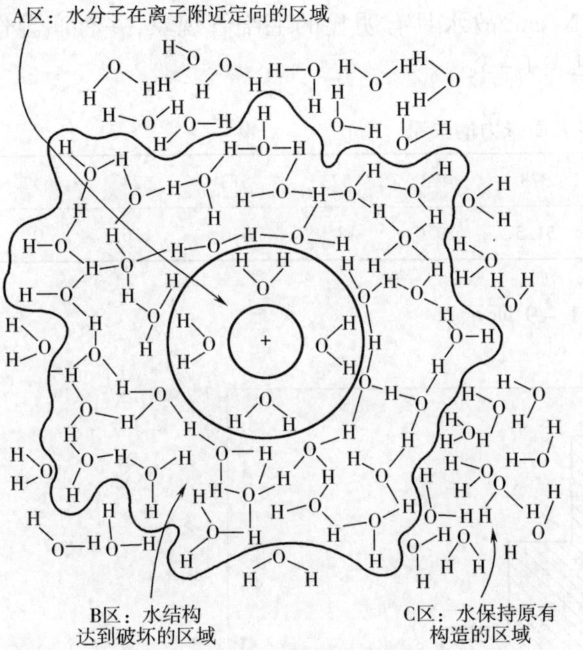

图 1-7　正离子周围水的结构

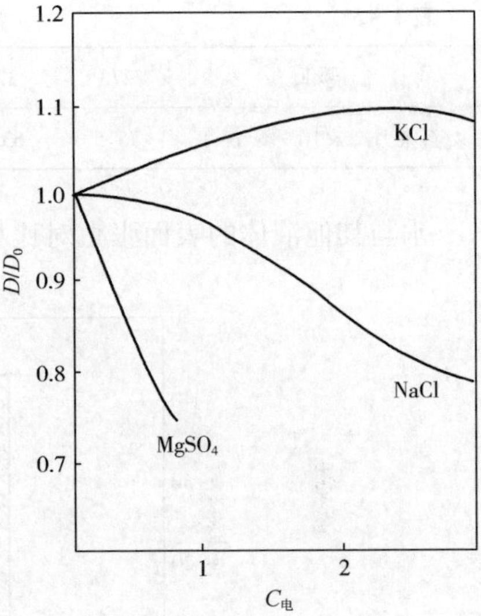

图 1-8　D/D_0与电解质浓度

从图 1-8 中可以明显看出,含有 KCl 的溶液水的扩散系数稍有增加,含有 $MgSO_4$的溶液水的扩散系数显著减少。

5. 盐类离子的水化作用

由于水是极性分子,水分子中的正极(H)被水中阴离子所吸引,负极(O)则被水中阳离子所吸引。由于水中离子与水分子偶极间的相互吸引作用,使水中正、负离子周围为水分子所包围,这种作用称为盐类离子的水化作用,这也是多数盐类离子溶于水的主要原因。

离子水化后生成水合离子,如水合铁离子 $Fe(H_2O)_6^{3+}$、水合亚铁离子 $Fe(H_2O)_6^{2+}$、水合铝离子 $Al(H_2O)_6^{3+}$和水合氢离子 H_3O^+等。

6. 水的密度

水与普通物质不同,当冻结时其体积不是收缩而是膨胀的。在 0~4℃温度内,随着温度的升高,水的体积反而缩小,至 4℃(严格来讲为 3.98℃)时体积最小,而密度最大,达到 1.0000g/cm³,超过或低于此温度体积都会膨胀。0℃时,水的密度为 0.9999g/cm³,而

0℃时的冰体积增大，密度降为0.9168g/cm³。

另外，当压力加大时，一般物质的凝固点均有所升高，而水的冰点却略为下降。一般物质在压力升高时热膨胀系数均减小，而水在0～45℃，热膨胀系数随压力升高而增大。这些都是水在温度或压力变化时体积效应的异常现象。

7. 水的表面张力

液体自由表面的分子，由于液体内部分子对它们的吸引，会受到向内部吸引的力，这就是表面张力，从而使液面具有缩小的趋势，即表面张力就是作用于液体表面边界单位长度上的力。在常温下的所有液体中，除汞之外，水具有最大的表面张力，达 72.75×10^{-5} N/cm，而其他液体只有（20～50）$\times10^{-5}$ N/cm，故水具有明显的毛细管现象，并有润湿作用。水的表面张力随温度升高而减小，见表1-3。

表1-3　　水温与表面张力的关系

温度/K	273	323	373	473	523	573	623	647
表面张力/（$\times10^{-5}$N/cm）	75.5	63.1	51.5	29.0	18.9	9.6	1.6	0

水与其他液体的表面张力对比如图1-9所示。

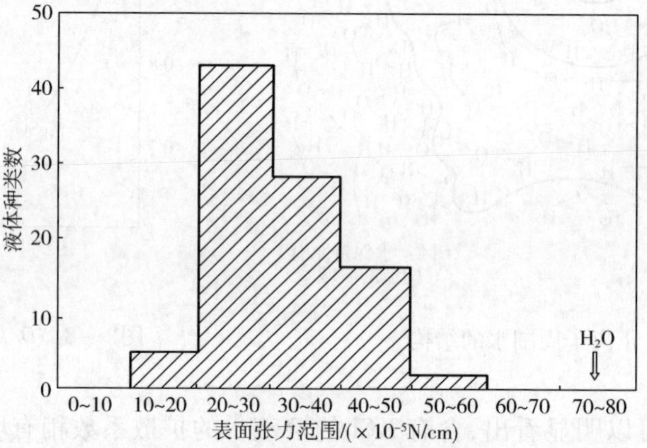

图1-9　水与其他液体的表面张力对比

水依靠较大的表面张力产生毛细现象，而且在很大程度上也影响水溶液中的吸附现象，如水在18℃（291K）时，表面张力为 73×10^{-5}N/cm，可使直径为0.1mm的毛细管中的水位上升15cm。

水中加入溶解的盐类可增加表面张力；水中加入表面活性剂可减小表面张力。

8. 水的比热容最大

在所有液体和固体物质中，水具有最大的比热容，即1g水每升高或降低1℃时所吸收或放出的热量比任何1g其他物质都多，达到75.3J/（mol·℃）。因此天然水体可以调节环境气温，使其变幅不至于过分剧烈，起到调节自然界温度的作用，使得地球上的气候适合于人类居住及动植物的生长。

水的溶解热和蒸发热也是异常的，由冰溶解为水时，其比热容要增大 2 倍以上，而一般固体熔化时比热容的变化很微小。由于这一特性，冰在融化时可使冰水混合液的温度保持在冰点。而当水沸腾时，水温保持在沸点，在 101325Pa 的压力下水的沸点为 100℃，水在达到沸点以前有着很长的液态阶段，这一特殊性是因为水分子偶极间的引力大大超过一般液体，是水分子间强烈氢键缔合作用造成的，这些都是水在比热容方面的特有现象。

9. 水具有相对高的熔点和沸点

水具有很高的沸点。在元素周期表中，与氧同族的元素是硫、硒、碲，它们的氢化物分别是 H_2O、H_2S、H_2Se、H_2Te。水与类似化合物特性的比较见表 1－4。

表 1－4　　水与类似化合物特性的比较

化合物	相对分子质量	熔点/℃	熔解热(×4.18)/(kJ/mol)	沸点/℃	蒸发热(×4.18)/(kJ/mol)	偶极距/D
H_2O	18	0.0	1.44	+100	9.72	1.84
(H_2O)	18	-100	0.50	-80	3.00	—
H_2S	34	-85.5	0.57	-60.3	4.46	1.10
H_2Se	81	-65.7	0.60	-41.2	4.62	0.40
H_2Te	130	-51	1.00	-2.2	5.55	<0.20

从表 1－4 中可见，按元素周期表规律，这几种化合物的特性应呈单一倾向变化，对于 H_2Te、H_2Se、H_2S 来说确实是这样变化。按此规律推算，水应具有如表中(H_2O)一行所列的数值，在液体状态时，水的温度范围应该在 －100 ~ －80℃，也就是说，在地表温度条件下水应该完全以气态存在，而事实上，水主要呈液态存在。因此，自然界中的水表现出了异常高的熔点和沸点，有别于同族元素的其他化合物。水的这些异常特性是水能在环境系统中发挥巨大作用的原因之一。

与氧同族元素的氢化物的沸点(T)与熔点(M)如图 1－10 所示。

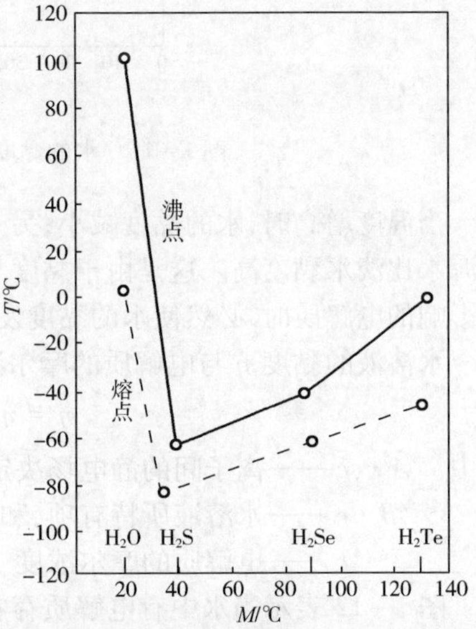

图 1－10　与氧同族元素的氢化物的沸点(T)与熔点(M)

10. 溶解及反应能力极强

许多物质在水中不仅有很大的溶解度，而且有最大的电离度。水作为一种溶剂，其溶解能力极强，而且由于其介电常数很大，使溶质电离的能力很强。

水中溶解的各种物质可以进行各种化学反应，与许多金属氧化物、非金属氧化物以及活泼金属都可以产生化合作用，其生成的物质再进一步参加不同性质的各种反应，而且也可以与溶剂水发生各种反应，所有这些都使水在环境中起着巨大的地球化学营力的作用。

11. 水的黏度与流动性

液体的黏度与流动性是一对矛盾体。水具有较小的黏度和较大的流动性，由于在液体中产生流动，每个分子必定要偏离平衡位置，所以黏度与分子的相对位置（即结构）有密切的关系。在任何情况下，黏度均随温度升高而急剧降低，图 1－11 给出了纯水的黏度（η_0）以及 40‰海水与纯水黏度比（η/η_0）随温度的变化关系。

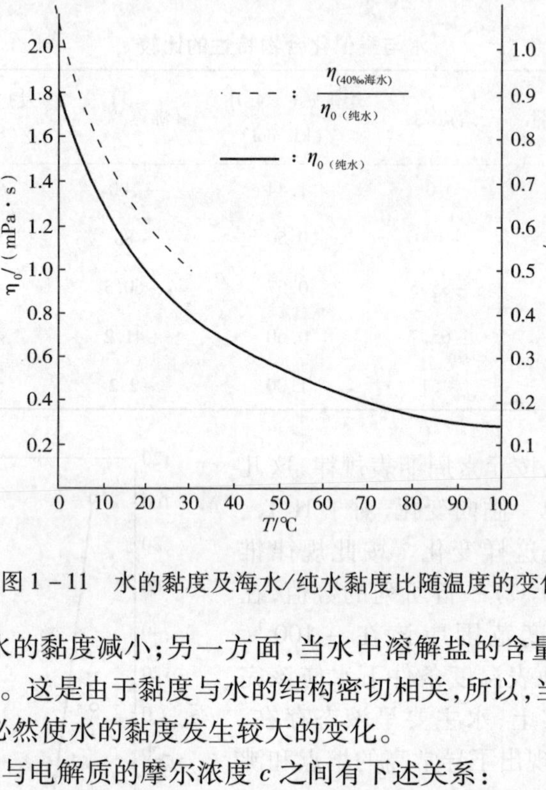

图 1－11　水的黏度及海水/纯水黏度比随温度的变化

当温度增高时，水的黏度减小；另一方面，当水中溶解盐的含量增高时，黏度增大，所以海水比淡水黏度高。这是由于黏度与水的结构密切相关，所以，当存在对水的结构有明显影响的电解质时，必然使水的黏度发生较大的变化。

水溶液的黏度 η 与电解质的摩尔浓度 c 之间有下述关系：

$$\eta = \eta_0(1 + A \cdot \sqrt{c} + B \cdot c) \tag{1-12}$$

式中　$A \cdot \sqrt{c}$——离子间的静电场决定的

$B \cdot c$——水溶液所特有项，和离子与水分子的相互作用有关

c——电解质的摩尔浓度

图 1－12 表示当水中有电解质存在时，水溶液的黏度（η）与纯水黏度（η_0）的比值随电解质浓度 c 的变化。

从图 1－12 中可知，像 $MgSO_4$ 等具有二价离子的盐类，可使水溶液的黏度显著增加。

水溶液黏度随电解质浓度的增加而增加的现象是由于当电解质浓度低的时候，每个离子在各自的范围内相互独立，而随着电解质浓度的增加，相邻离子就变成互相重叠了，如图 1－13 所示。A 区域是水分子受到静电场的作用而定向的区域，具有明确的构

造，从而妨碍水溶液的流动，使黏度增大。

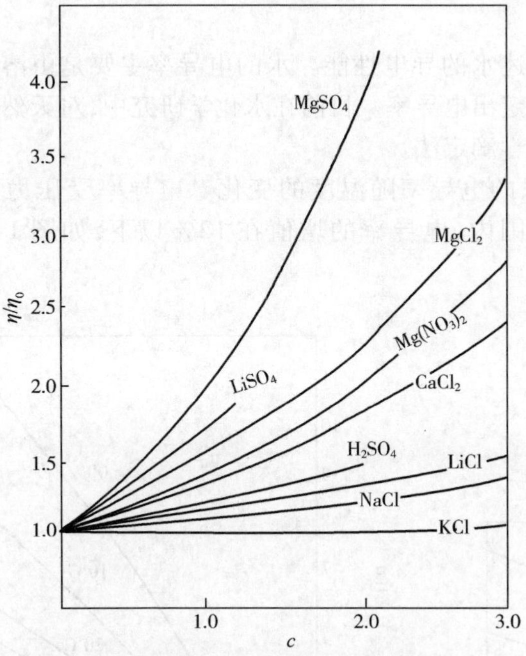

图 1-12　各种电解质浓度与黏度的关系

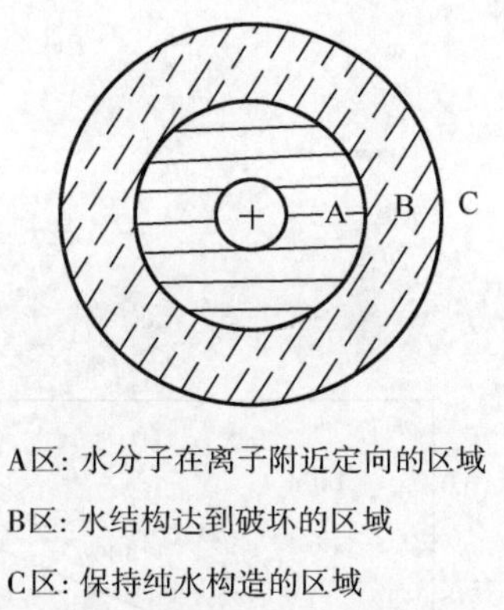

图 1-13　正离子周围水的结构

另外，压力对水的黏度也具有影响，当水处于中等压力时，黏度较小；当压力继续增加时，水的黏度将会随压力的增加而增大。

12. 水的介电常数

介电常数(ε)是指在某种介质中两电荷间引力或斥力比在真空或空气里减少的量。介电常数越大，两电荷质点间的引力越小，反之，则越大。水具有很高的介电效应，因此纯水的介电常数很大。天然水中由于含有电解质，在电解质静电场的影响下，对周围的水分子有某种束缚，因此天然水的介电常数有所降低。

设纯水的介电常数为 ε_0，天然水溶液的介电常数为 ε，有如下关系：

$$\varepsilon = \varepsilon_0 + \frac{c}{2}\sum n_i\delta_i \tag{1-13}$$

式中　n_i——离子数

δ_i——各个离子的特定值，称为介电常数降低系数，该值表示电解质束缚水的能力

c——电解质的摩尔浓度

几种常见离子的介电常数降低系数 δ_i 见表 1-5。

表 1-5　几种常见离子的介电常数降低系数 δ_i

离子	Li^+	Na^+	K^+	Mg^{2+}	Cl^-	I^-	SO_4^{2-}
δ_i	-11	-8	-8	-24	-3	-7	-7

在常温下,纯水的介电常数为81,表示正负电荷在水中的相互吸引力比在真空或空气中减少1/81,在0℃时,纯水的介电常数为88,100℃时为56。

13. 水的导电性能

一般使用"电导"或"电导率"κ来描述水的导电性能。水的电导率主要是由溶质控制的,采用电导率仪器可以非常准确地测定出电导率。目前在水化学研究中,对天然水离子总量的测定多采用电导法,而不采用化学滴定法。

图1-14给出了各种含盐量下海水的电导率随温度的变化。电导率受压力的影响比较小,在一般深海所受到的压力范围内,电导率的增值在12%以下,如图1-15所示。

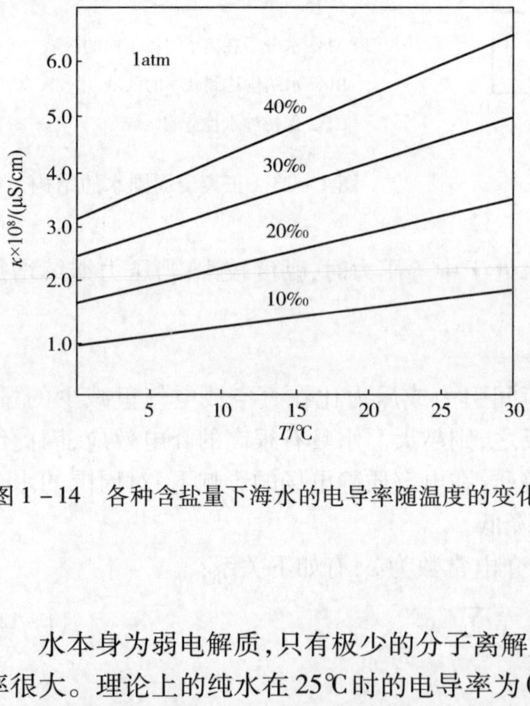

图1-14 各种含盐量下海水的电导率随温度的变化

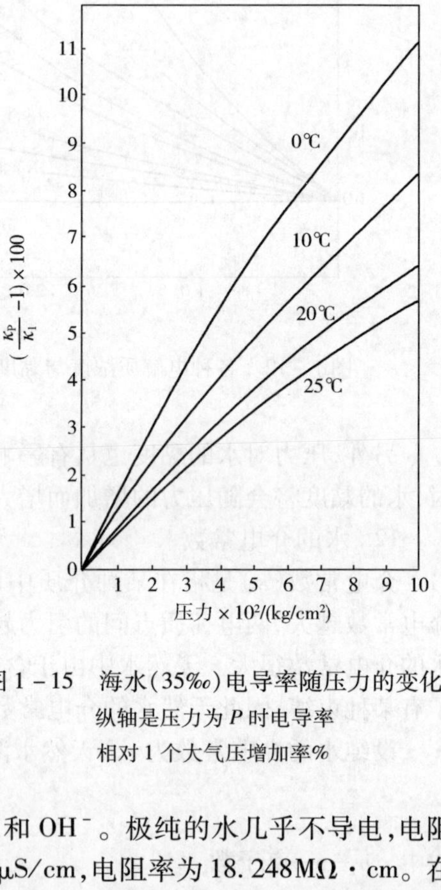

图1-15 海水(35‰)电导率随压力的变化
纵轴是压力为P时电导率相对1个大气压增加率%

水本身为弱电解质,只有极少的分子离解成H^+和OH^-。极纯的水几乎不导电,电阻率很大。理论上的纯水在25℃时的电导率为0.054μS/cm,电阻率为18.248MΩ·cm。在水中溶有电解质时,导电能力增加。

海水的电导率与含盐量成比例增加,在相同含盐量的情况下,0℃附近,温度每增加1℃电导率增加3%;在20℃附近,温度每增加1℃电导率增加2%。

14. 水的光学性质

水的透明度与通过它的光线的波长有关,紫外线能完全透过水,而红外线则很难透过。水可吸收大部分可见光中的橙色和红色,故蓝色光可透过较厚的水层。

物质之所以呈现不同的颜色,是由于其对不同波长的光有不同程度的透射与反射。对于透明的物质呈现的是透过光的颜色，对于不透明的物质呈现的是反射光的颜色。

溶液的颜色是因为它选择性地吸收某波长的光而呈现吸收光互补色的颜色。水中细小的悬浮物与胶体粒子会降低水的透明度，并产生光的散射，使水浑浊。

15. 吸光度和透射比

溶液的吸光度是在特定波长下溶液中成分吸收光的量的度量指标。根据比尔－朗伯(Beer－Lambert)定律，溶液吸收光的量与吸光分子浓度和光在溶液中穿过的长度成比例，而与入射光的强度无关。由于即使是纯水也会吸收入射光，所以用空白样(通常是蒸馏水)作为参比。吸光度可以通过下面的式子得到：

$$\lg\frac{I}{I_0} = -\varepsilon(\lambda)cx = -k_A(\lambda)x = -A(\lambda) \tag{1-14}$$

式中 I——特定波长 λ 下穿过已知长度的溶液后的光强度，mW/cm^2

I_0——特定波长 λ 下穿过已知长度(通常为1.0cm)的空白样(如蒸馏水)后的透射光强度，mW/cm^2

λ——波长，nm

$\varepsilon(\lambda)$——波长 λ 下吸光物质的摩尔吸收系数，L/(mol·cm)

c——吸光物质的浓度，mol/L

x——光路的长度，cm

$k_A(\lambda)$——波长为 λ 时的吸收系数，cm^{-1}

$A(\lambda)$——波长为 λ 时的吸光度，量纲为1

四、天然水的化学特性

1. 水溶液中的离子

天然水中的溶解物质大部分是强电解质，在水中以离子的形式存在。

在水溶液中，离子之间存在着相互作用。由于热运动离子趋向无序状态，但是离子之间的库仑力又使离子的分布趋于有序状态。在稀溶液(如天然淡水)中，由于离子与离子之间的距离较大，库仑力小，离子的分布近于无序运动；在浓溶液(如海水)中，可将它们作为部分有序对待。

德拜等人研究了完全离解的强电解质稀溶液中的离子分布。在远离中心离子的地方，同号与反号两种离子的几率相等，呈现无秩序排列；但在接近中心离子处，反号离子的几率则增加，这样中心离子被反号离子所包围，构成了“离子氛”。离子氛中总剩余电荷应等于中心离子的电荷，使整个溶液保持为电中性。例如，水溶液中含有 CO_3^{2-} 和 HCO_3^- 时，Ca^{2+} 将与周围的 CO_3^{2-} 或 HCO_3^- 构成的离子氛如图1－16所示。

从中心离子向外，电荷密度按照指数规律随距离增加而衰减，从理论上来说到达无限远处电荷密度才为0，即离子氛的范围是无限大的。但实际上，离子氛是有厚度的。设离子氛的半径为 $1/\kappa$，则 $1/\kappa$ 的计算公式为：

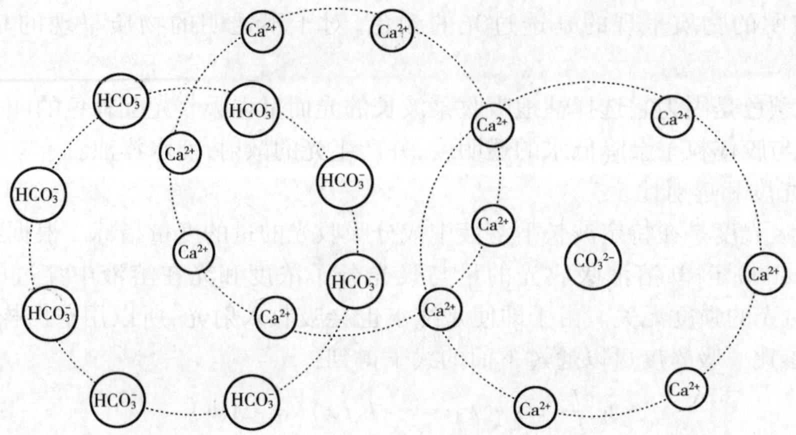

图 1－16　Ca^{2+} 与 CO_3^{2-} 或 HCO_3^- 构成的离子氛示意图

$$\frac{1}{\kappa}=\frac{4.29\times10^{-10}}{\sqrt{c\sum_i \mu_i z_i^2}}\qquad(1-15)$$

式中　c——溶液中电解质的摩尔浓度，mol/L

μ_i——i 离子的浓度（单位体积溶液离子与溶质的摩尔比）

z_i——单个离子所带电荷数

$\sum$——溶液中各种离子的求和

离子氛半径代表中心离子静电场强度的作用范围，离子氛半径 $1/\kappa$ 值与溶液中各种离子的浓度和电荷有关。

对浓度小于0.1mol/L 的溶液，理论上推导出来的热力学量与实验数据一致，一般认为这是稀溶液的界线，显然，天然淡水属于稀溶液的范畴。

在含盐量为 35‰ 的海水中，每千克含有 6.75×10^{23} 个离子，相当于在半径为 0.7nm 的球形范围内存在一个离子。将其与图 1－13 所示的中心离子周围 B 区域外缘的半径 0.6nm 相比可以看出，在海水中，只有 1/3 的水分子具有普通水的结构。

如果水溶液的浓度达到 1mol/L 以上，则各个离子 B 区域的水将重合，也就是说，这种状态的水溶液其实已经接近熔融盐了。

在 0.1～1mol/L 的中等浓度溶液中，离子间的相互作用变大。贝耶伦（N. Bjerrum）研究了在正负离子间有库仑力作用而生成离子对的情况。根据计算结果，离子间的径向分布函数如图 1－17 所示。

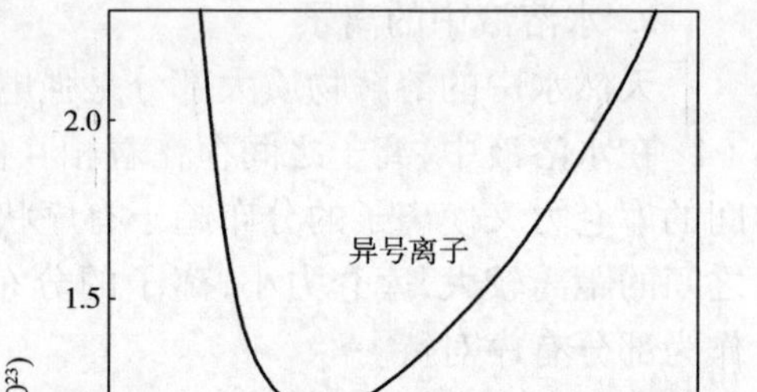

图 1－17　离子间的径向分布函数
（1∶1 电解质水溶液，25℃）

图 1－17 中，纵轴表示每千克溶液中某种离子的浓度，横轴为离子间距离。可见，同号离子随着距中心离子距离(r)的增加而增加。异号离子在径向分布上存在着极小值的区段，极小值区段距中心离子的距离(q)称为贝耶伦距离。贝耶伦认为，当 $r<q$ 时，异号离子与中心离子缔合形成离子对；而当 $r>q$ 时，不存在离子的缔合。

贝耶伦缔合理论仅考虑了正负离子间存在着静电力作用，实际上，离子之间还存在着距离的量子力学作用、离子与溶剂之间的相互作用、溶剂化范围的重合等。再有，中心离子与特定的配位体可生成络离子。因此，有人建议将溶液中由于配位体结合的称为络离子，将由于库仑力结合的称为离子对。

对电解质水溶液中的离子状态，近年来还存在着另一种认识，认为在水溶液中，食盐完全解离成 Na^+ 和 Cl^-，不仅是由于“离子晶体”的影响，更主要的是受水是强极性溶剂的影响。而在弱极性溶剂中 Na^+ 与 Cl^- 也可以再缔合。

2. 离子的活度和强度

对于天然水这样的强电解质溶液，离子的运动必然会受到其周围离子氛中反号离子的吸引，对其运动产生牵制作用，使离子的活性降低，使化学反应相应有所减缓。表面看来，似是离子的数目减少了，即离子的浓度降低了，或者说，有一部分离子浓度在化学反应中不起作用了。此时如果用原来的溶液浓度进行化学计算，就会出现一定程度的偏差，为保证计算的精度，必须对溶液的离子浓度进行校正。校正后的浓度即成为离子的有效浓度，又称离子的活度。实际上溶液中的各分子也存在着相互作用，只是其相互作用的程度比离子要低。

离子或分子的活度即有效浓度，是真实浓度的函数，一般情况下要小于真实浓度，若用 a 表示活度，则活度 a 与浓度 c 只差一校正系数 f，即：

$$a = f \cdot c \tag{1-16}$$

校正系数 f 称为活度系数，代表有效浓度对真实浓度的比值，一般情况下小于 1，对于无限稀释的溶液，其活度将趋向于浓度：

$$\lim_{a \to 0} a = c \tag{1-17}$$

相应有：

$$\lim_{c \to 0} f = 1 \tag{1-18}$$

活度是离子的一种特性。同一种离子不论它们来自何种电解质，在相同条件下都有同一活度。

各种不同离子的活度并不完全一样，目前尚无法测定某一种离子的活度。实际测得的都是包括阳离子和阴离子的某种电解质的活动能力，称为该种电解质的平均离子活度，以 $a_{\pm}$ 表示，而其阳离子活度为 a_{+}、阴离子活度 a_{-}。于是对 1∶1 价型电解质，如 NaCl 有：

$$a_{\pm} = \sqrt{(a_{+})(a_{-})} \tag{1-19}$$

同样可得平均离子活度系数为：

$$f_{\pm} = \sqrt{(f_{+})(f_{-})} \tag{1-20}$$

虽然没有方法直接测定每种离子的活度系数，但可以利用计算方法从平均活度系数近似地求得某些离子活度系数值。例如，K^+ 和 Cl^- 的电子层结构和离子半径十分相似，可以设想这两种离子的活度系数相等：

$$f_{\pm} = f_{+} = f_{-} \tag{1-21}$$

离子活度和活度系数值随溶液中离子的浓度而变化。

当溶液中同时存在多种离子时，每种离子的活度都受到其中各种离子的影响。实际研究发现，这时对离子活度产生影响的不只是各种离子的浓度，而且有各种离子的电荷值。实际上，离子活度同溶液中全部离子的电荷总量有关系，而与离子的种类关系不大。

根据这一特性，提出溶液的离子强度的概念，定义为：

$$I = \frac{1}{2}\sum (C_i \cdot Z_i^2) \tag{1-22}$$

式中 I——溶液的离子强度

C_i——溶液中第 i 种离子的浓度

Z_i——电荷值即离子价

离子强度是某一溶液整体的特征值，代表了全部离子的浓度和电荷值两种因素，总体反映出溶液中各种离子对其中一种离子的活度所产生影响的强弱程度。定义中的电荷为平方值，是因为二价离子之间的静电作用是一价离子之间作用强度的4倍。

对于1∶1价型电解质：

$$I = \frac{1}{2}(C \times 1^2 + C \times 1^2) = C \tag{1-23}$$

即溶液的离子强度等于其摩尔浓度。

对于1∶2或2∶1价型电解质：

$$I = \frac{1}{2}(2C \times 1^2 + C \times 2^2) = 3C \tag{1-24}$$

对于2∶2价型电解质则有：

$$I = \frac{1}{2}(C \times 2^2 + C \times 2^2) = 4C \tag{1-25}$$

根据实际情况得出一条规律，即在稀溶液中，离子的活度系数只与该溶液的离子强度有关，而与各种离子的种类无关。

另外，同一离子强度下，价数相同的各种离子有着比较相近的活度系数，可以近似地认为具有同一数值，这个规则可准确保持到 $I=0.02$ 以前，并在 $I=0.2$ 时也可以应用，见表1-6。

表1-6　不同离子强度溶液中离子的活度系数(f)

离子价	离子强度 I								
Z	0.001	0.002	0.005	0.01	0.02	0.05	0.1	0.2	0.3
1	0.97	0.96	0.93	0.90	0.87	0.81	0.76	0.70	0.66
2	0.87	0.82	0.74	0.66	0.56	0.44	0.33	0.24	—
3	0.73	0.64	0.51	0.39	0.28	0.15	0.08	0.04	—
4	0.56	0.45	0.30	0.19	0.12	0.04	0.01	0.003	—

由强电解质理论也可推导出离子活度系数的计算式。在实用上,都采用简化的近似式,应用于较稀的溶液,如:

$$-\log f_i = 0.51Z_i^2\left(\frac{\sqrt{I}}{1+\sqrt{I}}-0.2I\right) \tag{1-26}$$

式(1－26)可适用的离子强度最高可为0.5。

若离子强度最高为0.1时,可用以下简化式:

$$-\log f_i = 0.51Z_i^2 \cdot \frac{\sqrt{I}}{1+\sqrt{I}} \tag{1-27}$$

当离子强度在0.001左右时还可进一步简化为:

$$-\log f_i = 0.51Z_i^2\sqrt{I} \tag{1-28}$$

一般天然淡水可采用式(1－29)计算离子强度:

$$I = 2.5\times10^{-5}C \tag{1-29}$$

式中　C——水中溶解性固体总量,即含盐量值,mg/L

海水的离子强度很高,约为0.67。可以用下式求海水的离子强度:

$$I = 0.00147 + 0.03592S_{Cl} + 0.000068S_{Cl}^2 \tag{1-30}$$

式中　S_{Cl}——氯离子含量,‰

对含盐量(S)为35‰左右的海水,可以写成:

$$I = 0.0206S \tag{1-31}$$

在式(1－31)中假定所有离子都处于游离状态。但海水中的主要成分有相当一部分形成了离子对。因此考虑到这一点,上式变成:

$$I = 0.0193S \qquad (25℃,0.1\text{MPa}) \tag{1-32}$$

考虑离子对时所计算出的离子强度要比未考虑离子对时所计算出的离子强度低。

3. 天然水的酸度

水的酸度是指水中所含能与强碱发生中和作用的物质的总量,即能放出质子H^+或经水解能产生H^+的物质的量。组成水中的酸度的物质可以归纳为以下三类:

(1)强酸,如HCl、H_2SO_4,HNO_3等。

(2)弱酸,如CO_2、H_2CO_3、H_4SiO_4、H_2S以及各种有机酸类。

(3)强酸弱碱盐,如$FeCl_3$、$Al_2(SO_4)_3$等。

大多数天然水只含有弱酸(主要是碳酸)。这些物质在水中都会电离产生H^+或经过水解产生H^+,而这些H^+均能与OH^-发生中和反应。这些H^+的总数称为总酸度。

总酸度与水中的H^+浓度不是一回事,pH表示呈离子状态的H^+的数量,pH是水中氢离子平衡浓度的负对数,即:

$$\text{pH} = -\lg[H^+] \tag{1-33}$$

总酸度:总酸度表示中和过程中可以与强碱进行反应的全部H^+的数量,其中包括已经电离的和即将电离的两部分。

离子酸度(或活性酸度):在中和前溶液中已经电离产生的H^+(实际上是水合质子:H_3O^+)数量称为离子酸度(或活性酸度),其$\lg[H^+]$就是水的pH。强酸在溶液中全部电离,所以由它构成的酸度都是离子酸度。

分子酸度或后备酸度（或潜在酸度）：酸度的分子只有一部分电离，大部分在中和前呈分子状态，在中和过程中陆续电离参与反应。这部分在中和前未电离的 H^+ 的数量称为分子酸度或后备酸度，或潜在酸度。

因此弱酸构成的酸度由离子酸度和后备酸度两部分组成，溶液的 pH 只代表其离子酸度。例如：

$$H_2O + HCl \rightleftharpoons H_3O^+ + Cl^-$$
$$\underbrace{\text{O} \qquad \text{离子酸度}}_{\text{总酸度}} \tag{1-34}$$

$$H_2O + CH_3COOH \rightleftharpoons H_3O^+ + CH_3COO^-$$
$$\underbrace{\text{后备酸度} \qquad \text{离子酸度}}_{\text{总酸度}} \tag{1-35}$$

强酸弱碱盐的水解会使溶液中产生离子酸度，其未水解部分则构成后备酸度。在中和过程中逐步水解参加中和反应，直到全部水解完毕为止。例如：

$$3H_2O + FeCl_3 \rightleftharpoons 3H^+ + 3Cl^- + Fe(OH)_3$$
$$\underbrace{\text{后备酸度} \qquad \text{离子酸度}}_{\text{总酸度}} \tag{1-36}$$

在研究水的酸度时，除了解总酸度外，有时还分别测定强酸度和游离碳酸度。强酸酸度也称为无极酸度。当溶液中存在微量强酸时，其 pH 一般低于 4。在水中的 pH 高于 4 时，其酸度一般由弱酸构成。如前所述，在大多数天然水由碳酸构成。游离碳酸的含量包括 CO_2和 H_2CO_3的含量。

酸度的单位常用 mmol/L 表示。游离碳酸单位有时也采用 CO_2mg/L 表示，有些国家也常采用与硬度相同的单位来表示，即把酸度折合为 $CaCO_3$或 CaO 的 mg/L 表示，并把 10mg/L 称为 1 度。这样，1mmol/L 的酸度相当于 50mg/L 的 CaO，折合为 2. 8 度（德国度）。

天然水受到强酸污染时，其 pH 均在 4 以下。而当水的 pH 高于 4 时，水的酸度一般都由弱酸构成。如果天然水未受到工业弱酸的污染，则弱酸主要指碳酸。

4. 天然水的碱度

（1）天然水的碱度　与酸度相反，碱度是指水中所含的能与强酸发生中和作用的全部物质，即能接受质子 H^+ 的物质总量。组成水中碱度的物质也可归纳为三类。

①强碱，如 NaOH、$Ca(OH)_2$等，在溶液中全部电离生成 OH^-。

②弱碱，如 NH_3、C_6H_8、NH_2等有机胺类。在水中有一部分发生反应生成 OH^-。

③强碱弱酸盐，如各种碳酸盐、重碳酸盐、硅酸盐、磷酸盐、硫化物、腐殖酸盐等。

在水解生成 OH^- 或者直接接受质子 H^+，如有些碱性物质可直接与 H^+ 起中和反应，如：

$$H^+ + CO_3^{2-} \rightleftharpoons HCO_3^- \tag{1-37}$$

$$H^+ + HCO_3^- \rightleftharpoons H_2CO_3^- \tag{1-38}$$

天然水的碱度是由氢氧化物、碳酸盐和重碳酸盐成分构成的。按离子状态可把天然水中的碱度分为三类:①氢氧化物碱度,即 OH^- 含量;②碳酸盐碱度,即 CO_3^{2-} 含量;③重碳酸盐碱度,即 HCO_3^- 含量。

碱度是用酸滴定法测定的。以甲基橙为指示剂测得的碱度是水中全部碳酸盐和氢氧化物,故称为全碱度(简称碱度)或甲基橙碱度(M);用酚酞为指示剂测得的碱度,称为酚酞碱度(P),它表示氢氧化物和碳酸盐的一半。

大多数天然水中,碱度由氢氧化物、碳酸盐和重碳酸盐组成,通常称为总碱度,以 M 表示,故:

$$M = [OH^-] + [HCO_3^-] + 2[CO_3^{2-}] \tag{1-39}$$

天然水中溶有微量强碱或碳酸盐水解时,均会使水的pH升高到10以上,因此氢氧化物碱度的实际存在范围是 $pH > 10$。

天然水的pH一般均低于10,故水中总碱度实际上由碳酸盐和重碳酸盐所组成。当水的pH小于10而大于8.3时,则:

$$M = [HCO_3^-] + 2[CO_3^{2-}] \tag{1-40}$$

在有 CO_3^{2-} 存在时就同时有 HCO_3^- 存在,不过到 $pH > 10$ 以后,HCO_3^- 迅速减少。

当水的pH小于8.3而大于4.5时,则是碳酸盐碱度的存在范围:

$$M = [HCO_3^-] \tag{1-41}$$

pH降到8.3时,可以认为水中只存在 HCO_3^-,再继续降低,则转化为 H_2CO_3,直到pH4.5全部转化完毕。当水的pH小于4.5时,则 M 趋于零。

微量的强碱会使溶液中pH升高到10以上,因此氢氧化物碱度的实际存在范围是 $pH > 10$时,这时水的总碱度常由氢氧化物和碳酸盐组成,即:

$$M = [H^+] + 2[CO_3^{2-}] \tag{1-42}$$

如果天然水中有大量藻类繁殖,在繁殖过程中会吸收水中 CO_2,使水的pH迅速升高,这时水中总碱度主要由 CO_3^{2-} 组成。

在确定碱度类型时做了一项假设,认为氢氧化物和重碳酸盐两种碱度不能共存,因为在pH高时,下列反应会强烈地向右进行:

$$HCO_3^- + OH^- \longrightarrow CO_3^{2-} + H_2O \tag{1-43}$$

根据这一假设,水的碱度可能有5种不同组合类型:①单独的 OH^-;②$OH^- + CO_3^{2-}$;③单独的 CO_3^{2-};④$CO_3^{2-} + HCO_3^-$;⑤单独的 HCO_3^-。

根据化学平衡计算,在 OH^-、CO_3^{2-} 与 HCO_3^- 碱度之间存在着固定的数值关系。实际工作中根据所测得的溶液的总碱度和可以计算出三种碱度的数值。

根据碳酸平衡规律,可以分析在不同的pH的水中可能存在的碱度类型。

(2)碱度的单位　碱度的单位为mmol/L。此时基本单元为 H^+。此外,也有用mg/L $CaCO_3$来表示的:

$$1\text{mmol/L} = 50\text{mg/L } CaCO_3 \tag{1-44}$$

(3)天然水的碱度分级　水按碱度划分可分为极高碱度水、高碱度水、中碱度水、低碱度水和极低碱度水五类,见表1-7。

表 1－7　水按碱度的分类

水按碱度分级	$[H^+]$/(mmol/L)	以 $CaCO_3$ 计/(mg/L)
极高碱度水	>9	>450
高碱度水	6.0～9.0	300～450
中碱度水	3.0～6.0	150～300
低碱度水	1.0～3.0	50～150
极低碱度水	<1.0	<50

5. 天然水的硬度

(1)天然水的硬度　所谓硬水是指洗涤时肥皂不易起泡沫、在加热时易生成水垢的水。这种现象的产生与天然水中某些阳离子，如 Ca^{2+}、Mg^{2+}、Fe^{2+}、Mn^{2+}、Sr^{2+}、Fe^{3+}、Al^{3+} 易生成难溶盐类有关。由于天然水中最主要的阳离子是 Ca^{2+} 与 Mg^{2+}，其他离子在水中含量很少，一般常以 Ca^{2+} 和 Mg^{2+} 的含量来计算水的硬度，并作为水质的一个指标。天然水都含有一定的硬度，地下水、咸水和海水的硬度较大。

硬水不适于工业上使用，当水被加热时，其中钙、镁离子将同重碳酸根起作用，生成碳酸钙和氢氧化镁等难溶化合物，沉积在加热壁上生成水垢，如：

$$Ca^{2+} + 2HCO_3^- \xrightarrow{\triangle} CaCO_3\downarrow + CO_2 + H_2O \tag{1-45}$$

$$Mg^{2+} + 2HCO_3^- \xrightarrow{\triangle} MgCO_3\downarrow + CO_2 + H_2O \tag{1-46}$$

$$MgCO_3 + H_2O \xrightarrow{\triangle} Mg(OH)_2 + CO_2 \tag{1-47}$$

水垢也给人的日常生活带来不便。在日用水及纺织洗染工业用水中，硬度会浪费肥皂，降低产品质量。肥皂的主要成分是脂肪酸的钠盐，钠盐在水中溶解成为离子，例如：

$$C_{17}H_{35}COONa \longrightarrow C_{17}H_{35}COO^- + Na^+ \tag{1-48}$$

脂肪酸根如 $C_{17}H_{35}COO^-$ 等是一种二亲分子，称为表面活性物质，具有胶溶除垢的洗涤作用。若水中含有较多钙、镁离子，将生成难溶沉淀物，例如：

$$2C_{17}H_{35}COO^- + Ca^{2+} \longrightarrow (C_{17}H_{35}COO)_2Ca \tag{1-49}$$

这些钙盐、镁盐都不溶于水，不但不起除垢作用，而且会粘附在纤维上产生更多污垢。

(2)碳酸盐硬度与非碳酸盐硬度　水中所含钙、镁离子总量称为水的总硬度，总硬度又可进一步分为钙硬度和镁硬度。

根据假想化合物的原理，考虑水中的阴离子组成，又可把硬度区分为碳酸盐硬度和非碳酸盐硬度。

碳酸盐硬度就是钙和镁的重碳酸盐和碳酸盐，由于钙、镁离子在水中往往先生成碳酸盐沉淀，人们把硬度首先看作是碳酸盐硬度，这种硬度在水煮沸后很容易成为碳酸盐析出，所以又称为暂时硬度。碳酸盐以外的硬度盐类，如钙、镁的硫酸盐、氯化物等，称为非碳酸盐硬度。用一般煮沸的方法不能把它们从水中除去，所以又称为永久硬度。

上述分类方法只是反映水中钙、镁离子同阴离子组成间的数量对比关系，不可机械地认为水中固定地含有这些盐类。

根据硬度和阴离子的对比关系可以把水的硬度分为总硬度大于总碱度和总硬度小于总碱度两种情况。其假想化合物如图 1－18 所示。

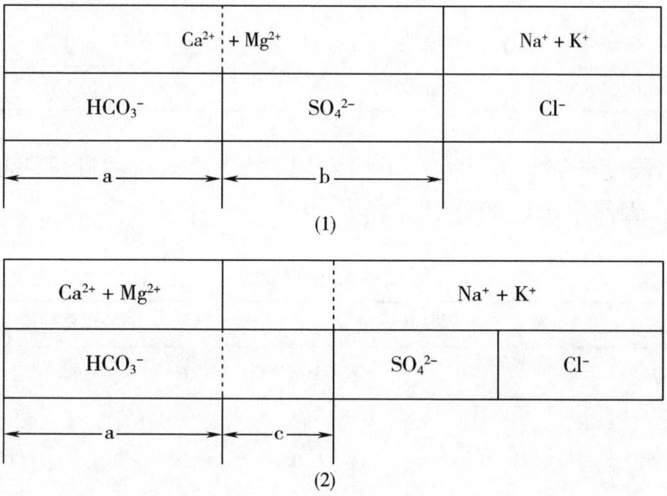

图 1－18　硬度的组成

图 1－18(1)中表示水的总硬度大于总碱度，有：

$$[Ca^{2+}]+[Mg^{2+}]>[HCO_3^-] \qquad (1-50)$$

天然水的 pH 一般均在 8.3 以下，因此水中 CO_3^{2-} 的含量极少，可以认为天然水中碳酸盐硬度的阴离子就是$[HCO_3^-]$，此阴离子就是水的总碱度。此时水中的碳酸盐硬度就等于总碱度，即图 1－18(1)中 $a=[HCO_3^-]$。另外，水中还含有非碳酸盐硬度，其值为总硬度与总碱度之差，即为图中 $b=[Ca^{2+}]+[Mg^{2+}]-[HCO_3^-]$。

图 1－18(2)中，表示水的总硬度小于总碱度，有：

$$[Ca^{2+}]+[Mg^{2+}]<[HCO_3^-] \qquad (1-51)$$

此时可以认为水中的全部硬度都是碳酸盐硬度。在图 1－18(2)中，$a=[Ca^{2+}]+[Mg^{2+}]$。这时水中没有非碳酸盐硬度，故 $b=0$。当然此时水中还含有碳酸钠、碳酸钾，而碳酸钠、碳酸钾属于非硬度。图 1－18(2)中的这种情况，总碱度大于总硬度，总碱度比总硬度多出的部分称为负硬度，即图中的 $c=[HCO_3^-]-[Ca^{2+}]+[Mg^{2+}]$，称为负硬度。

(3)硬度的单位　硬度的单位用 mmol/L 表示最为方便，如果用质量浓度(mg/L)表示，由于硬度并非单一的离子或盐类，必须都换算为一种统一的盐类。此时，可以以 $CaCO_3$ 的浓度表示，如 1mmol/L 的硬度等于 100mg/L 的 $CaCO_3$。

另外各国常用“度”作为硬度的单位。例如 1mmol/L 的硬度等于 2.8 德国度，等于 5 法国度。一般以“度”表示而未指国名时通常指德国度，各国硬度单位换算见表 1－8。

表 1-8　　各国水的硬度单位比较

硬度单位	mg/L	德国度	法国度	英国度	美国度
mmol/L	100($CaCO_3$)	2.804	5.006	3.511	50.645
1 德国度	0.35663	1	1.7848	1.2521	17.847
1 法国度	0.19982	0.5602	1	0.7015	10
1 英国度	0.24483	0.7989	1.4256	1	14.255
1 美国度	0.01993	0.0560	0.1	0.0702	1

(4)天然水的硬度分级　天然水中的雨水属软水,地面水的硬度一般不太高,地下水的硬度通常较高。天然水硬度的分级见表 1-9。

表 1-9　　天然水硬度的分级

水质	总硬度/(mmol/L)	总硬度/(mg/L $CaCO_3$)
极软水	<1.0	<50
软水	1.0~3.0	50~150
中等硬度水	3.0~6.0	150~300
硬水	6.0~9.0	300~450
极硬水	>9.0	>450

五、天然水的 pH

水分子的另一个重要特性是两性电解质,即水分子具有酸(提供质子 H^+)和碱(夺取质子 H^+)的双重性质。因而水具有电离作用,即:

$$H_2O \rightleftharpoons H^+ + OH^- \tag{1-52}$$

在水溶液中,带正电荷的质子 H^+ 和极性水分子带负电荷的一端结合在一起,成为水合氢离子(水合质子)H_3O^+,因此式(1-52)可以写为:

$$H_2O + H_2O \rightleftharpoons H_3O^+ + OH^- \tag{1-53}$$

因而在水分子之间存在着质子的传递作用,这种作用的平衡常数称为水的离解常数,用 K 表示:

$$K = [H_3O^+] \cdot [OH^-] \tag{1-54}$$

水合质子 H_3O^+ 常简写为 H^+,因而式(1-54)可以简写为 $K=[H^+]\cdot[OH^-]$。常数 K 也就是水的离子积,在 25℃时,等于 10^{-14},因而:

$$K = 10^{-14} \quad 或 \quad pK = 14 \tag{1-55}$$

K 只与温度有关,而与溶液中 H^+ 及 OH^- 的浓度无关。水溶液中 H^+ 及 OH^- 的浓度反映了溶液的酸碱性。

我们知道,溶液中 H^+ 的有效浓度(活度)用负对数表示,即:

$$pH = -\lg[H^+] \tag{1-56}$$

水电离时所产生的 H^+ 和 OH^- 数量相等，在不含任何杂质的纯水中：

$$[H^+] = [OH^-] = 10^{-7} mol/L \tag{1-57}$$

用负对数形式表示时，则：

$$pH = pOH = 7$$

$$pH + pOH = 14$$

当 pH = 7 时，表示水呈中性。

当 pH > 7 时，水中 $[OH^-] > [H^+]$，水呈碱性，pH 越大，水的碱性越强。

当 pH < 7 时，水中 $[H^+] > [OH^-]$，水呈酸性，pH 越小，水的酸性越强。

由于水的电离，在纯水中也存在着氢离子，纯水中的 pH = 7，但作为复杂溶液的天然水中，氢离子的浓度并不决定于水分子的离解，而主要决定于 CO_2 与 HCO_3^- 及 CO_3^{2-} 离子间的对比关系。

分子状态的两种碳酸之间存在着平衡：

$$CO_2 + H_2O \rightleftharpoons H_2CO_3$$

平衡时，CO_2 形态占最主要地位，一般用 $[CO_2]$ 或者 $[H_2CO_3]$ 来代表游离碳总量，即：

$$[H_2CO_3] = [CO_2] = [CO_2 + H_2CO_3]$$

碳酸为二元弱酸，可进行分级电离，其中第一级电离为：

$$H_2CO_3 \rightleftharpoons HCO_3^- + H^+$$

$$\frac{[H^+][HCO_3^-]}{[H_2CO_3]} = K_1 = 4.5 \times 10^{-7}$$

$$[H^+] = \frac{[H_2CO_3]}{[HCO_3^-]} \times K_1 \tag{1-58}$$

这就是说，水中 $[H^+]$ 与 CO_2 含量成正比，与 HCO_3^- 含量成反比。因此，当水中溶有 CO_2 时，pH 一般较低。而当 CO_2 自水中逸出时，pH 增大。

在蒸馏水中，由于溶解了 CO_2，所以水呈酸性反应。如在 16℃ 的蒸馏水中，当与空气中的 CO_2 相平衡时，其中溶解的 CO_2 为 6×10^{-4} g/L，即 1.36×10^{-5} mmol/L。

$$[H^+] \cdot [HCO_3^-] = [H_2CO_3] \times K_1$$

$$[H^+]^2 = [H_2CO_3] \times K_1$$

$$[H^+] = \sqrt{[H_2CO_3] \times K_1} = \sqrt{4.5 \times 10^{-7} \times 1.36 \times 10^{-5}} = 2.5 \times 10^{-6} \tag{1-59}$$

$$pH = 5.7$$

将水置于 CO_2 气体可以得到 pH 的最低值，约为 2.8。

事实上，当温度为 0℃，CO_2 分压为一个大气压时，CO_2 在水中的溶解度等于 3.35g/L（或 0.076mmol/L），因此，可以得到与上面相近的 pH：

$$[H^+] = \sqrt{0.076 \times 4.5 \times 10^{-7}} = 1.85 \times 10^{-4} \tag{1-60}$$

$$pH = 3.73$$

在一般情况下，CO_2 分压不能达到上述数值，同时，由于天然水中有 HCO_3^-，因此水的 pH 总是大于 2.8。

对大多数天然水来说，其 pH 在 6.5 ~ 8.5 变化。

六、水的异常特性与结构的关系

水具有相对高的熔点和沸点，并且比热容高、表面张力很强，所有这些可根据水分子结构的异常特性加以说明。

一个水分子由两个氢原子和一个氧原子构成。氧原子分别与两个氢原子各形成一对共用电子对，从而结合成稳定的分子。但由于共用电子对明显靠近氧原子一侧，导致氧原子附近形成负电荷中心，氢原子附近形成正电荷中心，这种现象称为水分子的极性，几乎水的所有特性都与水分子的极性密切相关。

由于水分子具有极性，所以水分子中的氢原子能够与附近水分子中的氧原子发生正负电荷相吸现象，从而在邻近水分子之间形成一种相互联结的作用力，称为氢键。因为水分子间有氢键结合，而氢键的作用比范德华作用强得多，在提高温度增强水分子热运动时，不但要克服分子间的范德华力，而且更要摆脱分子间氢键的束缚。这样，改变水的物态就需要更多的热量和更高的温度。因此，水的熔点和沸点都比按周期表推算的要高得多，熔解热和蒸发热也都有较高的数值。同样，水之所以具有很大的比热，能够储存或释放较多的热能，也是由于需要热能来调整分子间氢键数量。所以在地球绝大部分地区，其环境温度和压力都能保证水以液体形态稳定地存在，水才能够滋润万物，孕育出生命。假如水分子没有极性、失去氢键，那么水的熔点将低于 -85℃，沸点将低于 -60℃，那样，地球将不可能存在大量液态水，生命也就无法生存。

另外，由于氢键的作用使水的内聚力很大，内部水分子倾向于把表面的分子拉向内部，从而造成了很强的表面张力。

水的温度——体积效应异常的原因可做如下解释，当水受热温度升高时，同时进行着两种对水的密度发生影响的过程：一方面是分子的热运动，使分子间距增大，导致水的体积膨胀，密度减小；另一方面，温度升高会使若干氢键解体，这使单体水分子有可能填充到原有晶格的空隙中去，使水分子间空隙减少，排列得更紧密，因而导致其体积缩小，密度增大。

水的密度随温度变化的实际结果是上述两种相反过程的综合体现。

在4℃以前，氢键解体使密度增大的过程占优势，而在4℃以后，分子热运动增强使密度减小的过程占主导地位。因此，在约4℃时水具有最大的密度，而在0～4℃，出现了温度升高水的体积缩小的异常现象。

水在结冰时体积膨胀，是因为形成完整的晶格排列使结构更加疏松。

在0～45℃，水的膨胀系数随着压力升高而增大，是由于在高压力下水分子填充空隙而缩小体积的作用不如低压下那样显著，因而随着热运动增强使体积膨胀的作用得以充分地显示出来。

水分子和许多极性物质都能形成分子间的作用力，从而破坏其他物质的原有物理形态，使其溶解于水。水的溶解能力强，介电常数大，电离能力强，化学反应活泼，这在很大程度上是由于水分子的极性强，易于同另外的物质生成氢键，产生水合作用。绝大部分无机物质以及部分有机物质都能被水溶解，因此自然界几乎没有纯净的水。在漫长的地质演化过程中，流水不断溶解地表物质，使这些物质随水流迁移而不至于仅富集在某些特殊区域。此外,许多营养物质和矿物质溶于水中,从而使其能更有效地被生物体吸收和利用。

第二节　天然水中主要离子与碳酸化合物

在自然界中不存在化学概念上的纯水,天然水是成分非常复杂的天然溶液。天然水中的溶质成分可以大致分为以下 5 组。

(1)溶解性气体　含量较多的有 O_2、CO_2 和 H_2S 等,含量较少的有 N_2、CH_4 和 He 等。

(2)主要的离子　Cl^-、SO_4^{2-}、HCO_3^-、Na^+、K^+、Ca^{2+}、Mg^{2+} 等。

(3)生源物质　指在成因上与生命活动有关的物质,主要是氮的化合物(NH_4^+、NO^{2-}、NO_3^-)、磷的化合物(HPO_4^{2-}、$H_2PO_4^-$、PO_4^{3-})、铁的化合物和硅的化合物等。

(4)微量元素　指在天然水中含量低于 $10^{-3}\%$ 的阴离子(如 I^-、Br^-、F^-、BO_2^-)、微量金属离子及放射性元素等。

(5)有机物质。

图 1-19 列出了海水与河水中比较重要的 27 种元素的含量及优势形态。

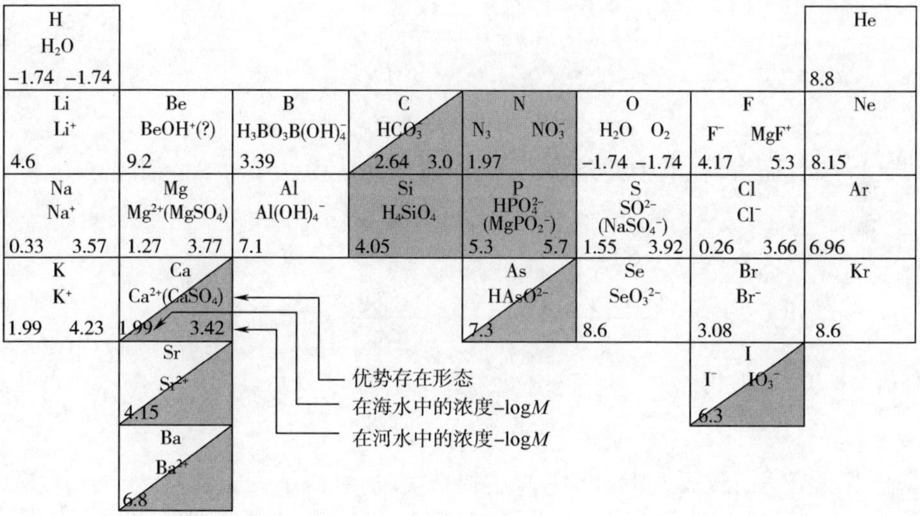

图 1-19　天然水中较重要元素的浓度及存在形态

方格中有阴影者为与生物有关的元素;整个方格中全为阴影者,Si、P、N,表示其在表层水中全部为生物所吸收;括弧内为海水中主要离子对,浓度单位为 mol/L。

一、天然水中的主要离子

Ca^{2+}、Mg^{2+}、Na^+、K^+、HCO_3^-、SO_4^{2-}、Cl^-、CO_3^{2-} 是天然水中含量最多的 8 种离子,它们的含量占天然水中离子总量的 95% ~99%。天然水中的 H^+ 含量虽微小,但对其他元素

在水环境中的迁移有巨大影响。

1. 钙(Ca^{2+})

钙(Ca^{2+})是大多数天然淡水的主要阳离子。钙广泛分布于地表水中,其浓度一般较低。如广泛分布于地表中的钙长石($CaAl_2Si_2O_8$),其水解过程如下所示:

$$CaAl_2Si_2O_8 + H_2O + 2H^+ \rightleftharpoons Al_2Si_5O_5(OH)_4 + Ca^{2+} \quad (1-61)$$

当水与长石的接触时间较长时,由于 pH 升高,可以使 Ca^{2+} 从溶液中沉淀出来。

钙的存在形式主要是方解石和文石,当有 Mg^{2+} 同时存在时生成白云石。其中,方解石的溶解是天然水中 Ca^{2+} 的主要来源:

$$CaCO_3(s) + CO_2(g) + H_2O \rightleftharpoons Ca^{2+} + 2HCO_3^- \quad (1-62)$$

$$\frac{[Ca^{2+}] \cdot [HCO_3^-]^2}{P_{CO_2}} = {}^+K_{pso} \quad (1-63)$$

式(1-63)中的平衡常数 ${}^+K_{pso}$ 可以根据 $CaCO_3$ 的溶度积常数(K_{sp})、碳酸的第一级和第二级离解常数 K_1 和 K_2,以及 CO_2 的亨利常数 K_H 而求得:

$${}^+K_{pso} = K_{sp} \cdot K_1 \cdot K_H \cdot K_2^{-1} \quad (1-64)$$

各常数所代表的反应式为:

$$CaCO_3(s) \rightleftharpoons Ca^{2+} + CO_3^{2-} \qquad K_{sp} \quad (1-65)$$

$$CO_2(g) + H_2O \rightleftharpoons H_2CO_3 \qquad K_H \quad (1-66)$$

$$H_2CO_3 \rightleftharpoons H^+ + HCO_3^- \qquad K_1 \quad (1-67)$$

$$CO_3^{2-} + H^+ \rightleftharpoons HCO_3^- \qquad K_2^{-1} \quad (1-68)$$

对式(1-63)而言,在电中性条件下,可以近似地认为:

$$2[Ca^{2+}] = [HCO_3^-] \quad (1-69)$$

将式(1-69)代入式(1-63):

$$\frac{[Ca^{2+}] \cdot [HCO_3^-]^2}{P_{CO_2}} \approx \frac{4[Ca^{2+}]^3}{P_{CO_2}} \approx {}^+K_{pso} \quad (1-70)$$

将式(1-70)变形得:

$$[Ca^{2+}] \approx 0.63 \cdot {}^+K_{pso}{}^{\frac{1}{3}} \cdot P_{CO_2}{}^{\frac{1}{3}} \quad (1-71)$$

同理,当水溶解白云石 $CaMg(CO_3)_2$ 达到平衡时,可得下列方程式:

$$[Ca^{2+}] = [Mg^{2+}] \approx 0.63 \cdot {}^+K_{pso}{}^{\frac{1}{3}}(\text{白云石}) \cdot P_{CO_2}{}^{\frac{1}{3}} \quad (1-72)$$

由式(1-71)和式(1-72)可知,当天然水溶解方解石或白云石时,水中 Ca^{2+}、Mg^{2+} 的含量随大气中 CO_2 分压(P_{CO_2})的增加而增加,与 CO_2 分压的立方根成正比。

在没有其他溶质存在时,25℃条件下,CO_2 分压与方解石溶解关系如图 1-20 所示。图 1-20 表明,在正常大气中,当水与方解石接触时,水中 Ca^{2+} 的含量为 20mg/L。利用热力学数据计算的结果为 $[Ca^{2+}]$ = 16mg/L。主要原因是由于土壤空气中的 CO_2 分压比地面大气高 10~100 倍。因此地下水中 Ca^{2+} 的浓度一般比地表水的高。

方解石溶解过程中所生成的 Ca^{2+} 与 HCO_3^- 含量的关系如图 1-21 所示。将实测数据与图 1-21 相比较,可以迅速地估计出 Ca^{2+} 是否饱和。

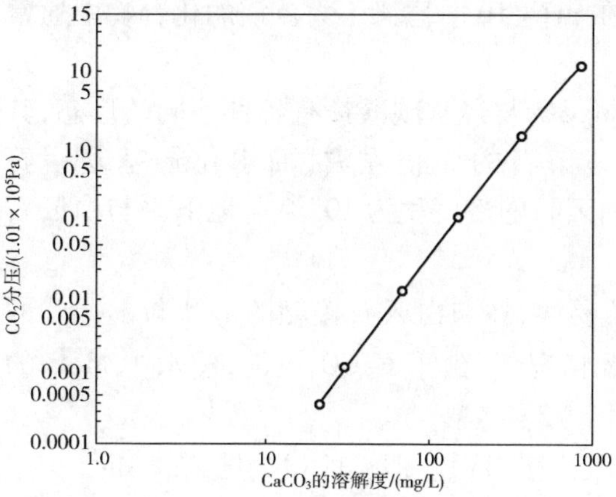

图1－20　方解石在水中的溶解度(25℃)

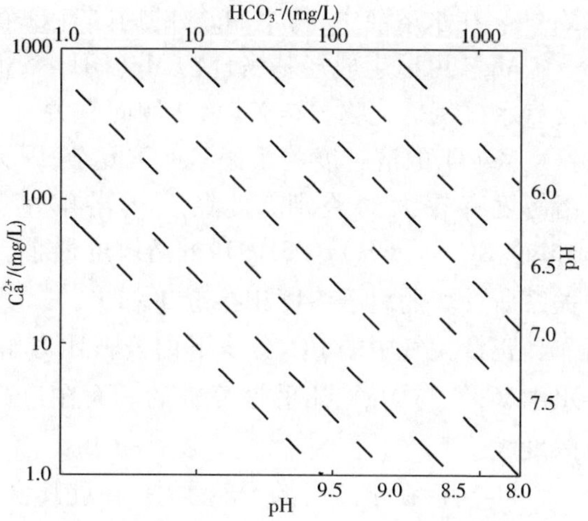

图1－21　方解石饱和溶液中pH与HCO_3^-和Ca^{2+}的关系

当天然水中含有较多的H^+时，强酸性水对$CaCO_3$的溶解，使水中的Ca^{2+}大大超过HCO_3^-的浓度，在水与石膏或无水石膏接触时，水中的Ca^{2+}可达到相当高的浓度；当水中只有Ca^{2+}与SO_4^2而无其他离子存在时，Ca^{2+}的浓度可达到600mg/L。

溶液的离子强度增大将增加水中Ca^{2+}的平衡浓度，如当水中有2500mg/L的Cl^-和1500mg/L的Na^+存在时，则Ca^{2+}与SO_4^2的平衡浓度可达700mg/L，这主要是由于盐效应的影响。

关于天然水中钙的存在形态，由于Ca^{2+}具有相当大的离子半径(0.099nm)，因此其电场强度远不如离子半径较小的Mg^{2+}。Ca^{2+}在水中难以生成较强的水化膜，故通常把水中的溶解态钙简单地表示为Ca^{2+}。

Ca^{2+}能与某些有机阴离子生成络合物，但其数量很有限，在某些水中Ca^{2+}与HCO_3^-可以生成$CaHCO_3^+$离子对，当水中HCO_3^-含量接近于1000mg/L时，有10%的Ca^{2+}与$CaHCO_3^+$离子，$CaHCO_3{}^+$离子对具有较大的数量。当水中SO_4^{2-}的含量超过1000mg/L时，可有一半以上的Ca^{2+}生成$CaSO_4$。OH^-、CO_3^{2-}也可与Ca^{2+}生成离子对，这种情况主要出现在强碱性溶液中。Ca^{2+}也可与PO_4^{3-}生成离子对，但在天然水中没有太大意义。

不同条件下天然水中钙的含量差别很大。在潮湿地区的河水中Ca^{2+}的含量比其他任何阳离子的含量都高，为20mg/L左右，不超过与方解石平衡时的浓度；干旱区河水中，有较高的Ca^{2+}含量，地下水中Ca^{2+}的含量大于地表水中Ca^{2+}的含量。

2. 镁(Mg^{2+})

人们常有一种错觉，认为在天然水中镁(Mg^{2+})的行为与Ca^{2+}类似，造成这种错觉的主要原因是由于两者都是水中硬度的主要物质。事实上Mg^{2+}的化学行为与Ca^{2+}有很大差别，由于Mg^{2+}的离子半径比Ca^{2+}和Na^+小，具有较强的电荷密度，对水分子有更大的吸引力。

水中Mg^{2+}周围有较厚的水膜，水化的Mg^{2+}表示为$Mg\cdot(H_2O)_6{}^{2+}$，习惯性简写为

Mg^{2+}。在水溶液中，每个Mg^{2+}的周围有6个水分子，其水化膜远比Ca^{2+}和Na^+厚。

Mg^{2+}可以生成羟基络合物$Mg(OH)^+$，但在$pH<10$时意义不大。镁的化合物中通常含有水或氢氧化物，这与其水化倾向有关。

$MgCO_3$的溶解度关系比$CaCO_3$复杂，因为$MgCO_3$与羟基碳酸镁有各种不同的形态，其溶解度有较大的差别。菱镁石的溶解度是方解石的3倍左右，而水化羟基菱镁石$[Mg_4(CO_3)_3(OH)_2 \cdot 3H_2O]$的溶解度最小。白云石的溶度积为$10^{-19.33}$，地下水与白云石关系所计算的离子溶度积接近$3\times10^{-17.8}$。

正常大气中的CO_2分压下白云石比方解石易溶，在与白云石接触的饱和与不饱和的水中，Ca^{2+}与Mg^{2+}几乎是等量的。而在过饱和情况下，由于$CaCO_3$沉淀，使水中Mg^{2+}的浓度大于Ca^{2+}。

Mg^{2+}存在于所有的天然水中，并且其含量仅次于Na^+。但一般很少见到以Mg^{2+}为主要阳离子的天然水（淡水中阳离子通常以Ca^{2+}为主；咸水中阳离子以Na^+为主）。在大多数水中Mg^{2+}的含量为1~40mg/L。天然水中Ca^{2+}与Mg^{2+}的含量有一定的比例关系，在溶解性固体总量低于500mg/L的水中，Ca^{2+}与Mg^{2+}摩尔比值变化范围较大，从4∶1到2∶1，当水中溶解性固体总量大于1000mg/L时，其比值在2∶1到1∶1之间。而当水中溶解性固体总量进一步增大时，Mg^{2+}就要超过Ca^{2+}很多倍。淡水中Ca^{2+}显著多于Mg^{2+}，这是由于地壳中钙的丰度大于镁，而在咸水中Mg^{2+}的含量大于Ca^{2+}，是由于镁的氯化物和硫酸盐的溶解度较钙的溶解度高很多的原因。

$MgSO_4$离子对的稳定性同$CaSO_4$，Mg^{2+}与CO_3^{2-}和HCO_3^-生成的络合物与Ca^{2+}的同类络合物相近，但一般要在SO_4^{2-}或HCO_3^-含量大于1000mg/L时才能生成上述络合物。

3. 钠（Na^+）

天然水中的钠（Na^+）的溶解度都很高，在自然环境中不存在使Na^+沉淀的重要反应。

Na^+在天然水中最重要的特点是，不同条件下的含量差别十分悬殊。在大多数河水中含量在几mg/L至几十mg/L，含盐量高的水中Na^+是最优势的阳离子，在海水中Na^+的含量按质量计占全部阳离子含量的81%。

在淡水中，由于Na来源于铝硅酸盐矿物的分解，故$[Na^+]>[Cl^-]$。

在卤水中，$[Na^+]<[Cl^-]$，这是由于水中存在着$CaCl_2$与$MgCl_2$，而自然界中的$CaCl_2$与$MgCl_2$的矿物不多见。这种水中的Mg^{2+}和Ca^{2+}的出现是SO_4^{2-}被还原消失后，高浓度Cl—Na型水中的Na^+与沉积物中的Ca^{2+}、Mg^{2+}发生离子交换作用的结果，同时$[Cl^-]>[Na^+]$的差数可以表示与沉积物中的吸附性Ca^{2+}、Mg^{2+}进行交换作用的那一部分Na^+的摩尔数。

Na^+由水中转入固相的反应是阳离子交换反应，但数量有限。也就是说，在正常的自然环境中不存在使水中Na^+含量降低的反应。在Na^+饱和的水中的含量可达150g/L。在干旱区的水中Na^+一般在100g/L以上。

关于Na在天然水中存在的形态，在Na^+含量低于1000mg/L的水中，Na^+主要呈游离态，在含盐量较高的水中存在着多种离子和络合物，如$NaCO_3^-$、$NaHCO_3$与$NaSO_4^-$等。海水中几乎所有的阴离子都可以与Na^+生成离子对。

4. 钾(K^+)

钠和钾两者的化学性质相近。在天然水中 K^+ 的含量远低于 Na^+,K^+ 的含量一般为 Na^+ 的 4% ~10%。另外,K^+ 是植物的基本营养元素,土壤中的钾被植物吸收与固定,因此,大部分天然水中 K^+ 的含量远低于 Na^+。

在 Na^+ 含量低于 10mg/L 的淡水中,K^+ 的含量只为 Na^+ 的 10% ~50%。总之,天然水中 K^+ 的浓度值范围远比 Na^+ 的浓度值小。

5. 硅

在绝大多数正常天然水中 SiO_2 的含量为 1 ~ 30mg/L,地表水中 SiO_2 的平均含量是 14mg/L,地下水中的平均含量是 17mg/L,少数区域可达到 100mg/L,在深层地下水中有更高的浓度。表层海水中 SiO_2 含量一般低于 1mg/L,湖水中的 SiO_2 含量也不高,这种情况显然与生物的吸收作用有关,硅通常被聚积于生物贝壳和骨骼中。

关于硅在天然水中的化学形态,在碱性水中 $Si(OH)_4$ 可以电离:

$$Si(OH)_4 \rightleftharpoons SiO(OH)_3^- + H^+, \log K = -9.46 \quad (1-73)$$

$$SiO(OH)_3^- \rightleftharpoons SiO_2(OH)_2^{2-} + H^+, \log K = -12.56 \quad (1-74)$$

计算表明,当 pH = 8.41 ~ 8.91 时,$SiO(OH)_3^-$ 的含量占总溶解硅的 10%,当 pH = 9.41 ~9.91 时,$SiO(OH)_3^-$ 可占总溶解硅的 50%。

$Si(OH)_4$ 也可生成多核络合物:

$$4Si(OH)_4 \rightleftharpoons Si_4O_6(OH)_6^{2-} + 2H^+ + 4H_2O, \log K = -12.57 \quad (1-75)$$

或

$$2Si(OH)_4 \rightleftharpoons H_6Si_2O_7 + H_2O \quad (1-76)$$

在中性和弱碱性条件下只有 $Si(OH)_4$ 生成,碱性条件下可生产单核与多核络合物,从而使硅酸盐的溶解度增加。目前尽管对硅的络合物的了解甚少,但研究表明,存在着硅的多核络合物。

在含 F^- 的酸性水中,硅倾向于生成硅氟络离子 $SiF_6{}^{2-}$,但在 pH >4 的水中含量甚微。

6. 碳酸氢根(HCO_3^-)与碳酸根(CO_3^{2-})

(1)碳酸化合物存在的形态　HCO_3^- 是淡水中的主要成分,天然水中碳酸化合物的来源有以下几个方面:

首先是空气中二氧化碳的溶解,岩石、土壤中碳酸盐和重碳酸盐矿物的溶解,如:

$$CaCO_3 + CO_2 + H_2O \rightleftharpoons Ca^{2+} + 2HCO_3^- \quad (1-77)$$

$$CaMg(CO_3)_2 + 2CO_2 + 2H_2O \rightleftharpoons Ca^{2+} + Mg^{2+} + 4HCO_3^- \quad (1-78)$$

上述反应是可逆的,只有当水中溶有 CO_2 时,反应才向右进行。

其次是水中动植物的新陈代谢作用以及水中有机物的生物氧化等产生的二氧化碳;有时在水处理过程中也会加入或形成各种碳酸化合物。上述各种来源的碳酸化合物综合构成水中碳酸化合物的总量。

水中碳酸化合物通常以下列几种形态存在:

①分子状态的碳酸,即溶于水中的游离碳酸,包括溶解的气体 CO_2 和未离解的 H_2CO_3 分子。

②半化合性碳酸，即重碳酸盐碳酸，重碳酸根离子（HCO_3^-）。

③化合性碳酸，即碳酸盐碳酸，碳酸根离子（CO_3^{2-}）。

上述三种碳酸化合物存在着以下平衡关系：

$$CO_2 + H_2O \longrightarrow H_2CO_3$$

$$H_2CO_3 \longrightarrow H^+ + HCO_3^-$$

$$HCO_3^- \longrightarrow H^+ + CO_3^{2-}$$

若把各级平衡式综合起来，可以得到：

$$CO_2 + H_2O \rightarrow H_2CO_3 \rightarrow H^+ + HCO_3^- \rightarrow 2H^+ + CO_3^{2-} \quad (1-79)$$

在上述两种分子状态的碳酸（游离碳酸）平衡关系中，实际上是 CO_2 的形态占最主要的位置，而 H_2CO_3 的形态只占分子状态碳酸总量的1%以下。例如，在25℃时，$[H_2CO_3]/[CO_2]=0.0037$，很难用化学方法分开测定。因此，把水中溶解的气体 CO_2 的含量作为分子状态碳酸（游离碳酸）的总量，不会引起很大误差，在分析中可以用 $[CO_2]$ 或 $[H_2CO_3]$ 代替分子状态碳酸（游离碳酸）总量，即：

$$[CO_2] \approx [CO_2] + [H_2CO_3] \quad (1-80)$$

或

$$[H_2CO_3] \approx [CO_2] + [H_2CO_3] \quad (1-81)$$

（2）碳酸平衡和pH的关系　H_2CO_3 按下式离解：

$$H_2CO_3 \rightleftharpoons HCO_3^- + H^+ \qquad K_1 = 4.5 \times 10^{-7} \quad (1-82)$$

$$[HCO_3^-] = \frac{[H_2CO_3]}{[H^+]} \times 4.5 \times 10^{-7} \quad (1-83)$$

从式（1-83）中可以看到，当 $[H^+]=4.5\times10^{-7}$，即 $pH=7$ 时，$[H_2CO_3]=[HCO_3^-]$，当 $pH>7$ 时，$[H_2CO_3]<[HCO_3^-]$；而当 $pH<7$ 时，$[H_2CO_3]>[HCO_3^-]$。

与 HCO_3^- 处于平衡时的 CO_2(l)称为平衡 CO_2。如果水中的 CO_2 含量大于平衡 CO_2 含量时，则多余的 CO_2 将继续溶解 $CaCO_3$，这一部分 CO_2(l)称为侵蚀性 CO_2。

相反，当水中的 CO_2 含量低于平衡 CO_2 时，则式（1-82）反应向左移动。这一平衡在日常生活中可以看到，加热含大量 HCO_3^- 与 Ca^{2+} 的水时，CO_2 自水中逸出，生成的 $CaCO_3$ 水垢沉淀物。

从式（1-82）、式（1-83）中还可以看出，HCO_3^- 含量与 $[H^+]$ 成反比。计算表明，当 $pH<4$ 时，水中 HCO_3^- 含量就非常少了，可以说在酸性水中实际上不存在 HCO_3^-。

在一般河水与湖水中 HCO_3^- 含量不超过250mg/L。地下水中的浓度是50~400mg/L，在少数情况下可达800mg/L。HCO_3^- 进一步解离生成 CO_3^{2-}：

$$HCO_3^- \rightleftharpoons CO_3^{2-} + H^+ \qquad K_2 = 4.7 \times 10^{-11} \quad (1-84)$$

但当水中有 Ca^{2+} 时，将妨碍 CO_3^{2-} 的存在，因为它易生成难溶的 $CaCO_3$ 沉淀。所以大部分水中 CO_3^{2-} 含量很低，只有当 Ca^{2+} 含量极少时，才可以聚集较大量的 CO_3^{2-}。

水中 $[CO_3^{2-}]$ 与 $[H^+]$ 成反比，据计算，当 $pH<8.3$ 时，CO_3^{2-} 含量可以忽略不计。这也就是说，在中性和酸性水中实际不存在 CO_3^{2-}。

由上述可知，H_2CO_3、HCO_3^-、CO_3^{2-}、H^+ 和 Ca^{2+} 在水溶液中有密切的数量联系，其中一

种成分的改变就会引起所有其他成分的改变，这一数量关系决定于K_1、K_2和$CaCO_3$的溶度积常数。所有这些对天然水构成了非常有意义的碳酸化学平衡体系。

若把各级平衡式综合起来可以得到：

$$CO_2 + H_2O \rightleftharpoons H_2CO_3 \rightleftharpoons H^+ + HCO_3^- \rightleftharpoons 2H^+ + CO_3^{2-} \tag{1-85}$$

不同温度下碳酸的平衡常数值见表1-10。

表1-10　各温度下碳酸的平衡常数

温度 t/℃	$K_1(\times 10^7)$	pK_1	$K_2(\times 10^{11})$	pK_2
0	2.65	6.577	2.36	10.625
5	3.04	6.517	2.77	10.557
10	3.43	6.464	3.24	10.490
15	3.80	6.419	3.71	10.430
20	4.15	6.381	4.20	10.377
25	4.45	6.352	4.69	10.329
30	4.71	6.327	5.13	10.290
40	5.06	6.298	6.03	10.220
50	5.16	6.287	6.73	10.172
60	5.02	6.229	7.20	10.143
70	4.69	6.329	7.52	10.124
80	4.21	6.370	7.55	10.122

设水中各种形态的碳酸的总量以c表示，则：

$$c = [H_2CO_3] + [HCO_3^-] + [CO_3^{2-}] \tag{1-86}$$

若c值固定，在达到平衡体系时，三种类型碳酸之间应有固定的比例。这种比例决定于溶液中氢离子的浓度。pH降低时平衡左移，游离碳酸增多，pH升高时平衡右移，重碳酸根和碳酸根增多。

如果把这三种类型的碳酸在总量中所占的比例分别以a_0、a_1和a_2表示，则

$$[H_2CO_3] = a_0, [HCO_3^-] = a_1, [CO_3^{2-}] = a_2 \tag{1-87}$$

综合式(1-83)~式(1-86)可得：

$$a_0 = \left(1 + \frac{K_1}{[H^+]} + \frac{K_1 \times K_2}{[H^+]^2}\right)^{-1} \tag{1-88}$$

$$a_1 = \left(\frac{[H^+]}{K_1} + 1 + \frac{K_2}{[H^+]}\right)^{-1} \tag{1-89}$$

$$a_2 = \left(\frac{[H^+]^2}{K_1K_2} + \frac{[H^+]}{K_2} + 1\right)^{-1} \tag{1-90}$$

根据式(1-88)~式(1-90)可计算出不同pH时三类碳酸含量的相对比例值(a_0、a_1、a_2)，见表1-11。

表 1－11　　三类碳酸含量的比值（25℃）　　单位：%

pH	$H_2CO_3\ a_0$	$HCO_3^-\ a_1$	$CO_3^{2-}\ a_2$	pH	$H_2CO_3\ a_0$	$HCO_3^-\ a_1$	$CO_3^{2-}\ a_2$
2.0	100			8.0	2.46	97.08	0.46
2.5	99.99	0.01		8.5	0.72	97.83	1.45
3.0	99.96	0.04		9.0	0.17	95.36	4.47
3.5	99.86	0.14		9.5	0.04	87.03	12.93
4.0	99.56	0.44		10.0	0.01	68.02	31.97
4.5	98.62	1.38		10.5		40.22	59.78
5.0	95.75	4.25		11.0		17.54	82.46
5.5	87.70	12.30		11.5		6.30	93.70
6.0	70.70	30.30		12.0		2.08	97.92
6.5	41.62	58.37	0.01	12.5		0.67	99.33
7.0	18.64	81.32	0.04	13.0		0.21	99.79
7.5	6.74	93.12	0.14				

将表 1－11 中各数值绘成曲线，如图 1－22 所示。

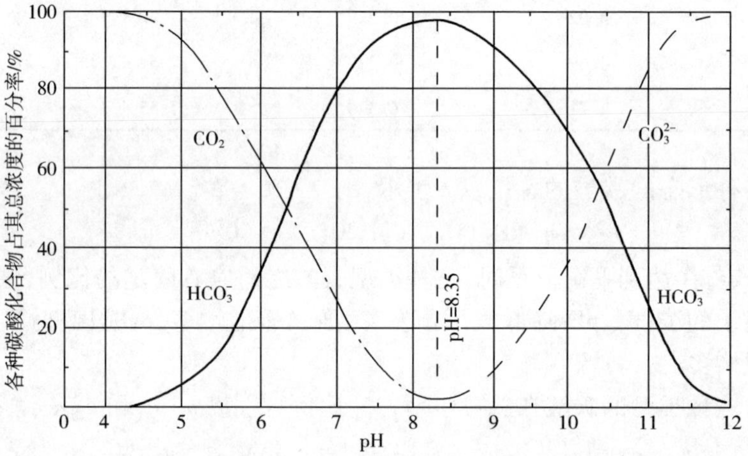

图 1－22　三类碳酸含量的比例变化曲线

由表 1－11 和图 1－22 可以看出：

①当 pH＜4.3 时，水中几乎只有 CO_2 一种形态。

②当 pH＜8.3 时，水中 CO_3^{2-} 几乎没有了，主要存在 CO_2 和 HCO_3^- 两种形态。

③当 pH＞8.3 时，CO_2 几乎没有了，而 CO_3^{2-} 和 HCO_3^- 同时存在。

④当 pH＞10.3 时，HCO_3^- 迅速减少。

⑤当 pH＞12 时，水中几乎只存在 CO_3^{2-} 一种形态。

因此，可以认为 HCO_3^- 实际存在范围是 pH 在 4.5～12，而且当 pH 在中等范围（6～

10.5)时,HCO_3^-在三种类型碳酸的总量中占30%以上。三种碳酸在平衡时的浓度比例与水的pH有完全相对应的关系。

当某种碳酸的浓度受外界影响而变化时,就会引起其他各种碳酸浓度的变化以及水的pH的相应变化。同样,水的pH发生变化时,也会引起三种碳酸浓度之间的比例发生变化。由此可见,水中的碳酸平衡同pH是密切相关的。

(3)碳酸化合物平衡间的关系 把碳酸的离解与$CaCO_3$的溶解合并考虑可以得出下式:

$$[H_2CO_3]=\frac{K_2}{K_1\times K_{CaCO_3}}[HCO_3^-]^2\cdot[Ca^{2+}] \qquad (1-91)$$

按式(1-91)可绘出图1-23表示的水中Ca^{2+}、HCO_3^-和CO_2平衡含量间的关系。

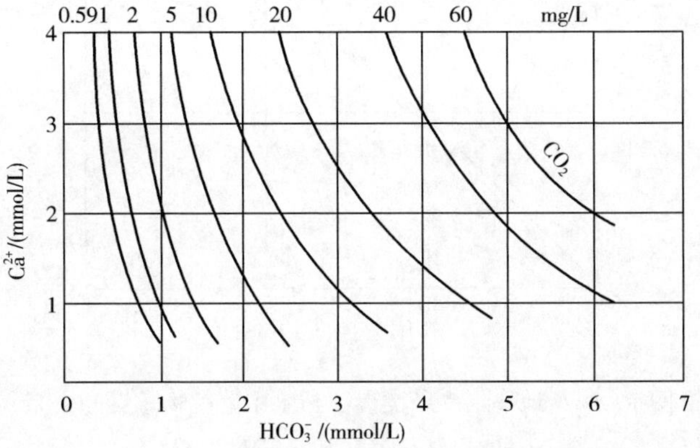

图1-23 CO_2与HCO_3^-和Ca^{2+}的平衡关系

从图1-23中可以看出,在河水中,当HCO_3^-含量低于50mg/L时,水未被$CaCO_3$饱和。因为此时水中的CO_2含量小于平衡CO_2含量(0.59mg/L)。此时水中的HCO_3^-是不稳定。当河水中HCO_3^-含量为0.8~1.1mmol/L(50~70mg/L)时是最稳定的。在地下水中,由于CO_2含量高,水中的HCO_3^-达到3~4mmol/L(180~240mg/L)时仍是最稳定的。

7. 氯(Cl^-)

Cl^-在天然水中有广泛的分布,几乎所有的水中都存在Cl^-,但含量差别很大,某些河水中的Cl^-含量为几个mg/L,海水中为19g/L,而在某些卤水中含量达190g/L。淡水中Cl^-的含量低于SO_4^{2-}和HCO_3^-,海水中三者的含量顺序正相反。

天然水中Cl^-较重要的来源与蒸发岩有关,氯在岩石中的含量远比天然水中其他主要成分低。火成岩中的含氯矿物主要是方钠石$Na_8[Cl_2(AlSiO_4)_6]$和氯磷灰石$Ca_5(PO_4)_3Cl$。在细颗粒的海洋泥质中长期地保留着氯化物。所有这些岩石和沉积物中,Na^+与Cl^-伴生在一起。计算表明,16km厚的地壳中的氯有3/4存在于海水溶液中。

与天然水中其他离子相比,Cl^-的化学行为最为简单。氯化物不参与任何氧化还原反应,不与其他主要阳离子生成络合物,Cl^-在总的生物化学循环中所起作用有限。因此,在水文循环中氯的转移基本上是一种物理过程。由于Cl^-的化学行为简单,在地下水动力学的研究中常被作为示踪剂使用。

在阴离子以 Cl^- 占优势的水中同时阳离子以 Na^+ 占优势，Cl^- 与 Na^+ 在天然水中有等摩尔积累的趋势，其含量与天然水中溶解性固体总量的增长呈正比，完全不同于 HCO_3^-、Ca^{2+}、Mg^{2+}、SO_4^{2-} 在天然水中的积累过程，这一情况与各种钠盐及各种氯化物在水中有很高的溶解度有关，如图 1－24 所示。

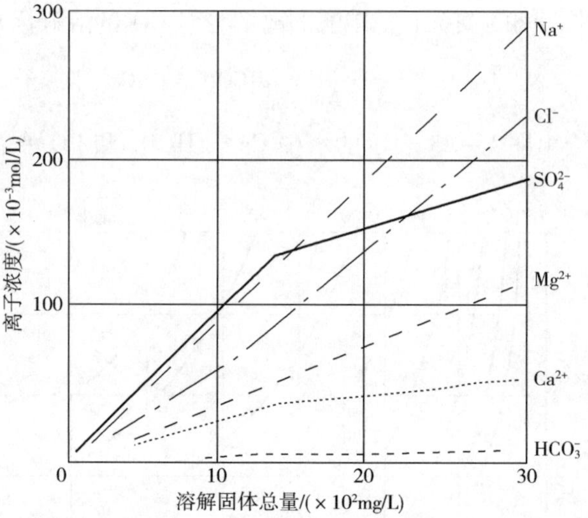

图 1－24　地下水中各类离子与水中溶解物总量的关系

（其中 Ca^{2+}、Mg^{2+}、SO_4^{2-} 均乘以 1/2）

8. 硫酸根（SO_4^{2-}）

SO_4^{2-} 是天然水中含量居中的阴离子。在淡水中，$[HCO_3^-]>[SO_4^{2-}]>[Cl^-]$，咸水中正好相反，$[Cl^-]>[SO_4^{2-}]>[HCO_3^-]$。

硫以还原态金属硫化物的形式广泛地分布在火成岩中。当硫化物与含氧水接触时便被氧化，生成 SO_4^{2-}。火山喷气中的 SO_2 及一些泉水中的 H_2S 也可被氧化为 SO_4^{2-}；沉积中的石膏与无水石膏是天然水中 SO_4^{2-} 的重要来源；含硫的动、植物残体分解也影响着天然水中 SO_4^{2-} 的含量；NaCl 溶液的存在，可使 $CaSO_4$ 的溶解度增大。

简单系统中 Ca^{2+} 与 SO_4^{2-} 的浓度是等摩尔的，25℃条件下当水中不含 NaCl 时，SO_4^{2-} 的含量为 1.480mg/L，在 $Na^+ + Cl^-$ 的含量为 2500mg/L 时，SO_4^{2-} 的含量增加到 1.800mg/L。

$SrSO_4$ 与 $BaSO_4$ 的溶度积为 $10^{-6.5}$ 和 $10^{-10.0}$，即在含有 10mg/L Sr^{2+} 的水中 SO_4^{2-} 含量不会超过几百 mg/L。

$MgSO_4$ 与 Na_2SO_4 的溶解度较高。当水中含有 Na_2SO_4、$MgSO_4$ 并同时含少量 Ca^{2+} 时，SO_4^{2-} 含量可达到 100000mg/L，但这种情况只能在天然卤水中看到。

SO_4^{2-} 水化学性质的一个特点是易与某些金属阳离子生成络合物和离子对，其中最常见的有 $NaSO_4^-$ 和 $CaSO_4$ 等。

在低 pH 的天然水中硫酸的离解是不完全的，可生成相当数量的 HSO_4^-。

当 pH＝1.9 时，HSO_4^- 是优势离子。

当 pH = 2.9 时，HSO_4^- 只占硫酸根总量的 10% 左右。

当 pH > 3.9 时，HSO_4^- 的含量就微不足道了。

天然水中 SO_4^{2-} 含量除决定于硫酸盐的溶解度外，还决定于环境的氧化还原条件。在还原条件下 SO_4^{2-} 是不稳定的，可被细菌还原为自然硫和 H_2S，因此，这类水中无 SO_4^{2-} 存在。

9. 铁离子（Fe^{2+}，Fe^{3+}）

铁在岩石、土壤和水体中以各种各样的形式和氧化态存在。铁最常见的矿物源（沉积物）包括氧化铁和氢氧化铁，例如，使岩石呈红色的赤铁矿（Fe_2O_3）和使土壤呈黄色的氢氧化铁[$Fe(OH)_3$]。在富氧的地表水中（pH = 5 ~ 8），总铁的浓度为 0.05 ~ 0.2mg/L；在地下水中，铁的浓度普遍在 1 ~ 10mg/L；在低碳酸盐和低氧浓度的水体中，铁的浓度可能会更高（高达 50mg/L）。

10. 锰离子（Mn^{2+}）

锰在岩石土壤中的含量非常丰富，通常是以与其他金属阳离子配合的氧化锰和氢氧化锰的形式存在。在较低或中等 pH 下，锰最主要的溶解态是二价锰（Mn^{2+}）。浓度通常为 0.1 ~ 1mg/L，在低 pH 下，可能有更高的浓度。在地下水中，锰通常是和铁并存的，像铁一样，可能引起洗涤和固定染色等感官指标上的问题。

11. 氟离子（F^-）

虽然地壳岩石中氟元素的含量远大于氯元素，氟元素却更大程度地结合在矿物质中。萤石（CaF_2）是氟元素通常的矿物形式，氟磷灰石[$Ca_5F(PO_4)_3$]中也含有氟元素。在天然水体中，氟元素的存在形式主要是氟离子或者铝、铍及铁离子形成的配合物。在 TDS 小于 1000mg/L 的水体中，氟的浓度通常小于 1mg/L，而受火山活动影响的地下水中，氟的含量可能高于 10mg/L。

12. 氮（N）

水中的氮元素及氮相应的氧化物在水体/土壤环境下最主要的存在形式是氨气（NH_3，-Ⅲ），铵根离子（NH_4^+，-Ⅲ），氮气（N_2，0），亚硝酸根离子（NO_2^-，+Ⅲ），硝酸根离子（NO_3^-，+Ⅴ）。氮元素在大多数有机物中的氧化态是 -3 价。氮元素的氧化态从 -3 到 +5 价，总结如下：

$$\begin{array}{ccccccc} -\text{III} & 0 & \text{I} & \text{II} & \text{III} & \text{IV} & \text{V} \\ NH_3 — & N_2 — & N_2O — & NO — & N_2O_3 — & NO_2 — & N_2O_5 \end{array}$$

氮元素在水中的其他形式包括尿素（NH_2CONH_2）、氨基酸及其分解物在内的有机物，还有氨气（NH_3）、铵根离子（NH_4^+）、羟胺（NH_2OH）、氮气（N_2）和亚硝酸根（NO_2^-）。氨气、铵根离子和蛋白质的分解物都是还原态物质，氮气是零价态的，亚硝酸根是 +3 价，而硝酸根是 +5 价。氮元素从一种价态转化到另一种价态是与生物活动、城市污水的流入以及氮肥的利用紧密相关的。

13. 二氧化硅（SiO_2）

二氧化硅几乎存在于所有的岩石、土壤和天然水体中。在水中，二氧化硅会水化为 H_4SiO_4 或 $Si(OH)_4$，虽然在水分析中，通常把溶解的二氧化硅表示为 SiO_2。在大多数天然水中二氧化硅的浓度为 1 ~ 30mg/L。二氧化硅的溶解性很复杂，其中温度是关键的影响因素。在水处理中，硅酸钠被用作混凝剂，而在铁管中被用作缓蚀剂。

14. 硫(S)

硫元素在天然水体中的存在形式是硫酸根(如 SO_4^{2-})和硫化物(如 H_2S、HS^-、$Na_2S_2O_3$)。硫酸根的主要来源是蒸发岩,蒸发岩是由于水蒸发和矿物沉积而形成的,例如,石膏($CaSO_4 \cdot 2H_2O$)和硬石膏($CaSO_4$)。沉积岩比如黄铁矿(FS_2)、降雨和细菌代谢物。在富氧水中硫酸根的浓度通常为 5 ~ 30mg/L。

15. 铝离子(Al^{3+})

Al^{3+} 通常不存在于水中,除非铝金属遭受腐蚀,或预处理铝盐凝聚剂后,Al^{3+} 浓度(以 Al_2O_3 计)为 1 ~ 3mg/L,将会加速沉积物生成。

16. 锌离子(Zn^{2+})

以抑制剂形态出现,在电化学腐蚀反应中可充当牺牲阳极,但对鱼类有害,排放要求 $c_{(Zn^{2+})} \leqslant 5$mg/L,渔场要求 $c_{(Zn^{2+})} \leqslant 0.1$mg/L。在 pH≥8.3 时,发生锌沉积。

二、水中主要离子缔合体

对于淡水,由于配位体浓度较低,络合物的数量很少,但在海水中,有相对数量的离子被束缚于络合物中。表 1 - 12 列举了淡水中主要离子缔合体组成。

表 1 - 12　淡水中主要无机络合物(浓度:-log*M*)

离子	HCO_3^-	CO_3^{2-}	SO_4^{2-}	自由离子
Na^+	6.3	7.6	6.4	3.30(100%)
K^+	—	—	6.9	4.00(100%)
Ca^{2+}	4.9		4.8	3.17(95%)
Mg^{2+}	5.9	5.8	5.1	3.54(96.3%)
H^+	—	—	9.6	8.0
自由离子	2.70(99%)	4.97	3.75(88%)	—

表 1 - 13 列举了 25℃、1.01×10^5 Pa 条件下,天然水中主要无机离子缔合体的稳定常数。

表 1 - 13　天然水体中主要无机离子缔合体的稳定常数

Ⅰ淡水:离子强度 = 0,$\log K_1 = \log([MX]/[M][X])$				Ⅱ海水:$\log K_1 s = \log([MX]/[M][X])$				
离子	HCO_3^-	CO_3^{2-}	SO_4^{2-}	离子	HCO_3^-	CO_3^{2-}	SO_4^{2-}	F^-
Na^+	-0.3	0.77	0.70	Na^+	-0.55	0.97	0.34	—
K^+	—	—	0.85	K^+	—	—	0.13	—
Ca^{2+}	0.69(1.06)	2.88	2.23	Ca^{2+}	0.21	2.20	1.01	1.3
Mg^{2+}	1.0	3.15	2.31	Mg^{2+}	0.29	1.89	1.03	0.62
H^+	6.35	10.33	2.0	H^+	6.035	9.09	1.38	2.9

表 1 - 14 列举了海水中主要离子缔合体组成。

表 1－14　　海水化学模式：主要离子对百分数（25℃，1.01×10^5 Pa）

离子对	Na^+			Mg^{2+}			Ca^{2+}			K^+		
	0.4752*m*	0.4823*m*	0.4822*m*	0.0540*m*	0.05485*m*	0.05489*m*	0.0104*m*	0.01062*m*	0.01063*m*	0.0100*m*	0.01020*m*	0.01062*m*
自由离子	99	99	97.7	87	89.9	89.2	91	91.5	88.5	99	98.5	98.9
MSO_4	1.2	1	2.2	11	9.2	10.3	8	7.6	10.8	1	1.5	1.1
$MHCO_3$	0.01	0	0.1	1	0.6	0.1	1	0.7	0.3	—	0	—
MCO_3	—	0	0	0.3	0.3	0.1	0.2	0.2	0.3	—	0	—
Mg_2CO_3	—	—	—	—	—	0	—	—	—	—	—	—
$MgCaCO_3$	—	—	—	—	—	0	—	—	0.1	—	—	—

离子对	SO_4^{2-}			HCO_3^-			CO_3^{2-}					F^-
	0.0284*m*	0.02909*m*	0.02906*m*	0.00238*m*	0.00186*m*	0.00213*m*	0.000269*m*	0.00011*m*	0.000171*m*			0.000080*m*
自由离子	54	62.9	39	69	74.1	81.3	9	10.2	8			51
NaX	21	16.4	37.1	8	8.3	10.7	17	19.4	16			—
MgX	21.5	17.4	19.5	19	14.4	6.5	67	63.2	43.9			47
CaX	3	2.8	4	4	3.2	4	7	7.1	21			2
KX	1	0.5	0.4	—	0	0.4	—	0	—			—
Mg_2CO_3	—	—	—	—	—	—	—	—	7.4			—
$MgCaCO_3$	—	—	—	—	—	—	—	—	3.8			—

注：氯离子浓度 19.9‰或 19.37‰。

从表 1－14 中可见，海水中的绝大部分阳离子为游离的水合金属离子。这是因为它们属硬酸离子，且海水中的浓度远高于与其络合的阴离子的浓度。而 CO_3^{2-}、SO_4^{2-} 及 HCO_3^- 的情况则不同，只有相应数量的阴离子与阳离子结合。

表 1－15 列举了温度、压力对海水中硫酸盐缔合体生成的影响。

表 1－15　　温度和压力对海水中硫酸盐缔合体生成的影响

温度/℃	压力/MPa	SO_4^{2-}/%	$NaSO_4^-$/%	$MgSO_4$/%	$CaSO_4$/%
25	0.1	39.0	38.0	19.0	4.0
2	0.1	28.0	47.0	21.0	4.0
2	100	39.0	32.9		

从表 1－15 可知，在相同压力下，随着温度的降低，离子缔合体的数量增高。对硫酸盐而言，当温度降低时，$NaSO_4^-$ 的数量显著增高，$MgSO_4$ 的数量微有增加，$CaSO_4$ 的数量没有变化，而游离 SO_4^{2-} 的数量则较大降低了。

压力对离子缔合体生成的影响可以根据摩尔体积估算。在 15℃时 $NaSO_4^-$ 的稳定常数随压力的变化（$I=0.72$）如下所示：

$$\ln K_1 = 1.26 - 0.7 \times 10^{-3} \tag{1-92}$$

即随着压力的增大，$NaSO_4^-$ 的稳定常数变小，缔合体的数量减少。

三、碳酸钙的溶解度

$CaCO_3$属于难溶盐，溶度积 $K_{sp} = 2.9 \times 10^{-9}$，下面根据溶解的定义推导 $CaCO_3$溶解度与溶液 pH 之间的关系式。

当忽略 $CaCO_3$的固有溶解度 S，且溶液离子强度较小（$\gamma = 1$）时，设 $CaCO_3$水溶液的溶解度为 S。根据溶解度的定义，则有：

$$[Ca^{2+}] \cdot [CO_3^{2-}] = K_{sp(CaCO_3)} \tag{1-93}$$

从而：

$$S^2 a_{CO_3^{2-}} = K_{sp(CaCO_3)} \tag{1-94}$$

$$S^2 = K_{sp(CaCO_3)} / a_{CO_3^{2-}} \tag{1-95}$$

其中 $a_{CO_3^{2-}}$为 CO_3^{2-}的分布分数，由 $a_{CO_3^{2-}}$的定义得：

$$a_{CO_3^{2-}} = \frac{K_{a1}K_{a2}}{[H^+]^2 + K_{a1}[H^+] + K_{a1}K_{a2}} \tag{1-96}$$

其中 K_{a1}、K_{a2}为 H_2CO_3在水溶液中的离解常数。将式（1－96）代入式（1－95）并两边同时取常用对数，整理得：

$$\lg S = 1/2\lg K_{sp(CaCO_3)}/K_{a1}K_{a2} + 1/2\lg([H^+]^2 + K_{a1}[H^+] + K_{a1}K_{a2}) \tag{1-97}$$

这样，我们得到了 $CaCO_3$的溶解度 S 与 $[H^+]$ 之间的关系式，由于 S 与 $[H^+]$ 两者均是未知的，还不能得出溶解度 S 与 $[H^+]$（即溶液 pH）的值。

另一方面，$CaCO_3$溶解在水中时，离解产生的 CO_3^{2-}会发生下列两级水解：

一级水解：　$CO_3^{2-} + H_2O \rightarrow HCO_3^- + OH^-$

二级水解：　$HCO_3^- + H_2O \rightarrow H_2CO_3 + OH^-$

由于 H_2CO_3的 $K_{a2} \ll K_{a1}$（$K_{a1} = 10^{-6.38}$，$K_{a2} = 10^{-10.25}$），故可认为相对于 CO_3^{2-}的一级水解，其二级水解可忽略不计。在 CO_3^{2-}的一级水解中有：

$$[OH^-] \approx [HCO_3^-]$$

$$[CO_3^{2-}] = S - [OH^-]$$

故有

$$[HCO_3^-][OH^-]/[CO_3^{2-}] = K_w/K_{a2}$$

从而

$$K_w/K_{a2} = \frac{[OH^-]^2}{S - [OH^-]} = \frac{K_w/[H^+]}{S - K_w/[H^+]} \tag{1-98}$$

将式（1－98）整理得：

$$[H^+] = [K_w + (K_w^2 + 4SK_{a2}K_w)^{1/2}] \tag{1-99}$$

此即 $CaCO_3$电离的 CO_3^{2-}水解 pH 表达式。将上式变为：

$$\lg S = \lg K_w \times (K_{a2}/[H^+])/[H^+] \tag{1-100}$$

以 pH 为横坐标，以 $\lg S$ 为纵坐标，由式（1－100）可得到一条曲线，即为 $CaCO_3$水溶液的溶解度(S)曲线。由式(1－100)还可以得到$CaCO_3$溶液电离的CO_3^{2-}水解曲线。

(1)碳酸钙水溶液的溶解度曲线　由函数关系式(1－100),可分下面几种情况讨论:

①当 pH>11 时,式(1－100)右边第二项中的$[H^+]^2$和$K_{a1}[H^+]$两项均可忽略,则式(1－100)变为:

$$\lg S = 1/2\lg K_{sp} \quad (1-101)$$

此时,$CaCO_3$溶液的溶解度S与 pH 无关,在$\lg S$－pH 关系曲线上为一条平行于横坐标的直线。

②当 7<pH<10 时,式(1－100)右边第二项中$[H^+]^2$和$K_{a1}K_{a2}$两相对于$K_{a1}[H^+]$项可忽略,则式(1－100)变为:

$$\lg S = 1/2\lg(K_{sp}/K_{a2}) - 1/2\text{pH} \quad (1-102)$$

此时$CaCO_3$溶液的溶解度在$\lg S$－pH 关系曲线上是截距为$1/2\lg(K_{sp}/K_{a2})$,斜率为－1/2的直线。

③当 pH<6 时,式(1－100)右边第二项中$K_{a1}[H^+]$和$K_{a1}K_{a2}$两项相对于$[H^+]^2$项可忽略,则式(1－100)为:

$$\lg S = 1/2\lg(K_{sp}/K_{a1}K_{a2}) - \text{pH} \quad (1-103)$$

此时,$CaCO_3$的溶解度在$\lg S$－pH 曲线上是截距为$1/2\lg(K_{sp}/K_{a1}K_{a2})$,斜率为－1 的直线。

④在 10≤pH≤11 和 6≤pH≤7 时,式(1－100)右边第二项中$K_{a1}[H^+]$、$K_{a1}K_{a2}$和$[H^+]^2$三项相近,故均应保留,在$\lg S$－pH 曲线上是光滑的曲线。

综上所述,我们可得到$CaCO_3$水溶液的溶解度对数值$\lg S$与 pH 的关系是由三段斜率不同的直线和两段光滑的曲线组成,如图 1－25 中 a 线所示。

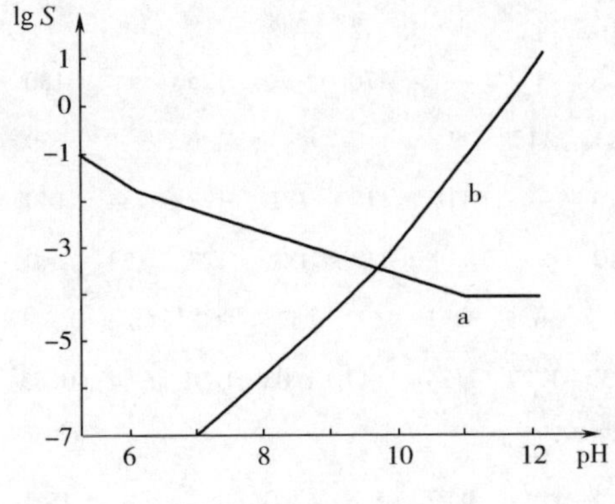

图 1－25　$CaCO_3$水溶液的溶解度与 pH 关系

a—$CaCO_3$水溶液的溶解曲线

b—$CaCO_3$电离的CO_3^{2-}水解曲线

(2)碳酸钙电离的CO_3^{2-}水解曲线　将式(1－100)变为:

$$\lg S = \lg(K_w/[H^+]) + \lg(K_{a2}/[H^+] + 1) \quad (1-104)$$

由式(1－104),分下面几种情况来讨论CO_3^{2-}水解曲线的绘制。

①当 pH > 12 时，式（1 - 104）右边第二项中 $K_{a2}/[H^+] \gg 1$，则 $K_{a2}/[H^+] + 1 \approx K_{a2}/[H^+]$，因此式（1 - 104）变为：

$$\lg S = \lg(K_{a2}K_w) + 2\text{pH} \tag{1-105}$$

此时 CO_3^{2-} 水解曲线是截距为 $\lg(K_{a2}K_w)$、斜率为 2 的直线。

②当 pH < 8 时，式（1 - 104）中右边第二项中 $K_{a2}/[H^+] \ll 1$，则 $K_{a2}/[H^+] + 1 \approx 1$，式（1 - 104）为：

$$\lg S = \lg K_w + \text{pH} \tag{1-106}$$

此时 CO_3^{2-} 水解曲线为截距为 $\lg K_w$，斜率为 1 的直线。

③在 8 ≤ pH ≤ 12 时，式（1 - 104）中第二项中不能忽略任何一个数，根据式（1 - 104）CO_3^{2-} 的水解曲线为一段光滑曲线。

综上所述可知，$CaCO_3$ 电离出的 CO_3^{2-} 水解曲线在不同 pH 时，由两段斜率不同的直线和一段光滑的曲线所组成，如图 1 - 25 中 b 线所示。

由图 1 - 25 可知，$CaCO_3$ 水溶液的溶解度曲线 a 与 $CaCO_3$ 电离的 CO_3^{2-} 的水解曲线 b 相交。因此，两者交点所对应的 pH 及 lg$S$ 值即为 $CaCO_3$ 水溶液的 pH 及相应的溶解度。从图 1 - 25 中可得 $CaCO_3$ 水溶液的 pH = 9.84，$S = 9.3 \times 10^{-5}$ mol/L。

（3）其他碳酸盐在水中的溶解度　表 1 - 16 列出了一些其他碳酸盐在水中的溶解度，供参考。

表 1 - 16　　其他碳酸盐在水中的溶解度

分子式	无水碳酸盐在下列温度（℃）时 100g 水中的最大溶解度/（mg/100g）														
	0	10	20	25	30	40	50	60	70	80	90	100	120	140	200
$CaCO_3$	8.1	7	6.5		5.2	4.4	3.8								
$Ca(HCO_3)_2$	162		166			170		175		180		184			
K_2CO_3	107	109	111	112	114	117		126		139		156		274	274
$K_2CO_3 \cdot 3/2H_2O$	105	108	110		114	117	121	127	134	140	148	156			
$K_2CO_3 \cdot 2H_2O$	106	108	110		114	117	121	127	133	140	148	156			
$KHCO_3$	22.7	27.9	33.3	36.5	39.1	45.3	52	60	68.3						
Li_2CO_3	1.54	1.43	1.33	1.27	1.25	1.17	1.08	1.01		0.85		0.72			
$MgCO_3$		0.015		0.025								0.5			
Na_2CO_3	7	12.2	21.8	29.4	39.7	48.8	47.3	46.4		45.1		44.7	42.7	39.3	
$Na_2CO_3 \cdot H_2O$					50.5	48.5		46.4	46.2	45.8	45.7	45.5			
$Na_2CO_3 \cdot 10H_2O$	7	12.5	21.5		38.8										
$SrCO_3$		1.1				10.4						65			
NH_4HCO_3	11.9	16.1	21.7	24.8	28.4	36.6		59.2		109					

注：当 CO_2 压强为 101.3kPa 和 253.0kPa 时，其溶解度分别为 0.27g/100g 和 0.59g/100g 饱和溶液。

第三节　天然水的分类

一、天然水按离子总量分类

早期的海水研究中，将天然水按离子总量分为四类：

淡水——离子总量<1000mg/L

微咸水——离子总量为1000~25000mg/L

海水——离子总量为25000~50000mg/L

盐水（卤水）——离子总量>50000mg/L

把淡水的范围确定在1000mg/L是基于人的感觉。当离子总量高于1000mg/L时便具有咸味。微咸水与海水之间的界限确定在25000mg/L。海水与盐水的界限是离子总量高于50000mg/L的水，只有强盐化的地下水才有这种情况。

目前，工业上为了用水研究方便，将天然水按含盐量分为以下四类。

低含盐量水——含盐量在200mg/L以下

中等含盐量水——含盐量为200~500mg/L

较高含盐量水——含盐量为500~1000mg/L

高含盐量水——含盐量在1000mg/L以上

我国江河水大都属于低含盐量和中等含盐量水，地下水大部分是中等含盐量水。

二、天然水按优势阴离子分类

按优势阴离子将天然水划分为重碳酸盐类、硫酸盐类和氯化物盐类。每一类中再按优势阳离子划分为钙质、镁质和钠质三个组。每一组再按离子间的摩尔比划分为4个水型：

Ⅰ型　$[HCO_3^-]>[Ca^{2+}]+[Mg^{2+}]$

Ⅱ型　$[HCO_3^-]<[Ca^{2+}]+[Mg^{2+}]<[HCO_3^-]+[SO_4^{2-}]$

Ⅲ型　$[HCO_3^-]+[SO_4^{2-}]<[Ca^{2+}]+[Mg^{2+}]$或$[Cl^-]>[Na^+]$

Ⅳ型　$[HCO_3^-]=0$

根据以上分类划分出27个天然水种类，反映水溶质成分的生成条件，如图1-26所示。

第Ⅰ型水的特点是：$[HCO_3^-]>[Ca^{2+}]+[Mg^{2+}]$。此型水含有大量$Na^+$和$K^+$，水中主要含$HCO_3^-$与$Na^+$，此型水多半是低离子含量水。

第Ⅱ型水的特点是：$[HCO_3^-]<[Ca^{2+}]+[Mg^{2+}]<[HCO_3^-]+[SO_4^{2-}]$，主要是混合水。大多数低、中离子含量的河水、湖水、地下水属于此类型。

第Ⅲ型水的特点是：$[HCO_3^-]+[SO_4^{2-}]<[Ca^{2+}]+[Mg^{2+}]$或者$[Cl^-]>[Na^+]$。此型水也是混合水，由于离子交换使水的成分变化剧烈。通常是天然水中的Na^+被土壤和含水层中的Ca^{2+}或Mg^{2+}所交换。海水和许多具有高离子含量的地下水属于此类型。

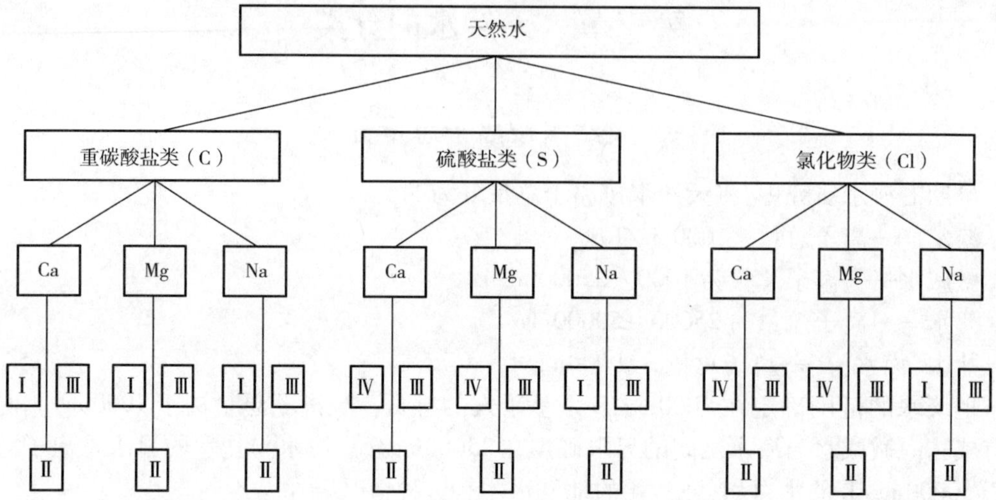

图 1－26　天然水按优势阴离子分类

第Ⅳ型水的特点是：$[HCO_3^-]=0$，即酸性水。在重碳酸类中不包括此型，只有硫酸盐与氯化物类的 Ca 组与 Mg 组中才有此型水，这两组中无第Ⅰ型水。

按照上述分类，每种性质的水用符号表示为：

“类”用相应的阴离子符号表示（C、S、Cl）；

“组”用阳离子符号表示，写作“类”的方次的形式；

“型”用罗马字标在“类”符号下面。

如 $C_{\text{Ⅱ}}^{Ca}$表示重碳酸类钙组第Ⅱ型水，$S_{\text{Ⅲ}}^{Na}$表示硫酸盐类钠组第Ⅲ型水。有时还要标上离子含量（精确至 0.1g/L，写在下面）和总硬度（精确至 0.1mmol，写在上面），如 $C_{\text{Ⅱ}0.4}^{Ca5}$。

此外，根据所研究的内容不同，还可将天然水按硬度、碱度分类。

第二章　工业循环冷却水水源及系统

第一节　工业循环冷却水水源

地表水、地下水、海水等都可以作为冷却水水源，但作为循环冷却水，不同的工业，不同的生产设备、产品，不同的换热器等，对循环冷却水的水质要求也有所不同，不论哪种水源，都应进行净化处理，达到水质的基本要求。有关工业循环冷却水水源的特点如下。

1. 地表水水源

地表水是指地表淡水，包括江、河、湖泊、水库等水源。水源选择的原则是：水质良好，水量充沛，便于保护。

地表水是循环冷却水的主要水源。地表水的特点是浊度较高，硬度较低，有机物和细菌含量高，水质和水温随季节性变化大，易受人为污染。但地表水取用相对较方便，管理较集中，水量能满足冷却水量的需要。山区性河流水量受季节变化大，洪水期与枯水期会相差几十倍之多，有些河流洪枯水位的变幅（水位差）竟达30m以上，给取水造成很大困难；沿海地区河段会受咸潮的影响；西北、东北的河流会受冰凌及浮冰的影响；有些河段受水草等漂浮物的影响，这些都会对取水构筑物造成影响。

不同的地表水，其水质也存在着差异。江河水一般浑浊度、含沙量、悬浮物较高，平原地区河流易受生活污水、工业废水、农田农药等污染，一般水质较差；湖泊水常规来说比江河水水质好，湖泊相当于一个天然沉淀池，经过沉淀自净作用，去除了部分物质。但湖泊水流缓慢，春、夏会有藻类繁殖，有些湖泊如巢湖、太湖等，藻类繁殖相当严重，富营养化大幅度上升，夏季水明显发臭，对水处理造成很大困难；水库水是由众多的山区小溪汇集而成，水质一般清晰透明，通常浊度 <5NTU，有时 <3NTU，只有暴雨洪水期浊度大些，但经水库沉淀自净后又会转好。虽然春夏也会有藻类繁殖，但富营养化不严重，水库水是地表水中水质最好的水。

地表水环境质量标准按《地表水环境质量标准》（GB 3838—2002）执行。依据水域使用目的和保护目标，将地表水划分为以下5类：

Ⅰ类：主要适用于源头水、国家自然保护区。

Ⅱ类：主要适用于集中式生活饮用水水源地一级保护区、珍贵鱼类保护区、鱼虾产卵场。

Ⅲ类：主要适用于集中式生活饮用水水源地二级保护区、一般鱼类保护区及游泳区。

Ⅳ类：主要适用于一般工业用水区及人体非直接接触的娱乐用水区。

Ⅴ类：主要适用于农业用水区及一般景观要求水域。

Ⅲ类水体的水质受到了较轻的污染，少量水质指标不符合要求，但超标值不大；Ⅳ类水体的水质部分指标超标，水体受到了明显污染；Ⅴ类水体已受到了严重污染。各类水体的水质标准见《地表水环境质量标准》。为避免与城镇供水、渔业用水等争水，循环冷却水的水源应取自Ⅳ类水体。

2. 地下水水源

地下水埋藏于地下含水层中，由地表水经渗流补给，因在地层中缓慢地渗流，经过地层的自然过滤，水质透明无色，一般不需要处理，作为生活饮用水仅需要消毒；与地表水相比，生物或有机物含量很少，但在渗流过程中溶解了不同的矿物质（有些矿物质对人体有益），其溶解性固体物含量高于地表水；地下水不易直接受地面污染物的污染，卫生条件较好；地下水埋藏在含水层中，水温低，基本上不受气温的影响，常年水温变化不大，是冷却用水和空调用水最为理想的水源，因水温低，冷却效率高，用水量少。

因地下水在渗流过程中溶解了各种矿物质，故含盐量和硬度较高，特别是硬度（Ca^{2+}、Mg^{2+}），用作冷却水来说，在水温升高的过程中更容易形成 $CaCO_3$、$Mg(OH)_2$沉淀，进而结垢产生危害。因此，对于硬度高的地下水用作冷却用水时，需要进行适当的软化处理或实施防垢、阻垢、除垢的措施。

3. 海水

海水是量最大的水资源，可以说“取之不完，用之不尽”。但海水含盐量高，平均为35000mg/L，腐蚀性特别强，如一般的水泵叶片，使用3个月就可被腐蚀穿透。

对海水进行淡化处理成本很高，只有某些沿海和岛屿地方，没有淡水源，为解决饮用水问题配备淡化装置。中东海湾地区的国家，因产石油，经济实力雄厚，建造海水淡化水厂来解决淡水资源紧缺的矛盾，大的海水淡化处理厂的处理水量已达20万 m^3/d。

把海水用作冷却水在世界很多国家采用。我国沿海地区淡水资源紧缺，而冷却水量又大，也采用海水冷却，如浙江秦山核电厂、上海金山石化总厂的发电厂等。用海水冷却必须注意两点：一是直流式冷却，即热水直接排入海中，不存在循环使用；二是设备一定要严格做好防腐蚀处理。

对于冷却水量大的企业，通常自建自来水厂，经水厂净化处理后供循环冷却水的补充水、生产用水和生活用水等；民用冷却水（影剧院、体育馆、宾馆、餐馆、综合办公楼等）通常直接采用城镇自来水。

第二节　工业循环冷却水系统

一、冷却水系统

用水来冷却工艺介质的系统称作冷却水系统。冷却水系统通常有两种：直流冷却水系统和循环冷却水系统。

（一）直流冷却水系统

在直流冷却水系统中，冷却水仅通过换热设备一次，用过后水就被排放掉，如图2－1所示。因此，它的用水量很大，而排出水的温升却很小，水中各种矿物质和离子含量基本上保持不变。这种冷却水系统不需要其他冷却水构筑物，因此投资少、操作简便，但是冷却水的使用费用大，而且不符合当前节约使用水资源的要求。

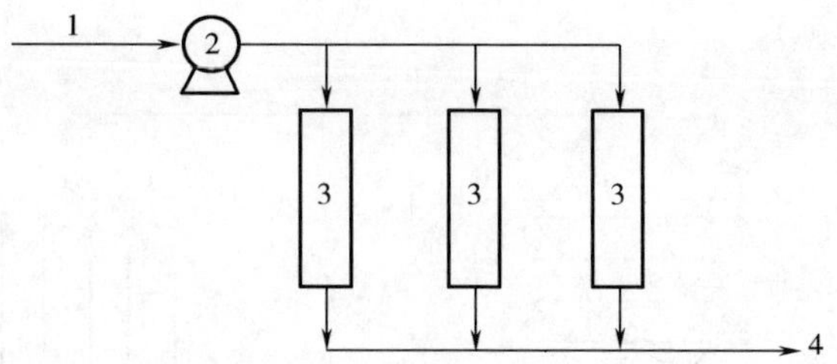

图2-1　直流冷却水系统

1—冷却水　2—冷却水泵　3—冷却工艺介质的换热器　4—热水

(二)循环冷却水系统

循环冷却水系统又分封闭式和敞开式两种。

1. 封闭式循环冷却水系统

封闭式循环冷却水系统又称为密闭式循环冷却水系统。在此系统中,冷却水用过后不是马上排放掉,而是收回循环利用。在循环过程中,冷却水不暴露于空气中,所以水量损失很少。水中各种矿物质和离子含量一般不发生变化,而水的再冷却是在另一台换热设备中用其他冷却介质来进行冷却的,如图2-2所示。这种系统一般用于发电机、内燃机或火力发电厂的空冷系统。

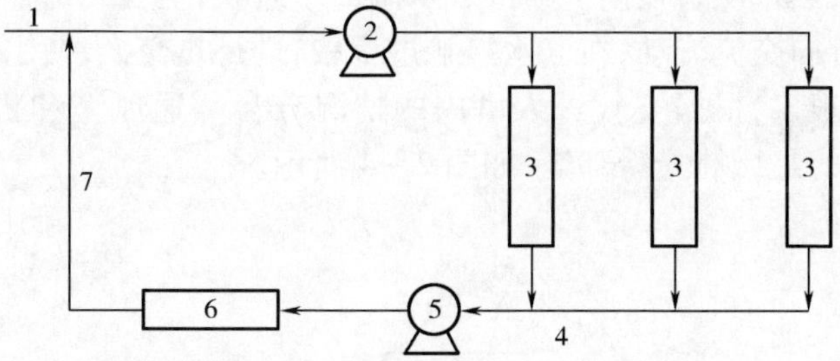

图2-2　封闭式循环冷却水系统

1—冷却水　2—冷却水泵　3—冷却工艺介质的换热器　4—热水　5—热水泵
6—冷却热水的冷却器　7—冷水

2. 敞开式循环冷却水系统

在敞开式循环冷却水系统中,冷却水用过后也不是立即排放掉,而是收回循环再用。水的再冷却是通过冷却塔来进行,因此,冷却水在循环过程中要与空气接触,部分水在通过冷却塔时会不断被蒸发损失掉,因而水中各种矿物质和离子含量也不断被浓缩增加。为了维持各种矿物质和离子含量稳定在某一个定值上,必须对系统补充一定量的冷却水,通常称作补充水;并排出一定量的浓缩水,通称排污水。其流程如图2-3所示。这种敞开式循环冷却水系统要损失一部分水,但与直流冷却水系统相比,可以节约大量的冷却水,且排污水也相应减少。

不论从节约水资源,还是从经济和保护环境的角度出发,都应设法降低冷却水用量,减少排污水量,限制使用直流冷却水系统,尽可能推广采用敞开式循环冷却水系统。

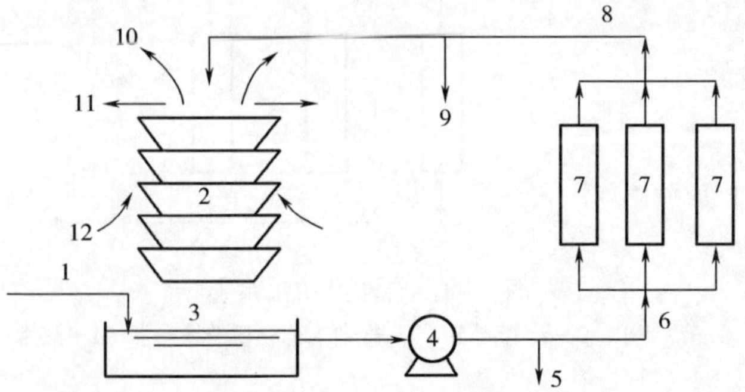

图 2-3　敞开式循环冷却水系统

1—补充水　2—冷却塔　3—冷却池　4—循环水泵　5—渗漏水
6—冷却水　7—冷水用换热器　8—热水　9—排污水
10—蒸发损失　11—风吹损失　12—空气

二、冷　却　塔

冷却塔是敞开式循环冷却水系统中主要设备之一。冷却塔用来冷却换热器中排出的热水。在冷却塔中，热水从塔顶向下喷淋成水滴或水膜状，空气则由下向上与水滴或水膜逆向流动，或水平方向交流流动，在气水接触过程中，进行热交换，使水温降低。

冷却塔的型式很多，根据空气进入塔内的情况分自然通风型和机械通风型两大类。自然通风型最常见的是风筒式冷却塔，如图 2-4 所示。

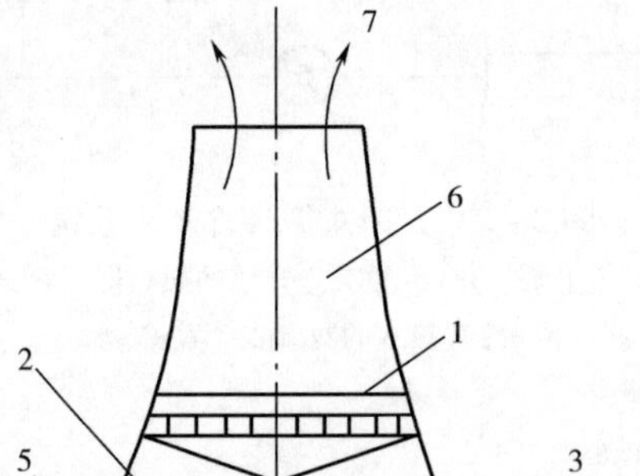

图 2-4　自然通风冷却塔

1—配水系统　2—填料　3—百叶窗　4—集水池　5—空气分配区
6—风筒　7—热空气和水蒸气　8—冷水

图2－4中，空气靠冷却塔筒体的高度，像烟囱一样自然拔风，将空气吸入塔内与水滴逆向接触。冷却塔内部装有溅水装置或填料，由一排排板条交错排列而成。水顺着板条逐排淋降，溅成水滴。也可采用膜式填料，使水在填料表面上以薄膜形式与空气接触。填料可由木材、水泥板或聚氯乙烯板等制成。

机械通风型又分抽风式和鼓风式两种。根据空气流动方向又可分为横流式和逆流式。目前，最常见的机械通风型的冷却塔是抽风逆流或横流式冷却塔，如图2－5所示。

图2－5中，空气由塔顶的抽风机抽吸进入塔内，空气流动速度为90～210m/min。

在冷却塔内，热水与空气之间发生两种传热作用，一是蒸发传热，二是接触传热。蒸发传热是在表面温度时当水的饱和蒸汽压大于空气中水蒸气分压时，水滴表面的水分子克服液态水分子之间的吸引力而汽化逸入空气中，并带走气化潜热，使液态水的温度下降。每蒸发1kg水，带走约2.43×10^6J的热量。蒸发传热带走的热量占冷却塔中传热量的75%～80%。接触传热是当空气的湿球温度低于水温时，热量从水传向空气，使空气温度提高而水温降低，带走的热量是显热，占冷却塔中传热量的20%～25%。

常见的一种玻璃钢冷却塔如图2－6所示。

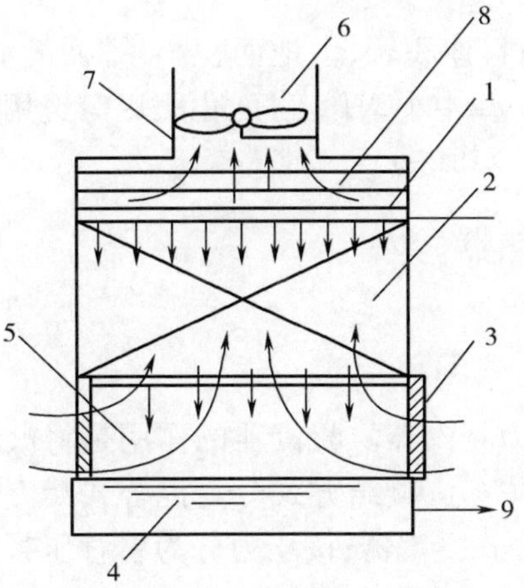

图2－5　机械通风冷却塔

1—配水系统　2—填料　3—百叶窗　4—集水池
5—空气分配区　6—风机　7—风筒
8—热空气和水蒸气　9—冷水

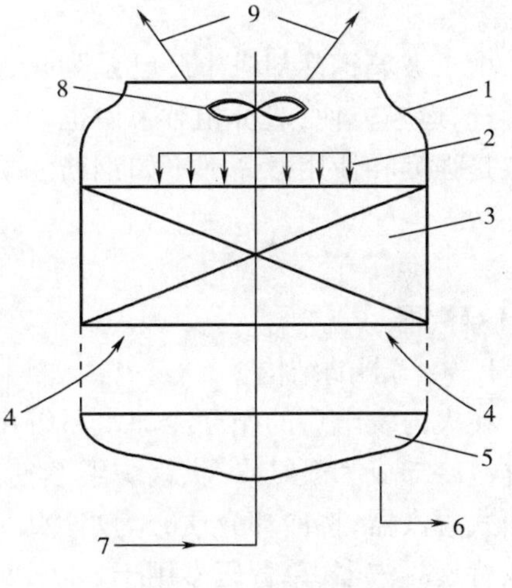

图2－6　玻璃钢冷却塔

1—玻璃钢塔体　2—淋水装置　3—填料
4—空气　5—接水盘　6—冷却水　7—热水
8—排风扇　9—热空气和水蒸气

玻璃钢冷却塔作用原理与机械通风冷却塔相似，所不同的是塔体外壳全部用玻璃钢预制成块状部件，运输到现场后再拼装而成。填料通常为聚氯乙烯材料压制成波纹板式或T波式，根据需要还可采用铝合金。

玻璃钢冷却塔目前已有系列化产品，其处理的冷却水量可为8～500m^3/h，水温降幅为5～25℃。表2－1为通常选用的玻璃钢冷却塔的规格型号。

表 2－1　部分玻璃钢冷却塔的规格型号

塔型	处理冷却水量/(m^3/h)		外形尺寸/mm		轴流风机		
	水降温 10℃	水降温 20℃	最大外径	最大高度	风量/(m^3/h)	风机直径/m	风机功率/kW
10NB8	8	6.8	1310	2600	0.8	0.7	0.75
10NB15	15	12.75	2000	2980	1.48	0.9	1.5
10NB30	30	25.5	2500	3450	2.96	1.2	2.2
10NB50	50	42.5	3000	4010	5	1.4	4
10NB75	75	63.75	3400	4520	7.4	1.5	5.5
10NB100	100	85	4200	4600	9.87	2.5	5.5
10NB150	150	127.5	4700	5140	14.8	2.8	7.5
10NB200	200	170	5400	5540	19.7	3	10
10NB300	300	255	6600	6295	29.6	4	17
10NB400	400	340	7600	6945	39.5	5	18.5
10NB500	500	425	8300	7295	50	5	30

由于玻璃钢冷却塔生产已系列化，规格齐全，而且体积轻，占地面积小，排列灵活，可以拆迁，运输方便，造价相对来说也较低，因此常为一些中小型化工厂、化肥厂等选用。其缺点是强度和使用寿命都不如钢筋混凝土所构成的冷却塔。

三、凝汽器与换热器

(一)凝汽器

1. 凝汽器的结构

在火力发电厂的循环冷却水系统中，换热设备为凝汽器。凝汽器的作用是将汽轮机的排汽冷却成为凝结水，供锅炉继续使用。凝汽器按蒸汽凝结方式分为混合式凝汽器和表面式凝汽器；按冷却介质分为水冷却凝汽器和空冷式凝汽器；按压力分为单背压凝汽器和双背压凝汽器，单背压多用于300MW以下的机组，双背压多用于300MW以上的机组。本章介绍目前火电厂冷却水系统常用的铜管式表面散热式凝汽器。表面式凝汽器结构如图2－7所示。

表面凝汽器的外壳用钢板焊接成圆柱形，两侧水室端盖用螺栓固定在水室上，并设有人孔门。水室与汽室间用管板隔开，两端的管板之间布置铜管，铜管胀接在管板孔内，使两端水室相通。冷却水走管内，蒸汽走管间，通过管壁进行热交换。外壳、管板与水室焊成一个整体，上部排汽进口与汽轮机的排汽口相连，下部收集凝结水的热水井与凝结水泵相连，两侧的空气抽出管与抽气器相连。抽气器的作用是抽出少量未凝结的蒸汽。

冷却水在凝结器内的流程是：冷却水在循环水泵的压力下由进水管进入水室，先冷却下部的铜管，经另一侧水室流入上部铜管进行冷却，再由出水管流出。此过程中，蒸汽凝结时放出的热量被冷却水带走，使冷却水的温度上升，冷却水进入冷却塔降温后循环利用。

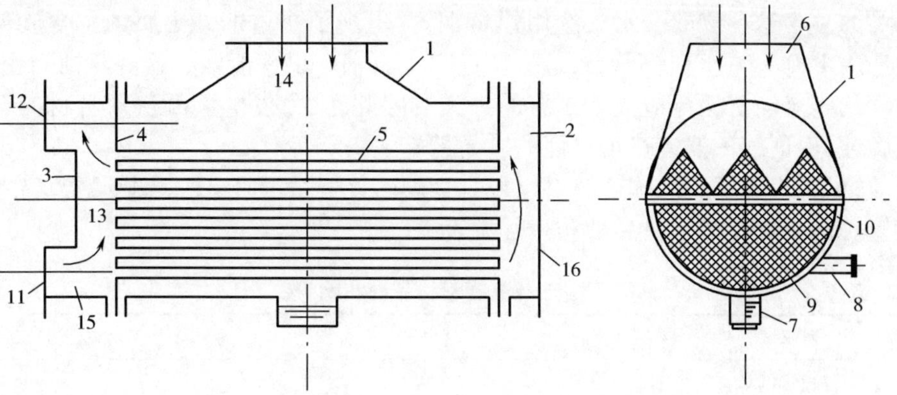

图 2－7　表面式凝汽器

1—外壳　2、3—端盖　4—管板　5—铜管　6—排气入口　7—热水井　8—空气抽出口　9—空气抽出区　10—抽除区隔板　11—冷却水入口　12—出水室　13—水室隔板　14—汽空间　15—进水室　16—中间水室

凝汽器的传热性能可由凝汽器内的真空度和凝汽器的端差来反映。

(1)凝汽器的真空度　在单位时间内当汽轮机的排汽量与凝结水量相等,以及空气的漏入量与抽气量相等时,凝汽器内处于平衡状态,压力保持不变,即在凝汽器内形成一定的真空度。正常运行条件下真空度一般为 0.005～0.034MPa。

(2)凝汽器端差　汽轮机的排汽温度 t_p 与凝汽器冷却水的出口温度 t_2 之差为端差,用 δ_t 表示($\delta_t = t_p - t_2$)。它与汽轮机排汽温度和冷却水温度之间有以下关系:

$$t_p = t_1 \Delta t + \delta_t \qquad (2-1)$$

式中　t_1——冷却水的进口温度,℃

Δt——冷却水的出口温度 t_2 与进口温度 t_1 之差($\Delta t = t_2 - t_1$),℃

正常运行条件下,端差一般为 3～5℃。

可见,铜管内结垢、冷却水量小以及排气量增加和抽气量减小等都会使凝结水温度升高、端差上升或凝汽器内压力升高、真空度降低,影响机组的热经济性。

(3)冷却水的温升　在凝汽器中,蒸汽和冷却水温度沿冷却表面分布,根据热量平衡,冷却水在凝汽器内的温升 Δt,可由式(2－2)给出:

$$\Delta t = \frac{h_p - h_n}{4.187m} \qquad (2-2)$$

式中　$m = q_{mn}/q_{mp}$——为凝汽器的冷却倍率,表示冷却 1kg 蒸汽所需要的冷却水量

q_{mn}——进入凝汽器的冷却水量

q_{mp}——进入凝汽器的排气量

h_p——排汽的焓

h_n——凝结水的焓

在湿冷系统中 m 一般取值 40～70,冷却水温升一般为 3～5℃。

2. 凝汽器管材品种

多年来,火力发电厂的凝汽器管,由于选用的材料与冷却水水质不相适应而造成早期

腐蚀泄漏的现象屡屡发生。例如,中等含盐量的水中采用无砷 H68 黄铜管,出现了严重的脱锌腐蚀。含悬浮物的淡水中选用铝黄铜管,出现了严重的冲击腐蚀。含砂量较高的海水中选用 B10－1－1 白铜管,投运一年就有上百根管出现泄漏。这些腐蚀问题的出现,给发电厂的安全经济运行造成不应有的损失。因此,火力发电厂凝汽器管材的合理选用是防止腐蚀,保证凝汽器运行可靠性的重要措施之一。

目前,供凝汽器选用的国产管材主要有含砷的普通黄铜管、锡黄铜管、铝黄铜管、白铜管和钛管。国产凝汽器管材品种和牌号见表 2－2。

表 2－2　　国产凝汽器管材品种和牌号

管材	型号	材料状态
普通黄铜	H68A	
锡黄铜	HSn70－1A	
铝黄铜	HAl78－2A	
白铜管 90—10	B10－1－1	软(M),半硬(Y2)
白铜管 70—30	B30－1－1	
钛管 1	TA1	
钛管 2	TA2	

国产凝汽器的管材主要成分见表 2－3。

表 2－3　　国产凝汽器管材主要成分

牌号	管材的主要成分/%										
	Cu	Al	Sn	As	Zn	Ni	Ti	Fe	Si	O	C
H68A	67～70	—	—	0.03～0.06	余量	—	—	—	—	—	—
HSn70－1A	69～71	—	0.8～1.3	0.03～0.06	余量	—	—	—	—	—	—
HAl78－2A	76～79	1.8～2.3	—	0.03～0.06	—	—	—	—	—	—	—
B10－1－1	余量	—	—	—	—	9～11		—	—	—	—
B30－1－1	余量	—	—	—	—	29～33	—	—	—	—	—
TA1	—	—	—	—	—	—	基底	0.25	0.10	0.15	0.10
TA2	—	—	—	—	—	—	基底	0.30	0.15	0.20	0.10

其中 H 代表黄铜,Sn 和 Al 代表添加的锡或铝,A 代表添加的微量砷,第一组数字是黄铜中铜的百分含量,第二组数字是添加元素的百分含量。铜镍合金称为白铜,常用的牌号有 B10 和 B30。相近的牌号是 B10－1－1 和 B30－1－1,其中 B 代表白铜,字母后的数字是镍的百分含量,其后的两个数字是铁锰含量。

3. 凝汽器管材的选用

目前,我国选用凝汽器管材原则为:在采用一般维护措施的条件下,不出现管材的严重腐蚀和泄漏,使用寿命能在 20 年以上。

(1)冷却水水质　冷却水水质是选择管材的重要依据,冷却水中的杂质对凝汽器管材的影响非常大。水中悬浮物或溶解盐类会不同程度地侵蚀金属的基体,引起管材的冲击腐蚀和沉积物下腐蚀,水中的溶解盐类会促使管材产生脱锌、脱镍腐蚀和点蚀等。我国在总结了几十年来管材与水质适应性规律的基础上,制定了凝汽器管的选材导则,规定了管材应用范围,见表2-4。

表2-4　　凝汽器管材质的选择

管材	冷却水质		允许最高流速/(m/s)
	溶解固形物/(mg/L)	氯离子/(mg/L)	
H68A	<300,短期小于500	<50,短期小于100	2.0
HSn70-1A	<1000,短期小于2500	<150,短期小于400	2.0~2.2
HAl78-2A	1500~3500(海水)	<20000,短期小于25000	2.0
B10-1-1	海水	<20000,短期小于25000	3.0

(2)管材的耐蚀性　几种常用管材的耐蚀性及其适用范围如下:

①H68A管:H68A管是在H68管材中添加微量砷制成的,耐脱锌腐蚀性能比H68管要强,主要腐蚀形式为均匀腐蚀,使用寿命比H68管要长。H68A管在轻度污染的冷却水中会出现层状脱锌及溃蚀,故只适用于溶解固形物小于300mg/L清洁冷却水中使用。

②HSn70-1A管:HSn70-1A管即在HSn70-1管材中加砷而制成的,为海军黄铜管,多年来在国内外淡水中使用较为广泛的一种管材。HSn70-1A管一般用于溶解固形物含量小于1000mg/L,氯离子含量小于50mg/L的清洁冷却水中。

HSn70-1A管是铜合金管中价格比较低廉的,具有一定的抗生物污染和水侧腐蚀的能力,但对应力腐蚀破裂较敏感,必须完全退火后才能使用。此外,在管内表面有沉积物或碳膜时,容易发生点蚀。

③HAl78-2A管:HAl78-2A管含有2%铝的黄铜管,在清洁海水中耐腐蚀,一般推荐溶解固形物大于1500mg/L的水中或海水中使用。含砷铝黄铜管被各国广泛应用于海水,耐硫化物侵蚀较好,但耐沙蚀的性能差,在悬浮物及含沙量较高的海水或淡水中,会发生严重的入口管端冲刷和由异物引起的冲击腐蚀。通过降低水中含沙量,可减缓铜管的冲击腐蚀。这种管材对应力腐蚀比较敏感,应在退火处理后,完全消除内应力再使用。

当安装不当或机组有振动时,HAl78-2A管在清洁淡水中也容易发生应力腐蚀、破裂和腐蚀疲劳损坏。在污染的淡水中,是不耐腐蚀的。因此HAl78-2A管一般不推荐在淡水中使用,也不宜在浓淡交变的冷却水中使用。

④B10-1-1管:B10-1-1管过去主要用于海水冷却的系统,在清洁海水中比较耐蚀。现在许多国家在淡水、污染淡水和咸水中,也都采用该管。B10-1-1管耐氨蚀及耐应力腐蚀的性能都比黄铜管好,但在含沙和含有悬浮物的海水中不耐冲击腐蚀。此外,也不适宜含有硫化物的冷却水中。

⑤B30-1-1管:B30-1-1管具有良好的耐沙蚀性能和耐氨蚀性能,适用于悬浮物和含沙量较高的海水中,并且适宜安装在凝汽器空抽区,可防止凝汽器汽侧的氨蚀。

B30－1－1管在污染的冷却水中会发生点蚀和穿孔。在初期保护膜形成不良及表面有积污的情况下,也容易发生孔蚀,采用海绵球清洗也可提高B30－1－1管的耐蚀性能。

⑥钛管:钛管对氯化物、硫化物和氨均有较好的耐蚀性能,耐冲击腐蚀的性能也较强,可在受污染的海水或悬浮物含量较高的水中,应在较高流速下使用。

钛比任何一种凝汽器管材的电位都高,与钛管相连的其他材料的管板会成为电化学腐蚀电池的阳极而遭受腐蚀。设计凝汽器时若采用了钛管,则管板和水室其他部位最好采用钛板或衬钛管板,如果必需用其他合金材料时,应选用电位差小的合金。

钛管有时也会产生腐蚀泄漏,主要是由异物堵塞引起的局部溃蚀或缝隙腐蚀。因此使用钛管必须注意防止异物随水流进入,并及时进行清洗。此外,钛管也容易产生生物污染。钛管的价格比较昂贵,选用时应通过专门的实验和经济比较。

⑦不锈钢管:不锈钢凝汽器管一般采用含铬18%、镍9%～10%的镍铬不锈钢。不锈钢凝汽器管具有良好的耐冲击腐蚀及耐氨蚀性能,但也会发生点蚀,尤其是在溶氧过低、pH低、氯化物高和有锰沉积时,发生点蚀可能性更大,在高溶解氧下使用很好。

如果冷却水有结垢倾向时应定期进行酸洗,一般使用硫酸、磷酸、氨基磺酸或甲酸,不能采用盐酸,即使是含有抑制剂的盐酸也不行,因为会发生点蚀。

采用不锈钢管要求冷却水流速最好不低于2.4～2.7m/s,在机组短期停用时,冷却水不应停止流动,当要长期停用时,应将疑汽器内的水放尽,管内清洗干净并使之干燥,否则管材会很快损坏。

(3)管内流速　每一种管材都能适应一个恰当的流速,最大设计流速见表2－5。

表2－5　几种常用管材可用的最大流速　单位:m/s

水质 / 材质	淡水	海水
砷铜	1.8	不建议采用
含砷海军黄铜	2.4	不建议采用
铝青铜	2.7	2.4
铝黄铜	2.7	2.4
90－10铜镍	3.0	2.7
70－30铜镍	4.6	3.7

设计时要根据管材选定流速。冷却水流速必须足以连续提供充足的水,并防止沉积物下沉,但又不至于使保护膜脱落。通常设计流速为1.3～2.7m/s。

为了防止沉积物沉积,设计流速有最小值,一般黄铜管不小于1.0m/s,铜镍(白铜)管不宜小于1.4m/s。工业废物、污水、扰流等因素会造成铜合金腐蚀,影响最大使用流速。冷却水流速若超出设计值,会影响保护膜的形成,特别是在凝汽器管冷却水进口侧会发生溃蚀。管子内部如有异物会使该处管子截面缩小,管内冷却水流速提高,引起局部溃蚀。

(4)我国对凝汽器管选材的一些技术规定

①水中悬浮物和含沙量的影响:水中悬浮物和含沙量对选材的影响见表2－6。

表 2 - 6　　水中悬浮物和含沙量对选材的影响

管材	悬浮物和含沙量/(mg/L)	管材	悬浮物和含沙量/(mg/L)
H68A	<100	B30	500 ~ 1000,短期 1000
HSn70 - 1A	<300	钛	允许高浓度
HAl78 - 2A	<50		

②水质污染的影响:上面几种铜合金管,一般只适用于清洁水,否则应根据实际情况采取加氯处理、海绵球清洗或硫酸亚铁处理等措施。

亚临界机组凝汽器的空冷区一般应采用 B30 管,防止产生氨蚀。用海水冷却的凝汽器可选用 HSn62 - 1 管板。

(二)换热器

1. 换热器的类型

水冷却用的换热器为间壁式,水不与工艺介质接触,通过间壁(管壁或板壁)进行换热。

间壁式换热器的形式有蛇管式、套管式、列管式、板式、螺旋板式等。换热器以列管式最常见,蛇管式中的喷淋换热器及螺旋板式换热器也很常见。各种形式换热器如下。

(1)蛇管式换热器　分为沉浸式和喷淋式两种。

①沉浸式蛇管换热器:如图 2 - 8、图 2 - 9 所示。

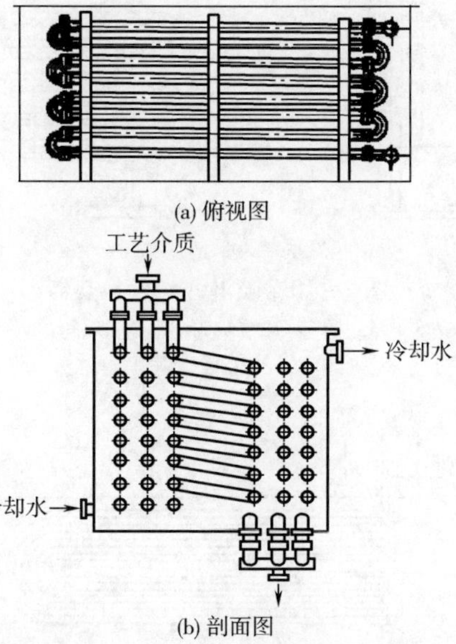

图 2 - 8　沉浸式蛇管换热器

换热管由肘管连接的直管或盘成螺旋形的蛇形管构成。蛇管安装在容器中,运行时容器中充满冷却水,故称为沉浸式。其优点是结构简单,便于防腐,能承受高压。缺点是传热面有限,管外流体流动性差,传热效率低。

②喷淋式蛇管换热器：如图2－10所示。

工艺介质在管内流动，冷却水由管上方的水槽分布后，淋至排管各层管子的表面，最后落入水池中。喷淋式换热器结构简单，造价低，能承受高压，同时便于清洗和检修。由于喷淋的冷却水部分产生汽化，故冷却水用量少。在中小氮肥厂中应用很广。主要缺点是喷淋不均匀，另外易积垢和生长藻类。

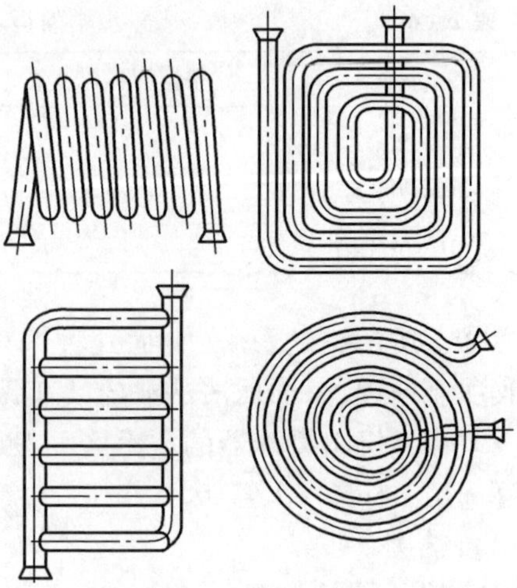

图2－9　蛇管的换热器

(2)列管式换热器　目前广泛使用的列管式换热器主要有以下几种：

①U形管式列管换热器：如图2－11所示。

换热器只有一端设管板，U形管的两端分别装在管板两侧，封头用隔板隔成两室，管子可以自由伸缩。其结构简单，一般在化工厂中常见。

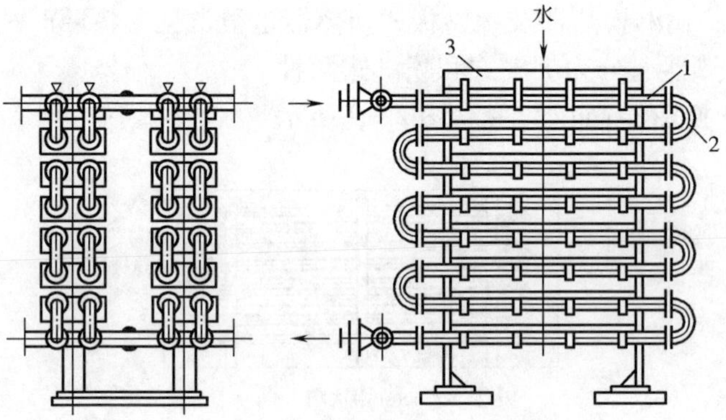

图2－10　喷淋式蛇管换热器

1—直管　2—U形管　3—水箱

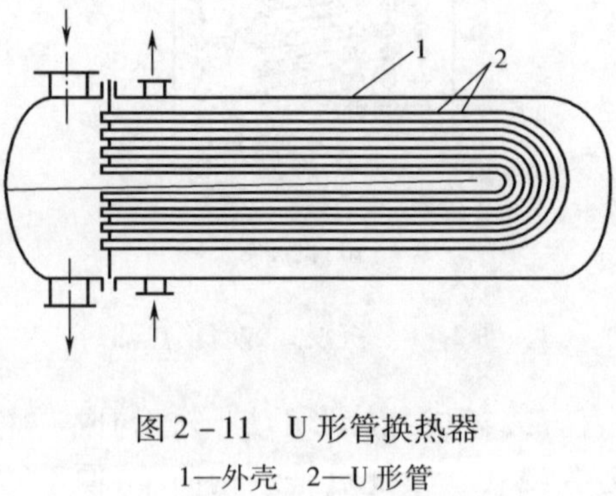

图2－11　U形管换热器

1—外壳　2—U形管

②固定管板式列管换热器：如图 2－12 所示。

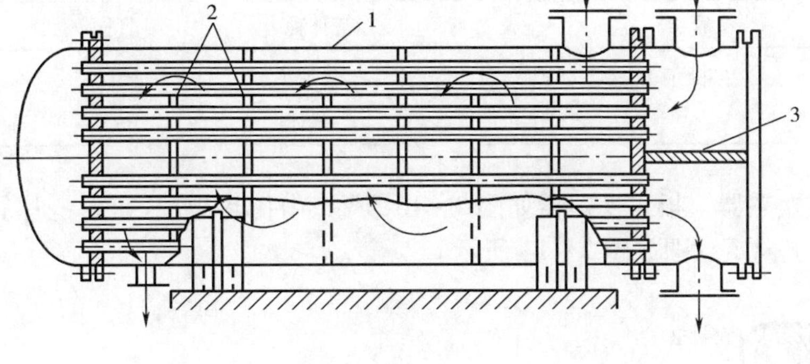

图 2－12　有折流挡板的双程列管式换热器

1—壳体　2—挡板　3—隔板

两端管板和壳体连为一体。特点是结构简单，适用于管内外温差小、管外水质较清洁、不易结垢的情况。管内外温差大于 50℃时，因壳体和管束的热膨胀程度不同，可能将管子拉弯或拉松，损坏换热器。这时如果壳体承受压力不太高，可采用在壳体上具有补偿圈（或称膨胀节）的固定管板式换热器。

管内流体通过一程管束就流出的称为单程换热器。有时为提高管内流体的流速，可设计成双程、四程或六程换热器。如图 2－12 为双程换热器，流体通过第一程后，再折回，流过第二程管束后流出。

列管式换热器几乎是最常见的型式。与其他换热器相比，单位体积所提供的传热面积要大得多，传热效率高，结构紧凑、坚固，能选用多种材质，可以用于高温、高压的大型装置。在设计选用时需考虑以下问题。

a. 水流经壳程或是管程：因管程易提高流速，便于清洗，但不易散热。所以，需要提高流速以增大流体的对流传热系数。蒸汽一般通入壳体，因蒸汽较清洁，更主要的是壳程便于排放蒸汽冷凝液。此外，黏度大的流体（$\mu > 1.5 \sim 2.5 \mathrm{mPa \cdot s}$）一般也通入壳程，因折流挡板能使流体不断改变方向，在低雷诺数（$Re = 100$）时即可达到湍流，有利于提高对流传热系数。

b. 材质及管规格：根据工艺介质的性质，管材、管板及封头一般采用碳钢、不锈钢或铜材。电厂蒸汽冷凝器一般用铜材，因铜的导热性能好且耐腐蚀。化工厂的腐蚀介质常采用不锈钢材。壳程换热器的壳体及折流挡板一般采用碳钢。壳程的折流板和壳体如与管子材质不同，有可能发生电偶腐蚀，特别在腐蚀性水中更容易发生。

目前，我国试行的系列标准中规定的管径与壁厚为 $\Phi 25\mathrm{mm} \times 2.5\mathrm{mm}$ 和 $\Phi 19\mathrm{mm} \times 2\mathrm{mm}$ 两种规格。管长分为 1.5m、2m、3m、6m 四种，以 3m 和 6m 最常用。管子的排列有正方形和正三角形两种。

c. 流速：流速直接影响对流传热系数，一般希望流速大一些使流体处于湍流状态。但流速过大时，又会使流体阻力增大，所以也不可过大。流速过低有可能造成沉积，所以流速也不宜低于一定值。列管换热器内常用的流速范围见表2－7。

表2－7　列管换热器内常用的流速范围　单位：m/s

流体种类	管程	壳程	流体种类	管程	壳程
一般液体	0.5～1.5	0.2～1.0	冷却水	>0.9	>0.3
易结垢液体	>1	>0.5	气体	5～30	3～15

（3）板式换热器　板式换热器如图2－13所示，由传热板片、密封垫片和压紧装置三部分组成，其流向示意图如图2－14所示。

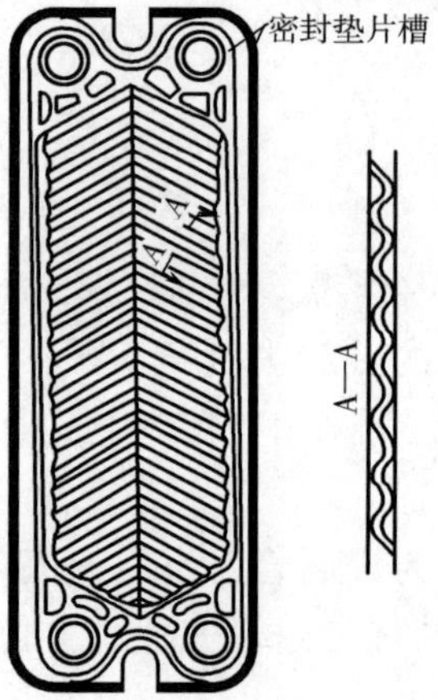

图2－13　板式换热器的传热板片
（人字形波纹板片结构）

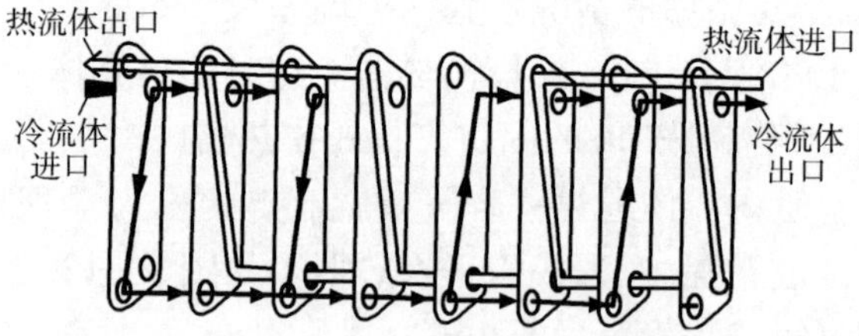

图2－14　板式换热器流向示意图

板式换热器是通过传热板片换热的。冷热流体分别在板片的两侧流过换热。传热板片由0.5～3mm的金属薄板压制成型，材质有不锈钢、黄铜或铝合金等。为增强刚度、避免变形，一般将板片压成波纹形，如图2－13为人字形波纹板片结构。波纹既增大了传热面积，又增强了流体的湍流程度。板片的四个角上各开一孔，作为冷热流体的进出口。板片四周及孔周围压有密封垫片槽，可贴入密封垫片。垫片可根据流体流动的需要来放置，从而起到允许或阻止流体进入板面之间通道的作用。按传热需要将若干块传热板片排列在支架上，由压板压紧螺杆压紧后，相邻板间就形成了流体通道。借助垫片的布置，使冷、热流体在传热板片的两侧流过进行传热。不同厚度的垫片可以起到调节板间距（一般4～6mm），即调节流量作用。

板式换热器的主要优点是在低流速下即能达到湍流，传热效率比列管式换热器高，设备紧凑，操作灵活性大，板片制造、检修及清洗都比较方便。其缺点主要是处理量不大，同时受板片刚度及垫片性能的限制，允许的操作压力和温度都不能过高。操作表压一般低于1.5MPa，最高不超过2MPa。用合成橡胶垫片时，操作温度应低于130℃，用压缩石棉垫片应低于250℃。

2. 换热器的污垢热阻

(1)管壁两侧为流体的传热基本方程　图2－15为一般化工、发电厂等常用的列管式换热器,它主要由外壳、平行排列的管束、安装在外壳两端用以固定管束的管板以及顶盖、接管等组成。

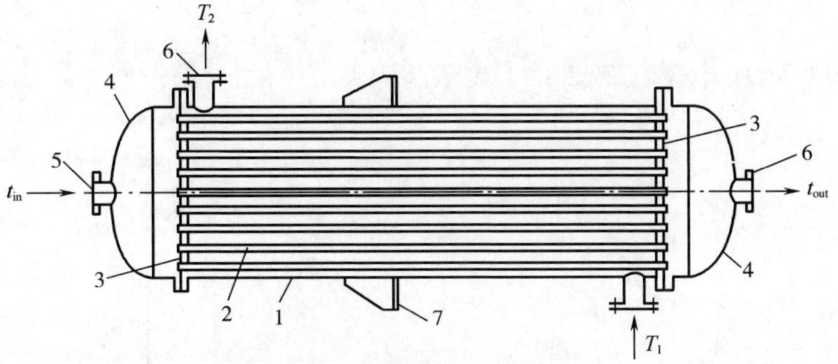

图2－15　列管式换热器

1—外壳　2—管束　3—管板　4—顶盖　5、6—接管　7—支架

一般化工、发电厂等多为稳定的连续操作,因此换热器中各点的温度不随时间而变。在图2－15中,热流体在管外流动放出热量,温度由 T_1 下降到 T_2;冷却水在管内流动吸收热量,温度由 t_{in} 上升到 t_{out}。此时单位时间内通过换热器管壁传递的热量与传递的面积成正比,与冷热流体之间的温度差也成正比。由于温度差沿传热面不断变动,在换热器两端(冷却水的出口端和进口端)热流体与冷却水之间的温度差分别为 $\Delta t_1 = T_1 - t_{out}$ 及 $\Delta t_2 = T_2 - t_{in}$,因此,要取温度差的平均值,即 $\Delta t_m = (\Delta t_1 + \Delta t_2)/2$。以上关系用数学式表示时为:

$$Q = KF\Delta t_m \tag{2-3}$$

式中　Q——单位时间内传递的热量,J/s

F——换热器的传热面积,如传热管内径(水侧)为 d_i 米,传热管有效传热长度为 L 米,共有 n 根,则 $F = \pi d_i L n$,m^2

K——比例系数,$W/(m^2 \cdot K)$

Δt_m——冷却水和热流体温度差的平均值,K,即:

$$\Delta t_m = (\Delta t_1 + \Delta t_2)/2 = [(T_1 - t_{out}) + (T_2 - t_{in})]/2 \tag{2-4}$$

式(2－3)即为管壁两侧为流体的传热基本方程。

(2)管壁两侧为流体的传热原理　管壁传热的示意图如图2－16所示。

管壁一侧为热流体,另一侧为冷却水,单位时间内热流体传递给冷却水的热量:

$$Q = Rc_p(t_{out} - t_{in}) \tag{2-5}$$

式中　Q——单位时间内热流体传递给冷却水的热量,J/s

R——单位时间内冷却水的流量,kg/s

c_p——水的比热容,J/(kg·K)

t_{in}、t_{out}——冷却水进、出换热器的温度,K

由于操作连续,传热过程稳定,因此式(2－3)式应该等于式(2－5),即:

$$KF\Delta t_m = Rc_p(t_{out} - t_{in})$$

$$K = \frac{Rc_p(t_{out} - t_{in})}{\pi d_i Ln \frac{(T_1 - t_{out}) + (T_2 - t_{in})}{2}} \quad (2-6)$$

或

$$\frac{1}{K} = \frac{\pi d_i Ln}{2Rc_p} \cdot \frac{(T_1 - t_{out}) + (T_2 - t_{in})}{(t_{out} - t_{in})} \quad (2-7)$$

(3)总传热系数的计算　图 2－17 表示两侧为流体的恒温传热。

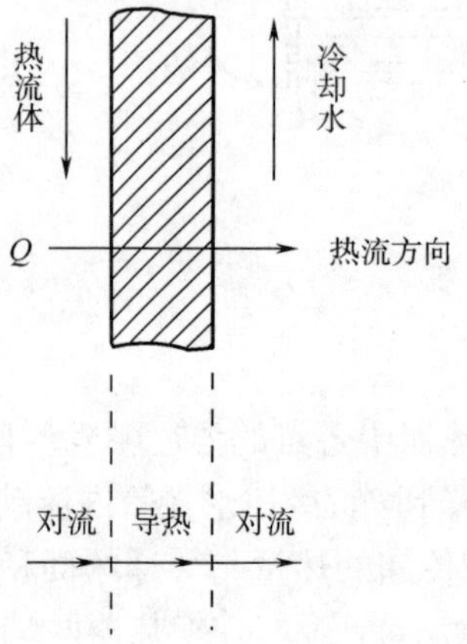

图 2－16　管壁传热示意图

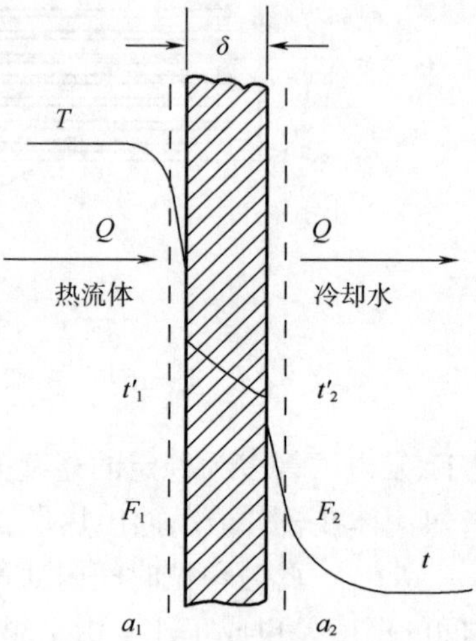

图 2－17　管壁传热原理示意图

恒温传热包括如下三个过程：

①热流体在流动过程中把热量传到管壁的对流传热。

②通过管壁的导热。

③由另一侧管壁把热量传给冷却水。

若热流体温度为 T,冷却水温度为 t_1，t_2和 t_3分别表示管壁两侧温度，F_1和 F_2分别代表两侧的传热面积，α_1和 α_2分别为热流体和冷却水的传热膜系数，λ 为管壁材料的导热系数，δ 为管壁厚度，F_m为管壁的平均面积，上述传热过程可以分别用式(2－8)、式(2－9)表示：

$$Q_1 = \alpha_1 F_1(T - t'_1) = \frac{\Delta t_1}{1/(\alpha_1 F_1)} \quad (2-8)$$

或

$$\Delta t_1 = Q_1 \frac{1}{\alpha_1 F_1} \quad (2-9)$$

$$Q_2 = \lambda F_m \frac{t'_1 - t'_2}{\delta} = \frac{\Delta t_2}{\delta/(\lambda F_m)} \quad (2-10)$$

或

$$\Delta t_2 = Q_2 \frac{\delta}{\lambda F_m} \quad (2-11)$$

$$Q_3 = \alpha_2 F_2 (t_2 - t_1) = \frac{\Delta t_3}{1/(\alpha_2 F_2)} \tag{2-12}$$

或

$$\Delta t_3 = Q_3 \frac{1}{\alpha_2 F_2} \tag{2-13}$$

又因恒温稳定传热,故有:

$$\Delta t = \Delta t_1 + \Delta t_2 + \Delta t_3$$

$$Q = Q_1 + Q_2 + Q_3 \tag{2-14}$$

将上述各式整理可得:

$$\frac{1}{KF_1} = \frac{1}{\alpha_1 F_1} + \frac{\delta}{\lambda F_m} + \frac{1}{\alpha_2 F_2} \tag{2-15}$$

或

$$\frac{1}{K} = \frac{1}{\alpha_1} + \frac{F_1}{\left(\frac{\lambda}{\delta}\right)} + \frac{F_1}{\alpha_2 F_2} \tag{2-16}$$

式中　$1/K$——无污垢时传热的总热阻,$m^2 \cdot K/W$

F_1——热流体侧传热管壁面积,m^2

F_2——冷却水侧传热管壁面积,m^2

F_m——传热管壁平均面积,m^2

δ——传热管壁厚度,m

λ——传热管壁材质的导热系数,$W/(m \cdot K)$

α_1、α_2——热流体侧、冷却水侧传热膜系数,$W/(m \cdot K)$

式(2-16)表明,管壁上无污垢时,传热的总热阻为两侧流体的热阻和管壁热阻之和。

(4)污垢热阻的测定和计算　在循环冷却水系统中,冷却水中各种沉积物在换热器水侧传热表面上沉积,同时热流体中也可能有沉积物在热流体一侧管壁上沉积。这些沉积物都会影响传热效果,即增加传热阻力。由沉积物引起的热阻通常称为污垢热阻。若冷却水侧的污垢热阻以 r_F 表示,热流体侧的污垢热阻以 r 表示,则此时的传热总热阻 $1/K'$可表示为:

$$\frac{1}{K'} = \frac{1}{\alpha_1} + r + \frac{F_1}{\left(\frac{\lambda}{\delta}\right)} + r_F + \frac{F_1}{\alpha_2 F_2} \tag{2-17}$$

式中　$1/K'$——管壁两侧有污垢时传热的总热阻,$m^2 \cdot K/W$

r——热流体一侧的污垢热阻,$m^2 \cdot K/W$

r_F——冷却水一侧的污垢热阻,$m^2 \cdot K/W$

式(2-17)就是传热管壁两侧有污垢时的传热总热阻的表达式。由式(2-17)与式(2-16)对比可知,式(2-17)比式(2-16)中增加了两项:热流体一侧的污垢热阻 r 和冷却水一侧的污垢热阻 r_F。

如果在传热实验中,要测定冷却水侧的污垢热阻,则可设法控制热流体侧不生成污垢,使 $r=0$,同时在整个实验中控制各操作参数不变,则通过式(2-17)与式(2-16)相减,可得:

$$r_F = \frac{1}{K'} - \frac{1}{K} \tag{2-18}$$

将式(2－7)代入上式,并经整理后可得:

$$r_F = n\frac{\pi d_i L}{Rc_p}\left\{\left[\frac{(T_1 - t_{in}) + (T_2 - t_{out})}{2(t_{out} - t_{in})}\right]' - \left[\frac{(T_1 - t_{in}) + (T_2 - t_{out})}{2(t_{out} - t_{in})}\right]\right\} \tag{2-19}$$

如在实验中使热流体侧管壁上不生成污垢,保证 $r = 0$,同时还可使 $T_1 = T_2 = T_0$,并只用一根传热管做实验,则 $n = 1$。将这些条件代入上式,并整理后可得:

$$r_F = \frac{\pi d_i L}{Rc_p}\left[\left(\frac{T_0 - t_{in}}{t_{out} - t_{in}}\right)' - \frac{T_0 - t_{in}}{t_{out} - t_{in}}\right] \tag{2-20}$$

式(2－20)即为传热实验中,瞬时的污垢热阻 r_F 的计算公式。

四、敞开式循环冷却水系统

冷却水由热交换器中获得的热量,直接在冷却塔或其他设备中散发至大气中,即在水与空气相接触的条件下进行冷却,然后再回至热交换器中,重复其传递热量的过程。这种系统中,循环运行的冷却水是暴露于大气中的,所以称为敞开循环式。

以火力发电厂敞开式循环冷却水系统为例,说明各种水量平衡关系。

火力发电厂敞开循环式冷却水系统如图 2－18 所示,冷却水由循环水泵送入凝汽器进行热交换,升温后的冷却水经冷却塔降温,再由循环水泵送入凝汽器循环利用。

在敞开式循环冷却水系统中,循环水由凝汽器流出后,通过冷却塔冷却后,用循环水泵打回凝汽器再次利用,如图 2－19 所示。

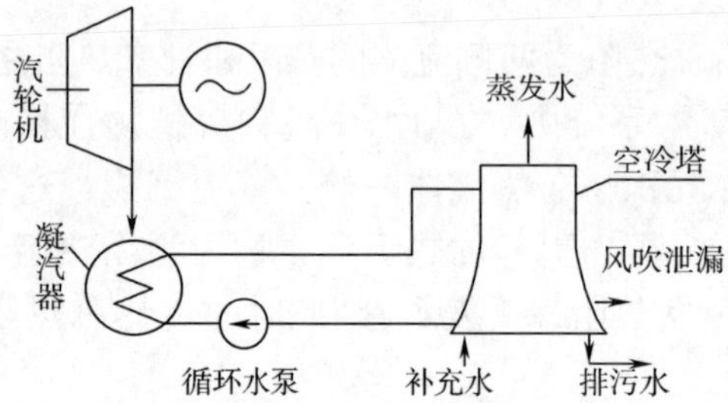

图 2－18　敞开循环式冷却水系统

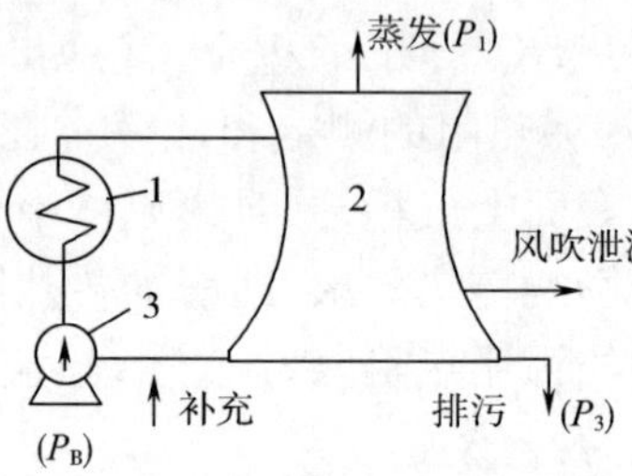

图 2－19　循环水的平衡

1—凝汽器　2—冷却塔　3—循环水泵

循环水在这种流程中,有以下几种水量损失:蒸发、风吹、泄漏和排污等。为了使循环水保持一定的水量,循环水在运行中不断补充。

当循环水的损失和补充水的量达到平衡时,有:

$$P_B = P_1 + P_2 + P_3 \tag{2-21}$$

式中　P_B——补充水量,%

P_1——蒸发损失,%

P_2——风吹泄漏损失,%

P_3——排污损失,%

(一)浓缩倍数

在敞开式循环冷却水系统中,由于蒸发作用,系统中的水越来越少,而水中各种矿物质和离子含量就会越来越浓。为了使水中含盐量维持在一定的浓度,必须补入新鲜水,排出浓缩水。通常在操作时,用浓缩倍数来控制水中含盐的浓度。设 N 表示浓缩倍数,则 N 的含意是指循环水中某物质的浓度与补充水中某物质的浓度之比。

用来计算浓缩倍数的物质的浓度除了随浓缩过程增加外,不受其他外界条件,如加热、沉淀、投加药剂等的干扰。通常选用的物质有 Cl^-、SiO_2、K^+ 等物质或总溶解固体。但是,若以含盐量表示浓缩倍率的盐类浓度时,因循环水在浓缩过程中有盐类析出,不能代表实际的浓缩情况,所以通常是按不易沉淀的 Cl^- 估算浓缩倍数,即:

$$N = \frac{[Cl_x^-]}{[Cl_B^-]} \tag{2-22}$$

式中　$[Cl_x^-]$——循环水中的 Cl^- 含量,mg/L

$[Cl_B^-]$——补充水中的 Cl^- 含量,mg/L

浓缩倍数的大小反映水资源复用率的大小,是衡量循环冷却水系统运行情况的一项重要指标。浓缩倍数过小,补充水量和水处理药剂耗量较大,容易因药剂浓度不足而难以控制腐蚀。提高浓缩倍数不但可节约用水,而且也可减少随排污而流失的药剂量,节约了药剂费用。但浓缩倍数过大($N>5$)时,析出结垢和发生腐蚀的可能性增大。究竟选用多大的浓缩倍数合适,必须综合考虑当地水源水质、水处理药剂情况和运行管理条件等。操作时若保持浓缩倍数不变,蒸发量大时,要增大补充水量。若保持水平衡,增大补充水量或排污水量,都会使浓缩倍数下降。因此操作时,不能任意改变补充水量和排污水量。

(二)水量平衡

1. 蒸发损失 P_1 的估算

在循环冷却系统中,由于冷却塔中水的蒸发而发散出的热量,因大气温度的不同而有很大差别。在冬季,这部分热量占冷却系统中散发热量的50% ~60%,在夏季为85% ~100%。蒸发损失可由热量平衡关系估算:

$$Q_x(t_1-t_2)c_p \cdot x = Q_1(h-t_pc_p) \tag{2-23}$$

所以

$$P_1 = \frac{Q_1}{Q_x}100\% = \frac{(t_1-t_2)c_px}{h-t_pc_p}100\% \tag{2-24}$$

式中　Q_x——循环水流量,t/h

Q_1——循环水蒸发损失量,t/h

t_1——冷却塔循环水出口温度,℃

t_2——冷却塔循环水进口温度,℃

t_P——循环水平均温度$(t_1+t_2)/2$,℃

c_p——水的质量定压热容,kJ/(kg·℃)

x——冷却系统中因蒸发而散发的热量与全部散发出热量的比值,夏季取1.0,冬季为0.5,春秋季为0.75

h——平均温度下饱和蒸汽的焓,kJ/kg

若以 $\Delta t = t_1 - t_2$，且 h 以常温下（25℃）饱和蒸汽的焓代入，即 $h = 2545.2$kJ/kg，$t_P = 25$℃，$c_p = 4.187$kJ/（kg · ℃），故得：

$$\frac{100c_p}{h - t_p c_p} = 0.17$$

式（2－24）简化为：

$$P_1 = 0.17 \cdot \Delta t \cdot x(\%) \tag{2-25}$$

2. 风吹和泄漏损失 P_2 的估算

风吹和泄漏损失 P_2 的估算为 0.1%（有收水器）或 0.25% ~5%（无收水器）。

3. 排污水量的估算

从盐类平衡来分析这一问题，如图 2－20 所示。

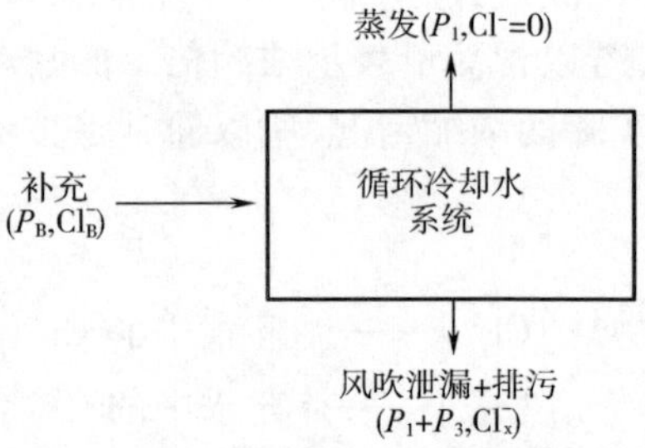

图 2－20　循环水中盐类平衡

蒸发损失的水中不含 Cl^-，但在风吹、泄漏和排污损失的水中，Cl^- 的含量就是循环水中 Cl^- 的含量。所以当由补充水（P_B）引入的 Cl^- 和由风吹泄漏、排污（P_2、P_3）中损失的 Cl^- 相等时，循环水中 Cl^- 的含量不再变化，故得式（2－26）：

$$P_B[Cl_B{}^-] = (P_2 + P_3)[Cl_x{}^-] \tag{2-26}$$

或

$$N = \frac{[Cl_x^-]}{[Cl_B^-]} = \frac{P_B}{P_2 + P_3} = \frac{P_1 + P_2 + P_3}{P_2 + P_3} = \frac{P_B}{P_B - P_1} \tag{2-27}$$

因此

$$P_3 = \frac{P_1 + P_2 - NP_2}{N - 1} \tag{2-28}$$

由式（2－28）可知，如果知道 P_1、P_2 和 N 值，就可求出排污水量 P_3。在 P_1 和 P_2 一定的情况下，N 值越高，排污损失水量 P_3 就越小，P_B 也就越小，节水量也就越大。但当 N 值增加到 3.0 ~4.0 时，排污水量已很小，对节水已不起明显作用。

（三）盐量平衡

在循环冷却系统中，蒸发作用使盐类浓缩，但风吹、泄漏和排污又使循环水排走一部分盐类，根据物料衡算的概念，系统中盐类的瞬间变化量应该等于进入系统的瞬时量和排出系统的瞬时量的代数和。因此：

盐类的变化量 = 补充水带进的盐量 − 风吹泄漏和排污水带出的盐量

设：在 dt 时间内，由补充水带进循环冷却系统的盐量为（$q_B \cdot \rho_B \cdot dt$）。其中 q_B 为补充水流量（m^3/h）；$\rho_B \cdot dt$ 为补充水的含盐量（mg/L）。

在 dt 时间内，由风吹泄漏和排污带出的盐量为（$q_2 \cdot \rho_t \cdot dt$）。其中 q_2 为风吹、泄漏和排污损失水量的总和（m^3/h）；ρ_t 为在时间 t 循环水中的含盐量（mg/L）。

因此，在 dt 时间，循环冷却水中盐类的增量为：

$$Vd\rho = q_B\rho_B dt - q_2\rho_t dt \tag{2-29}$$

式中　V——循环冷却水系统内的总贮水量，m^3

将式(2－29)分离变量和积分：

$$\int_{t_0}^{t} \mathrm{d}t = \int_{\rho_0}^{\rho} \frac{\mathrm{d}\rho}{\frac{q_B\rho_B}{V} - \frac{q_2\rho}{V}} \tag{2-30}$$

得

$$\rho_t = \frac{q_B\rho_B}{q_2} + \left(\rho_0 - \frac{q_B\rho_B}{q_2}\right)\exp\left[-\frac{q_2}{V}(t-t_0)\right] \tag{2-31}$$

式中　ρ_0——时间 t_0 时循环冷却水中的含盐量，mg/L

ρ_t——时间 t 时循环冷却水中的含盐量，mg/L

当 $t\to\infty$，式(2－31)中第二项→0，有：

$$\rho_t = \frac{q_B}{q_2}\cdot\rho_B \tag{2-32}$$

式(2－32)表明，在循环冷却水系统开始投运阶段，水中盐类是随着运行时间的延长而增大的，当 t 值达到某一时刻，由补充水带进的盐量和由风吹、泄漏和排污带出的盐量相等时，循环水系统中的盐量趋向一个稳定值，浓缩倍数也达到一个最大值。

如以 ρ_t 对 t 作图，则系统中盐类的浓度的变化由起始浓度 ρ_0 逐渐下降，并趋向 $q_B\rho_B/q_2$ 这个定值，如图2－21所示。

当系统在提高浓缩倍数下运行时，则系统中某离子浓度的变化是由起始浓度 ρ_0 逐渐升高，随着运转时间的延长，也是趋向 $q_B\rho_B/q_2$ 这个定值，如图2－22所示。当然，图2－21和图2－22中的 $q_B\rho_B/q_2$ 的绝对值是不等的。

从图2－21和图2－22可知，不论系统中盐类的初始浓度是多少，随着运行时间的推移，其最终的浓度总是浓缩倍数和补充水中盐类浓度的乘积，即 $q_B\rho_B/q_2 = N\rho_B$。由此证明了控制好补水量和排污水量能使系统中盐类浓度稳定在一个定值上。

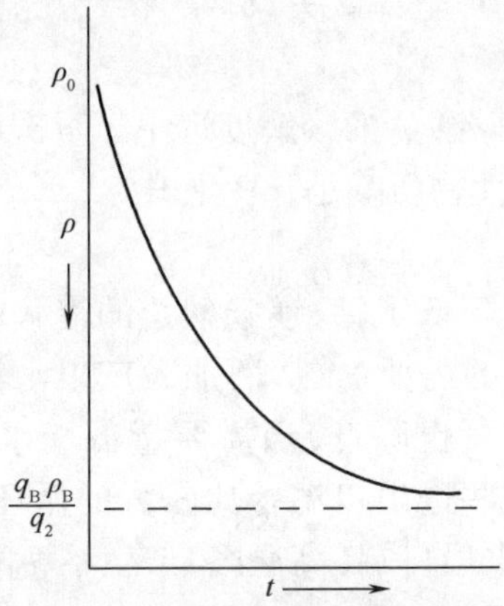

图2－21　降低浓缩倍数时水中盐类浓缩变化曲线

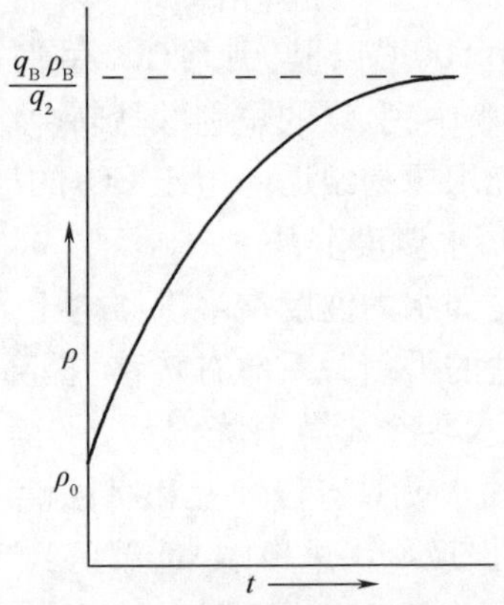

图2－22　提高浓缩倍数时水中盐类浓缩变化曲线

五、敞开式循环冷却水系统的水质特点

由于水的化学稳定性好，不易分解，比热容大，在常用温度范围内，不会产生明显的膨胀或压缩；另外由于水的沸点较高，在通常使用条件下，在换热器中不致汽化；同时水的来源较广泛，流动性好，易于输送和分配，相对来说价格也较低。目前，在钢铁、冶金工业中用大量的水来冷却高炉、平炉等各种加热炉的炉体；在炼油、化工等生产中用大量的水来冷却半成品和产品；在纺织厂、化纤厂则用大量水来冷却空调系统及冷冻系统。这些工业的冷却水用量平均约占工业用水总量的67%，其中又以石油、化工和钢铁工业为最高。在火力发电厂、热电站使用大量的循环冷却水作为凝汽器冷却水，其中以敞开式循环系统应用居多。由于冷却水在敞开式循环系统中长时间反复使用，使水质具有以下特点。

1. 盐类浓缩

当系统排污量 P_3 很大，即系统在低浓缩倍数下运行时，随着运行时间的延长，指数项的值趋于减小，ρ 由 ρ_0 逐渐下降，并趋于定值（$q_B\rho_B/q_2$）。当系统排污量很小，系统在高浓缩倍数下运行时，系统中的 ρ 由 ρ_0 逐渐升高，并趋于另一个定值（$q_B\rho_B/q_2$）。由此可见，控制好补充水量和排污水量，理论上能使系统中溶解固体量稳定在某个定值。实际上，循环冷却水系统多在浓缩倍数为2～5甚至更高状态下运行，故系统中溶解固体的含量、水的pH、硬度和碱度等都比补充水的高，水的结垢和腐蚀性增强。

2. 二氧化碳散失

天然水中含有钙、镁的碳酸盐和重碳酸盐，两类盐与二氧化碳存在下述平衡关系：

$$Ca(HCO_3)_2 \rightleftharpoons CaCO_3\downarrow + CO_2\uparrow + H_2O$$

$$Mg(HCO_3)_2 \rightleftharpoons MgCO_3\downarrow + CO_2\uparrow + H_2O$$

空气中 CO_2 含量很低，只占0.03%～0.1%。冷却水在冷却塔中与空气充分接触时，水中的 CO_2 被空气吹脱而逸入空气中。实验表明，无论水中原来所含的 CO_3^{2-} 及 HCO_3^- 量是多少，水滴在空气中降落1.5～2s后，水中 CO_2 几乎全部散失，剩余含量只与温度有关。循环水温达500℃以上，则无 CO_2 存在。

因此，水中钙、镁的重碳酸盐转化为碳酸盐，因碳酸盐的溶解度远小于重碳酸盐，使循环水比补充水更易结垢。由于 CO_2 的散失，水中酸性物质减小，pH上升。

3. 循环水温度上升

循环冷却水的温度在凝汽器内上升后，一方面降低了钙、镁碳酸盐的溶解度，另一方面使碳酸盐的平衡关系向右转移，提高了平衡 CO_2 的需要量，从而加大产生水垢的趋势。相反，循环水在冷却塔内降温后，平衡 CO_2 的需要量也降低，当需要量低于水中实际的 CO_2 含量时，水就具有侵蚀性和腐蚀性。因此，在一些进出口温差比较大的循环冷却水系统中，有时出现冷水进口端（低温区）产生腐蚀，热水出口端（高温区）产生结垢的现象。

4. 循环水溶解氧量升高

循环水与空气充分接触，水中溶解氧接近平衡浓度。当含氧量饱和的水通过凝汽器后，由于水温升高，氧溶解度下降，在局部溶解氧达到过饱和。冷却水系统金属的腐蚀与溶解氧的含量有密切关系，如图2－23所示，图中将20℃含氧量饱和水的腐蚀率定为1。

由图2－23可见，冷却水的相对腐蚀率随温度升高而增大，至70℃后，因含氧量已相

当低，才逐渐减小。溶解氧对钢铁的腐蚀有两个相反的作用：

(1)参加阴极反应，加速腐蚀。

(2)在金属表面形成氧化物膜，抑制腐蚀。

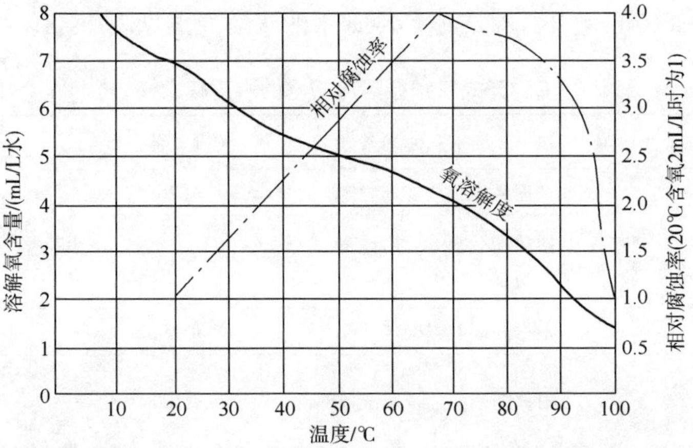

图2－23　水中氧的溶解度、腐蚀性与温度的关系

一般规律是在氧低浓度时起到去极化作用，加速腐蚀，随着氧浓度的增加腐蚀速度也增加。但达到一定值后，腐蚀速度开始下降，这时溶解氧浓度称为临界点值。腐蚀速度减小的原因是由于氧使碳钢表面生成氧化膜所致。溶解氧的临界点值与水的 pH 有关，当水的 pH 为 6 时，一般不会形成氧化膜。所以溶解氧越多，腐蚀越快。当水的 pH 为 7 左右时，溶解氧的临界点浓度为 16mg/L。因此，碳钢在中性或微碱性水中时，腐蚀速度先是随溶解氧的浓度增加而增加，但过了临界点，腐蚀速度随溶解氧的浓度升高反而下降。

5. 循环水中杂质增多

循环冷却水的水质在运行过程中会逐渐受到污染。污染因素如下：由补充水带进的悬浮物、溶解性盐类、气体和各种微生物物种；由空气带进的尘土、泥沙及可溶性气体等；由于塔体、水池及填料被侵蚀，剥落下来的杂物；系统内由于结垢、腐蚀、微生物孳长等产生的各种产物等，都会使水质受到不同程度的污染。

6. 循环水中微生物孳生

循环水中含有的盐类和其他杂质较高，溶解氧充足，常年水温在 10～40℃，而且阳光充足，营养物质丰富，是微生物生长、繁殖的有利环境。许多微生物(细菌、真菌和藻类)在此条件下生长繁殖，在冷却水系统中形成大量黏泥沉淀物附着在管壁或填料上，影响水气分布，降低传热效率，加速金属设备的腐蚀。微生物也会使冷却塔中的木材腐朽。

在敞开式循环冷却水系统中，冷却水与空气接触，溶解空气中的 O_2，同时吸入空气中的飞尘、泥粒、微生物等，造成系统内黏泥聚集。部分水通过冷却塔时还会不断被蒸发损失掉，因而水中各种矿物质和离子含量也不断被浓缩增加，造成设备腐蚀、结垢等问题。

因此，循环冷却水处理的目的就是防止或减缓凝汽器的结垢、腐蚀和微生物生长等问题的发生。在火力发电厂的循环冷却水系统中,循环水处理的主要目的是防止腐蚀、结垢产生,其次是控制微生物生长。防止腐蚀主要是以选材为主。

为了防止循环冷却水系统的结垢、腐蚀和微生物生长,对于补充水来讲,需要有针对性地进行处理,以满足循环冷却水系统对水质的要求。根据《工业循环冷却水处理设计规范》(GB 50050—2007),敞开式系统循环冷却水的水质标准见表2-8。

表2-8　　敞开式系统循环冷却水的水质标准

序号	项目	单位	要求和使用条件	允许值	危害
1	悬浮物	mg/L	根据生产工艺要求确定	≤20	过量会导致污泥危害和腐蚀
			换热器为板式、翅片管式、螺旋板式	≤10	
2	pH	—	根据药剂配方确定	7.0~9.2	—
3	甲基橙碱度(以 $CaCO_3$ 计)	mg/L	根据药剂配方及工况条件确定	≤500	—
4	Ca^{2+}	mg/L	根据药剂配方及工况条件确定	30~200	结垢
5	Fe^{2+}	mg/L	—	<0.5	—
6	Cl^-	mg/L	碳钢换热器	≤1000	强烈促进腐蚀反应,加速局部腐蚀,缝隙腐蚀、点蚀和应力腐蚀开裂
		mg/L	不锈钢换热器	≤300	
7	SO_4^{2-}	mg/L	$[SO_4^{2-}]$与$[Cl^-]$之和	≤1500	硫酸盐还原菌的营养盐、浓度过高会出现硫酸钙沉积
8	硅酸	mg/L	—	≤175	出现污泥沉积及硅垢
			$[Mg^{2+}]$与$[SiO_2]$的乘积	<15000	
9	游离氯	mg/L	在回水总管处	0.5~1.0	—
10	石油类	mg/L	—	<5 不应超过此值	附于管壁,妨碍传热,阻止缓蚀剂和金属表面接触,是污垢黏剂,是营养源
			炼油企业	<10 不应超过此值	
11	含盐量(以电导率计)	μS/cm	—	≤3000	腐蚀、结垢随含盐量增加而递增
12	Mg^{2+}	mg/L	$[Mg^{2+}]$与$[SiO_2]$的乘积	<1500	产生类似蛇纹石组成的污垢,黏性很强
13	铁和锰	mg/L	补充水中(特别是预膜时)	≤0.2~0.5	催化结晶过程,本身可成黏性很强的污垢,导致局部腐蚀
14	Cu^{2+}	mg/L	补充水中(碳钢设备)	≤0.1	产生点蚀导致局部腐蚀
		μg/L	补充水中(铝材)	≤40	

续表

序号	项目	单位	要求和使用条件	允许值	危害
15	Al^{3+}	mg/L	补充水中	≤1～3	起结垢作用，促进污泥沉积
16	PO_4^{3-}	mg/L	—	根据磷酸钙饱和指数计算	引起磷酸钙沉淀
17	异养菌	个/mL	—	$<5\times10^5$	产生和沉积物，带来腐蚀，破坏冷却塔木材
18	黏泥量	mL/m^3	—	<4	—

注：表中硅酸以 SiO_2 计，Mg^{2+} 以 $CaCO_3$ 计。

中水作为工业循环冷却水补充水的相关标准有两个，《城市污水再生利用工业用水水质》（GB/T 19923—2005）和《城镇污水再生利用工程设计规范》（GB 50335—2016）。中水作为循环冷却系统补充水的水质应符合表 2－9 的标准。

表 2－9　　中水用作冷却水补充水水质指标

序号	项目	直流冷却水	循环冷却水补充水
1	pH	6.0～9.0	6.5～9.0
2	SS/(mg/L)	≤30	—
3	浊度/NTU	—	≤5
4	BOD_5/(mg/L)	≤30	≤10
5	COD/(mg/L)	—	≤60
6	铁/(mg/L)	—	≤0.3
7	锰/(mg/L)	—	≤0.2
8	Cl^-/(mg/L)	≤300	≤250
9	总硬度/(mg/L $CaCO_3$)	≤850	≤450
10	总碱度/(mg/L $CaCO_3$)	≤500	≤350
11	氨氮/(mg/L)	0	≤10
12	总磷/(mg/L)	0	≤1
13	溶解性总固体/(mg/L)	≤1000	≤1000
14	游离余氯/(mg/L)	末端 0.1～0.2	末端 0.1～0.2
15	粪大肠菌群/(个/L)	≤2000	≤2000

冷却用水的水质虽然没有像锅炉用水那样对各种指标进行严格的限制，但为了保证生产稳定，不损坏设备，能长周期运转，对冷却用水水质的要求还是相当高的，主要有以下几点。

（1）水温要尽可能低　在同样设备条件下，水温越低日产量越高。例如，化肥厂生产合成氨时，需要将合成塔中的气体进行冷却，冷却水的温度越低，则合成塔的氨产量越高，其相互关系如图 2 - 24 所示。

冷却水温度越低,用水量也相应减少。例如,制药厂在生产链霉素时,需要用水去冷却链霉素的浓缩设备和溶剂回收设备。如果水的温度越低,那么用水量也就越少,其相互关系如图 2 - 25 所示。

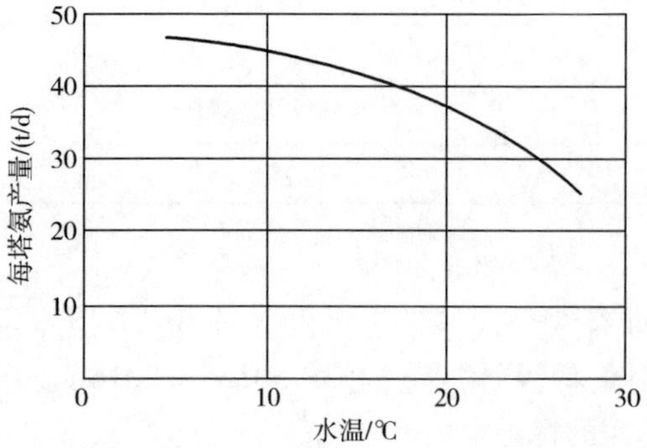

图 2 - 24　水温对氨产量的影响

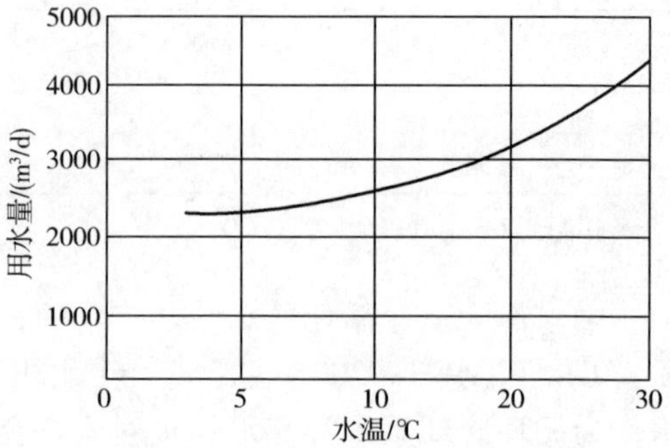

图 2 - 25　水温对用水量的影响

(2)水的浊度要低　水中悬浮物带入冷却水系统,会因流速降低而沉积在换热设备和管道中,影响热交换,严重时会使管道堵塞。此外,浑浊度过高还会加速金属设备的腐蚀。为此,在国外一些大型化肥、化纤、化工等生产系统中对冷却水的浊度要求不得大于 2mg/L。

(3)水质不易结垢　冷却水在使用过程中,要求在换热设备的传热表面上不易结成水垢,以免影响换热效果,这对工厂安全生产是一个关键。

(4)水质对金属设备不易产生腐蚀　冷却水在使用中,要求对金属设备最好不产生腐蚀,如果腐蚀不可避免,则要求腐蚀性越小越好,以免传热设备因腐蚀太快而迅速减少有效传热面积或过早报废。

(5)水质不易孳生菌藻　冷却水在使用过程中,要求菌藻等微生物不易孳生繁殖,这样可避免或减少因菌藻繁殖而形成大量的黏泥污垢,过多的黏泥污垢会导致管道堵塞和腐蚀。

第三节　敞开式循环冷却水系统的碱度和 pH

循环冷却水系统中,碳酸钙既对金属有一定保护作用,又是水垢的主要成分。钙离子和碳酸盐碱度在水中既不可缺少,又不可过量,两者都是关键的成分。循环水中的钙离子随浓缩倍数增大而增加,规律比较明显。但敞开式循环冷却水系统中的碱度则比较难以计算。在冷却塔中,水与空气接触对流,使部分二氧化碳逸入空气中,因而水的 pH 升高,碱度也变化。为研究循环水 pH 和碱度的变化规律,必须了解水中的碳酸平衡。

一、碳酸平衡与碱度

(一)碳酸平衡

天然水中的碳酸化合物主要是溶解空气中的二氧化碳和岩石、土壤中的碳酸氢盐及碳酸盐,同时水中动植物的新陈代谢和有机物的生物氧化也会产生相当数量的二氧化碳。碳酸是二元弱酸,在水中可进行二级电离。如第一章所述,碳酸化合物有以下三种化合形态存在:

(1)分子状态的碳酸,即水中的游离碳酸,包括溶解的气体 CO_2 和未离解的 H_2CO_3 分子。

(2)半化合性碳酸,即重碳酸盐碳酸、重碳酸根离子(HCO_3^-)。

(3)化合性碳酸,即碳酸盐碳酸、碳酸根离子(CO_3^{2-})。

分子状态的两种碳酸(CO_2 与 H_2CO_3)在平衡时,CO_2 形态占主要成分,而 H_2CO_3 形态还不到分子状态游离碳酸的1%。因此,常以溶解性二氧化碳量作为游离碳酸总量。即:

$$[CO_2] \approx [CO_2] + [H_2CO_3]$$

或

$$[H_2CO_3] \approx [CO_2] + [H_2CO_3]$$

(二)碳酸平衡与 pH

如果水中的碳酸化合物总量以 c_t 表示,则:

$$c_t = [H_2CO_3] + [HCO_3^-] + [CO_3^{2-}] \tag{2-33}$$

从碳酸各级平衡反应式来看,如 c_t 值固定,在达到平衡时,三种类型的碳酸量应有一定的比例,而此比例决定于溶液的氢离子浓度。按碳酸各级平衡反应式:

$$CO_2 + H_2O \rightleftharpoons H_2CO_3 \rightleftharpoons H^+ + HCO_3^- \rightleftharpoons 2H^+ + CO_3^{2-}$$

H^+ 增多,即 pH 降低时,平衡左移,游离碳酸增加。H^+ 减少,即 pH 升高时,平衡右移,碳酸氢盐及碳酸盐依次增多。

天然水的 pH 常在中性左右,一般 <8.34,可以只考虑一级碳酸平衡,忽略二级碳酸平衡。可用式(2-34)计算 pH。

$$pH = pK_1 - \lg[H_2CO_3] + \lg[HCO_3^-] \tag{2-34}$$

循环冷却水的 pH 一般在 6~9,碳酸的形态主要是 HCO_3^-,在此情况下 CO_3^{2-} 和游离 CO_2 均可忽略不计。

(三)碱度的组成

碱度是指水中所含能与强酸发生中和作用的全部物质,即能接受质子 H^+(氢离子)的物质总量。如第一章所述,组成水中碱度的物质可归纳为三类:

(1)强碱　如 $NaOH$、$Ca(OH)_2$ 等,在水溶液中全部电离成 OH^-。

(2)弱碱　如 NH_3、$C_6H_5NH_2$ 等,在水溶液中部分反应生成 OH^-。

(3)强碱弱酸盐　如各种碳酸盐、碳酸氢盐、硅酸盐、磷酸盐、硫化物、腐殖酸盐等,在水中可水解生成 OH^-,或者直接接受质子 H^+。

除一些含有特殊碱类的工业废水之外，大多数天然水、处理后的清水、生活用水和工业废水的碱度是由氢氧化物、碳酸盐和碳酸氢盐组成的。即总碱度包括氢氧化物碱度、碳酸盐碱度及碳酸氢盐碱度，即总碱度 M：

$$M = [HCO_3^-] + 2[CO_3^{2-}] + [OH^-] - [H^+] \tag{2-35}$$

当 $pH > 7.0$ 时，$[H^+]$ 极微；$[OH^-]$ 一般在 $pH > 10$ 时才能测到；在循环水的 pH 范围内，$[OH^-] - [H^+]$ 可忽略不计，则可认为：

$$M = [HCO_3^-] + 2[CO_3^{2-}] \tag{2-36}$$

即总碱度为碳酸氢盐和碳酸盐形态的碳酸之和，但不包括游离碳酸。

（四）*M* 碱度与 *P* 碱度的关系

水中的碱度是用盐酸中和的方法来测定的。测定时可用两种指示剂来指示滴定的终点。

用甲基橙作指示剂时，终点为 $pH = 4.3 \sim 4.5$，此时水中全部的氢氧化物、碳酸盐和碳酸氢盐均被中和，所测得的是水中各种弱酸盐类的总和，故称为总碱度、甲基橙碱度或 M 碱度。

用酚酞作指示剂时，终点为 $pH = 8.2 \sim 8.4$，称为酚酞碱度或 P 碱度。此时，水中的氢氧化物全部被中和，碳酸盐全部被转化为碳酸氢盐，即碳酸盐被中和了一半，而全部碳酸氢盐均未被中和。

M（M 碱度）：$[OH^-] + [HCO_3^-] + 2[CO_3^{2-}]$

P（P 碱度）：$[OH^-] + [CO_3^{2-}]$

碱度的单位为 $[H^+]$ mol/L。因为 OH^- 与 HCO_3^- 为一价，CO_3^{2-} 为二价，1mol OH^- 或 HCO_3^- 等于 1$[H^+]$mol OH^- 或 HCO_3^-，而 1mol CO_3^{2-} 等于 2$[H^+]$mol CO_3^{2-}。

M 碱度包括 P 碱度。这两种碱度的数量关系可以判断水中碱度的形式和数量，见表 2－10。

表 2－10　根据 *M*、*P* 碱度判断碱度存在的形式及其数量

碱度存在的形式	测定的碱度/（$[H^+]$mol/L）	产生碱度的物质及其数量/（$[H^+]$mol/L）			pH 范围
		CO_3^{2-}	HCO_3^-	OH^-	
碳酸氢盐	$P=0$	0	M	0	<8.3
碳酸盐和碳酸氢盐	$2P<M$	$2P$	$M-2P$	0	8.3～9.5
碳酸盐	$2P=M$	M	0	0	>9.5
碳酸盐和氢氧化物	$2P>M$	$2(M-P)$	0	$2P-M$	>10.0
氢氧化物	$M=P$	0	0	M	>10.0

天然水的 pH 大多 <8.3，即 $P=0$，只含 HCO_3^-，不含 CO_3^{2-} 及 OH^-。也有一些天然水的 pH >8.3，$P>0$，除含 HCO_3^- 之外，尚含少量 CO_3^{2-}，但不含 OH^-。石灰软化水的 pH 一般为 9.5～11.0，即 $2P \geq M$，主要含 CO_3^{2-}，有的含少量 HCO_3^- 或 OH^-，但 HCO_3^- 与 OH^- 不共存。石灰软化水的碳酸盐碱度较低，用这种水作补充水的循环水中碱度通常不高。循环水的 pH 一般为 6～9，主要含 HCO_3^-，有的也含少量 CO_3^{2-}，但不含 OH^-。

二、循环冷却水系统中的碳酸盐碱度与pH

(一)pH与碳酸盐碱度对循环冷却水的影响

循环水系统中主要的水垢是碳酸钙,因而钙离子含量及碳酸盐碱度都是影响结垢的重要因素。虽然循环水中钙含量是受补充水水质和浓缩倍数决定的,但pH可以改变碳酸盐碱度的形式和数量,因而水的结垢倾向是可以由pH调整的。

溶于水中的碳酸氢钙[$Ca(HCO_3)_2$]与碳酸钙($CaCO_3$)存在以下平衡关系:

$$
\begin{array}{lll}
Ca(HCO_3)_2 \rightleftharpoons & 2HCO_3^- & + Ca^{2+} \\
 & \Updownarrow & \quad + \\
 & 2H^+ + & CO_3^{2-} \\
 & & \Updownarrow \\
 & & CaCO_3 \downarrow
\end{array}
\qquad (2-37)
$$

$Ca(HCO_3)_2$的溶解度很大,在20℃时为16.6g/100g水,在水中不会沉积。$CaCO_3$的溶解度极小,在25℃时为1.7mg/L,极易沉积结垢。从以上平衡关系看,H^+或pH起着两者平衡的作用。如在水中加酸,H^+增加(即pH降低),反应向左上进行,使CO_3^{2-}减少,水中的碳酸钙水垢或保护膜会溶解,水的腐蚀倾向会增加。反之,如在水中加碱,H^+减少(即pH升高),反应向右下进行,使CO_3^{2-}增加,碳酸钙会沉积为水垢。可见pH直接影响到碱度的形式(HCO_3^-或是CO_3^{2-})和数量。在水中CO_3^{2-}含量和水温一定的条件下,pH和碱度成为影响腐蚀或结垢的主要因素。

在考虑循环水的化学处理时,需要了解水的pH和碱度,以判断水的腐蚀结垢倾向。但准确的数据需在循环水运行时才能测到,在方案设计阶段,只掌握原水数据。如何根据补充水水质计算循环水中近似的pH和碱度。为解决此问题,参考理论和经验式,将其归纳成经验公式。

(二)浓缩后的pH

如果在循环冷却水中加酸调节pH,则其pH是人为的,和循环水的浓缩倍数没有关系。如果浓缩的循环水的pH不进行人为调节,而任其自然变化,则称为自然pH。

自然pH随浓缩倍数增加而升高。原因是水中碱度因浓缩而增加,碱度升高使pH升高。在敞开式循环冷却水系统中,碱度不是无限度增长的,只能达到一定的平衡值,而不可能达到浓缩倍数乘补充水碱度的数量。因为在冷却塔中,空气与水的对流传质是遵循亨利定律的,即水中二氧化碳的溶解度与空气中的二氧化碳分压成正比。空气中的二氧化碳分压是基本固定的,所以浓缩后,水中过饱和的游离二氧化碳会逸出到空气中,保持与空气中二氧化碳的平衡。另外,在换热过程中,水中一部分碳酸氢盐碱度因受热会分解,如以下反应:

$$Ca(HCO_3)_2 \longrightarrow CaCO_3 \downarrow + H_2O + CO_2 \uparrow \qquad (2-38)$$

这部分新转化的二氧化碳也逸出空气中。浓缩倍数提高后,水中碳酸总量虽成倍增加,但游离二氧化碳的大量逸出又会使碳酸总量有所降低。碳酸重新平衡后,水中的总碱度虽然上升,但达不到浓缩倍数的乘积。浓缩后的pH随平衡的碱度而变化,但不会无限增长。

(三)自然 pH 的计算

自然 pH 随浓缩倍数增加而升高,其升高的幅度随补充水而异。所以自然 pH 的计算公式也有所不同。

1. 由碳酸的一级平衡式推导

由碳酸的一级平衡式推导得理论式:

$$K_1 = [H^+][HCO_3^-]/[H_2CO_3] \tag{2-39}$$

根据 pH 定义,$pH = -\lg[H^+]$,$pK_1 = -\lg K_1$,则得式(2-40):

$$pH = pK_1 + \lg[HCO_3^-] - \lg[H_2CO_3] \tag{2-40}$$

因水的 pH 为 6~9,则总碱度 M 主要是 HCO_3^-,故 $[HCO_3^-] \approx M/100mmol/L$;$[H_2CO_3] = CO_2/44mmol/L$。25℃时,$pK_1 = 6.35$,故计算式(2-40)转化为式(2-41)。

$$pH = \lg(0.88M/c_{CO_2}) + 6.35 \tag{2-41}$$

式中 M——总碱度(以 $CaCO_3$ 计),mg/L

c_{CO_2}——游离二氧化碳含量,mg/L

采用机械通风冷却塔时,取 $c_{CO_2} = 5mg/L$,即:

$$pH = \lg M + 5.60 \tag{2-42}$$

采用自然通风冷却塔时,取 $c_{CO_2} = 10mg/L$,即:

$$pH = \lg M + 5.29 \tag{2-43}$$

该计算式适用于 pH=4.3~8.7,准确度 ±0.02。

该计算式从理论上说是正确的,pH 与 $\lg M$ 应该是直线关系。但 M 是未知数时,则无法计算。又因游离二氧化碳量是估算的,所以此式实际上不准。

2. 国内的经验式

国内的经验式见式(2-44)

$$pH = 6.78 + 0.204pH_{BC} + 0.094N + 0.0022M_{BC} \tag{2-44}$$

式中 M_{BC}——补充水的总碱度(以 $CaCO_3$ 计),mg/L

pH_{BC}——补充水的 pH

N——浓缩倍数

式(2-44)适用于钙离子含量在 17.5~150mg/L(以 $CaCO_3$ 计),$pH_{BC} = 6.3 \sim 8.3$,pH=1.32~4.86。实验数据与计算值误差为 ±0.1。计算式(2-44)是根据实验数据归纳出来的,有一定的准确性,在水处理中应用较广。

式(2-44)表明,初浓缩时 pH 上升很快。到 $N=1.3$ 左右开始平稳,pH 缓慢上升,这与实际情况是符合的。一般在现场或实验装置初开机时,当循环水略有浓缩,自然 pH 即迅速上升。浓缩倍数还测不出来时(即 $N<1.1$ 时),pH 已上升了。这是因为原水中的游离二氧化碳多为过饱和状态,进入冷却塔后迅速曝气使二氧化碳逸出,pH 也迅速升高。

另一方面,式(2-44)反应了 $N>3$ 时的实际,根据运行经验,即使循环水的浓缩倍数达到 5 倍,pH 一般不会超过 9.3。用式(2-44)计算,当 $N=5$ 时,自然 pH=9.29,与实际比较相近。

(四)不同补充水质下 pH 的变化情况

式(2-44)仍有不足之处,就是不同的补充水质采用同一个计算式,对某些水质不合适。因此，按硬度划分为极硬水、硬水、中硬水、软水及极软水，按碱度划分为极高碱水、高碱水、中碱水、低碱水及极低碱水。

为研究方便，按碱度和硬度综合考虑将补充水分为四种类型：

类型A（中硬中碱水及负硬度水）

类型B（中硬中碱水及低碱软水）

类型C（石灰软化水）

类型D（极软极低碱水）

分别归纳为四个计算式，见表2－11。

表2－11　不同类型补充水的自然pH计算式（适用于 $N=1.3\sim5.0$）

项目	类型A	类型B	类型C	类型D
补充水类型	中硬中碱水及负硬度水	中硬中碱水及低碱软水	石灰软化水	极软极低碱水
计算式	$pH=6.75+0.204pH_{BC}+0.0819N+0.0022M_{BC}$	$pH=6.78+0.204pH_{BC}+0.0994N+0.0022M_{BC}$	$pH=7.90+0.1N+0.0055M_{BC}$	$pH=pH_{BC}+0.1N+0.8M_{BC}$
适用范围	$pH_{BC}=7.5\sim8.5$ $TH=50\sim300$ $M_{BC}=200\sim300$	$pH_{BC}=6.8\sim8.3$ $TH=50\sim300$ $M_{BC}=50\sim200$	$pH_{BC}=9.0\sim11.0$ $TH<150$ $M_{BC}<150$	$pH_{BC}=6.5\sim7.5$ $TH<50$ $M_{BC}<50$

注：1. TH为补充水硬度，M_{BC}为补充水总碱度，单位均为mg/L（以$CaCO_3$计）。

2. 中硬中碱A类水，$TH=150\sim300$，$M_{BC}=150\sim200$；中硬中碱B类水，$TH=150\sim300$，$M_{BC}=200\sim300$。

上述四种不同补充水的水质指标见表2－12。

表2－12　四种不同补充水的水质指标　　单位：mg/L

水质指标	类型A	类型B	类型C	类型D
Al^{3+}	0	0	0.3	0
Ca^{2+}	15	147	31	15
Mg^{2+}	6	99	8	0
HCO_3^-	334	179	31	31
CO_3^{2-}	0	0	15	0
OH^-	0	0	1.7	0
Cl^-	60	1272	30	9
SO_4^{2-}	5	137	51	80
pH	27	15	10	7.2
酚酞碱度（P碱度）	—	0	25	0
甲基橙碱度（M碱度）	274	147	50	25

当这四种不同的原水作补充水时，自然 pH 随浓缩倍数的变化情况如图 2－26 所示。

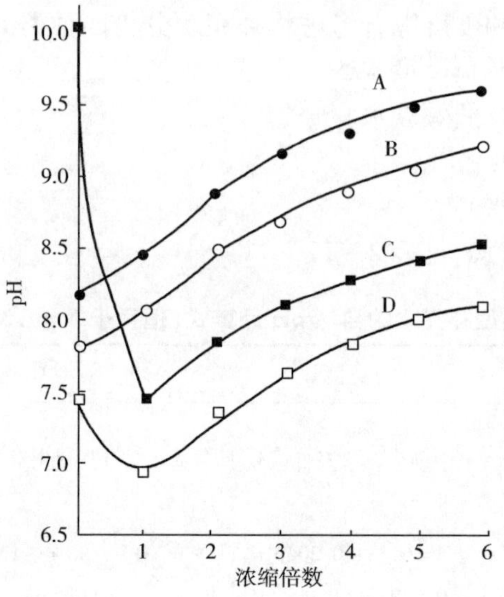

图 2－26　四种不同补充水质下循环水的自然 pH 与浓缩倍数的关系

图 2－26 说明自然 pH 与补充水质有关。

A 型水和 B 型水，这种水浓缩后 pH 偏高，类型 A 的最高自然 pH 记录为 9.3，类型 B 浓缩到 3～5 倍时，pH 大多不超过 9.0。C 型水和 D 型水浓缩后 pH 偏低，类型 C 大多不超过 8.5，类型 D 大多不超过 8.0。

类型 C 及 D 型水，在浓缩初始 pH 均有下降现象，随浓缩倍数增加，pH 平稳上升。这种现象在用石灰软化水为补充水时尤为明显。其原因是由于初浓缩时，补充水吸收了空气中部分二氧化碳中和了部分碱度而造成的。因为石灰软化水的总碱度虽不太低，但 HCO_3^- 很少，而是以 CO_3^{2-} 碱度为主，甚至还有 OH^- 碱度。浓缩时，吸收的二氧化碳使 CO_3^{2-} 及 OH^- 转化为 HCO_3^-，使 pH 下降。待碱度完全转化为 HCO_3^- 之后，继续浓缩 pH 才会上升。

需注意的是，以上计算式中，参与计算的水质数据为补充水的 pH 及 M。补充水进入循环水后会使循环水水质发生变化。循环水系统中如果装有加氯杀菌装置，氯在水中作用之后，最终变为盐酸（HCl），因而使循环水的 pH 降低。因加氯是间断的，所以整个系统 pH 有些波动。加氯可使循环水的 pH 平均下降 0.1～1.1，夏季有时影响很大，冬季影响小一些。所以，按表 2－11 中的计算式算出自然 pH 后，有加氯装置的还要减去加氯影响才是循环水的 pH，粗算时可以减去 0.2。

（五）敞开式循环冷却水系统中的碱度

循环水浓缩后，或加酸调 pH 之后，碱度会发生变化。一般来说，总碱度是随浓缩倍数的提高而增加，但在敞开式循环冷却水系统中，部分碳酸盐碱度分解为二氧化碳逸出，故循环水的总碱度不等于浓缩倍数乘补充水碱度（NM_{BC}），而是小于 NM_{BC}。某些用水一般按 NM_{BC} 的碱度值配制，但配制之后分析表明碱度小于 NM_{BC}，说明二氧化碳已部分逸出。此时敞开式循环冷却水系统中的碱度按照碳酸平衡理论计算的结果一般是不准确的，一般根据以下经验公式确定。

$$\lg M = 0.619\text{pH} - 2.663 \tag{2-45}$$

式(2-45)称为 pH-M 经验公式，适用于 pH = 4.3 ~ 8.3，可靠度为 90%。由公式看，循环水的 pH 与 lg$M$ 成直线关系，这在理论上是正确的。按碳酸盐的一级平衡系数推算，pH 如式(2-46)所示。

$$\text{pH} = \lg[HCO_3^-] + pK_1 - \lg[H_2CO_3] \tag{2-46}$$

由于循环水的 pH 为 6 ~ 9，所以 pH 与 lg$M$ 应该是直线关系。故一般整理成 pH-M 关系曲线。

从公式(2-46)来看，有以下规律：

(1)pH 与 lg$M$ 成直线关系　pH 升高 M 值也升高，pH 降低 M 值也降低。pH 与 lg$M$ 值成直线关系。因此，决定敞开循环水系统总碱度的主要因素是循环水的 pH，与浓缩倍数(N)、补充水的 pH(pH_{BC})及补充水的总碱度(M_{BC})无关系。

(2)水温对游离二氧化碳量和碱度的影响　循环水多在 30 ~ 40℃波动，对 M 值影响不大，可以忽略。

(3)不同类型的补充水水质对 M 值的影响　虽然水质的 pH 与 lg$M$ 成直线关系，但补充水质不同时，其 pH-M 明显不同。

根据 pH-M 关系，按硬度和碱度将补充水分为三种类型：补充水为中硬中碱水及低碱软水时，硬度和碱度大致平衡，pH-M 线大致接近，可归为类型Ⅰ；补充水为负硬度水时，其碱度超过硬度，在相同 pH 下，M 值偏高，可归为类型Ⅱ；补充水为极软极低碱水及石灰软化水时，pH-M 线接近，在相同 pH 条件下，M 值较偏低，可归为类型Ⅲ。用三个不同公式计算Ⅰ、Ⅱ、Ⅲ这三种类型的碱度，可据此判断水的腐蚀结垢倾向，见表 2-13。

表 2-13　不同类型补充水的循环水总碱度 M 的计算式

项目	类型Ⅰ补充水	类型Ⅱ补充水	类型Ⅲ补充水	
补充水类型	中硬中碱及低碱软水	中碱软水(负硬度水)	极软极低碱水及石灰软化水	
计算式	$\lg M = 0.629\text{pH} - 3.027$	$\lg M = 0.608\text{pH} - 2.542$	$\lg M = 0.679\text{pH} - 3.67$	
适用范围			极软极低碱水	石灰软化水
补充水 pH	6.8 ~ 8.5	7.5 ~ 8.5	6.5 ~ 7.5	9.0 ~ 11.0
补充水硬度/(mg/L)	50 ~ 300	50 ~ 150	<50	<150
补充水总碱度/(mg/L)(以 $CaCO_3$ 计)	50 ~ 300	200 ~ 300	<50	<150

注：1. M 为循环水的总碱度，mg/L(以 $CaCO_3$ 计)。

2. pH 为循环水的 pH。当 pH 等于自然 pH 时，计算所得 M 为自然 pH 时的总碱度。

不同类型补充水的 pH 与 M、lg$M$ 关系可由表 2-14 查得。

表 2-14　**循环水总碱度 *M* 计算值(以 $CaCO_3$ 计)**　单位:mg/L

循环水 pH	补充水类型Ⅰ		补充水类型Ⅱ		补充水类型Ⅲ	
	lg*M*	*M*	lg*M*	*M*	lg*M*	*M*
6.5	1.0615	11.5	1.4100	25.7	0.7435	5.5
6.6	1.1244	13.3	1.4708	29.6	0.8114	6.5
6.7	1.1873	15.4	1.5316	34	0.8793	7.6
6.8	1.2502	17.8	1.5924	39.1	0.9472	8.9
6.9	1.3131	20.6	1.6532	45	1.0151	10.4
7.0	1.3760	23.8	1.7140	51.8	1.0830	12.1
7.1	1.4389	27.5	1.7748	59.5	1.1509	14.2
7.2	1.5018	31.8	1.8356	68	1.2188	16.6
7.3	1.5647	36.7	1.8964	78.8	1.2867	19.4
7.4	1.6276	42.4	1.9572	90.6	1.3546	22.6
7.5	1.6905	49	2.0180	104	1.4225	26.5
7.6	1.7534	56.7	2.0788	120	1.4904	30.9
7.7	1.8163	65.5	2.1396	138	1.5583	36.2
7.8	1.8792	75.7	2.2004	159	1.6262	42.3
7.9	1.9421	87.5	2.2612	182	1.6941	49.4
8.0	2.0050	101	2.3220	210	1.7620	57.8
8.1	2.0679	117	2.3828	241	1.8299	67.6
8.2	2.1308	135	2.4436	278	1.8978	79
8.3	2.1937	156	2.5044	319	1.9657	92.4
8.4	2.2566	181	2.5652	367	2.0336	108
8.5	2.3195	209	2.6260	423	2.1015	126
8.6	2.3824	241	2.6868	486	2.1694	148
8.7	2.4453	279	2.7476	559	2.2373	173
8.8	2.5082	322	2.8084	643	2.3052	202
8.9	2.5711	372	2.8692	740	2.3731	236
9.0	2.6340	431	2.9300	851	2.4410	276
9.1	2.6969	498	2.9908	979	2.5089	323
9.2	2.7598	575	3.0516	1126	2.5768	377
9.3	2.8227	665	3.1124	1295	2.6447	441
9.4	2.8856	768	3.1732	1490	2.7126	516
9.5	2.9485	888	3.2340	1714	2.7805	603

需说明的是：从理论上说，pH = 6 ~ 9 时，总碱度基本以 HCO_3^- 存在，当 pH > 9.0 时，CO_3^{2-} 渐增多，所以归纳的计算式应适用于 pH < 9.0，当 pH > 9.0 时，仅作为参考。

（六）循环水调 pH 时加酸量的计算

循环冷却水通常需加酸将 pH 调到规定的指标，需要估算加酸量。根据酸碱中和原理，加酸量应与碱度降低量相当。如果循环水加酸前后的碱度差为 ΔM，则：

$$\Delta M = M_{前} - M_{后} \tag{2-47}$$

$M_{前}$为循环水调 pH 前的碱度，$M_{后}$为调 pH 后的碱度，均以 $CaCO_3$ mg/L 计。如果用 98% 的硫酸调 pH，则以式（2-48）计算单位循环水的加酸量。

$$A = 49 \times \Delta M / (50 \times 0.98 \times 1000) = \Delta M / 1000 \tag{2-48}$$

式中　A——单位循环水的加酸量，kg/m^3

49——1[H^+]mol H_2SO_4的质量，g/[H^+]mol

计算 $M_{前}$、$M_{后}$时应注意：

（1）$M_{前}$应该是循环水按一定浓缩倍数浓缩之后在自然 pH 下的碱度，不是补充水碱度。因为浓缩过程中，部分碳酸盐分解为二氧化碳逸出系统，所以 $M_{前}$小于补充水碱度乘浓缩倍数（$N \times M_B$）。

（2）$M_{后}$应是循环水运行 pH 时的碱度，在敞开式循环冷却水系统中要特别注意。

（3）单位加酸量所计算的基础是循环水，不是补充水。即 ΔM 值是按循环水质计算的。所以计算总加酸量时，应按循环水系统容积或排污水量（包括飞溅及风损）计。

首次加酸量应等于 $V \cdot A$（kg），V 为系统容积（m^3）。正常运行时的日常加酸量应等于排污水量（m^3/h）乘以单位循环水的加酸量 A（kg/h）。这是因为正常运行时，排污水排出的是已加酸调好的水质，排污后损失了系统中已调好的酸量，所以计算日常加酸量时要以排污水量为基础计算。

三、循环水中碳酸钙的溶解平衡

碳酸钙的溶解或沉淀，腐蚀倾向或结垢倾向与碳酸钙的溶解平衡规律有关。为了从理论上判断循环水的结垢腐蚀属性，需要了解水中碳酸钙的溶解平衡。碳酸钙在水中溶解时：

$$CaCO_3(s) \rightleftharpoons Ca^{2+} + CO_3^{2-} \tag{2-49}$$

水中离子浓度直接受水的 pH 和碳酸平衡状态的影响。碳酸平衡各级反应式为：

$$CO_2 + H_2O \rightleftharpoons H_2CO_3 \rightleftharpoons H^+ + HCO_3^- \rightleftharpoons 2H^+ + CO_3^{2-} \tag{2-50}$$

碳酸钙在水中的溶解平衡受以下平衡式的综合影响：

$$[Ca^{2+}][CO_3^{2-}] = K_S = 4.8 \times 10^{-9}(25℃) \tag{2-51}$$

$$[H^+][HCO_3^-]/[H_2CO_3] = K_1 = 4.45 \times 10^{-7}(25℃) \tag{2-52}$$

$$[H^+][CO_3^{2-}]/[HCO_3^-] = K_2 = 4.69 \times 10^{-11}(25℃) \tag{2-53}$$

式中　K_S——碳酸钙的溶解平衡常数或碳酸钙的溶度积

碳酸平衡及碳酸钙溶解平衡反应可综合为：

$$2HCO_3^- \rightleftharpoons CO_3^{2-} + CO_2 + H_2O \tag{2-54}$$

$$CO_3^{2-} + Ca^{2+} \rightleftharpoons CaCO_3 \tag{2-55}$$

当水中[Ca^{2+}]为某一固定浓度值时，根据碳酸钙溶解平衡，$CaCO_3$达饱和时[CO_3^{2-}]$_B$浓度值为：

$$[CO_3^{2-}]_B = K_S/[Ca^{2+}] \quad (2-56)$$

如果再把水的碱度看作固定数值，根据碳酸平衡，可求出相应饱和时[CO_3^{2-}]$_B$的[H_2CO_3]$_B$值：

$$[H_2CO_3]_B = K_2[HCO_3^-]^2/K_1[CO_3^{2-}]_B \quad (2-57)$$

也可求出达到此饱和平衡的[H^+]$_B$及饱和pH_B：

$$[H^+]_B = K_2[HCO_3^-]/[CO_3^{2-}]_B \quad (2-58)$$

$$pH_B = pK_2 + \lg[CO_3^{2-}]_B - \lg[HCO_3^-] \quad (2-59)$$

[H_2CO_3]$_B$称为平衡碳酸，pH_B称为平衡pH。由于水中碳酸钙不总是处于饱和平衡状态，常处于不饱和或过饱和状态，所以[H_2CO_3]$_B$和pH_B并不是水中实际值，而是在[Ca^{2+}]和[HCO_3^-]不变的条件下，达到碳酸钙饱和状态时应有的数值。

将实际的[H_2CO_3]和pH与[H_2CO_3]$_B$和pH_B相比较，就可以判断出实际[CO_3^{2-}]和[CO_3^{2-}]$_B$的相对大小，从而可以判断碳酸钙溶解或沉淀的趋势。

如水中游离碳酸含量大于[H_2CO_3]$_B$，则水的pH小于pH_B，水中实际[CO_3^{2-}]必小于[CO_3^{2-}]$_B$浓度。此时，水中碳酸钙处于不饱和状态，这种水如与固体碳酸钙相遇，就会发生溶解作用，则以下反应向右进行：

$$CaCO_3(s) + CO_2 + H_2O \rightleftharpoons Ca^{2+} + 2HCO_3^- \quad (2-60)$$

直到建立起碳酸钙的饱和平衡为止。由于这种不饱和水能够溶解循环水系统中换热器上的碳酸钙保护膜，所以水的性质倾向于腐蚀。

反之，如果水中游离碳酸量小于[H_2CO_3]$_B$值，则pH高于pH_B，而其[CO_3^{2-}]含量必大于[CO_3^{2-}]$_B$浓度。此时，水中碳酸钙为过饱和状态。在适宜条件下，固体碳酸钙会从水中沉淀出来，使以上反应向左进行，直到达到碳酸钙饱和溶解平衡为止。这种过饱和水能在换热器上结水垢，所以水的性质倾向于结垢。

如果[H_2CO_3]等于[H_2CO_3]$_B$，pH等于pH_B，则水恰处于碳酸钙溶解饱和状态，没有发生碳酸钙再溶解或沉淀的趋势。

第四节　循环冷却水水质稳定性的判断

当以碳酸盐型水作为循环冷却水时，由于盐类浓缩、平衡CO_2散失、水温升高等原因，会使水中的$CaCO_3$、$Ca_3(PO_4)_2$等难溶盐类的含量超过饱和值，从而引起结垢，这时的水称为结垢型水。反之，当低于饱和值时，原先析出的盐类又会溶于水中，水对金属管壁产生腐蚀，这时的水称为腐蚀型水。当水中这些盐类的含量正好处于饱和状态时，既无结垢又无腐蚀现象，称为稳定性水。为了对水质的结垢型和腐蚀型倾向做出预先判断，通常用以下方法判断水质的稳定性。

一、极限碳酸盐硬度法

任何一种水在水温一定的情况下，都有一个不结碳酸盐水垢的最高允许值，这个值称

为极限碳酸盐硬度 H_T'，它只能由模拟实验求取。

判断方法是：

$$NH_{BT} < H'_T，不结垢$$
$$NH_{BT} > H'_T，结垢 \quad (2-61)$$

式中　H'_T——极限碳酸盐硬度

N——浓缩倍数

H_{BT}——补充水的碳酸盐硬度

实验时，每隔 2 ~ 4h 取水样分析一次，测定水温、pH、碳酸盐硬度和氯离子浓度，当达到水的碳酸盐硬度保持不变时，实验即可结束，通常一组实验需要 2 ~ 3d。运行结束后，以运行时间对水的碳酸盐硬度作图，当循环水碳酸盐硬度不再变化时，既为所求的 H_T'值。式(2-61)说明，为了防止循环冷却水结垢，控制浓缩倍率的大小是有效途径之一。但浓缩倍率太小，排污水量和补充水量会过大，不利于节水。

二、朗格利尔饱和指数法

1. 朗格利尔(Langelier)饱和指数

碳酸盐溶解在水中达到饱和状态时，存在着下列动平衡关系

$$Ca(HCO_3)_2 \rightleftharpoons Ca^{2+} + 2HCO_3^- \quad (2-62)$$

$$HCO_3^- \rightleftharpoons H^+ + CO_3^{2-} \quad (2-63)$$

$$CaCO_3 \rightleftharpoons Ca^{2+} + CO_3^{2-} \quad (2-64)$$

1936 年，朗格利尔(Langelier)根据上述平衡关系，提出了饱和 pH 和饱和指数的概念，判断碳酸钙在水中是否会析出水垢，并据此提出加酸或加碱预处理的办法控制水垢的析出。

从反应式(2-63)和式(2-64)可以看出，如往水中加碱，则 H^+ 被中和，水的 pH 升高，反应式(2-63)向右方进行，反应式(2-64)向左方进行，碳酸钙易析出。如果碳酸钙在水中呈饱和状态，则反应式(2-62)、式(2-63)和式(2-64)处于平衡状态，$Ca(HCO_3)_2$既不分解成 $CaCO_3$，$CaCO_3$也不会继续溶解。此时水的 pH 称为该水的饱和 pH，以 pH_B表示。朗格利尔推导出了计算 pH_B的公式，并以水的实际 pH_Y与其 pH_B的差值来判断水垢的析出。此差值称为饱和指数，以 I_B表示。

早期水处理工作者曾有意让冷却水在换热器传热表面上结一层薄薄的致密的碳酸钙水垢，这样既不影响传热效率，又可防止水对碳钢的腐蚀。因此，朗格利尔提出：$I_B > 0$ 时，碳酸钙垢会析出，这种水属结垢型水；当 $I_B < 0$ 时，则原来附在传热面上的碳酸钙垢层会被溶解掉，使碳钢表面裸露在水中而受到腐蚀，这种水称作腐蚀型水；当 $I_B = 0$ 时，碳酸钙既不析出，原有碳酸钙垢层也不会被溶解掉，这种水属于稳定型水。可用下式表示：

$$I_B = pH_Y - pH_B \quad (2-65)$$

式中　I_B——饱和指数

pH_Y——使用温度下测得的 pH

pH_B——饱和 pH，即循环水在使用温度条件下被 $CaCO_3$饱和时的 pH

判断方法是：

$I_B=0$ 时，水质是稳定的，称为稳定型水；

$I_B>0$ 时，水质碳酸钙呈饱和状态，有碳酸钙水垢析出的倾向，称为结垢型水；

$I_B<0$ 时，水质碳酸钙呈未饱和状态，有溶解碳酸钙固体的倾向，对钢材有腐蚀性，称为腐蚀性水。

因为式(2－65)中的 pH_Y 是指使用温度下的 pH，如果测定时的温度为 20～25℃，可按式(2－66)校正：

$$pH_Y = pH - \alpha \tag{2-66}$$

式中　pH——水温为 20～25℃时测得的 pH

α——pH 校正值，可查表 2－15 求得

表 2－15　　pH 校正值 α

pH	总碱度/(mmol/L)				
	0.5	1.0	2.0	4.0	8.0
用于水温从 20～25℃升为 50℃时					
≤8	0.1	0.1	0.1	0.1	0.1
<8.2	0.2	0.15	0.15	0.15	0.1
<8.4	0.3	0.2	0.2	0.15	0.15
用于水温从 20～25℃升为 75℃时					
<7.6	0.1	0.1	0.1	0.1	0.1
<7.8	0.15	0.15	0.1	0.1	0.1
<8.0	0.3	0.2	0.15	0.15	0.1
<8.2	0.4	0.3	0.2	0.2	0.15
<8.4	0.5	0.4	0.3	0.25	0.2

2. 饱和 pH_B 的计算

饱和 pH_B 的计算方法有查表法、查图法及公式法，根据水质分析数据进行推算的结果见式(2－67)：

$$pH_B = f_1(t) - f_2(Ca^{2+}) - f_3(M) + f_4(S) \tag{2-67}$$

式中　$f_1(t)$——温度，℃

$f_2(Ca^{2+})$——钙硬度，mg/L $CaCO_3$

$f_3(M)$——碱度，mg/L $CaCO_3$

$f_4(S)$——总含盐量，mg/L

(1)查表法求得饱和 pH_B　式(2－67)使用起来比较复杂，为此，将饱和 pH_B 的计算制成计算表，见式(2－68)和表 2－16。

$$pH_B = (9.3 + A + B) - (C + D) \tag{2-68}$$

式中　B——温度系数，等于 $\lg f_1(t)$

C——钙硬度系数,mg/L $CaCO_3$,等于 $\lg f_2(Ca^{2+})$

D——总碱度系数,mg/L $CaCO_3$,等于 $\lg f_3(M)$

A——总含盐量系数,mg/L,等于 $\lg f_4(S)$

表 2-16　　计算 pH_B 的常数表

总含盐量/(mg/L)	A	钙硬度/(mg/L $CaCO_3$)	C	总碱度/(mg/L $CaCO_3$)	D
50	0.07	10~11	0.6	10~11	1.0
75	0.08	12~13	0.7	12~13	1.1
100	0.10	14~17	0.8	14~17	1.2
200	0.13	18~22	0.9	18~22	1.3
300	0.14	23~27	1.0	23~27	1.4
400	0.16	28~34	1.1	28~34	1.5
600	0.18	35~43	1.2	35~43	1.6
800	0.19	44~55	1.3	44~55	1.7
1000	0.20	56~69	1.4	56~69	1.8
温度/℃	B	70~87	1.5	70~87	1.9
0~2	2.6	88~110	1.6	88~110	2.0
2~6	2.5	111~138	1.7	111~138	2.1
6~9	2.4	139~174	1.8	139~174	2.2
9~14	2.3	175~220	1.9	175~220	2.3
14~17	2.2	230~270	2.0	230~270	2.4
17~22	2.1	280~340	2.1	280~340	2.5
22~27	2.0	350~430	2.2	350~430	2.6
27~32	1.9	440~550	2.3	440~550	2.7
32~37	1.8	560~690	2.4	560~690	2.8
37~44	1.7	700~870	2.5	700~870	2.9
44~51	1.6	880~1000	2.6	880~1000	3.0
51~56	1.5				
56~64	1.4				
64~72	1.3				
72~82	1.2				

(2)已知电导率求饱和 pH_B 法　如已测出水的电导率,则 pH_B 也可以用式(2-69)计算:

$$pH_B = C + D + K \tag{2-69}$$

式中　C——钙硬度系数

D——碱度系数

K——电导率系数,可以查表2－17得出

表2－17　　用来计算pH_B的常数表

总碱度[H^+]/(mmol/L)	D	钙硬度/(德国度°G)	C	电导率/(μS/cm)	K
0.0	1.0	5.0	3.06	300	1.68
0.1	3.8	5.6	3.01	320	1.69
0.2	3.7	6.8	2.94	400	1.70
0.3	3.6	7.8	2.87	520	1.71
0.4	3.4	9.0	2.80	600	1.72
0.5	3.33	10.0	2.76	800	1.73
0.6	3.23	11.2	2.70	900	1.74
0.7	3.15	12.0	2.67	1000	1.75
0.8	3.10	13.4	2.63	1200	1.76
0.9	3.06	14.4	2.60		
1.0	3.00	15.6	2.56		
1.2	2.91	16.6	2.52		
1.4	2.85	18.0	2.49		
1.6	2.80	20.0	2.46		
1.8	2.74	22.0	2.38		

(3)经验公式求饱和pH_B法　还可以使用经验公式计算饱和pH_B,经验公式如式(2－70)所示。

$$pH_B = 9.5954 + \lg\left(\frac{0.4TDS^{0.10108}}{[Ca^{2+}] \times H_T}\right) + 1.84\exp(0.547 - 0.00637t + 3.58 \times 10^{-6}t^2) \qquad (2-70)$$

式中　TDS——总溶解固体,mg/L

$[Ca^{2+}]$——Ca^{2+}的含量,mg/L

H_T——碳酸盐硬度,mg/L $CaCO_3$

t——水温,℉

3. 经验饱和指数法

利用朗格利尔(Langelier)饱和指数判断循环冷却水系统是否有$CaCO_3$析出,虽然有严格的理论根据,但在实际使用中常出现与实际情况相反的现象,具体原因如下。

(1)饱和指数是在一个确定的水温下得出的,但循环冷却水系统中各点的温度并不一致,特别是凝汽器的进出口端,有时相差几摄氏度甚至十几摄氏度。这样对进口低温端是稳定型水,对高温端可能是结垢型的。相反,对出口高温端是稳定型水,对低温端可能还是腐蚀型的。

(2)饱和指数的判断式$I_B = pH_Y - pH_B$中各种组分是指是否达到平衡时的浓度,但并不能判断这些组分达到或超过平衡浓度时是否一定会有结垢。一般情况是当这些组分在

水中的浓度超过平衡浓度的几倍或几十倍时才发现有晶体析出，这是因为晶体的结晶过程还受晶体形成条件、水中杂质的干扰等因素的影响。

(3)饱和指数只是从热力学的平衡角度定性地判断产生水垢的可能性，并没有考虑到动力学方面的影响，如水流经换热设备时的水流速度、流态、管径、管壁光滑程度等对晶体析出过程的影响，也没有考虑水中其他离子浓度和平衡关系对碳酸盐平衡的影响，如果水中加入阻垢剂、缓蚀剂、杀菌剂时，与实际情况就更加不同了。

考虑碳酸钙结晶时的介稳区的影响，由于碳酸钙结晶要在过饱和若干倍后才会析出，所以 I_S 刚大于零时，并不会结垢，而是属于稳定性的水，故采用经验饱和指数法来代替 Langelier 指数法。经验饱和指数法的判断标准见表 2－18。

表 2－18　　经验饱和指数法对水质的判断

I_S 值	水质状态
<0.5	腐蚀
0.5~2.5	稳定
>2.5	结垢

4. 饱和指数的应用

对水质处理进行设计和确定药剂配方时，根据水质资料首先计算饱和指数，判断水质类型，然后再考虑处理方案。

例如，若水质条件如下：

$[Ca^{2+}]$：34mg/L，$[CO_3^{2-}]$：0，M 碱度：4.07mmol/L，总溶解固体：380mg/L，$[HCO_3^-]$：247mg/L，pH：7.64。

根据该水质条件并考虑浓缩倍数为 3 倍的运转条件，计算该水质的饱和指数。

从理论上考虑，水中各离子浓度是按浓缩倍数成比例增加的，故浓缩倍数为 3 倍运行时，水质条件可认为是：

$[Ca^{2+}]$：102mg/L，总溶解固体：1140mg/L，M 碱度：12.21mmol/L，pH：8.3(预计)。

饱和指数计算结果见表 2－19。

表 2－19　　饱和指数计算结果

温度/℃	原水			三倍水		
	pH_B	I_B	倾向	pH_B	I_B	倾向
32①	7.16	0.48	稍结垢	6.23	2.07	结垢较重
42②	7.00	0.64	稍结垢	6.07	2.23	结垢重
80③	6.48	1.16	结垢	5.55	2.85	严重结垢

注：①冷却塔出口水温；②冷却塔进口水温；③换热设备管壁最高温度。

由表 2－19 可以看出，当浓缩倍数为 3 倍运行时，不同温度下的饱和指数均超过零，预示着水质结垢严重，因此，需投加阻垢剂进行处理。

三、雷兹纳稳定指数法

1946 年雷兹纳(Ryznar)指出,饱和指数在预测水质性能时经常出现错误的判断。如对某些水,其饱和指数虽然是正值,但是水的腐蚀性却很强。他提出以下两种假设的水:

(1)种水,在 75℃时,$pH_B = 6.0$,实际 $pH_Y = 6.5$,饱和指数:+0.5。

(2)种水,在 75℃时,$pH_B = 10.0$,实际 $pH_Y = 0.5$,饱和指数:+9.5。

从饱和指数看,两种水都是结垢型的,但实际上(1)种水是结垢型的,而(2)种水则是强腐蚀型的。

因此,他提出用经验式($2pH_B - pH_Y$)代替饱和指数,并把($2pH_B - pH_Y$)的差值称作稳定指数。如果(1)、(2)两种水用稳定指数来预示,并与饱和指数进行对比可以看出:

	(1)种水	(2)种水
饱和指数:	+0.5	+0.5
稳定指数:	+5.5	+9.5

从饱和指数看,(1)、(2)两种水是一样的,都是属于结垢型的;但是从稳定指数看,两种水却不相同,(1)种水属结垢型,而(2)种水属严重腐蚀型。雷兹纳通过实验,提出了经验的稳定指数 I_W 来进行碳酸钙垢析出的判断,定义如下:

$$I_W = 2pH_B - pH_Y \tag{2-71}$$

pH_Y 可由式(2-72)计算:

$$pH_Y = 1.465\lg M + 7.03 \tag{2-72}$$

式中 M——水中总碱度,mmol/L

雷兹纳(Ryznar)稳定指数的判断方法见表 2-20。

表 2-20 雷兹纳(Ryznar)稳定指数判断标准

I_W	水质
>8.7	对含 $CaCO_3$ 的材料腐蚀性严重的水
8.7~6.9	对含 $CaCO_3$ 的材料腐蚀性中等的水
6.9~6.4	稳定水
6.4~3.7	结垢的水
<3.7	结垢严重的水

I_B 和 I_W 两个指数,只能用于判断碳酸盐结垢或腐蚀的倾向性,不能提供有关计算数据,故有它的局限性。

四、普科里兹平衡指数法

1979 年,普科里兹(Puckorius)认为水的总碱度比实际测定的 pH 能更正确地反映冷却水的腐蚀与结垢倾向。认为水的 pH 受到缓冲,通常不能与 HCO_3^- 存在正确的对应关系。而水的总碱度不易受到缓冲,因而更能准确地指示水的腐蚀或结垢倾向。

经过对几百个冷却水系统做了研究之后,将稳定指数中水的实际测定 pH 改为平衡

pH(pH_{eq})将更切合生产实际。普科里兹(Puckorius)平衡指数I_P的定义是:

$$I_P = 2pH_B - pH_{eq} \tag{2-73}$$

式中 pH_B——碳酸钙饱和 pH

普科里兹(Puckorius)平衡指数判断指标见表 2-21。

表 2-21 普科里兹(Puckorius)平衡指数判断指标

I_p值	水质状态
>6	腐蚀
=6	稳定
<6	结垢

而平衡pH_{eq}与总碱度可按式(2-74)关系式算出:

$$pH_{eq} = 1.465\lg M + 4.54 \tag{2-74}$$

式中 M——系统中水的总碱度(以$CaCO_3$计),mg/L

平衡pH_{eq}与总碱度也可由表 2-22 查出。

表 2-22 由总碱度查平衡 pH_{eq}

总碱度 $CaCO_3$ /(mg/L)	总碱度的十位数(以$CaCO_3$计)/(mg/L)									
	0	10	20	30	40	50	60	70	80	90
0	—	6.00	6.45	6.70	6.89	7.03	7.14	7.24	7.33	7.40
100	7.47	7.53	7.59	7.64	7.68	7.73	7.77	7.81	7.84	7.88
200	7.91	7.94	7.97	8.00	8.03	8.05	8.08	8.10	8.13	8.15
300	8.17	8.19	8.21	8.23	8.25	8.27	8.29	8.30	8.32	8.34
400	8.35	8.37	8.38	8.40	8.41	8.43	8.44	8.46	8.47	8.48
500	8.49	8.51	8.52	8.53	8.54	8.56	8.57	8.58	8.59	8.60
600	8.61	8.62	8.63	8.64	8.65	8.66	8.67	8.68	8.69	8.70
700	8.71	8.72	8.73	8.74	8.74	8.75	8.76	8.77	8.78	8.79
800	8.79	8.80	8.81	8.82	8.82	8.83	8.84	8.85	8.85	8.86
900	8.87	8.88	8.88	8.89	8.90	8.90	8.91	8.92	8.92	8.93

例如,若循环水系统中水的总碱度 $M = 360$mg/L,查表 2-22 可得此时平衡 pH_{eq} = 8.29,再由"饱和 pH_B的计算"一节所述方法求得饱和 pH_B,将 pH_{eq}和 pH_B带入式(2-73)中,即可计算得出普科里兹平衡指数 I_P值,将 I_P值与表 2-21 对比,即可判断出循环冷却水属于"腐蚀"型、"稳定"型,还是"结垢"型水质。

五、临界 pH_L结垢指数

晶体生长理论认为,对微溶性盐如碳酸钙,必须出现一定的过饱和度才能析出沉淀。沉淀析出时,与过饱和度相应的 pH 称为临界 pH,它可以和饱和 pH 进行比较。临界 pH_L

一般由实验求得。具体方法是：首先将含有碳酸盐硬度的水样加热到一定温度（40℃），然后一边搅拌一边滴加 NaOH 标准溶液，并测定水样的 pH，可得如图 2－27 所示的曲线。

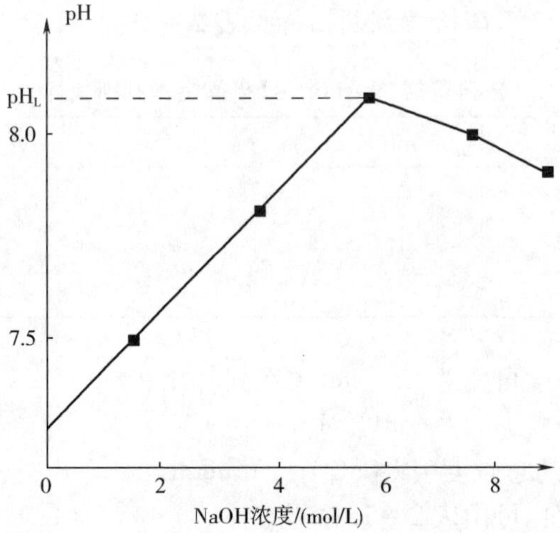

图 2－27　临界 pH

开始时，随着 NaOH 的滴入，水样的 pH 呈直线上升，当 pH 上升到某一极限值后，突然下降，此转折处所对应的 pH 称为临界 pH，此时水样中有 $CaCO_3$ 晶体析出，并出现浑浊现象。在此过程中，水样中的 $CaCO_3$ 由不饱和逐渐达到过饱和。当 $CaCO_3$ 析出时，又由过饱和向饱和转化，加剧了 HCO_3^- 的电离，使水样中 H^+ 浓度增大（pH 下降）：

$$HCO_3^- \rightleftharpoons H^+ + CO_3^{2-} \qquad (2-75)$$

判断方法是，pH_L 越大，表示水质越稳定，不易析出 $CaCO_3$ 沉淀。水的实际 pH 大于 pH_L 就结垢，小于 pH_L 就不会结垢。

1972 年，法特诺（Feitler）用实验方法测出结垢时水的真实 pH，即临界 pH_L。当水的实际 pH 大于 pH_L 时就会结垢，小于 pH_L 时，就不发生结垢。因此，临界 pH_L 相当于饱和指数中的 pH_B，不同的是 pH_B 是计算值，而 pH_L 是实验测定值，各种影响因素都包括进去了，其数值显然要比 pH_B 高。对于同一种水溶液，实际测得的 pH_L 一般都大于计算的 pH_B，一般情况下：

$$pH_L = pH_B + (1.7 \sim 2.0) \qquad (2-76)$$

两者与水温之间的关系如图 2－28 所示。

图 2－28 中有两条曲线，一条是 pH_L 线，也称晶体析出曲线，另一条是 pH_B 线，也称溶解度曲线。pH_L 线以上是沉淀区，在此区有大量晶核生成，并迅速长大，过饱和度越大，晶体生长越快。pH_B 线以下是溶解区，没有晶核生成。两条曲线之间是介稳区，在此区间，小晶核不断生成又不断溶解，晶体不能长大。介稳区的宽度与很多因素有关，一般来说，盐类的溶解度越低，介稳区越宽。对某些微溶性盐类，如碳酸钙的溶解度随温度的升高而下降，因此介稳区宽度随温度升高而迅速变窄。介稳区宽度还与水中其他杂质有关，如水中浊度、Fe^{2+} 等均会使介稳区变窄。显然，介稳区越宽，生成水垢的可能性越小。

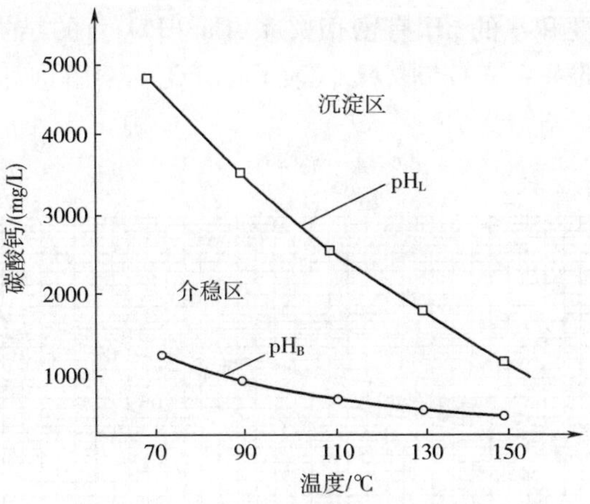

图 2－28　$CaCO_3$溶解度与析出曲线

上述几种指数均是针对碳钢材质，预测水中溶解的碳酸钙是否会析出，或者碳酸钙在水中是否会溶解而言，因此判断式中所谓腐蚀的实际含意并不是直接预测水的腐蚀性，而是指用作保护层的碳酸钙溶解后，碳钢直接裸露在水中，由电化学作用等原因引起腐蚀。如果材质是铝、不锈钢等合金则腐蚀问题就不会像碳钢那样突出。

I_B指数只从热力学平衡角度出发，在工程应用中有局限性，特别是在冷却水中投入各种化学处理剂后，基本失去预测作用。

I_W指数虽然是在工程应用中总结出来的经验式，比I_B指数接近实际，但同样对用化学药剂处理过的冷却水失去了预测作用。

I_P指数也是局限于平衡观点，只是将I_W指数中水的实际 pH 用水的总碱度加以校正，因此I_B指数和I_W指数存在的问题，它也存在。

但I_B指数、I_W指数和I_P指数对未加水质稳定剂的原水做水质性能的初步判断仍是可取的。

临界 pH_L结垢指数完全是用实验测定值代替热力学平衡推导式来预测水中的碳酸钙是否会沉淀出来，其实用意义比I_B指数、I_W指数和I_P指数为好，以此方法研制成的测垢仪已经投入实际应用。

六、磷酸钙饱和指数

在循环冷却水处理中常投加聚磷酸盐，聚磷酸盐在水中会水解成正磷酸盐，使水中有PO_4^{3-}存在，与钙离子结合，生成溶解度很低的磷酸钙并析出，如附着在传热表面上，就会形成磷酸钙水垢，影响传热效果，且不易清除。在投加有聚磷酸盐药剂的循环冷却水系统中，需要注意磷酸钙水垢生成问题。磷酸钙析出与否，可用磷酸钙饱和指数判断。磷酸钙饱和指数用I_L表示：

$$I_L = pH_0 - pH_p \tag{2-77}$$

式中　pH_0——循环水的 pH

pH_p——磷酸钙饱和时的 pH

$Ca_3(PO_4)_2$的溶解度和水的 pH 有密切关系，$Ca_3(PO_4)_2$的结垢可按图 2－29 所给的$Ca_3(PO_4)_2$及 pH_p三者的关系来控制，pH_p代表 $Ca_3(PO_4)_2$溶解饱和时的 pH。

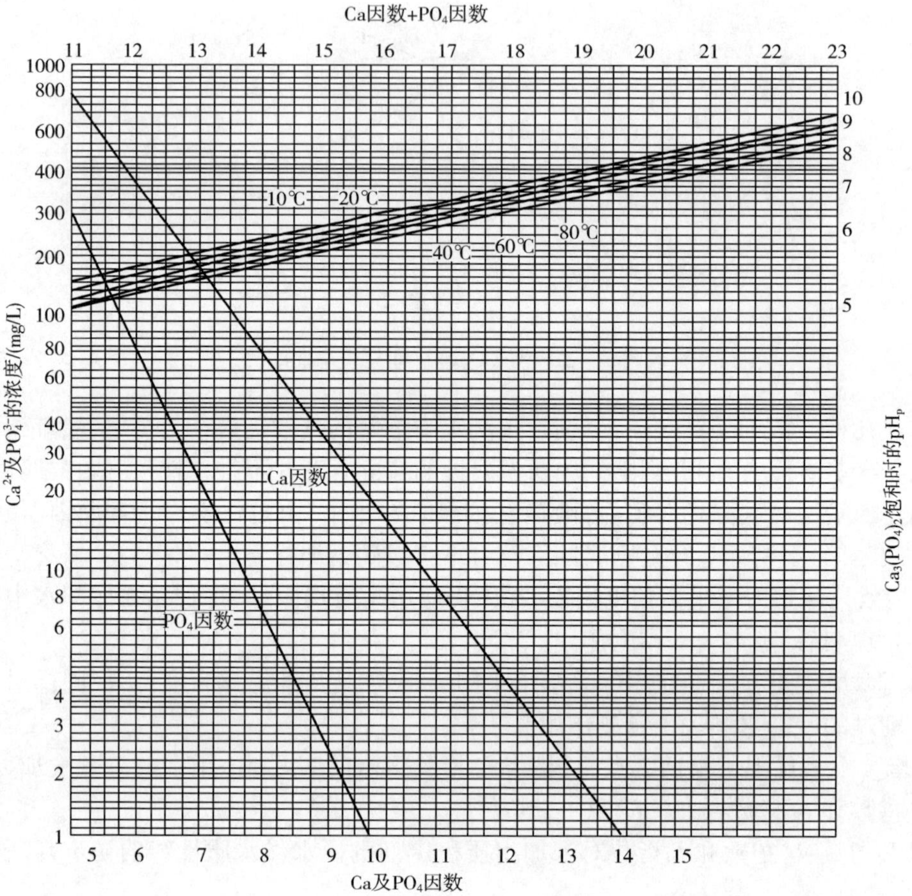

图 2－29　Ca^{2+}、PO_4^{3-}浓度与 pH 的关系

图 2－29 的下半部可查钙及磷酸盐因数，上部为钙及磷酸盐两因数之和与 pH 的关系。

当水的 pH 小于查出的 pH_p时，不发生磷酸钙结垢；当水中的 pH 大于查出的 pH_p，就是当磷酸钙指数 $I_L = pH_0 - pH_p > 0$，即发生 $Ca_3(PO_4)_2$结垢，循环水中加入聚磷酸盐阻垢剂后，可控制 $I_L < 1.5$，以避免磷酸钙垢。

第三章 水的冷却原理

第一节 水冷却的基本原理

热水通过冷却设备把水温降下来的现象,在日常生活中也会经常遇到,如一杯开水用两只杯子把开水倒来倒去,不久水温就降低了,这就是使水形成水膜层或水滴,加大热水与空气的接触面积,增加水蒸发散热作用,加快水的冷却速度,因而较快地把开水变成温水。又如夏天游泳时,刚从水面出来,被风一吹觉得很凉,这也是由于身体上的水珠蒸发而带走大量热量而引起的。

水的冷却主要是蒸发散热、接触散热和辐射散热三个过程共同作用。蒸发散热和接触散热是主要的,辐射散热很小。

一、水作为冷却剂的特点

自然界中存在大量的气体和液体,为什么用水作为冷却液体呢? 主要原因有以下三点:

(1)水的比热容大　其比热容为1kcal/(kg·℃)(1kcal = 4.184kJ),就是说1kg水升高或降低1℃,可以吸收或放出1000cal热量。如用1kgH_2O去冷却设备时,水温升高5℃,理论上可以吸收或放出5000cal热量。

(2)水的价格相对较便宜　一般来说,只花费水泵电费和水的净化处理费,与其他液体、气体相比,水不但价格便宜,来源也充足。

(3)水的汽化热大　在0℃时,1kg水汽化热为597.3kcal。什么是汽化热,就是1kg 0℃的水变为0℃的水蒸气时所吸收的热量称为汽化热。汽化热的意义是1kg 0℃的水,蒸发1%的水量(1kg中的1%)可使1kg水降低6℃。

水与酒精及其他液体、气体的比热容与汽化热比较见表3-1。由此可见水的比热容和汽化热最大,用水冷却效果最好。

表3-1　水与酒精及其他液体、气体的比热容与汽化热比较表

介质	比热容/[kcal/(kg·℃)]	汽化热/(kcal/kg)
水	1	597.3(0℃)
酒精	0.572	202
其他液体	0.5左右	50~100
气体	0.3左右	<100

用水去冷却生产设备时,使生产设备的温度降低了,把热量传给了水,使水温升高了,这个过程就是传导散热。

水在冷却塔中进行冷却的过程中,水形成很小的水滴或极薄的水膜,扩大了水与空气的接触面积和延长了接触时间,加强了水的蒸发汽化,带走水中的大量热量,所以水在冷却塔中冷却的过程是传导散热和蒸发散热的过程。

空气中能容纳一定量的水蒸气,当空气中水蒸气少的时候,气候很干燥,天气也好;当空气中水蒸气较多时,会感到很潮湿;当空气中水蒸气很多时,会出现小的露点,这说明空气能接纳水蒸气,同时也说明空气接纳水蒸气是有一定限度的。当空气中出现小露点时,说明空气中的水蒸气达到了饱和,称为饱和水蒸气。

水在冷却过程中,只要空气中的水蒸气还未达到饱和,热水表面直接与空气接触时,就会不断地散发出水蒸气跑到空气中去。热水表面的水分子在转化为水蒸气的过程中将从水中吸收热量,使水得到冷却。

二、水的蒸发散热

从分子运动理论来说,水的表面蒸发是由分子热运动而引起的,分子的运动又是不规则的,各分子的运动速度大小不一样,波动范围很大。当水表面的某些水分子的动能克服了水内部对它的内聚力时,这些水分子就从水面逸出,进入空气中去,这就是蒸发。由于水中动能较大的水分子逸出,那么剩余的其他水分子的平均动能减小,水的温度也随之降低,使水得到冷却,这就是蒸发可以散热的主要原因。所以水的蒸发散热是水分子运动的结果。

水的蒸发散热可以在沸腾时进行,也可以在低于沸点的温度下进行,而自然界中的蒸发散热大都是在低于沸点的温度下进行的。例如,湿衣服晾干、潮湿地面变干燥以及热水在冷却塔内的冷却等都是在低于沸点的情况下进行的蒸发现象。所以说,当水温小于气温的情况下,水照样会得到冷却,就是由于在低于沸点下的蒸发散热。

从水面逸出去的水分子,相互之间可能进行碰撞,或者逸出去的水分子与空气中已有的水分子之间进行相互碰撞,那么又可能重新进入水中。如果在单位时间内逸出的水分子多于回到水面中的水分子,那么水就不断地蒸发,水温也不断地降低,水得到冷却。

水的表面蒸发可在水温低于沸点的情况下进行,此时,水和空气的交界面上存在着蒸气的压力差,一般认为水与空气的接触中,在其交界面处存在着一层极薄的饱和气层,称为水面饱和气层。水首先蒸发到饱和气层中去,然后再扩散到空气中去。

设水面饱和气层的温度为 t',水面的温度为 t_f,水滴越小或水膜越薄,t' 与 t_f 就越接近。设水面饱和气层的饱和水蒸气分压力为 P''_q,远离水面空气的温度为 θ,(θ 为干球温度),远离水面空气的分压力为 P_q,那么它们的分压力差为:

$$\Delta P_q = P''_q - P_q \tag{3-1}$$

这个 ΔP_q 就是水分子向空气中蒸发扩散的推动力,只要存在 $P''_q > P_q$(即 ΔP_q 为正值),那么水的表面一定产生蒸发,水一定会冷却,而与水面的温度 t_f 是高于还是低于水面以上的空气温度 θ 无关。如果说蒸发所消耗热量用 H_β 表示,那么在 $P''_q > P_q$ 的条件下,蒸发的热量H_β总是由水面跑向空气，水中的热量总是减小的。

为加快水的蒸发散热速度，在冷却塔内要采取以下两条措施。

（1）增加热水与空气之间的接触面积　接触面积越大，水分子逸出去的机会越多，蒸发散热就越快。水与空气的接触主要在冷却塔内的淋水填料中进行，一方面要求水在淋水填料中形成的水滴越小越好、水膜越薄越好；另一方面要求填料本身越薄越好，即填料的面积越大越好。

（2）提高填料中水膜（或水滴）的水面空气流动速度　提高填料中水膜（或水滴）的水面空气流动速度，使从水面逸出的水蒸气分子迅速地扩散到冷却塔外部的空气中去，维持扩散的推动力为常数，即不使ΔP_q降低下来。如果不迅速地排除逸出水蒸气分子，就会使空气中的水蒸气分压P_q升高，使$\Delta P_q = P''_q - P_q$值变小（蒸发推动力减小），不利于蒸发。所以要保持一定的风量和风速。

水的蒸发散热量可用式（3－2）计算：

$$H_\beta = \lambda q_\beta \tag{3-2}$$

式中　H_β——蒸发散热量，kcal/（m^2·h）

q_β——蒸发量，kg/（m^2·h）

λ——汽化热，kcal/kg，1kg 水的汽化热为 597.3kcal

三、水的接触散热

传导散热也称接触散热，有时也称接触传导散热。这种散热是指热水水面与空气直接接触时的传热过程，包括传导和对流两种传热形式。例如，水的温度与空气温度不一样，将会产生传热过程，当水温高于空气温度时，水就把热量传给空气，空气自身的温度就逐渐升高，使水面以上周围空气内部的温度不均匀，这样冷空气与热空气之间就产生对流作用（注：对流只发生在流体中，而传导是指传热的分子之间无混合现象），对流的结果是使空气本身各点的温度达到一致，最后，水面温度与空气温度一致时传导散热停止。由此可见，传导和对流是同时发生的，总称为接触散热。

从上述讨论可见，传导散热的推动力为温度差$\Delta t = t_f - \theta$（水面温度与空气温度差），温度差越大，传热效果越好，传热量可用下式表示：

$$H_\alpha = \alpha(t_f - \theta) \tag{3-3}$$

式中　H_α——单位面积上的接触传递热量，kcal/（m^2·h）

t_f——水面温度（水气交界面温度），℃

θ——空气温度，℃

α——传热系数，kcal/（m^2·h）

只要$t_f > \theta$，H_α始终从水面传导给空气；反过来$t_f < \theta$时，H_α就从空气传导给水。

四、水的辐射散热

辐射散热不需要传热介质的作用，是一种由电磁波的形式来传播热能的现象。例如，平时见到的火炉烤得很热，太阳晒得很热等都是辐射热。辐射散热只有在大面积的冷却池中才起作用，在各类冷却塔的设计中可以忽略不计。

从水的冷却理论来说,水在冷却过程中,同时存在蒸发、传导对流、辐射三种散热现象。因辐射散热在冷却塔中很小,故常不计在内。蒸发散热与接触散热哪个起主导作用,视不同季节的水气温差而定。

在一年的春夏秋三季中,水与空气的温度差相对较小,以蒸发散热为主,特别是炎热的夏天,蒸发散热占总散热量的80%~90%,而接触传热仅占10%~20%。到了冬季,水与空气的温差较大,接触散热提升到主导作用,其传热量占总散热量的50%以上,在寒冷地区可达到70%。在长江以北地区,冬季自然冷却即可达到很好的冷却目的。

第二节　不同温度的蒸发与传导散热

从上述讨论可知,水的冷却过程是通过蒸发散热和传导散热两个综合作用的结果。现讨论在不同温度下,蒸发散热与传导散热的不同情况,如图3-1所示的四种情况。

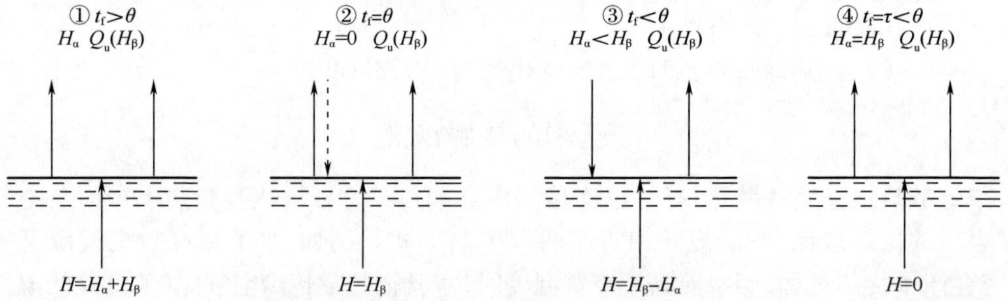

图3-1　不同温度的蒸发和传导热

图3-1中字母及符号说明如下:t_f表示水面温度,θ表示空气温度,τ表示湿球温度(冷却极限),H_α表示传导散热量,H_β表示蒸发散热量,Q_u表示蒸发散热时蒸发的水量。下面针对图3-1的四种情况分别进行讨论。

一、水面温度大于空气温度

如图3-1中的①$t_f>\theta$所示。在$t_f>\theta$的条件下,蒸发散热与传导散热同时存在,并都从水面向空气一个方向进行(存在的Δt和ΔP_q均为正值),两者的总散热量用H表示,则单位时间内从水面散发的总热量为:

$$H = H_\alpha + H_\beta \tag{3-4}$$

这种情况下同时存在ΔP_q和Δt为推动力的散热,蒸发了多少水量Q_u就带走了多少热量H_β,故Q_u与H_β成正比($H_\beta \propto Q_u$)。

二、水面温度等于空气温度

如图3-1中的②$t_f=\theta$所示。在$t_f=\theta$的条件下,说明$\Delta t=0$,不存在温度差引起的传导散热的推动力，即传导散热（接触散热）$H_\alpha=0$，水没有热量传递给空气，空气也没有热量传递给水，只存在蒸发散热量 H_β，故得：

$$H = H_\beta \text{（传导散热保持平衡）} \tag{3-5}$$

三、水面温度小于空气温度

如图 3-1 中的③$t_f<\theta$ 所示。$t_f<\theta$ 时，则 $t_f-\theta=-\Delta t$，说明空气的热量传给水面，所以存在 H_α 值，但不是水面传给空气，而是相反。但只要存在水面的蒸发散热 H_β，并且 $H_\beta>H_\alpha$，那么总散热量 H 为正值，即：

$$H = H_\beta - H_\alpha > 0 \tag{3-6}$$

四、水面温度等于湿球温度同时小于空气温度

如图 3-1 中的④$t_f=\tau<\theta$ 所示，τ 是湿球温度，水冷却的极限值。在图 3-1 的③中，$t_f<\theta$，但还没有达到 $t_f=\tau$，虽然水冷却很缓慢，但还是冷却的，现在到了 $t_f=\tau<\theta$，水的温度就停止下降了，其理由从散热量来说，因为这时候，水向空气的蒸发散热量 H_β 与空气传导给水的热量 H_α 处于动态平衡状态，即 $H_\beta=H_\alpha$，而使 $H=0$，这时水面的温度 t_f 就是空气的湿球温度 τ，温度 τ 称为水的冷却极限。

从上述分析的四种情况可见，希望水在冷却塔中的冷却属于第一种情况，既有蒸发散热 H_β，又有传导散热 H_α，水的冷却效果好；在无法达到图 3-1 的①要求时，则希望水的冷却状况达到图 3-1 的②这种情况，虽然这时 $H_\alpha=0$，但存在 $H=H_\beta$，即以蒸发散热为主。而夏天炎热的情况下，水面温度 t_f 与空气干球温度 θ 比较接近，故传导散热在总散热量 H 中仅占 10% ~20%，而蒸发散热在 H 中占 80% ~90%，所以夏天水在冷却塔中的冷却基本上属于图 3-1 的②的情况。冷却塔的设计也是按夏季的情况即不考虑传导散热量（$H_\alpha=0$），只考虑蒸发散热量 H_β 进行的，通常标准型冷却塔温差 $\Delta t=5$℃，就是只考虑蒸发散热的结果，没有考虑传导散热 H_α。

图 3-1 的③这种情况，一般是不希望出现，但少数地区是存在的，如重庆、武汉、上海等地，夏季有几天的空气温度很高，t_f 与 θ 更为接近，如按上海的气象参数（一般 $\tau=28$℃，$\theta=31.5$℃）设计的冷却塔，在这些地方，这几天的冷却效果达不到 $\Delta t\neq5$℃，即 $\Delta t<5$℃，但水还是得到冷却的，就是冷却效果差。如果这些地方夏季都要达到 $\Delta t=5$℃，那么塔体要放大，填料要增高，风量要增加等，是非常不经济的。

图中 3-1 的④这种情况是没有意义的，因冷却效果 =0。

在冬季 t_f 与 θ 之间温度差很大（即 $\Delta t=t_f-\theta$ 很大），这就是温度差引起的传导散热的推动力很大，故传导散热量 H_α 在总散热量 H 中可达 50%，严冬时可达 70%。在冬季，$H_{\alpha冬}>H_{\alpha夏}$，$H_{\beta冬}>H_{\beta夏}$，所以总散热量 $H_冬>H_夏$，冬季冷却效果特别好。

总之，对冷却塔来说，夏天通常为 $H_\beta>H_\alpha$，冬季 $H_\beta\approx H_\alpha$，H_β 越大，效果越好，这是因为水的汽化热为 597.3kcal（1kg 0℃的水汽化为 0℃的水蒸气放出的热量），而水的比热为 1kcal/kg，这就是说 1kg 水全部被汽化可带走几乎为 600kcal 的热量，那么 1kg 水中有 1% 被汽化（即 $Q_u=1/100$kg）可带走 6kcal 的热量，就可以使 1kg 水的温度降低 6℃。

第三节 湿空气热力学参数

湿空气是由干空气和水蒸气组成的混合气体(湿空气 = 干空气 + 水蒸气)。所谓的干空气是指完全不含水蒸气的空气,而平时呼吸和接触到的空气中或多或少都含有一定量的水蒸气,问题是湿度大与小的区别,所以严格地讲,平时讲的空气都是湿空气,循环水的冷却就是依靠湿空气作为介质进行冷却的。

平时指的大气压力 P_a 是由空气中的干空气分压力 P_g 和湿空气的分压力 P_q 所组成,在通常的大气压(P_a)下,空气中的水蒸气含量很少(南方及沿海地区含量相对多些,故湿度大些;北方及西北地区含量少,故干燥),处于过热状况(不饱和状态,空气还能接纳很多的水蒸气),所以空气中的水蒸气分压力 P_q 很低,过热程度相当高。在通常空气中的水蒸气分压力比达到饱和时水蒸气分压力小很多,所以把湿空气中的水蒸气或者说空气本身看作为理想气体是可以的。

理想气体状态的方程为:

$$\frac{PV}{T} = \text{常数} \tag{3-7}$$

式中 P——气体(大气)压力,Pa

V——气体的体积,m^3

T——气体的绝对温度,在0℃时 $T = 273.15K$

近似符合理想气态方程中的气体是指不容易被液化的气体,易液化的为非气体,在常温下大气中最容易液化的是水蒸气,其他气体要使它液化必须在高压、低温下才可能。

所谓空气处于“过热状态”,是指空气中的水蒸气没有达到饱和程度,故也称“过热蒸气”,在这种情况下水继续蒸发到空气中去是不易液化的,待空气中的水蒸气达到饱和时,再蒸发就液化了,水的蒸发量等于凝结量。只要稍降温,就会变成雾或结露。它与温度、压力等有关,压力一定时,饱和蒸气温度不变;温度一定时,饱和蒸气压力不变。

一、压 力

这里指的压力是指大气压力(Pa)。对于冷却塔中的冷却水来说,进塔空气和出塔空气都是湿空气,不同的是进塔空气中的水蒸气含量很小,出塔空气因在塔内接纳了较多的水蒸气,故接近于饱和状态。进塔空气中水蒸气含量越少,说明可接纳的水蒸气越多,水中跑到空气中去的热量也越多,冷却效果越好。北方地区空气中水蒸气含量少,故按南方气象参数设计的冷却塔,到北方使用效果都很好。反之,北方塔到南方使用效果就差。

1. 湿空气的总压力

按照道尔顿的气体压力定律,在一定容积内混合气体的总压力等于其中各气体单独占据这个容积时的分压力之和。则设干空气的分压力为 P_g,水蒸气的分压力为 P_q,得湿空气的总压力为:

$$P = P_g + P_q \tag{3-8}$$

根据气体方程式,气体的压力(P)、温度(T)和容积(V)之间的关系为:

$$PV = G'RT \tag{3-9}$$

式中　P——气体压力(即大气压),Pa

V——混合气体体积,m^3

G'——混合气体质量,kg

T——气体的绝对温度,K

R——气体常数,J/(kg·K)

由于干空气和水蒸气的容量不同,因此它们的气体常数也不同,根据实验,温度为0℃,压力为1个大气压的标准情况下,$1m^3$水蒸气质量为$G_q' = 0.805kg$;$1m^3$干空气质量为$G_g' = 1.293kg$,它们的气体常数可用公式计算出来。其水蒸气常数R_q为:

$$P_q V = G'_q R_q T \tag{3-10}$$

得:

$$R_q = \frac{P_q V}{G'_q T} = 1.013 \times 10^5 \times 1/(0.805 \times 273)$$
$$= 461 J/(kg \cdot K)$$

干空气气体常数R_g为:

$$P_g V = G'_g R_g T \tag{3-11}$$

得:

$$R_g = (P_g V)/(G_g' T)$$
$$= 1.013 \times 10^5 \times 1/(1.293 \times 273)$$
$$= 287 J/(kg \cdot K)$$

将水蒸气的密度$\gamma_q = G'_g/T$、干空气气体的密度$\gamma_g = G_g'/V$分别代入分压力中,得:

$$P_q = G'_q \frac{R_q}{V} T = 461 \gamma_q T \tag{3-12}$$

$$P_g = G'_g \frac{R_g}{V} T = 287 \gamma_g T \tag{3-13}$$

2. 饱和水蒸气的分压力

空气在一定温度下吸湿能力(即吸收水蒸气能力)达到了最大值时,这时空气中的水蒸气处于饱和状态,则称为饱和空气。在饱和状态下的水蒸气分压力称为饱和蒸气分压力,用P''_q表示。

湿空气中所含的水蒸气数量,不会超过在该温度下达到饱和状态时的水蒸气含量,最多是等于该温度下饱和时的水蒸气含量。所以空气中水蒸气的分压力P_q也不会超过该温度下达到饱和时的水蒸气分压力P''_q,最多等于P''_q,故$P_q < P''_q$,P_q的变化范围在$0 \sim P''_q$。

当空气的温度(即干球温度)θ在0~100℃变化时,在通常的大气压力范围,饱和蒸气的分压力可按下式计算:

$$\lg P''_q = 0.0141966 - 3.142305\left(\frac{10^3}{T} - \frac{10^3}{373.16}\right) + 8.2\lg\left(\frac{373.16}{T}\right) - 0.0028404(373.16 - T) \tag{3-14}$$

式中　P''_q——饱和水蒸气分压力,Pa

T——绝对温度,K

计算空气温度为干球温度 θ 时，到达饱和的蒸气分压力为 P''_q 时，$T=273+\theta$ 代入；计算空气温度为湿球温度 τ 时，到达饱和的蒸气压力 P''_q 时，$T=273+\tau$ 代入。

式(3-14)分析如下：

(1)饱和蒸气压力 P''_q 只与空气温度 θ(或者说 τ)有关，而与大气压力大小无关，空气温度 θ(或 τ)越高，水的蒸发越多。

(2)式(3-14)中，$3.142305(10^3/T-10^3/373.16)$ 中的 T 越大，则该项数值越小，那么前项(即 0.0141966)减去该项的数所得的相对较大，所以说明该项的 T 与 P''_q 成正比；式中 $8.2\lg(373.16/T)$ 项中的 T 越大，那么该值越小，则第一项加该项值相对也小，说明该项的 T 与 P''_q 成反比，这是不利的，但该项数值是成对数关系增减的，故相对来说变化就小了；式中 $0.0028404(373.16-T)$ 项中的 T 值越大，那么该项数值越小，那么 P''_q 就越大，说明该项的 T 与 P''_q 成正比，综合上述，有 2 项 T 与 P''_q 成正比，1 项成反比，而且是对数关系成反比，故总的来说，T 与 P''_q 还是成正比的。

(3)这里讲的是在一定温度下达到饱和时的饱和蒸气分压力，如果温度升高，那么原来已经达到饱和的空气不再饱和，又能容纳水蒸气了。反过来，如果原来不饱和的空气，当温度降低到某一值时，不饱和空气变成为饱和。因此可得：$P''_q=f(T)$。即 P''_q 是 T 的函数(注：得 $\lg P''_q$ 后，再查反对数，得 P''_q 值，也可查有关图)。

二、湿　　度

1. 绝对湿度

每 $1m^3$ 湿空气中所含有的水蒸气的重量称为空气的绝对湿度，所以绝对湿度就是水蒸气的表观密度 γ_p，其值为：

$$绝对湿度=\gamma_p=\frac{水蒸气重量}{湿空气重量}$$

按式(3-12)得：

$$\gamma_q=\frac{P_q}{461T} \tag{3-15}$$

式(3-15)是湿空气温度为 T 时，未达到饱和的情况下得到的绝对湿度值(未饱和时的水蒸气分压力为 P_q)；那么湿空气温度为 T 时，达到饱和情况下绝对湿度 γ''_q 值为：

$$\gamma''_q=\frac{P''_q}{461T} \tag{3-16}$$

2. 相对湿度

在一定的温度下，湿空气中没有达到饱和时的水蒸气分压力 P_q 与达到饱和时的水蒸气分压力 P''_q 之比称为相对湿度 φ，用公式表示为：

$$\varphi=\frac{P_q}{P''_q} \tag{3-17}$$

式中　φ——相对湿度，%

P_q——未饱和时的水蒸气分压力，Pa

P''_q——饱和时的水蒸气分压力，Pa

因为 $P_q<P''_q$，故 $\varphi\leqslant1$，即 φ 为 0~1，将式(3-12)代入式(3-17)，得：

$$\varphi = \frac{\gamma_q R_q T}{\gamma''_q R_q T} \tag{3-18}$$

因为 $P''_q \geqslant P_q$，$\gamma''_q \geqslant \gamma_q$ 可见：相对湿度是表示湿空气接近饱和的程度。若 φ 值小，说明空气较干燥，吸收水蒸气能力强，冷却塔内水冷却效果好；反之，若 φ 值大，则空气中的含湿量高，吸收水蒸气的能力差，水的冷却效果也差。

空气的总压力 $P = P_g + P_q$，得 $P_g = P - P_q$，从式(3－17)得 $P_q = \varphi P''_q$，则干空气的分压为：

$$P_g = P - P_q = P - \varphi P''_q \tag{3-19}$$

式(3－19)说明了干空气压力与饱和水蒸气分压力 P''_q 与相对湿度 φ 之间的关系。

为求得相对湿度 φ 的计算式，现讨论以下有关的系数。

在空气流速较高的情况下，通过实验得到温度差为1℃时的关系为：

$$\frac{\alpha}{\gamma\beta_p} = 0.000662P \tag{3-20}$$

式中　α——温度差为1℃的传导散热系数，kcal/(m²·h·℃)

β_p——压力差引起的面积蒸发散质系数，kg/(m²·h·atm)，表示在一个大气压下，每小时每平方米上蒸发的水量

γ——水的汽化热，kcal/kg

$\gamma = \gamma_0 + 0.47\theta$，$\gamma_0 = 597.3$kcal(即吸收597.3kcal热量)，0.47是1kg 0℃的水蒸气温度每升高1℃所吸收的热量，称为汽化热，单位为kcal/(kg℃)，那么1kg水蒸气从0℃升高到 θ℃时，共需要的热量为 0.47θ。

在远离水面的空气温度为 θ℃时，水蒸气的分压力为 P_q，当 $t_f = \tau < \theta$ 时(图3－1第4种情况)，水蒸发散热量 H_β = 空气向水的传导热量 H_α，达到了动态平衡，因为 $\theta > \tau$，那么达到动态平衡时空气与水面的温度差为 $\theta - \tau$，这时的分压力差为：

$$\Delta P = 0.000662P(\theta - \tau) \tag{3-21}$$

同时，达到动态平衡空气中的水蒸气分压力为 P_q，水面达到饱和时的水蒸气分压力为 P''_q，因这时 $t_f = \tau$，故这时水面达到饱和时的水蒸气分压力为 P_τ''，即这时 $P''_q = P''_\tau$，那么水面饱和分压力 P''_τ 与空气中水蒸气分压力之差为：

$$\Delta P = P''_\tau - P_q \tag{3-22}$$

因为这时的情况为 $H_\beta = H_\alpha$，达到动态平衡，所以 $\Delta P = P_q'' - P_q = 0.000662P(\theta - \tau)$，移项得：

$$P_q = P''_\tau - 0.000662P(\theta - \tau) \tag{3-23}$$

空气温度为 θ℃时，达到饱和时的水蒸气分压力为 P_θ''(这时 P_q'' 就是 P_θ'')，则式(3－23)代入式(3－17)中得：.

$$\varphi = \frac{P_q}{P''_q} = \frac{P_q}{P''_\theta} = \frac{P''_\tau - 0.000662P(\theta - \tau)}{P''_\theta} \tag{3-24}$$

此相对湿度计算公式中，P_θ'' 可以按式(3－14)求得，$T = 273 + \theta$ 是知道的。而此式中的 P_τ'' 同样按式(3－14)求得，T 中用 τ 代入，即 $T = 273 + \tau_o$，P、θ、τ 都是实测的，则 φ 可按式(3－24)计算而得。同时 φ 值根据测得的 θ、τ 值可查空气相对湿度计算曲线图而得，如图3－2所示。

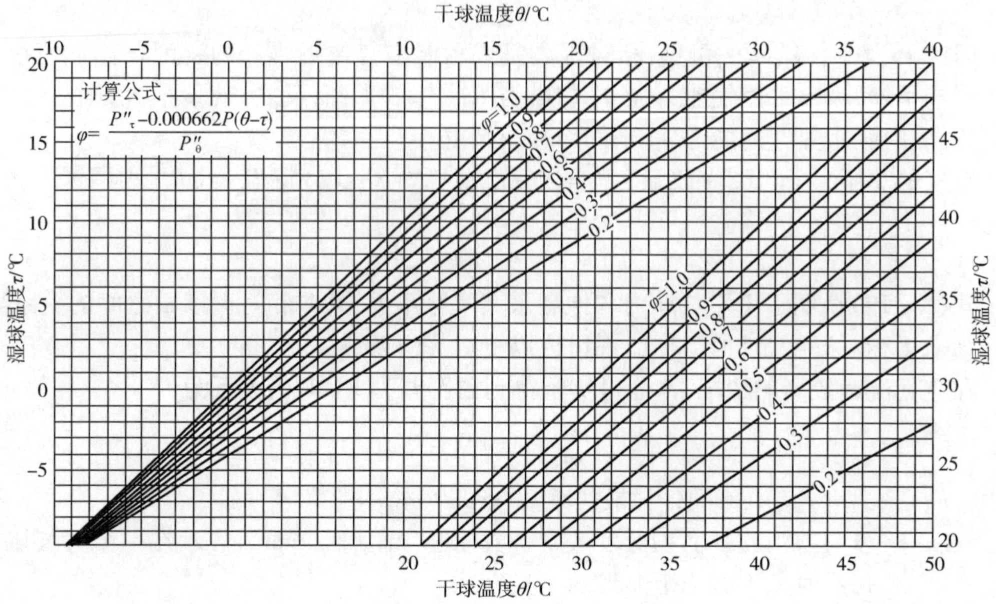

图 3-2　空气相对湿度计算图(大气压力 0.98×10^5Pa)

3. 含湿量(X)

湿空气中,每1kg干空气所含有的水蒸气重量为Xkg,称为湿空气的含湿量,也称为比湿。具体地讲:1kg干空气和Xkg的水蒸气组成为湿空气,就是说,湿空气的重量是由1kg干空气+Xkg水蒸气所组成,Xkg就是含湿量。要明确含湿量是指湿空气中每1kg干空气所含有的湿气质量。

湿空气的含湿量定义为:

$$X=\frac{水蒸气质量}{干空气质量}=\frac{G_{汽}/湿空气的体积}{G_{干}/干空气的体积}=\frac{\gamma_q}{\gamma_g} \tag{3-25}$$

式(3-15)和式(3-16)代入式(3-25)中得:

$$X=\frac{\gamma_q}{\gamma_g}=\frac{P_q/461T}{P_g/287T}=\frac{287P_q}{461P_g}=0.623\frac{P_q}{P_g} \tag{3-26}$$

式(3-26)是空气中水蒸气没有达到饱和时情况,因为$P=P_g+P_q$,所以$P_g=P-P_g$代入式(3-26)得:

$$X=0.623\frac{P_q}{P-P_q} \tag{3-27}$$

从式(3-27)可见,在一定的大气压力P(不变)条件下,空气中的含湿量X值随着空气中水蒸气的分压力P_q的增加而增大,那么在一定的温度下,湿空气中的水蒸气含量达到饱和时,则水蒸气的分压力P_q也达到最大值,即成为P''_q,从相对湿度中可知:$P_q=\varphi P''_q$,这时干空气的分压力为:$P_g=P-P_q=P-\varphi P''_q$

代入式(3-27)中的饱和时含湿量:

$$X=0.623\frac{P_q}{P-P_q}=0.623\frac{\varphi P''_q}{P-\varphi P''_q} \tag{3-28}$$

在一定的温度下，湿空气中的水蒸气分压力 P_q 是随着含湿量 X 的增加而增大的，$P_q \leqslant P''_q$，当湿空气中的含湿量达到饱和时，则 $P_q = P''_q$，这时的相对湿度 $\varphi = P_q / P_q'' = 1$，则饱和时的含湿量 X 由式(3－28)成为：

$$X'' = 0.623 \frac{P''_q}{P - \varphi P''_q} \tag{3-29}$$

式中　X''——湿空气达到饱和时的含湿量

从上述讨论中，可得出以下三点结论：

(1)在一定的温度下，如果空气中的含湿量 X 等于 X'' 时，说明湿空气已经达到饱和状态，它不能再吸收水蒸气，用这种空气进入冷却塔去冷却水，其冷却效果等于零。

(2)如果含湿量 $X < X''$，说明这时的湿空气仍能吸收水蒸气，其每千克干空气能够吸收的水蒸气数量为$(X'' - X)$，用这种空气进入冷却塔去冷却水是有效果的，能使水的温度得到下降。

(3)$(X'' - X)$的值越大，说明空气越干燥，能吸收水蒸气的数量越大，这种空气进入冷却塔，水温降低就越大，效果好；$(X'' - X)$值越小，说明空气能吸收的水蒸气数量越小，空气潮湿，用这种空气进入冷却塔的效果就差。如果已经知道空气未达到饱和时的含湿量 X 和达到饱和时的含湿量 X''，则根据式(3－27)和式(3－28)可分别求得未达到饱和时的分压力 P_q 和达到饱和时分压力 P_q''。

$$\begin{aligned} P_q &= \frac{X}{0.623 + X} \cdot P \\ P_q'' &= \frac{X''}{0.623 + X''} \cdot P \end{aligned} \tag{3-30}$$

三、湿空气的表观密度

湿空气的表观密度 γ(单位：kg/m^3)等于空气中所含的干空气表观密度与水蒸气表观密度之和，即：

$$\gamma = \gamma_g + \gamma_q \tag{3-31}$$

用式(3－15)、式(3－16)代入式(3－31)得：

$$\gamma = \gamma_g + \gamma_q = \frac{P_g}{R_g \times T} + \frac{P_q}{R_q \times T} \tag{3-32}$$

因为 $P_q = \varphi P''_q$，$P_g = P - P_q = P - \varphi P''_q$，$R_g = 287$，$R_q = 461$，$T = 273 + \theta$，代入式(3－32)得：

$$\gamma = \gamma_g + \gamma_q = \frac{P_g}{R_g \times T} + \frac{P_q}{R_q \times T} = \frac{P - \varphi P_q''}{287(273 + \theta)} + \frac{\varphi P_q''}{461(273 + \theta)} \tag{3-33}$$

从式(3－33)可见：

(1)湿空气的表观密度 γ 随大气压 P 的增大而增加，随大气压 P 的降低而减小。

(2)湿空气的表观密度 γ 随温度 T(或 θ)的升高而减小，随温度 T(或 θ)的降低而增大。γ 一般按式(3－33)进行计算，但在设计和冷却塔热工性能测试过程中，常用查图而得，就是说已按干球温度 θ 和相对湿度 φ，按式(3－33)计算后绘成湿空气表观密度计算图，如图3－3所示。

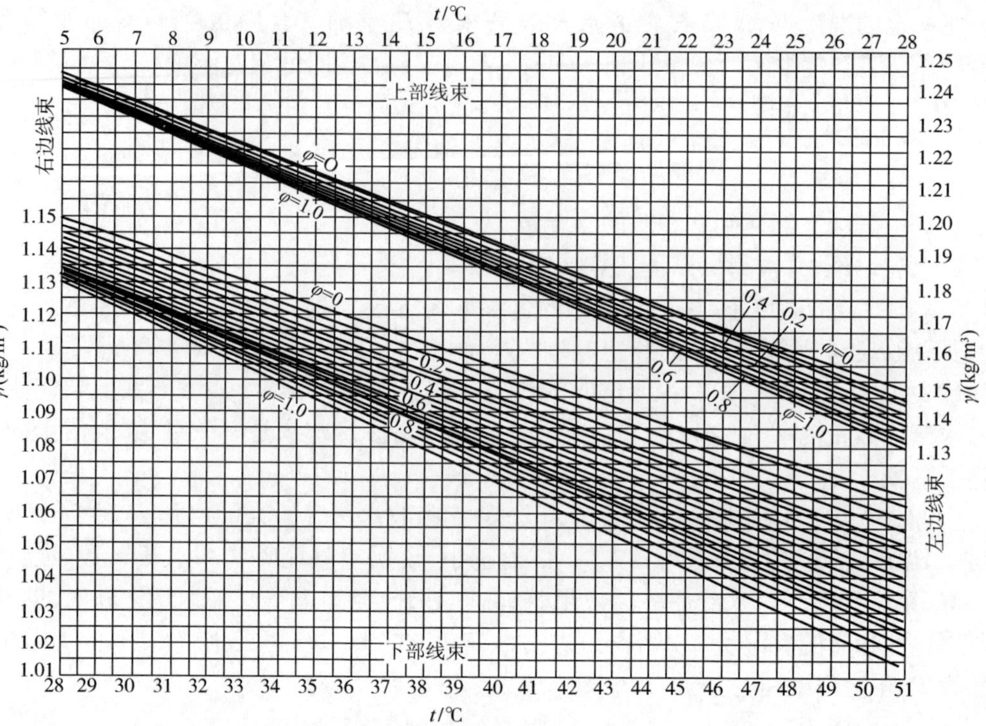

图 3－3　湿空气表观密度计算图（大气压力 0.98×10^5Pa）

四、湿空气的比热容

湿空气比热容的定义为：含有 1kg 干空气的湿空气，温度升高 1℃ 所需要的热量（或降低 1℃ 放出的热量），称为湿空气的比热，用 C_{sh} 表示，其值为：

$$C_{sh}=0.25\text{kcal/(kg}\cdot{}^\circ\text{C)} \tag{3-34}$$

这里，把有关的比热归纳如下：

水的比热：$C=1\text{kcal/(kg}\cdot{}^\circ\text{C)}$。

干空气比热：$C_g=0.24\text{kcal/(kg}\cdot{}^\circ\text{C)}$。

水蒸气比热：$C_q=0.47\text{kcal/(kg}\cdot{}^\circ\text{C)}$。

这些比热均以 1kg 每升高或降低 1℃，其增加或减少的热量表示。

现设 1kg 干空气的湿空气中，有水蒸气 Xkg，那么温度升高 1℃ 时应该是：

$$\text{湿空气增加的热量}=\text{干空气增加的热量}+\text{水蒸气增加的热量} \tag{3-35}$$

用式子表示为：

$$(1+X)\cdot C_{sh}=C_g\times1+C_q\times X \tag{3-36}$$

那么，湿空气的比热 C_{sh} 为：

$$C_{sh}=\frac{C_g\times C_q\cdot X}{1+X} \tag{3-37}$$

在一般的通常情况下，含有 1kg 干空气的湿空气中，水蒸气含量非常小，仅为 X 的 2.13% = 0.0213，所以分母中的 $(X+1)=1.0213\approx1$，那么式（3－37）成为：

$$C_{sh} = C_g + C_q X \tag{3-38}$$

用 $C_g = 0.24, C_q = 0.47$ 代入得：

$$C_{sh} = 0.24 + 0.47X = 0.24 + 0.47 \times 0.0213 = 0.25[\text{kcal/(kg·℃)}]$$

即为湿空气的比热 $C_{sh} = 0.25$kcal/(kg·℃)的由来。

第四节　湿空气的焓

一、焓的概念

焓表示和象征含热量大小，用 i 表示。

含有1kg干空气的湿空气中所含热能的总量，称为湿空气的焓值，即为：

i = 1kg干空气所含的热量 + 含湿量为 Xkg 水蒸气所含的热量

若用 i_g 表示干空气焓(kcal/kg)；用 i_q 表示水蒸气焓(kcal/kg)，则湿空气焓为：

$$i = 1i_g + Xi_q(\text{kcal/kg}) \tag{3-39}$$

(注：这里热 = 能量，只能相对计算)

国际水蒸气会议规定：在水蒸气热量计算中，以水温为0℃的水，其热量为零，作为热量计算的基点。干空气的比热 $C_g = 0.24$kcal/(kg·℃)(或1kJ/(kg·℃)，以 2.34×10^{-3} kcal 为9.8067J换算而来，这里以kcal表示，不用kJ表示，特别要说明的是，温度为 θ 时1kg干空气的焓为：

$$i_g = C_g \cdot \theta = 0.24\theta(\text{kcal/kg}) \tag{3-40}$$

二、水蒸气的焓

水蒸气的焓是由以下两部分组成的：

(1)1kg 0℃的水变为0℃的水蒸气时，所要吸收的热量，即汽化热 γ_0，γ_0 = 597.3kcal/kg。

(2)1kg水蒸气由0℃升高 θ℃时所需要的热量，其值为水蒸气的比热 $C_q \times \theta$，C_q = 0.47，则为 0.47θ。现为 Xkg 水蒸气，则其焓为：

$$i_q \cdot X = (597.3 + 0.47\theta)X \tag{3-41}$$

用式(3-40)、式(3-41)代入式(3-39)得：

$$\begin{aligned} i &= 0.24\theta + (597.3 + 0.47\theta)X \\ &= (0.24 + 0.47X)\theta + 597.3X \\ &= C_{sh}\theta + \gamma_o X \end{aligned} \tag{3-42}$$

式中　C_{sh}——湿空气的比热(0.25kcal/kg℃)，$C_{sh} \cdot \theta$ 与温度有关，称为湿空气显热

γ_o——汽化热(597.3kcal/kg)，$\gamma_0 \cdot X$ 与温度无关，称为湿空气潜热

X——含湿量，其值按式(3-28)计算

用式(3-28)代入式(3-42)得：

$$i = 0.24\theta + (597.3 + 0.47\theta) \times 0.623 \frac{\varphi P''_q}{P - \varphi P''_q} \tag{3-43}$$

令 $C=0.623\times(597.3+0.47\theta)$，代入式(3－43)得：

$$i = 0.24\theta + C\frac{\varphi P''_{q}}{P - \varphi P''_{q}} \tag{3-44}$$

在空气温度 θ 达到水蒸气饱和时，这时水面饱和汽层温度 $t_f=\tau$，$\varphi=1$，则得：

$$i = 0.24\theta + C\frac{P_q''}{P - P_q''} \tag{3-45}$$

三、空气含热量计算图

在冷却塔计算和热力性能测试中，可查空气含热量计算图，如图3－4所示。

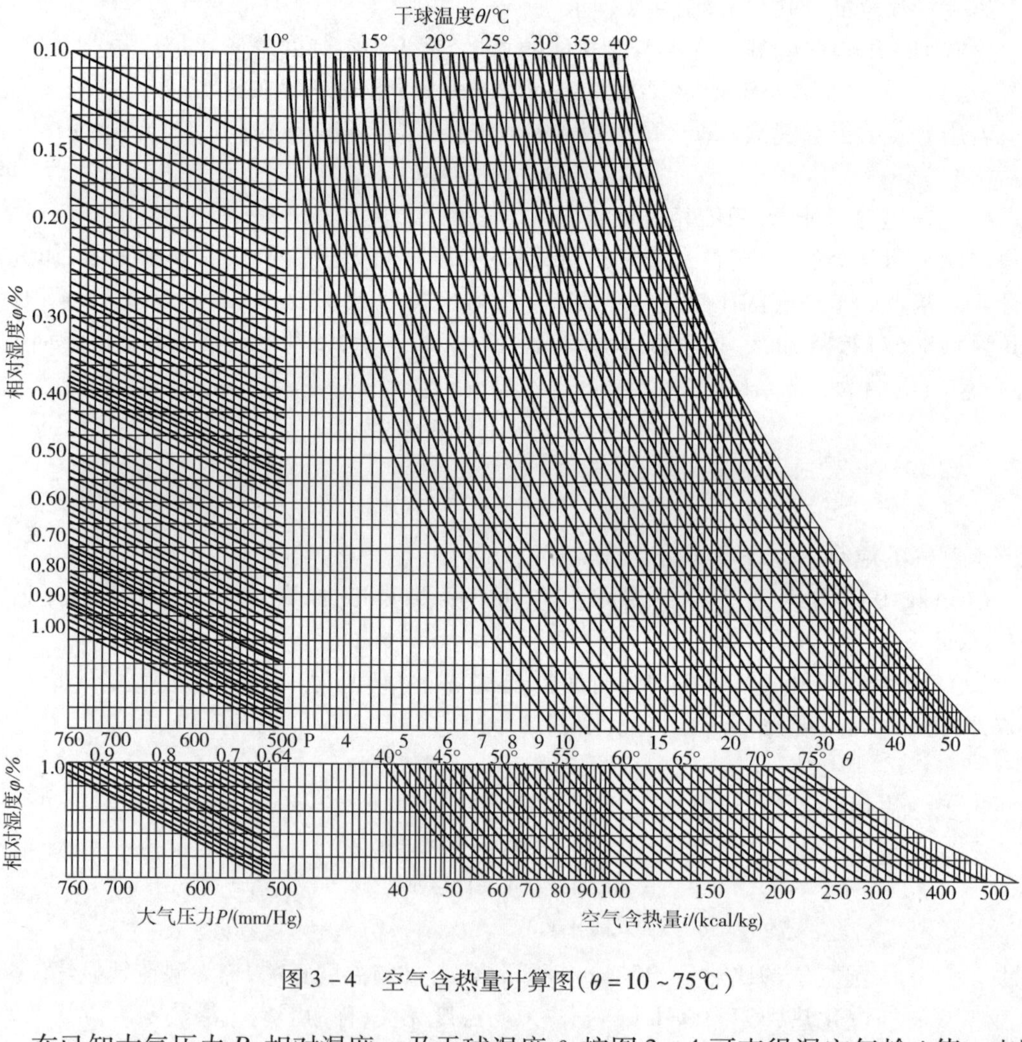

图3－4　空气含热量计算图($\theta=10\sim75$℃)

在已知大气压力 P、相对湿度 φ 及干球温度 θ，按图3－4可查得湿空气焓 i 值。查图的顺序为：根据 P 值垂直向上对准 φ 值，水平方向对准 θ 值，再垂直向下查得 i 值。

图3－4分上下两部分，现举两个例子来加以说明。

(1)查图3－4上部分的例子　$P=745$mmHg，$\varphi=0.60$，$\theta=30°$，按上述查图顺序得

$i=17.1\text{kcal/kg}$。

（2）查图3－4下部分的例子　大气压力 $P=700\text{mmHg}$，$\varphi=0.90$，$\theta=40°$，按上述查图顺序得 $i=38.5\text{kcal/kg}$。

第五节　干湿球温度及水冷却的理论极限

一、湿球温度计的原理及相对湿度

干、湿球温度（θ 和 τ）是冷却塔设计的主要气象参数，是反映空气湿度的物理参数。

1. 湿球温度计原理

测 θ 和 τ 的干湿球温度计如图3－5所示。

干球温度 θ 是用一般温度计测得的（图3－5中的左边一支）。而测湿球温度的温度计（图3－5中的右边一支），它的水银球上包一层湿纱布（纱布的下端浸入在充水的容器中），使空气与水不直接接触，测得的温度称为湿球温度，用 τ 表示，该温度实际上是在当地当时的气温条件下，水冷却所能达到的最低温度。

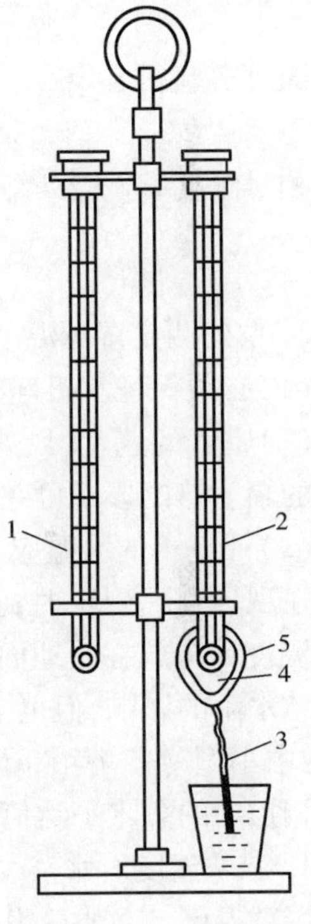

图3－5　干湿球温度计
1—干球温度计　2—湿球温度计
3—纱布　4—水层　5—空气层

湿球温度计上的纱布在毛细管作用下，纱布表面吸收了一层水，在空气不饱和的情况下，这层表面的水不断蒸发，蒸发所需要的热量由水中取得，因而水温逐渐降低。这里存在着两种散热：一种是空气向水进行传导散热；另一种是水向空气进行蒸发散热，现分析在 $t_f>\theta$ 时的水向空气传热。

空气向水的传导散热：设刚开始时，纱布上表面这层水的温度为 t_f，空气温度为 θ，开始时因 $t_f>\theta$，水向空气传热，当 t_f 下降后，在 $t_f=\theta$ 时，$H_\alpha=0$，当 t_f 再下降，到 $\theta>t_f$ 时存在着 $\theta-t_f$ 的温度差，这个温度差是空气向水传导散热的推动力，这样，空气向纱布与空气的交界面传递热量，再通过纱布把空气的热量传给水。

设水银球上盖的湿纱布面积为 F，传热系数为 α，则空气向湿纱布交界面传递的热量为：$\alpha(\theta-t_f)F$，此值随 t_f 的下降而增加。同时纱布交界面的水也在不断地向空气传递热量，进行蒸发散热，使水温 T 不断下降，当纱布层水温 T 降低到 τ 时（$t_f=\tau<\theta$），水层的温度不再下降了，这时，水的蒸发散热＝空气传递给水的热量，处于动态平衡状态。这时纱布水层上的温度 τ 称为湿球温度，空气向水层传递的热量达到最大值，即为 $\alpha(\theta-\tau)F$。

那么这时候水层向空气蒸发散热的量是多少呢？当纱布水层温度达到 τ 时（$t_f=\tau<\theta$），水层交界面达到饱和蒸气，其饱和蒸气分压力为 P''_τ，而空气温度为 θ 时的蒸气分压力为 P_θ，$P''_\tau>P_\theta$，它们的蒸气分压力差为（$P''_\tau-P_\theta$），这个分压力差就是纱布水层继续向空气蒸发散热的推动力。就是说这时存在着空气向水进行传导散热的推动力是$(\theta-\tau)$的温度差;水向空气进行蒸发散热的推动力是$(P''_{\tau}-P_{\theta})$分压力差。

空气向水进行传导散热的量为$\alpha(\theta-\tau)F$,而这时的蒸发散热量是多少。设水的汽化热为γ(kcal/kg),$\gamma=\gamma_0+0.47$,汽化热$\gamma=597.3$kcal/kg。设β_p为压差蒸发散热系数,代表单位蒸气压力下,单位面积上水汽蒸发量[kg/(m^2·h·atm)]。那么水层温度降到τ时,纱布水层的蒸发散热量为$\gamma\beta_p(P''_{\tau}-P_{\theta})F$,因为这时空气向水的传导散热=水层向空气的蒸发散热,处于动态平衡状态,则得:

$$\alpha(\theta-\tau)F=\gamma\beta_q(P''_{\tau}-P_{\theta})F \tag{3-46}$$

则可得空气中水蒸气的分压力P_{θ}为:

$$P_{\theta}=P''_{\tau}-\frac{\alpha(\theta-\tau)}{\gamma\beta_P} \tag{3-47}$$

通过实验得$\alpha/\gamma\beta_P=0.000662P$,代入式(3-47)得:

$$P_{\theta}=P''_{\tau}-0.000662P(\theta-\tau) \tag{3-48}$$

相对湿度$\varphi=P_{\theta}/P''_{\theta}$,$P_{\theta}=\varphi P''_{\theta}$代入式(3-48)得:

$$\varphi=\frac{P''_{\tau}-0.000662(\theta-\tau)}{P''_{\theta}} \tag{3-49}$$

2. 精确测定湿球温度τ要注意的问题

(1)必须保证水银球完全被湿纱布覆盖。

(2)空气的速度(风速)必须要足够大,一般要求风速在3~5m/s以上,这样周围环境传来的辐射热的影响可忽略不计,只存在空气传递来的热量对湿球温度τ的影响。

(3)补充水的水温应与湿球温度τ相等。

在现场实际测定时,把干湿球温度计放在搭好的棚内(即要求通风而又不在太阳下),温度计应放在距地面2.0m处,又要距冷却塔有一定的距离,防止冷却塔出来的湿空气凝结水滴的影响,但也不要太远。测定读数间隔时间为10~20min一次。测点布置的数目:中小型冷却塔可布置2个以上测点;大型冷却塔要求布置4个以上测点,然后取各测点相加后的算术平均值。但一般玻璃钢冷却塔的测试通常只布置一个测点。

3. 湿球温度对水蒸发散热冷却的意义

湿球温度τ对水蒸发散热冷却的意义主要有以下两条。

(1)湿球温度τ代表当地当时的气温条件下,水可能被冷却的最低温度,即冷却塔出水温度t_2的理论极限值(即在理论上冷却塔的出水温度t_2可达到τ的温度)。当要求冷却后的水温t_2越接近湿球温度时,冷却越困难,要使t_2接近于τ,则冷却塔的尺寸和体积会增加很多,会大幅度地增加造价而很不经济。一般冷却塔的出水温度t_2等于或大于τ 3~5℃(即$t_2-\tau\geqslant3\sim5$℃),$(t_2-\tau)$称为冷幅高,是衡量冷却塔冷却效果好与差的重要指标。上海地区设计的标准型(低温塔)冷却塔出水温度$t_2=32$℃,设计采用的τ为28℃,则$t_2-\tau=4$℃。

(2)先简述一下绝热饱和温度θ_B的概念。当空气温度θ不变时,湿空气焓i和相对湿度φ均随含湿量X的增加而增加,随X的含量减少而减少。当含湿量X增加到使湿空气达到饱和时,湿空气就不再吸收水蒸气了,拒绝吸收水中蒸发出来的散热量。这时空气中的水蒸气分压力从P_{θ}上升到P''_{θ},$\varphi=1$,X和i值都达到了最大值。这时的X和θ分别称为饱和含湿量和饱和温度，而此时湿空气拒绝吸收水中蒸发的热量，故这时的饱和温度称为绝热饱和温度，用θ_B表示。

湿球温度τ与湿空气的绝热饱和温度θ_B在物理概念上是完全不同的，但湿球温度的数值与空气的绝热饱和温度的值是相等的，即$\tau=\theta_B$，这一性质使得水的最低冷却温度与空气的绝热饱和温度相等。在空气含热量计算图中（图3－4）与$\varphi=1$相交的温度θ_B等于湿球温度τ，因此，冷却过程的理论分析，可以根据湿空气的焓湿图来进行。

二、湿空气焓湿图的应用

湿空气中的相对湿度φ、含湿量X、含热量i和温度$t(\theta)$是4项重要的热力学参数，其计算工作量大而且烦琐，除实验或实测得到之外，为计算方便，把φ、X、i、t的相互关系绘制成图3－6。

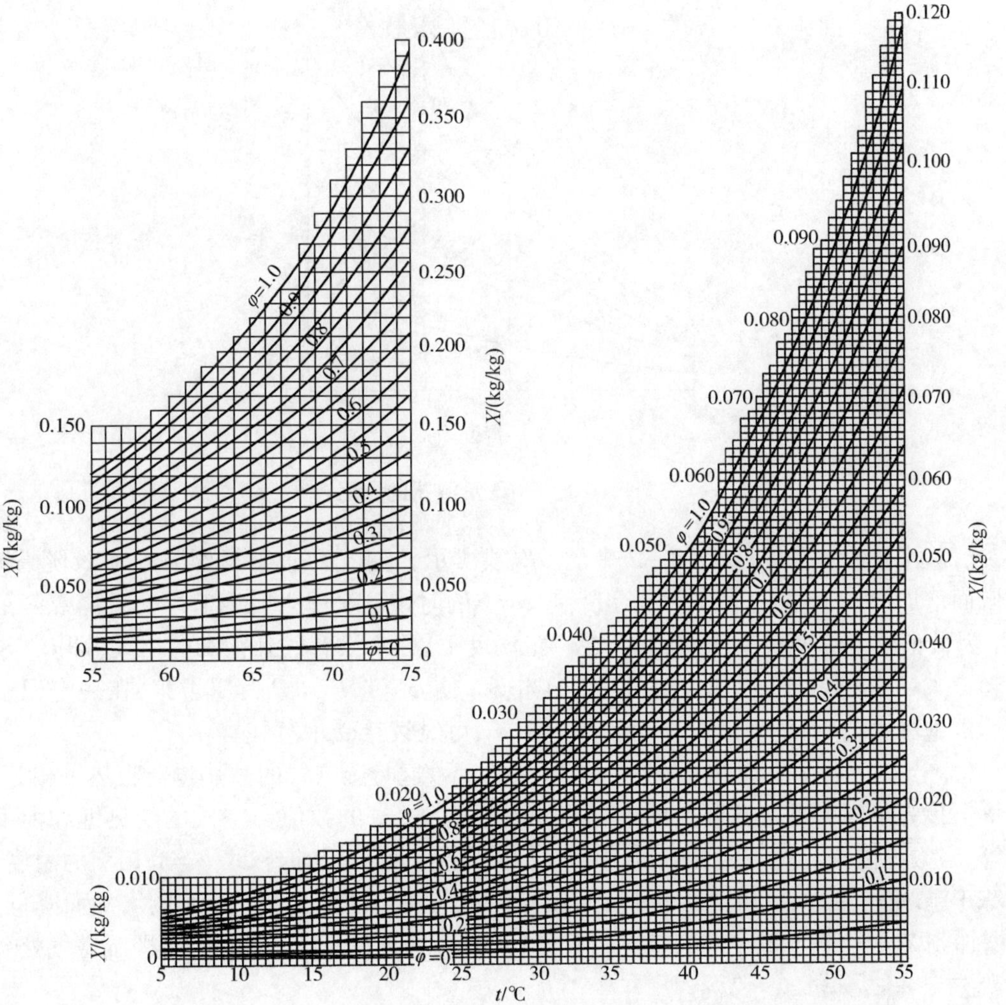

图3－6　湿空气的焓湿图

利用图 3 -6 可根据已知的两项热力学参数,直接查出另两项,简化了计算工作。

以图 3 -6 说明如何应用,已知温度 t_p和相对湿度 $\varphi=0.6$,按 t_p点垂直向上与 $\varphi=0.6$ 曲线交于 P 点,由 P 点水平向右移动得含湿量 X_p,由 P 点与 i 线平行向左上角移动,得热焓 i_p。

焓湿图是冷却塔热力计算的基本图表,从焓湿图分析可以得出下列关系。

(1)当温度 t 不变时,如图 3 -7 中 Bt_B线所示,热焓 i 和相对湿度 φ 均随含湿量 X 的增减而增减,当相对湿度 $\varphi=1$ 的最大值时,则 X 与 i 在该温度下也均达到最大值,这时 X_B及 t_B分别称为饱和含湿量和饱和温度。

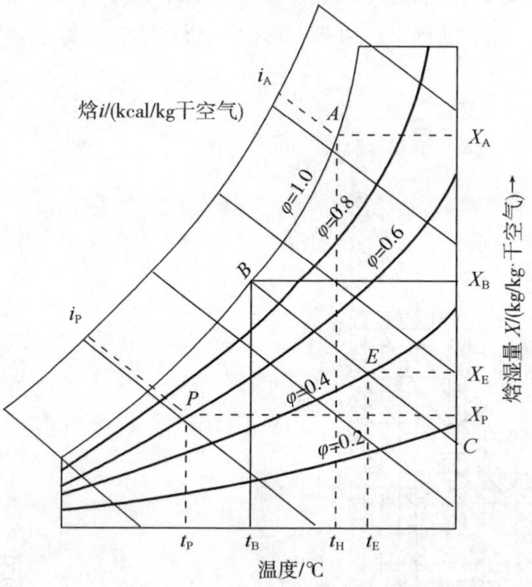

图 3 -7　湿空气焓湿图的应用

(2)当 X 为常数时,如图 3 -7 中的 BX_B线所示,i 随着 t 的增减而增减,而 φ 随着 t 的降低而增加(即 t 增加 φ 减小),当 t 降到 $\varphi=1$ 的时候,空气达到饱和,即达到露点。这时的 t 为最小值。这就是前面讲到的,在一定温度下,原来没有达到饱和的空气(即 P_q,没有达到 P_q''),当温度下降到某一值时达到了饱和,使 $\varphi=1$,$P_q=P_q''$;反过来,在一定温度下已达到饱和的空气,当温度升高后就不饱和了,可继续接受水蒸气。

(3)当 i 为常数时,如图 3 -7 中的 BC 线所示,这时湿空气的散热量与吸热量相等,热力学上称为绝对条件。这就是前面讨论的湿球温度(τ)的数值与空气的绝热饱和温度值相等,当空气按绝热过程降低温度时(即沿 BC 线移动),它与饱和线 $\varphi=1$ 相交的温度 t_B。就等于湿球温度 τ。从图中 BC 线可见:φ 随 X 的增加而增加,而 t 随 X 的增加而降低,当 X 增加到 X_B时,$\varphi=1$,即 X 与 φ 均达到了最大值,而 t 降低到了最低值 t_B,即湿空气处于饱和状态,$t_B=\tau$,$\varphi=1$,$X=X_B$。

(4)当相对湿度 φ 不变时,则 t、X、i 都是同时增加或同时减小。

(5)根据图 3 -7,可以说明冷却塔的冷却工作原理。如进入冷却塔的为新鲜空气,其参数如图 3－7 中的 P 点(P 点相应的参数为 φ_P、i_P、f_P及 X_p),通过冷却塔后由风筒口排出的湿空气参数如图中的 A 点(这里 A 点的 $\varphi=1$,实际上未达到饱和,一般 $\varphi=97\%\sim98\%$,接近于 $\varphi=1$,这里是把出塔空气假定达到了饱和),A 点相应参数 φ_A、i_A、f_A、X_A均达到了最大值,其 i、f、X 的增加值分别为:

湿空气温度增加值:(t_A-t_B)℃。

含湿量增加值:(X_A-X_P)kg/kg 干空气。

热焓增加值:(i_A-i_P)kcal/kg 干空气。

也就是说进入冷却塔的新鲜空气每千克可吸取水蒸气(X_A-X_P)kg 和(i_A-i_P)kcal 热量,从而使热水得到冷却。

第四章　循环冷却水的结垢及控制

第一节　冷却水中污垢的种类和来源

一、冷却水中污垢的来源

循环冷却水系统经常遇到的严重问题是污垢沉积，污垢主要来源于以下五个方面：

(1)来自补充水　未经预处理或预处理不良的补充水会将泥沙、悬浮物、微生物带入冷却水系统，即使澄清、过滤、消毒良好的补充水也会有一定的浑浊度并带有少量微生物。澄清过程中还可能将混凝剂的水解产物、铝或铁离子留在水中，也会带入一定量的难溶或微溶盐类。

(2)来自空气　泥沙、粉尘、昆虫、微生物及其孢子会随空气进入系统。当冷却设备周围大气污染时，硫化氢、二氧化硫、氨等腐蚀性气体会随空气进入循环水中造成腐蚀产物沉积。

(3)来自泄漏物　某些工艺介质的泄漏会导致污泥沉积。

(4)来自水处理药剂　如含磷药剂可能形成磷酸盐水垢，锌盐在缺乏阻垢剂的水中可能结锌垢。

(5)来自系统腐蚀所形成的腐蚀产物。

二、冷却水中污垢的种类

循环冷却水系统在运行过程中，会有各种物质沉积在换热器的换热管表面，主要是由水垢、淤泥、腐蚀产物和生物沉积物构成，通称为污垢。

按照形成的物理化学机制不同，污垢又可划分为析晶污垢、颗粒污垢、化学反应污垢、腐蚀污垢、凝固污垢和生物污垢六类。实际过程中常是几种类型的污垢混杂在一起，在换热器表面多以析晶污垢和颗粒污垢的形式出现。

析晶污垢主要是由$CaCO_3$、$Ca_2(PO_4)_3$、$CaSO_4$、硅酸钙(镁)等微溶盐组成。这些盐的溶解度很小，如在0℃时，$CaCO_3$的溶解度约为20mg/L，$Ca_3(PO_4)_2$的溶解度只有0.1mg/L，且它们的溶解度随pH和水温的升高而降低，特别容易在温度高的凝汽器部位达到过饱和状态而结晶析出，当水流速度较小或传热面较粗糙时，这些结晶就会沉积在传热表面上形成水垢。

1. 碳酸盐水垢

碳酸盐水垢是受热面与传热表面上最常见的水垢。外观为白色或灰白色，质硬而脆，附着牢固，难以剥离刮除。一般天然水中都含有重碳酸盐，它在水中与CO_2存在下述平衡：

$$Ca^{2+} + 2HCO_3^- \rightleftharpoons CaCO_3 \downarrow + CO_2 \uparrow + H_2O \quad (4-1)$$

在一定温度下，冷却水中重碳酸盐含量不超过溶解极限时，不会发生结垢。但在循环冷却过程中，水与工艺介质进行换热后，水温上升，水分不断蒸发，水质会发生变化。CO_2在热循环水中随着上升的空气从冷却塔中逸出，CO_2减少，水的 pH 升高；由于循环水的不断浓缩，水中的 Ca^{2+} 和 HCO_3^- 浓度也相应增加，另外，水温上升，$CaCO_3$的溶解度下降。这些都使反应向右进行，使得循环水的结垢趋势增大，当碳酸钙的浓度达到过饱和时，就会结晶析出形成水垢。

碳酸盐水垢中含 80% 以上碳酸钙，如果水中硅酸盐及硫酸盐含量低且设备不存在腐蚀时，碳酸钙的含量可以达到 95% 左右。碳酸盐水垢中常含有少量镁盐，它以氢氧化镁形式存在。含有少量二氧化硅和氧化铁的碳酸盐水垢呈灰白色或粉红色。氧化铁的含量反映系统腐蚀的程度；二氧化硅的含量反映泥沙悬浮物沉积和水质预处理的情况。

碳酸盐水垢的特征鉴别方法是：碳酸盐水垢是各种水垢中最易溶于稀酸的，常见的无机酸和有机酸均可将其溶解。在用酸溶解碳酸盐水垢时，将产生大量二氧化碳气泡，这是主要特征。在常温下，5% 以下稀盐酸中，碳酸盐水垢可全部溶解。

碳酸盐水垢的另一特点是在 850 ~ 900℃ 下灼烧时，水垢质量损失近 40%，这是由于二氧化碳与化合水分分解的缘故。由于二氧化碳的消失，水垢变得松散，并可溶于水中，使水溶液呈碱性。550℃ 灼烧失重也反映微生物黏泥在水垢中的大致比例。550 ~ 950℃ 灼烧失重表示碳酸盐水垢的含量。

观察水垢溶解后的少量残渣及注意水垢灼烧时的气味可了解垢中所含杂质，溶解之后的少量残渣如果为白色是硅酸盐，如果呈黑褐色是腐蚀产物。灼烧时如果嗅到焦煳气味是有机碳（碳水化合物），如果嗅到腥臭味是微生物污泥。

2. 磷酸盐水垢

有些冷却水处理配方中，常投加聚磷酸盐或其他含磷药剂。由于受温度、停留时间、微生物、氧化性物质等影响，这些含磷药剂部分水解成正磷酸盐，水中有 PO_4^{3-} 存在，PO_4^{3-} 分解率随冷却水的停留时间而异，为 10% ~ 40%。当水的 pH 较高，水中 Ca^{2+} 浓度较大时，PO_4^{3-} 与 Ca^{2+} 可生成溶解度很小的 $Ca_3(PO_4)_2$，附着在传热表面上形成磷酸钙水垢。因此，在投加有含磷药剂的循环冷却水系统中，必须注意磷酸钙水垢的生成问题。

磷酸盐水垢外观为灰白色，质地较为疏松，水垢附着能力差，容易用刷、刮、磨等方法除去。不受热部分的磷酸盐垢松软，呈堆积状，随着受热面的热流强度和金属温度升高，结垢加重，垢质也变得坚硬难除。

磷酸盐垢与碳酸盐垢外观近似，且常含一定量的碳酸盐垢。两者区别在于磷酸盐垢在常温条件下，不能在 5% 以下稀酸中全部溶解，需要加热助溶，或者在 10% 以上稀酸中稍微加热使之全溶。

在用酸溶解磷酸盐垢时，由产生气泡情况可以了解其中碳酸盐垢所占比例。如果基本不冒气泡，则是单纯的磷酸盐垢。

3. 硅酸盐水垢

硅酸盐水垢产生于原水中二氧化硅含量高的锅炉或循环冷却水中，有的水处理配方使用水玻璃作为分散剂和缓蚀剂，SiO_2 含量很高，如果水的硬度较大时，SiO_2很容易与水中

的 Ca^{2+} 或 Mg^{2+} 生成传热系数很小的硅酸钙或硅酸镁水垢。这类水垢外观呈白色，有杂质时为灰白或粉红色，不能用一般的化学酸洗法除去，要用酸碱交替清洗。如果硅酸钙（或镁）垢中含有 Al^{3+} 或 Fe^{2+} 等金属离子时，清洗更困难。为避免生成硅酸盐垢，通常限制冷却水中 SiO_2 的含量不超过 150 ~ 175mg/L 为宜。当镁的含量大于 40mg/L，与浓度极高的钙共存时，即使 SiO_2 含量低于 150mg/L，仍会生成硅酸镁[$Mg_3Si_4O_{10}(OH)_2$]水垢。因此，硅酸镁浓度积应限制在以下范围：

$$[Mg^{2+}(mg/L, CaCO_3)] \cdot [SiO_2, mg/L] < 15000 \sim 35000 \tag{4-2}$$

硅酸的溶解度随温度和 pH 升高而增大。当 pH > 9 时，因为 $HSiO_3^-$ 增加，溶解度增大。当所含硅酸在溶解度之上时，硅酸缩聚，以聚合体存在。若聚合体的分子质量增大，析出成为坚硬的硅垢。

4. 硫酸盐水垢

在天然水的强酸阴离子中，硫酸根的含量最高，通常为 100mg/L 以上，有的达 300mg/L 以，在高浓缩倍率下会结成硫酸钙水垢。硫酸钙在 98℃ 以下是稳定的二水化合物（$CaSO_4 \cdot 2H_2O$），溶解度比碳酸钙大 40 倍以上。在 37℃ 以下，溶解度随温度升高而增大，在 37℃ 以上则相反，溶解度随温度升高而减小。在 98 ~ 107℃ 是稳定的半水化合物，在 170℃ 以上是稳定的无水化合物。无水硫酸钙和半水硫酸钙的溶解度随水温升高迅速减小。一般冷却水系统中不会析出硫酸钙垢，但如水温较高，SO_4^{2-} 和 Ca^{2+} 含量（均以 $CaCO_3$ 计，mg/L）的乘积大于 1.5×10^5 时，仍会产生硫酸钙水垢。硫酸钙垢非常硬，难以用化学清洗法除去，也不易采用常规的机械方法清除。

5. 镁垢

镁在水中的含量比钙少。在镁的化合物中，$Mg(OH)_2$ 的溶解度最小。碳酸镁只能在 CO_2 含量高的水中存在，如果将碳酸镁放进暴露在空气中的水中，它也分解放出 CO_2，产生 $Mg(OH)_2$，所以，冷却水中只能析出 $Mg(OH)_2$。

结晶态 $Mg(OH)_2$ 的溶解度最小。刚从水中析出的粉末状的 $Mg(OH)_2$ 的溶解度稍大。表 4-1 列出了晶体 $Mg(OH)_2$ 的溶解度以及由此换算出的 $K_{Mg(OH)_2晶体}$、$pK_{Mg(OH)_2晶体}$ 和刚从水中析出的粉末 $Mg(OH)_2$ 的溶解度。

表 4-1　$Mg(OH)_2$ 的溶解度

温度/℃	晶体 $Mg(OH)_2$ 的溶解度/(mg/L)	$pK_{Mg(OH)_2晶体}$	$K_{Mg(OH)_2晶体}$	刚析出的粉末状 $Mg(OH)_2$ 溶解度/(mg/L)
10	16.3	10.146	7.15×10^{-11}	25
20	14.5	10.299	5.05×10^{-11}	—
30	12.6	10.466	3.40×10^{-11}	24
40	10.8	10.699	2.14×10^{-11}	—
50	9.2	10.867	1.36×10^{-11}	22
60	8.2	11.019	0.96×10^{-11}	—
70	7.3	11.167	0.68×10^{-11}	20

由表 4－1 可见，$Mg(OH)_2$的溶解度不大。当水中镁含量较高，pH 也较高时，有可能析出镁垢。仅析出 $Mg(OH)_2$垢时，大多为粉末状。在冷却水系统，镁和钙的化合物以及硅酸盐等以混合垢的形式析出。

我国大部分地区的地下水和地表水多以硫酸盐——碳酸盐型水质为主。形成水中硬度的主要离子是 Ca^{2+}、Mg^{2+}，多为中硬水和硬水，当水被加热时，Ca^{2+}、Mg^{2+}同 HCO_3^-起作用，生成 $CaCO_3$和 $Mg(OH)_2$等难溶化合物，沉积在加热壁上生成水垢：

$$Ca^{2+} + 2HCO_3^- \longrightarrow CaCO_3 \downarrow + CO_2 + H_2O$$

$$Mg^{2+} + 2HCO_3^- \longrightarrow MgCO_3 \downarrow + CO_2 + H_2O$$

$$MgCO_3 + H_2O \longrightarrow Mg(OH)_2 \downarrow + CO_2$$

其中，$CaCO_3$水垢是沉积在受热面上的主要污垢，坚硬、致密、附着力强、热阻大，每年因此而报废的换热器达万台左右，造成不可估量的经济损失。

大多数情况下，换热器表面所形成的是碳酸钙水垢，这是由于地表天然水质大部分为碳酸盐型水质，水垢中含 80% 以上碳酸钙，而硫酸钙等其他水垢的含量较少，且硫酸钙的溶解度又比碳酸钙大许多，例如，在 0℃时，硫酸钙的溶解度是 1800mg/L，比碳酸钙约大 90 倍，所以碳酸钙比硫酸钙更容易析出，同时天然水中溶解的磷酸盐较少。因此，除非向水中投加过量的磷酸盐，否则磷酸钙水垢也出现得较少。所以各种阻垢处理方法的重点是解决碳酸钙结垢问题。

三、污垢对传热的危害

污垢特别容易沉积在传热面上，影响传热的正常进行，使换热器效率下降，消耗和浪费能量。严重时甚至使换热器堵塞，系统阻力增大，水泵和冷却塔效率下降，生产的能耗增加，产量下降。例如，1.5mm $CaCO_3$垢将增加 10% ~20% 的能耗，12mm 的垢将增加 70% 左右的能耗，25mm 的垢可使设备效率下降 95%。

在讨论污垢对传热的危害时，常使用污垢热阻。传热系数的倒数为污垢热阻。因污垢的导热系数很小，所以污垢的厚度并不大时，污垢热阻就很大，见表 4－2。

表 4－2　　污垢和一些传热物质的导热系数

物质	导热系数/[W/(m·K)]	物质	导热系数/[W/(m·K)]
碳钢	34.9 ~52.3	氧化铁垢	0.12 ~0.23
铸铁	29.1 ~58.2	生物黏泥	0.23 ~0.47
紫铜	302.4 ~395.4	硫酸钙垢	0.58 ~2.91
黄铜	87.2 ~116.3	碳酸盐垢	0.58 ~0.70
铅	35	硅酸盐垢	0.058 ~0.233
铝	204	水	0.6
不锈钢	17	空气	0.02

换热器用材的导热系数一般为 34.9 ~395W/(m·K)。由表 4－2 可见各种污垢的导热系数仅为碳钢的数十分之一，与铜等热的良导体相比，差别就更大了。

此外，污垢还会引起间接腐蚀、孳生微生物和造成输水困难。间接腐蚀发生在垢层下面，因溶解氧不容易通过垢层而扩散到达金属表面，使污垢覆盖的区域成为缺氧区。这样的缺氧区和没有污垢的富氧区构成腐蚀原电池，垢下为阳极，金属材料受到腐蚀。这种局部性的腐蚀比全面腐蚀危害更大，能够导致金属材料腐蚀穿孔。特别是微生物黏泥所引起的垢下腐蚀能在短时间内使换热器泄漏，造成非正常停产。

第二节　结垢过程与影响水垢产生的因素

一、水中溶解物质的结垢过程

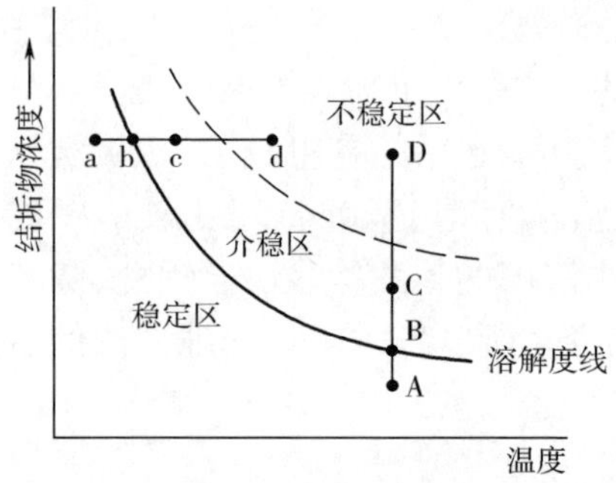

图 4－1　溶解与结晶区域

冷却水中微溶物质的结垢过程可用图 4－1 说明。

冷却水中多数微溶物质的溶解度随温度的升高反而降低。当微溶物质的浓度低于饱和浓度，处于 A 和 a 时，溶质呈离子、络离子和单分子状态存在，不会结晶。相反，水中的固态水垢还会溶解进入水中。点 A 和 a 所处的区域称为稳定区，即图 4－1 中溶解度线的左下方所示的区域。随着水的蒸发，点 A 所表示的浓度增加，直至达到饱和而处于溶解度线上的点 B，或由于温度升高使 a 到达溶解度线上的 b，这时溶液饱和，既不析出结晶，水中的固体也不再溶解。随着蒸发的继续进行或温度的继续升高而到达点 C 或 c 时，溶液是过饱和溶液。但是，并不是刚达到过饱和，溶液就析出晶体，而是要溶液的过饱和程度足够大（超过溶度积的若干倍），结晶的推动力足够大时，结晶才能自动进行。溶液开始过饱和到晶体能自动析出之间的区域称为介稳区，表示在图中为虚线和溶解度线之间的区域。在介稳区的溶液 C 和 c，结晶的推动力不够，结晶不能自动进行。但并非不能析出晶体，如果往水中加入晶种或有其他杂质的微粒存在，会诱导出晶粒来，小晶核在介稳区也能够长大。点 C 溶液的浓度继续增加而达到 D，或点 c 溶液的温度升高至 d，析出晶体的推动力已相当大，结晶能自动进行。一般地，当结晶发生后，溶液的浓度就开始下降了，这一区域称为不稳定区，即图 4－1 中虚线右上方所表示区域。

影响介稳区大小的因素很多，主要有以下几方面。

（1）盐类的溶解度越低，介稳区越宽。其中硫酸钙的溶解度最大，介稳区浓度为 5～10 倍；碳酸钙次之，为 35～170 倍；磷酸钙的溶解度最小，为 1000 倍以上。

（2）温度低时，介稳区较宽，温度升高，则变窄。这是因为温度升高，使活化能增加和扩散加速，晶核碰撞机会增多，导致结晶生长加快。

（3）水中杂质越多，介稳区越窄。例如，亚铁离子、二氧化硅、氧化铝及悬浮物能加速结晶生长。在金属表面上产生电化学腐蚀时，阴极部位的 pH 升高，使结晶速度加快；阳极溶出的亚铁离子起到晶核作用，加速沉淀，使介稳区缩小。

(4)投加阻垢剂可使介稳区扩大。阻垢剂能抑制或干扰晶体生长,或使晶体结构变形,使晶体变得疏松膨胀易被水流冲走,使已结晶的微粒处于分散状态,相对增大了成垢物的溶解度,不易析出沉淀。

溶质的表面析出现象非常复杂。形成晶核是结晶过程的第一步,也是最关键的一步。在过饱和溶液中,数个、数十个离子性低、有聚集倾向的分子首先聚集成晶核,晶核中按一定顺序和结构排列着微溶物质的离子,表面的离子具有过剩的能量,在晶核微表面(缺陷处)吸附一层离子,并使它们得以完成脱溶剂化和定位进入晶格,从而使晶核能够长大成为晶体。同时,晶核表面的离子也有被水中离子吸引而重新进入溶液的倾向。如果晶核比某个临界直径小,比如小于10μm,因其表面受水分子的作用力相对较大,其溶解度要比大颗粒的大,结果结晶再溶解。只有大于临界直径的晶核才可能长大成晶体。因此,对小颗粒未饱和的溶液,对大颗粒可能是过饱和的了。在这种情况下,小颗粒溶解而大颗粒则结晶。

晶体的生长速度主要由溶液过饱和程度、溶质向晶体表面的扩散速度以及晶体表面的溶质析出速度决定。扩散的推动力是晶体表面上的溶质浓度与溶液中浓度之差,与扩散速度有关的因素有流速、温度、溶液黏度等。过饱和程度越大,而且温度越高,晶体的生长速度越快。溶液流动会使分子的碰撞频率增大,有利于晶体生长。

传热面的结垢过程还包括晶粒在金属表面上的附着,按一定方向取向,并成长为有规则的集合体的过程,这样才能形成牢固地附着在金属表面的密实的垢层。

二、影响水垢产生的因素

1. 补充水质的影响

循环冷却水在运行过程中,随着浓缩倍数的上升,水中各种杂质浓度均会相应增大。补充水中浊度、pH、碱度、硬度、含盐量等水质指标,都将明显影响系统中水垢的沉积或腐蚀情形。浊度高低反映水中悬浮物的多少,悬浮物本身不能形成硬垢,但能在循环冷却水中起晶核作用,促进污垢的沉积生成。pH是影响水垢沉积的重要判别因素,在碱性条件下运行有利于防止腐蚀,但成垢趋势增大。补充水中成垢离子含量越大,经浓缩后越容易达到过饱和而产生水垢,因此,对于总硬度过大的水质,一般先要进行软化预处理,降低其硬度,减少阻垢难度。碱性循环冷却水处理的补充水,也应进行预先软化,补充水总硬度大于250mg/L(以 $CaCO_3$ 计)时,实施阻垢措施是相当困难的,最佳的补充水总硬度在50~80mg/L(以 $CaCO_3$ 计),更有利于阻垢剂效率的发挥。

2. 水温的影响

如前所述,水中碳酸钙、氢氧化镁等盐类,其溶解度均随温度升高而减小,水温越高,越容易结垢。因此,水垢的附着速度也随温度升高而加快。一般而言,尽管使用阻垢剂,当水温大于50℃,沉积物附着速度加快;水温大于60℃将引起水垢。典型实例如图4-2所示。在大中型工业装置中,多数换热器水侧壁温都较高,尤其是当水的实测pH高于 pH_L 更明显。

3. 流速的影响

水垢的附着速度是随流速增大而减小的,如图4-3所示。

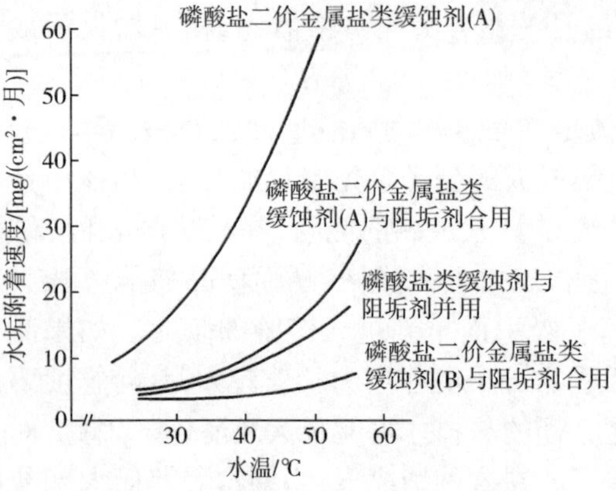

图 4-2　水温对水垢附着速度的影响

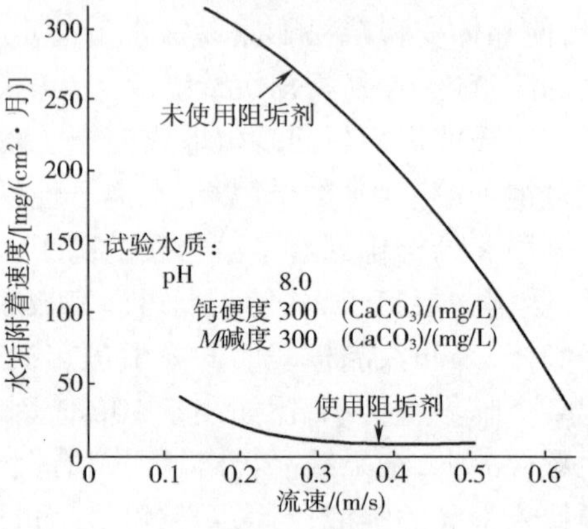

图 4-3　流速和碳酸钙垢附着速度的关系

流速在 0.6m/s 时沉积物的附着量约为流速 0.2m/s 时的 1/5。当采用阻垢剂时，沉积物的附着速度会急剧下降，即使在流速为 0.3m/s 时，水中的杂质离子也呈稳定倾向。一般说来，如水流速度达 1.0m/s 以上，污垢沉积物容易被水流冲走，不易在设备或管壁上沉积。相反地，在换热设备中，若某些部位水流速度太小，或是水流分布不均匀的滞流区则容易沉积污垢。

4. 传热量和壁面温度的影响

随着流速增加而水垢附着速度减小，也可理解为是由于壁面温度降低的结果。壁温是流速、水温和传热量的函数，如图 4-4 和图 4-5 所示。

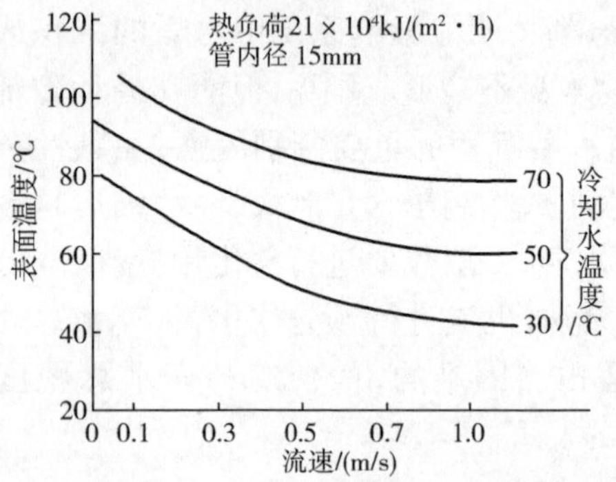

图 4-4　流速和表面温度的关系

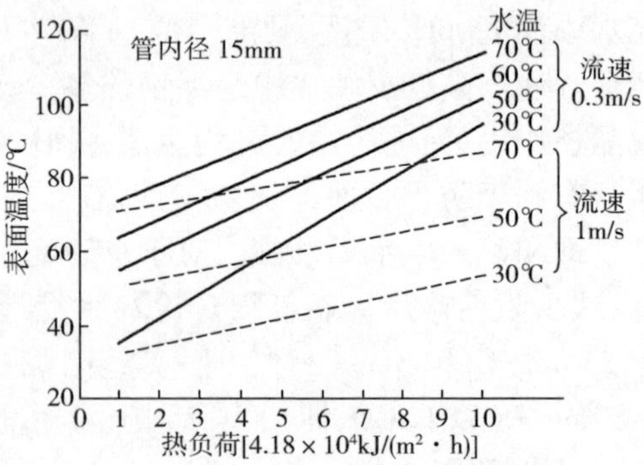

图 4-5　热负荷和表面温度的关系

由图 4-4 可见，当水温 50℃时，流速由 0.2m/s 提高到 0.6m/s，则壁温下降 15℃左右。

当流速大于 0.3m/s，水温小于 70℃，传热量小于 21×10^4kJ/(m²·h)，一般不易发生水垢沉积。用图 4-4 和图 4-5 求得此时换热器管子水侧壁温不超过 92℃。

如使用进口美荷型换热器，CO_2 压缩机三段出口冷却器传热量为 1.1×10^4kJ/(m²·h)，由于换热面积设计过大，为了控制 CO_2 出口温度不致太低，只好减少冷却水量，结果使出水温度上升，达 70～80℃，此时换热器水侧壁温高达 80～90℃，造成三段冷却器严重结垢。某化肥厂将该种换热器的换热面积由 $100m^2$ 减少到 $52m^2$，使出口水温由 80℃降到 50℃，运行很正常。由此可见，降低换热器的壁面温度是降低或防止水垢沉积的方法之一。

5. 换热设备的材料和表面光洁度

换热设备金属材料的导热系数越大，壁温就越高，容易使水中的盐类析出的水垢附在壁上。换热设备与水接触的表面越粗糙，附壁处水流速度越缓慢，壁面越容易沉积水垢，粗糙的碳钢表面比铜或不锈钢表面更容易结垢。

另外，浓缩倍数、阻垢分散剂滞留时间、药剂种类、药剂间的相互作用都对水垢的产生有影响。循环冷却水系统是一个多因素影响的复杂系统，只有维持各因素之间的协调，才能更好地抑制水垢的沉积。

第三节　循环冷却水系统的阻垢处理

防止冷却水系统发生污垢的方法很多，从原理上可以归纳为三类：

(1)消除结晶产生的条件，降低水中结垢离子的浓度，使其保持在允许的范围内。

(2)在循环水中加酸或二氧化碳，降低 pH，稳定水中结垢离子的平衡关系。

(3)使用阻垢剂破坏结垢离子的结晶长大。因为最常见的水垢是碳酸钙，所以重点是解决碳酸钙结垢问题。

一、石灰沉淀法

补充水未进入循环冷却水系统之前，在预处理时就投加适当的石灰，让水中的碳酸氢钙与石灰在澄清池中预先反应，生成碳酸钙沉淀析出，从而除去水中的 Ca^{2+}。

石灰作为沉淀剂应用得最早，也最为经济，但要求石灰的纯度较高，要达到 80%～90% 以上，否则会造成设备磨损或堵塞。石灰处理适用于碳酸盐硬度较高的原水。

石灰(CaO)溶于水生成 $Ca(OH)_2$ 称为消石灰，石灰处理实际上是向水中投加消石灰。

$$CaO + H_2O \longrightarrow Ca(OH)_2 \text{（消化反应）}$$

$$CO_2 + Ca(OH)_2 \longrightarrow CaCO_3\downarrow + H_2O$$

$$Ca(HCO_3)_2 + Ca(OH)_2 \longrightarrow 2CaCO_3\downarrow + 2H_2O$$

$$Mg(HCO_3)_2 + Ca(OH)_2 \longrightarrow CaCO_3\downarrow + MgCO_3 + 2H_2O$$

$$MgCO_3 + Ca(OH)_2 \longrightarrow CaCO_3\downarrow + Mg(OH)_2\downarrow$$

投加后，原水中的钙镁碳酸化合物转化成难溶的 $CaCO_3$ 和 $Mg(OH)_2$ 沉淀析出。因此，处理的结果是水中的碱度、硬度都有所下降。

石灰处理后的残留碱度一般为 1.0mmol/L 左右(其中 $[OH^-]$ 为 0.2～0.3mmol/L，$[CO_3^{2-}]$ 为 0.7～0.8mmol/L)，pH 为 10.1～10.4，而且 $CaCO_3$ 呈过饱和状态，所以要加酸调整 pH 至 7.4～7.8。

根据加入药剂和设备的不同，可分为快速脱碳和慢速脱碳两种。

快速脱碳只加石灰，反应生成的 $CaCO_3$ 和 $Mg(OH)_2$，呈悬浮颗粒状，然后在过滤器内除去。快速脱碳所用的反应器一般为涡流反应器，由于水在反应器内停留时间仅为 10 ~ 20min，因此难于控制出水浊度。

慢速脱碳是在反应器内同时进行凝聚和脱碳，即石灰乳和凝聚剂、助凝剂同时加入中心反应室，另外，还有再循环的泥渣，使碳酸钙颗粒在反应室内析出。由于水在反应器内停留时间较长，可达 60 ~ 90min，因此出水悬浮物含量小于 20mg/L。慢速脱碳所用的反应器有脉冲澄清池、循环澄清池和斜管沉淀池，结构和运行原理与混凝处理设备相同。

由石灰处理后，水中的残留碱度较低，可达到较高的浓缩倍数以及节约循环用水量，目前在缺水地区设计大型电厂的循环冷却水系统时，首先应考虑石灰处理。

石灰沉淀处理具有出水水质好、浓缩倍数较高、节约水资源等优点，尤其对暂时硬度大的结垢型原水更适用，但投资费用较高。

二、离子交换法

在缺水地区设计大型的循环冷却水处理系统时可考虑离子交换法。离子交换法就是让水通过离子交换树脂，将 Ca^{2+}、Mg^{2+} 从水中置换出来并结合在树脂上，达到从水中除去 Ca^{2+}、Mg^{2+} 的目的。

（1）采用带有弱酸性阳离子交换树脂软化循环冷却水的补充水　用弱酸性阳离子树脂处理冷却水的补充水，不仅可以除去水中的碱度，而且还可以除去碳酸盐硬度，可以同时达到进行脱碳和部分除盐两种目的。由于弱酸性阳离子树脂的交换容量比强酸性阳离子树脂大得多，而且容易置换与重碳酸根相结合的阳离子，不能分解中性盐，所以对于硬度和碱度相等的原水，采用弱酸性阳离子树脂最合适。经处理后除去水中大部分硬度，总含盐量和碱度同时也得到降低，形成的 CO_2 可在除碳器或冷却塔内除去。

弱酸性阳离子树脂的活性基团是羧酸基—COOH，对水中碳酸盐硬度有较强的交换能力，其交换反应为：

$$2RCOOH + \left.\begin{matrix} Ca \\ Mg \end{matrix}\right\}(HCO_3)_2 \longrightarrow (RCOO)_2\left\{\begin{matrix} Ca \\ Mg \end{matrix}\right. + 2H_2O + 2CO_2\uparrow$$

反应中产生了 H_2O 并伴有 CO_2 气体逸出，促使了树脂上可交换的 H^+ 继续离解，并和水中 Ca^{2+}、Mg^{2+} 进行交换反应。

弱酸型阳离子树脂再生剂可以是 HCl、H_2SO_4，也可以是 H_2CO_3，再生剂的比耗一般为 1.05 ~ 1.10；失效的弱酸型阳离子树脂很容易再生，不论再生方式如何，都能得到较好的再生效果。

例如，我国某 2 × 300MW 火电厂，设计循环冷却水水源为城市污水处理厂二级出水，进水最大流量 1490m³/h，主体处理工艺采用了 MBR 膜生物反应器加弱酸离子交换系统的处理模式。MBR 膜生物反应器的主要设施为膜池和膜箱，如图 4 - 6 所示。

通过设在膜池中的膜箱置入超滤膜组件，构成 MBR 膜生物反应器。运行过程中，膜池中充满含有好氧活性污泥的来水，好氧活性污泥具有泥龄长和污泥浓度高的特点，对原水中的有机物、氨氮，以及 COD_{Cr} 和 BOD_5 都有去除能力，而 MBR 超滤膜则可去除水中大部分的悬浮物、细菌和 SS。

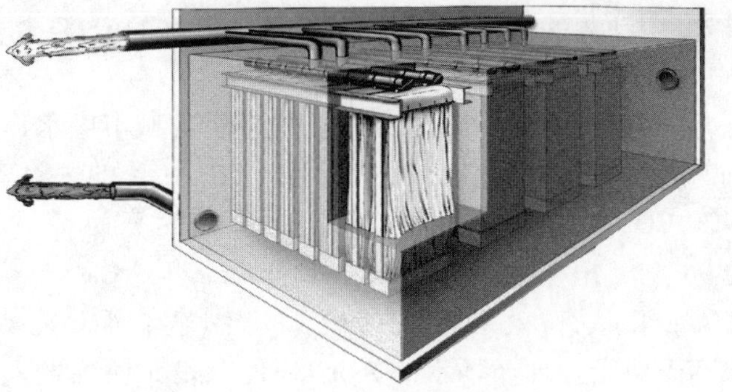

图 4-6 MBR 膜生物反应器

弱酸离子交换系统一般采用丙烯酸 D113 弱酸离子交换树脂与 Na 型树脂组成弱酸 H-Na离子交换系统，如图 4-7 所示。

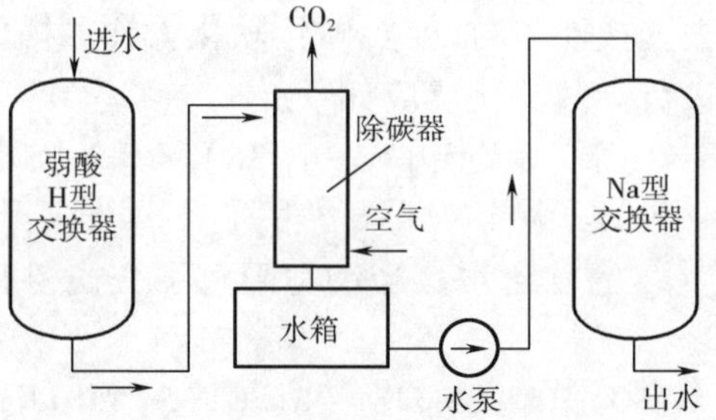

图 4-7 弱酸 H-Na 离子交换系统

弱酸阳离子树脂交换后不会产生强酸，出水酸度很低，工作交换容量大，出水水质变化缓慢，易于调节，加之弱酸 H 型树脂失效后，很容易再生，酸耗低，约为理论量的 110%，因此较经济，是一种比较理想的水质软化系统。

弱酸 H-Na 离子交换系统中的—COOH 基团对水中碳酸盐硬度有较强的交换能力，可以除去水中的碳酸盐硬度，含盐量相应降低。

由于弱酸性阳离子树脂对 Ca^{2+}、Mg^{2+} 的去除能力很强，使得能在水中形成沉淀的 Ca^{2+}、Mg^{2+} 含量大幅降低，水中未被去除的阴离子（如 Cl^- 和 SO_4^{2-}）可以发生产生强酸（如 HCl 和 H_2SO_4）的反应，使弱酸系统出水呈弱酸性，对设备的金属器壁产生腐蚀性危害。解决办法可根据系统特点，采用调节 pH 方式，确保出水 pH 在 7.0～8.5。具体可采用以下办法解决：

①脱气：由于出水含有大量游离 CO_2，会使水的 pH 降低到酸性范围内。可设置除碳器，利用鼓风脱气方式除去水中游离 CO_2。

②离子交换器交错运行：由于弱酸 H-Na 离子交换系统的出水在一个制水周期的不同阶段其 pH 是不同的，投运初期显酸性，运行末期显碱性。因此合理调度各台交换器的运行，使其处于不同的运行阶段，使系统总出水 pH 控制在一定范围内。

③部分弱酸处理：采用一部分水经弱酸 H－Na 离子交换系统处理，其余的水不经处理，利用原水中的碱度中和弱酸 H－Na 离子交换系统出水的酸度，将混合水作为循环水系统的补充水，调节水的 pH 在 7.0～8.5。

采用上述办法后，可以使用经过污水处理厂处理后的城市中水作为循环冷却水的补充水源。经 MBR 膜生物反应器处理后，与进水相比，NH_3-N 的去除率达 92%，粪大肠菌群的去除率 99.999%，COD_{Cr}、BOD_5 去除率 67%，浊度的去除率为 87.5%，出水的浊度小于 0.5NTU，SS 去除率 96.6%，出水 SS≤1.0mg/L，DS≤3mg/L，$[Ca^{2+}]<10$mg/L，$[Mg^{2+}]<2$mg/L，$[Cl^-]<100$mg/L。去除效果较好，使最终的出水符合循环冷却水水质标准。

采用弱酸性阳离子树脂处理循环水的补充水，优点是交换容量大，易于再生，并且酸耗低，循环水浓缩倍率高。不足之处是与石灰沉淀法相似，投资费用较大，但是从长远观点考虑，从节约用水角度考虑，选用弱酸性阳离子树脂处理循环水的补充水是较为经济的。

（2）采用钠型阳离子交换树脂软化循环冷却水的补充水　补充水通过交换树脂，其中的 Ca^{2+}、Mg^{2+} 等二价阳离子与 Na^+ 交换，并与树脂结合，从而从水中除去 Ca^{2+}、Mg^{2+} 等，使水软化。当树脂失去交换能力时，就要停止软化操作，并通进食盐水（NaCl）使之再生。如此软化、再生交替进行。其软化反应如下。

$$R(SO_3Na)_2 + MgSO_4 \rightleftharpoons R(SO_3)_2Mg + Na_2SO_4$$

$$R(SO_3Na)_2 + Ca(HCO_3)_2 \rightleftharpoons R(SO_3)_2Ca + 2NaHCO_3$$

上述反应，生成含有 Na^+ 的软化水。当钠型阳离子交换树脂饱和失效后的再生反应如下。

$$R(SO_3)_2Ca + 2NaCl \rightleftharpoons R(SO_3Na)_2 + CaCl_2$$

$$R(SO_3)_2Mg + 2NaCl \rightleftharpoons R(SO_3Na)_2 + MgCl_2$$

通过再生后，饱和失效的交换树脂又恢复为钠型阳离子交换树脂。

三、炉烟处理法

炉烟是锅炉的一种废气，其中含有 SO_2 和 CO_2 等酸性物质，炉烟处理循环水的实质是利用其中的 CO_2 和 SO_2 与循环水中碳酸盐作用，以防止碳酸盐水垢的形成。实际上，这两种气体防止碳酸盐水垢的原理是不同的。

CO_2 能抑制 $Ca(HCO_3)_2$ 的分解，使 $Ca(HCO_3)_2$ 分解反应的逆向反应增强：

$$Ca(HCO_3)_2 \rightleftharpoons CaCO_3 + CO_2 + H_2O$$

使钙盐保持易溶的碳酸氢盐状态防止结垢。由于这种方法为向循环水中引进二氧化碳，所以又称为再碳化处理。

SO_2 溶于水后生成亚硫酸，它和 $Ca(HCO_3)_2$ 的反应是中和作用：

$$Ca(HCO_3)_2 + SO_2 \longrightarrow CaSO_3 + H_2O + 2CO_2$$

生成的亚硫酸钙在水中溶解氧的作用下，会转变为硫酸钙（$CaSO_4$），如下反应式：

$$2CaSO_3 + O_2 \longrightarrow 2CaSO_4$$

$CaSO_4$ 在水中有一定的溶解度，在循环水系统中通常不会析出。

SO_2 在水中的溶解情况和 CO_2 相比，有很大的差别。首先 SO_2 在水中的溶解度要比

CO_2大几十倍；其次SO_2的溶解是不可逆的，因为它最后变成了$CaSO_4$。而CO_2则不然，溶在水中的CO_2很容易由于水面上CO_2分压的减小而跑掉。所以就溶解性来说，用SO_2防止碳酸盐水垢比用CO_2有利。但实际上，炉烟中含CO_2和SO_2的量不同，CO_2的含量总是很大的，一般为12% ~16%，而SO_2的含量只有1% ~3%。因此，根据具体情况的不同，有的炉烟处理循环水只利用其SO_2，有的只利用CO_2，也有SO_2和CO_2都利用的。

此法常因冷却水通过冷却塔时，CO_2气易从水中逸出，因而在冷却塔中析出碳酸钙堵塞冷却塔中填料之间的孔隙，这种现象称钙垢转移，因此在实际应用中有困难。

四、加酸处理法

循环水加酸处理的目的是中和水中的碳酸盐，使碳酸盐硬度转化为非碳酸盐硬度，而非碳酸盐硬度一般难以在水中转化为沉淀。常用的酸是H_2SO_4，因为它价廉，且浓硫酸（70% ~98%）对钢铁的腐蚀很小，易于贮存。至于HCl，不仅因为它价格较高和对钢铁的腐蚀性强，而且由于氯离子引入循环水，会促进铜管的腐蚀，因此不常采用。

1. 加酸防垢原理

硫酸和碳酸氢钙的反应如下式：

$$Ca(HCO_3)_2 + H_2SO_4 \longrightarrow CaSO_4 + 2CO_2 + 2H_2O$$

加酸的作用是把碳酸氢根的碱性中和掉。但加酸的量并不需要使循环水中的碳酸氢根全都中和，只要使循环水中留下的碳酸氢盐不结垢即可，也就是说要维持循环水中的碳酸盐硬度（H_T）不超过它的极限碳酸盐硬度（H'_T）。加酸处理的H'_T最好用实验求得。

2. 加酸地点

对加酸地点没有特殊的要求，不论在何处加酸都可以。有时考虑到水中保留有游离CO_2，使其极限碳酸盐硬度的值提高，可将酸加在循环水泵前的补充水水流中。但从减轻凝汽器铜管腐蚀方面考虑，宜将酸加在送入冷却塔的循环水中。因为游离CO_2对于铜管的腐蚀有促进作用，特别是当循环水的含盐量很大时，所以酸加在冷却塔前，就可使循环水中的游离CO_2在凝汽器前除去。另外，在加酸系统中虽然常设有混合器，但在加酸处还会出现混凝土和铜管局部酸性腐蚀。

加酸处理应注意，水中SO_4^{2-}含量过多会发生腐蚀混凝土的问题。对于已经运行了很长时间的设备，通常没有这种危险，因为其表面已生成一层碳酸钙。对于新建的电厂，应注意发生腐蚀混凝土的问题，通常是在混凝土壁上加铺一层化学性稳定的水泥来解决。

因$CaSO_4$有一定的溶解度，一般不会发生析出问题。但浓缩倍率过大或水中SO_4^{2-}含量过多时也会析出。为防止$CaSO_4$析出，应保持$[Ca^{2+}][SO_4^{2-}] < 500000$mg/L。

加酸法目前仍有使用，由于硫酸加入后循环水pH会下降，如不注意控制而加酸过多，则会加速设备的腐蚀。因此，最好配有自动加酸、调节pH的设备和仪表。

五、阻垢剂法

从水中析出碳酸钙等水垢的过程，就是微溶性盐从溶液中结晶沉淀的一种过程。按结晶动力学观点，结晶的过程首先是生成晶核，形成少量的微晶粒，然后这种微小的晶体在溶液中由于热运动(布朗运动)不断地相互碰撞,和金属器壁也不断地进行碰撞,碰撞的结果是提供了晶体生长的机会,使小晶体不断地变成大晶体,形成了覆盖传热面的垢层,如图 4 -8 所示。

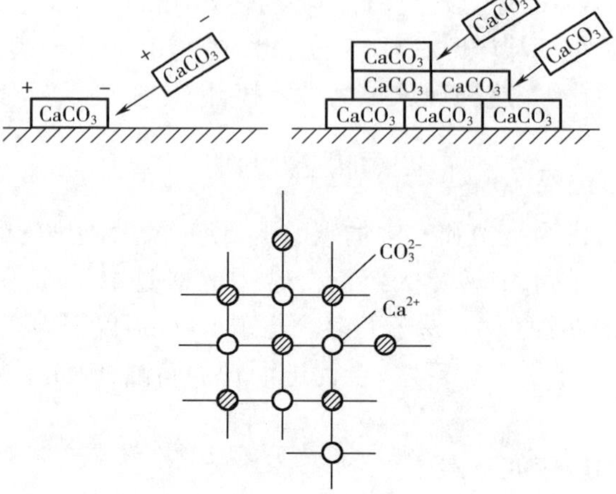

图 4 -8　$CaCO_3$结晶过程示意图

从 $CaCO_3$的结晶过程看,如能投加某些药剂,破坏其结晶增长,就可达到控制水垢形成的目的。

六、增加旁滤设备法

即使在水质处理较好、补充水浊度也较低的情况下,循环水系统中的浊度仍会不断升高,从而加重污垢的形成。循环冷却水系统浊度升高的原因是冷却水经过冷却塔与空气接触时,空气中的灰尘会被洗入水中,特别是在地理环境干燥、灰尘飞扬时更是明显。循环冷却水的瞬时浊度的变化主要受以下各项变化的影响。

(1)循环冷却水浊度瞬时增减量　设循环冷却水在管道、换热器和凉水池等设备中的总贮水量为 $V(m^3)$,其瞬时浊度为 $c(mg/L)$,则循环冷却水浊度瞬时增减量为 $d(V \cdot c) \cdot g$。

(2)补充水瞬时引入的浊度量　设补充水量为 $M(m^3/h)$,补充水的浊度为 $c_M(mg/L)$,则补充水每小时引入的浊度量为 $M \cdot c_M(g/h)$。故补充水瞬时引入的浊度量为 $M \cdot c_M \cdot dt \cdot g$。

(3)空气中灰尘瞬时引入的浊度量　空气进入冷却塔,带入的灰尘一部分被洗入冷却水中,使冷却水的浊度增加,增加量与时间成正比关系。设每小时从空气中引入冷却水的灰尘量为 $W_1(g/h)$,则空气中灰尘瞬时引入的浊度量为 $W_1 \cdot dt \cdot g$。

(4)循环冷却水自身瞬时产生的浊度量　由于水质处理不够理想,形成的结垢产物、腐蚀产物和菌藻滋生的产物如沉积不下来,必然会使循环水的浊度变大。设 $W_1(g/h)$为每小时循环冷却水中自身所产生的浊度量,则循环冷却水自身瞬时产生的浊度量为 $W_2 \cdot dt \cdot g$。

(5)循环冷却水浊度沉降瞬时析出量　循环冷却水中悬浮固体的颗粒增长至一定程度时,或水流速度降低时,都会遵循斯托克斯定律而沉降析出,或沉积在换热器传热管表面，或管道中，或水池中，由此而使循环冷却水的浊度降低。设循环冷却水每小时沉降析出悬浮固体为 W_3(g/h)，则循环冷却水瞬时沉降析出的浊度量为 $W_1 \cdot \mathrm{d}t \cdot g$。

(6)排污水瞬时排出的悬浮固体量　设每小时排污量为 B(m^3/h)，循环冷却水的瞬时浊度为 c(mg/L)，则排污水瞬时排出的悬浮固体量为 $B \cdot c \cdot \mathrm{d}t \cdot g$。

综上所述，根据物料平衡的概念，有：

$$V \cdot \mathrm{d}c = M \cdot c_M \cdot \mathrm{d}t + W_1 \cdot \mathrm{d}t + W_2 \cdot \mathrm{d}t - W_3 \cdot \mathrm{d}t - B \cdot c \cdot \mathrm{d}t$$

$$\frac{\mathrm{d}c}{c - (M \cdot c_M + W_1 + W_2 - W_3)/B} = -\frac{B}{V} \cdot \mathrm{d}t \qquad (4-3)$$

设循环水的起始浓度为 c_0，经 t_0到 t 时间后变为 c，则将上式积分并整理，可写成：

$$c = \frac{(M \cdot c_M + W_1 + W_2 - W_3)}{B} - \left[\frac{(M \cdot c_M + W_1 + W_2 - W_3)}{B} - c_0\right] \times e^{-\frac{B}{V}(t-t_0)} \qquad (4-4)$$

式(4－4)即为增加旁滤设备后循环水浊度变化的通用公式。

当 $t = t_0$时，$c = c_0$，即为循环水的起始浊度。

当 $t = \infty$ 时，$c = N \cdot c_M + (W_1 + W_2 + W_3)/B$。

由上式可知，循环水最终浊度不仅与补充水浊度 c_M、浓缩倍数 N 有关，而且与运转中的 W_1、W_2、W_3有关。如果操作在理想条件下进行，即 $W_1 = W_2 = W_3 = 0$，则 $c = N \cdot c_M$。然而当空气中灰尘多，循环水的浊度必然会随着运行时间而增加。

如果在系统中增设旁滤设备，只要控制旁流量和进、出旁流设备的浊度，就可保证系统在长时间运行下浊度也不会增加，维持在控制的指标内，从而减少污垢的生成。旁流量一般经验是取1%～5%的循环水量。

七、联合处理法

循环冷却水处理的主要目的是缓蚀、阻垢、杀菌和防黏泥。但这几个因素密切相关，不能单一地靠某种药剂来解决问题，而必须把它视作一个整体对待。因此，水处理剂常是一个复合配方，含有多种药剂。针对不同的水质和系统条件，可以采用不同的复配比例和用量，以求得到最佳效果。但即使是这样，阻垢剂所能稳定的极限碳酸盐硬度也是有限的，对于我国华北、西北地区的高碱度水来说，一般只能维持循环水的浓缩倍率为1.5～2.5。

因而，仅采用阻垢剂进行处理，有排污率太大、补充水量和药剂消耗量过多等问题。此时，可考虑采用水质调整和阻垢处理相组合的方法，例如，先进行酸化、弱酸阳离子交换、石灰处理或旁流过滤，然后再投加阻垢剂。组合系统中的水质调整处理相当于阻垢处理的预处理，无需进行深度的调整处理。这样既可减少费用，又能提高浓缩倍率，节约用水，降低运行费用，而且操作简单。

第四节　阻垢剂与阻垢分散剂

在循环冷却水处理中，将防止水垢和污垢产生或者抑制其沉积生长的化学药剂统称为阻垢剂，阻垢剂常用的形式主要有阻垢缓蚀剂和阻垢分散剂两种。

阻垢缓蚀剂主要有以下类型：无机聚合磷酸盐、有机多元膦酸、葡萄糖酸和单宁酸等。目前循环水处理多采用磷系配方，应用最多的是有机多元膦酸。

阻垢分散剂是中、低相对分子质量的水溶性聚合物，包括均聚物和共聚物两大类，其中均聚物有聚丙烯酸及其钠盐、水解聚马来酸酐等，共聚物的品种较多，以丙烯酸系和马来酸系的两元或三元共聚物为主。

一、部分常用的阻垢剂和阻垢分散剂

部分常用阻垢缓蚀剂和阻垢分散剂见表4－3。

表4－3　部分常用阻垢缓蚀剂和阻垢分散剂

类别	名称	工业产品含量/%
聚合磷酸盐	三聚磷酸钠（NaTPP）	固体含三聚磷酸钠85%
	六偏磷酸钠（$(NaPO_3)_6$）	—
有机膦酸盐	氨基三亚甲基膦酸（ATMP）	固体85%～90%，液体50%
	羟基亚乙基二膦酸（HEDP）	液体≥50%
	乙二胺四亚甲基膦酸（EDTMP）	液体18%～20%
	膦羧酸（PBTCA）	液体≥40%
水溶性有机聚合物	聚丙烯酸（PAA）	液体20%～25%
	聚丙烯酸钠（PAAS）	液体25%～30%
	聚马来酸（PMA）	液体50%
	水解聚马来酸酐（HPMA）	液体50%
	马来酸－丙烯酸类共聚物（AA－MA）	液体48%
	丙烯酸－丙烯酸酯共聚物	液体≥25%
	丙烯酸－丙烯酸羟丙酯共聚物（AA－HPA）	液体30%
	聚环氧琥珀酸（PESA）	液体
	聚天冬氨酸（PASP）	液体
	2－丙烯酰胺－2－甲基丙基磺酸（AMPS）	液体

二、聚合磷酸盐

在循环冷却水处理中，常用的聚合磷酸盐有长链状阴离子的三聚磷酸钠和六偏磷酸钠，三聚磷酸钠的分子式为$Na_5P_3O_{10}$，其结构式如下：

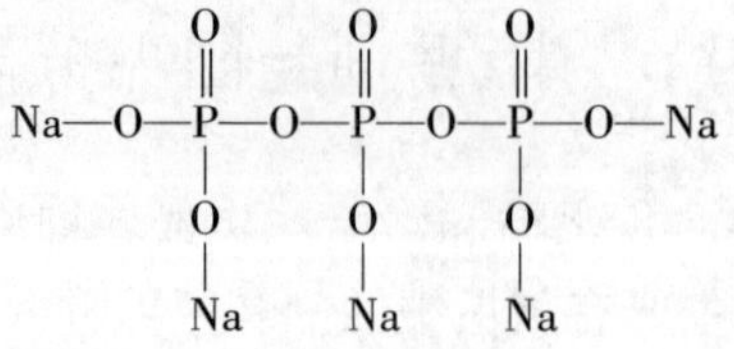

六偏磷酸钠其链较长，含20～100个PO_3^-，其结构通式如下：

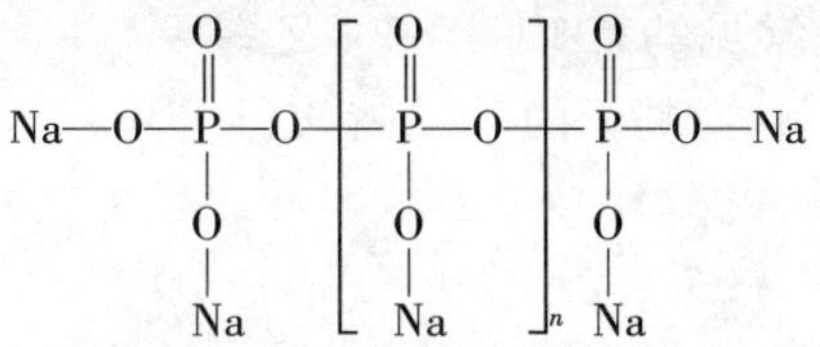

六偏磷酸钠没有固定的熔点，在水中溶解度很大，但不稳定。溶于水时生成的水解产物多为磷酸根阴离子聚合体，其水溶液有很大的黏度，pH为5.5～6.4。

从实验可知，当循环冷却水中添加了几个mg/L浓度的聚磷酸盐就能防止几百个mg/L的碳酸钙沉淀析出。其作用机理，被认为是聚磷酸盐在水中生成的长链的阴离子容易吸附在微小的碳酸钙晶粒上，同时这种阴离子易于和CO_3^{2-}置换，这种置换发生在分散于水中的全部钙离子层上，从而防止了碳酸钙的析出。也有人认为，微量聚磷酸盐抑制和干扰了碳酸钙晶体的正常生长，使晶体在生长过程中被歪曲，从而使晶体长不大，不能沉积形成水垢而分散于水溶液中。

当溶液中没有聚磷酸盐时，碳酸钙晶体是正常的晶体，而当加有聚磷酸盐时，所形成的晶体不是正常的菱面体方解石，而是一种畸变的晶体。当聚磷酸盐浓度为0.3～0.6mg/L时，菱面体很多，晶体大都正常，少数畸变；当达到0.9mg/L时，只得到畸变的晶团；达到1.2mg/L时，出现少量不变形的晶体；而在1.2mg/L以上时，就不再发生沉淀了。还有人认为，加入少量的聚磷酸盐之所以能有效地阻止碳酸钙等的沉淀，是由于有效地控制晶核形成的速度。除此以外，聚磷酸盐还能螯合Ca^{2+}、Mg^{2+}等离子，形成单环螯合物或双环螯合物。

三、有机膦酸盐

有机膦酸的种类很多，但在它们的分子结构中都含有与碳原子直接相连的膦酸基团：

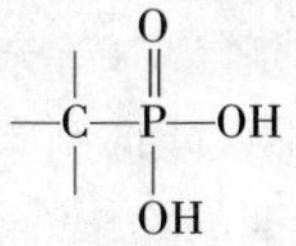

并且分子中还可能含有—OH、—CH_2—或—COOH等基团。因此，按分子中含膦酸基团的数目，有机膦酸可分为二膦酸、三膦酸、四膦酸、五膦酸等；如按分子结构的类型，有机膦酸又可分为亚甲基（旧称甲叉）膦酸型、同碳二膦酸型、羧酸膦酸型和含其他原子膦酸盐。

有机膦酸阻垢缓蚀剂属阴极型缓蚀剂，对许多金属离子如钙、镁、铜、锌等，具有螯合能力，使钙、镁离子等稳定在冷却水中不析出，对钢铁有缓蚀作用，对铜和铜合金有腐蚀性。优点是：同时具有缓蚀作用和阻垢作用，适用于高碱度、高pH和高温下运行的冷却系统，能够和其他水处理剂复合使用，主要有以下几种形态：

1. 亚甲基膦酸型

氨基三亚甲基膦酸（ATMP）、乙二胺四亚甲基膦酸（EDTMP）、二乙烯三胺五亚甲基膦酸（DETPMP）、己二胺四亚甲基膦酸（HDTMP）、甘氨酸二亚甲基膦酸（GDMP）、甲胺二亚甲基膦酸（MADMP）等。

2. 同碳二膦酸型

同碳二膦酸型化合物中常见的有1-羟基亚乙基-1,1-二膦酸(HEDP)、1-氨基亚乙基-1,1-二膦酸(AEDP)和羟基亚丙基二膦酸(HPDP)等。其中HEDP是开发较早并用于水处理中的药剂之一。

3. 羧酸膦酸型

在高硬水、高pH水等苛刻工况条件的特殊场合,或在高浓缩倍数下运行的冷却水介质中应用。代表性的产品有2-膦酸基丁烷-1,2,4-三羧酸(PBTCA)和1,1-二膦酸丙酸基膦酸钠(BPBP)。PBTCA对金属离子较强的螯合能力,显示出了较强的缓蚀和阻垢能力,能耐酸、碱和氧化剂作用,在 $pH>14$ 时仍不发生水解,热稳定性好,在高硬、高碱、高温情况下,阻垢性能优于HEDP、ATMP,是一种高效缓蚀剂。

4. 大分子有机膦酸

典型的有多氨基多醚基亚甲基膦酸(PAPEMP),相对分子质量在2000以上的膦酰基羧酸共调聚物(POCA)、膦酰基聚丙烯酸(PPCA)等。

四、水溶性有机聚合物

1. 水溶性均聚物

应用的均聚物有聚环氧琥珀酸(PESA)和聚天冬氨酸(PASP),具有阻垢性能优越、无磷、非氮且易生物降解等特点。

聚环氧琥珀酸(PESA)是一个“绿色”水处理剂品种,毒性小,生物降解性好,易为环境接受,适用于高碱、高硬、高温条件,与氯的相容性好、阻垢性能不受氯浓度影响。

聚天冬氨酸(PASP)能抑制 $CaCO_3$、$CaSO_4$ 和 $BaSO_4$ 垢的形成,可耐高温,热稳定性好,应用于高温、高钙水系统及反渗透膜处理系统。

2. 水溶性共聚物

共聚物阻垢剂一直是循环冷却水处理药剂研究的热点,由于大多数共聚物结构中不仅有羧基,而且还含有羟基、酯基、磺酸基或磷酰基等亲水性基团,因此共聚物的阻垢分散性能远比水溶性均聚物优异,它们的特点是不仅能抑制碳酸钙垢,同时对磷酸钙垢、膦酸钙垢、氧化铁、黏泥等也有很好的分散作用,从早期的均聚物,发展到二元共聚物、三元共聚物等。

二元共聚物包括马来酸/丙烯酸共聚物(AA/MA)、丙烯酸/丙烯酸羟丙酯共聚物(AA/HPA)、丙烯酸/2-丙烯酰胺基-2-甲基甲磺酸共聚物(AA/AMPS)、马来酸酐/苯乙烯磺酸共聚物、丙烯酸/有基磺酸共聚物等。三元共聚物有马来酸/丙烯酸/2-丙烯酰胺-2-甲基丙磺酸类三元共聚物、马来酸/丙烯酸/丙烯酰胺共聚物等。

阻垢剂向着绿色环保方向发展,研究无磷或少磷的高效阻垢剂,在苛刻条件下仍能发挥效能,具有阻垢和缓蚀双重功效的高效阻垢剂,是今后发展的主要方向。

五、阻垢剂和阻垢分散剂的作用机理

1. 晶格畸变理论

晶格畸变理论认为,阻垢剂干扰了成垢物质的结晶过程,抑制了水垢的形成。

以成垢物质 $CaCO_3$ 为例说明,当 $CaCO_3$ 在溶液中形成微晶时,表面会吸取水中阻垢剂,吸取动力主要是阻垢剂与 Ca^{2+} 之间的螯合反应。这样,因微晶的表面状态有所改变,$CaCO_3$ 不再增长,而是稳定在溶液中。微晶吸取阻垢剂的反应主要发生在其成长的活性点上。只要这些活性点被覆盖,结晶过程便被抑制,所以阻垢剂的加药量不需很多。当溶液中 $CaCO_3$ 的过饱和度很大时,由于结晶的倾向加大,微晶可以在那些没有吸取阻垢剂的慢发育表面上成长,从而把活性点上的阻垢剂分子覆盖起来,于是晶体又会增长。但此时生成的晶体受阻垢剂的干扰,会发生空位、错位或镶嵌构造等畸变。

有机膦酸在水中能离解出 H^+,本身成带负电荷的阴离子,如:

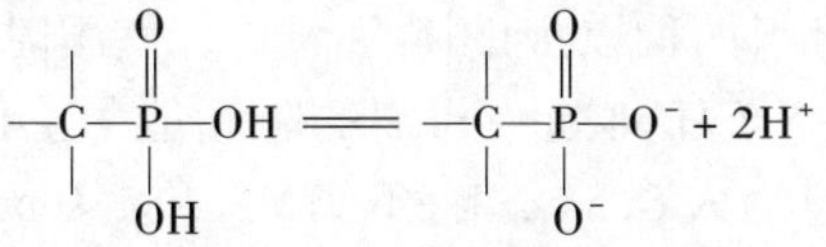

这些阴离子能与 Ca^{2+}、Mg^{2+} 等金属离子形成稳定络合物,从而提高 $CaCO_3$ 晶粒析出时的过饱和度,也就是增加了 $CaCO_3$ 在水中的溶解度。有人通过实验测出,水中加入 1 ~ 2mg/L的 HEDP 后,可使 $CaCO_3$ 析出的临界 pH 提高 1.1 左右。另外,由于有机膦酸能吸附在 $CaCO_3$ 晶粒活性增长点上,使其畸变,即相对于不加药剂的水平来说,形成的晶粒要细小得多。从颗粒分散度对溶解度影响角度看,晶粒细小也就意味着 $CaCO_3$ 溶解度变大,因此提高了 $CaCO_3$ 析出时的过饱和度。

2. 分散理论

有些阻垢剂在水中会电离,吸附在某些小晶体的表面形成双电层,使小晶体稳定地分散在水体中,这种阻垢剂可称为分散剂。

例如,聚羧酸在水中电离成阴离子后有强烈的吸附性,它会吸附到悬浮在水中的一些泥砂、粉尘等杂质的粒子上,使其表面带有相同的负电荷,因而使粒子间相互排斥,呈分散状态悬浮于水中,如图 4 - 9 所示。

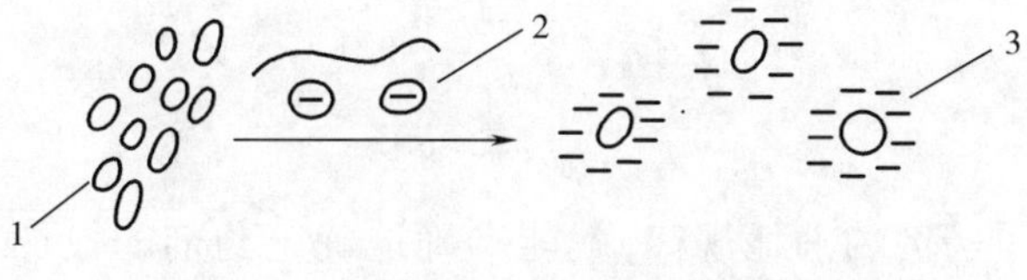

图 4 - 9　阴离子型分散剂分散作用示意图

1—泥沙、粉尘等杂质　2—阴离子型分散剂　3—被分散在水中的泥砂、粉尘等杂质

分散剂不仅能吸附于颗粒上,而且也能吸附于凝汽器的壁面上,阻止了颗粒在壁面上沉积;即使发生了沉积现象,沉积物与接触面也不能紧密相粘,只能形成疏松的沉积层。

有些阻垢剂为链状高分子物质,它们与水中胶体或其他污物形成絮凝。絮凝的密度较小,易被水流带走,阻止了它们在冷却水系统中沉积。用作絮凝剂的高分子一般为相对分子质量 10^6 ~ 10^7 的链状聚合物,长链上有许多具有吸附能力的基团。

3. 络合理论

有些阻垢剂如有机膦酸在水中电离出 H^+,本身成为带负电荷的阴离子。这种阴离子能与水中的金属阳离子 Ca^{2+}、Mg^{2+} 等形成稳定的络合物,使它们不能结垢。

六、加 药 方 式

目前采用的阻垢剂,有的是固体粉末状,如三聚磷酸钠、固体 ATMP 等。有的是液体,其有效成分有的为30%,有的为50%左右。应用时都是先将其配制成5% ~10%的水溶液后投加到水中。为了避免循环水中阻垢剂含量的波动太大,通常采用连续投加的方式,以配好的溶液用计量泵和喷射器加入水中,加药地点可以是冷却塔的集水池或吸水井中。

1. 阻垢剂的协同效应

阻垢剂的协同效应是指当两种以上的阻垢剂复合使用时,在总药剂量保持不变的情况下,复合药剂的阻垢能力高于任何单一药剂的阻垢能力。例如,加入 1.5mg/L 的聚丙烯酸时,阻垢率为26.1%,当加入0.5mg/L 的 ATMP 和1.0mg/L 的聚丙烯酸的复合药剂时,阻垢率上升到54.1%。

在生产中,为了发挥每一种阻垢剂的阻垢能力,减少药剂费用,经常根据冷却水的水质和冷却水系统的工艺要求,利用阻垢剂的这种协同效应,对各种药剂方案进行筛选实验。

2. 药剂的消耗

随补充水一起加入到循环水系统中的药剂,由于排污、风吹和泄漏等原因而逐渐减少。这种药剂浓度与时间的关系称为药剂消耗速率。

如果假定循环水系统中的药剂是在瞬时间内投加的,并很快混合均匀,t_0时刻的浓度为ρ_0,经过t时间后的药剂浓度为ρ,设循环冷却系统的水量总容积V,循环水的流量Q,根据物料平衡关系有:

$$d(V \cdot \rho) = -Q\rho \cdot dt \tag{4-5}$$

分离变量,得:

$$d\rho/\rho = -Q \cdot dt/V \tag{4-6}$$

积分整理后,则有:

$$\int_{\rho_0}^{\rho} d\rho/\rho = \int_{t_0}^{t} -Q dt/V \tag{4-7}$$

$$\rho = \rho_0 e^{-Q(t-t_0)/V} \tag{4-8}$$

在生产中,知道了药剂的消耗规律,就能准确地确定药剂的投加时间和数量,以保持循环水系统中有一定的药剂浓度。

我国的循环冷却水处理是从20世纪70年代后期引进的磷系药剂起步的,后期虽然使用过硅系、钨系、磷钼系等药剂,但实际应用的还是磷系药剂。磷系药剂中分散剂是聚丙烯酸,所以特别担心正磷酸盐的沉积,并规定冷却水系统中正磷酸盐的质量浓度<2mg/L。

多年过去了,由于水溶性聚合物的不断进步,国外早已直接将正磷酸盐用于磷系药剂,也用丙烯酸/丙烯酸羟丙酯共聚物、丙烯酸/磺酸类共聚物等对磷酸钙有效的分散剂取代了聚丙烯酸。在我国,近年来认识到冷却水系统中的磷酸盐是磷系药剂之本,其负面影响是可以预防的。经过几十年的努力,水溶性聚合物阻磷酸钙垢的能力已经达到了相当的高度,人们完全能够自由地处置磷系药剂中的正磷酸盐,而不必再做多余的限制。目前,水溶性聚合物仍是循环冷却水化学处理的核心。

我国工业循环冷却水处理药剂的发展见表4－4。

表4－4　　我国工业循环冷却水处理药剂的发展

年份	水处理药剂
1975—1979	聚磷酸盐/有机膦酸盐/聚丙烯酸(用酸调 pH) 聚磷酸盐/有机膦酸盐/聚丙烯酸(用酸调 pH) 聚磷酸盐/有机膦酸盐/锌/聚丙烯酸(用酸调 pH)
1980—1985	多元醇磷酸酯/锌/磺化木质素(用酸调 pH) 有机膦酸盐/聚合物或共聚物(碱性处理) 硅酸盐或钼酸盐药剂
1986—1992	有机膦酸盐/二元、三元共聚物全有机药剂,系统可连续运行1~2年
1993—1997	新型有机膦酸及新型共聚物进入市场,碱性处理所占比例进一步提高
1998—2003	无磷无金属药剂开发
2004—	无磷药剂得到工业应用

水处理药剂从高磷到低磷、无磷的发展是时代的要求,无磷水处理药剂配方的出现,将是水处理药剂进一步发展的必然。

第五节　污垢监测方法

冷却水系统中污垢的监测主要是测定水垢、淤泥等沉积物引起的污垢热阻变化,以及由冷却水在换热器中产生的水垢、沉积物厚度等。目前,常用的方法分为现场监测法和实验室阻垢测定法。其中现场检测法又有监测换热器法、电热式污垢监测仪法等。实验室阻垢测定主要是采用现场水质或配制实验用水,利用动态模拟阻垢实验,测定水处理方案的有效性,实验室阻垢测试详见第九章“循环冷却水的实验室监测”。

一、监测换热器法

用监测换热器监测冷却水系统中沉积物情况的工作可从两个方面进行:一是将运行一定时间后的监测换热器拆开,将其换热管(试验管)剖开,观察其中沉积物的沉积情况,测定已析出的沉积物层厚度;二是利用监测换热器测定在冷却水系统中的污垢热阻值,预测或判断换热器内沉积物沉积的程度。

1. 瞬时污垢热阻的测定

为了便于现场或实验室内测定污垢热阻,通常拟定如下控制条件。

(1)水走管内,换热器内试验管的外壁镀铬,使试验管的外壁表面不产生腐蚀。

(2)加热介质为高纯水或高纯水产生的蒸汽,高纯水或蒸汽走管外,运行中温度恒定。

(3)冷却水的流量不变,水的流速恒定,水的平均温度变化很小。

(4)试验管壁不遭受腐蚀,管壁厚度变化微小。

根据上述控制,从传热系数方程和热传导的基本原理出发,由第二章的式(2－20)确定污垢热阻值。

2. 较长时间污垢热阻值的估算

如要获得较长时间（如 1 年）的污垢热阻值，则可通过 Kern – Seaton（科恩 – 西顿）渐进污垢模型方程（Kern – Seaton 方程）计算：

$$r_F = r_F^* (1 - e^{-Bt}) \tag{4-9}$$

或通过 Kern – Seaton 方程的修正式计算：

$$r_F = r_F^* e^{-A/(t-t_0)} \tag{4-10}$$

式中　r_F——运行时间为 t 时的瞬时污垢热阻，m^2K/W

r_F^*——运行时间 t 为无穷时的污垢热阻，m^2K/W

t——运行时间，s

t_0——起始时间，用来表征诱导期，s

A——常数

B——常数

用线性回归方法或作图法求得 r_F^* 和 B 或 r_F^*、A 和 t_0。求得 r_F^* 和 B（或 A 和 t_0）值后，可按式（4 – 9）或式（4 – 10）去估算任意长时间（如 1 年）的污垢热阻值，如图 4 – 10 所示。

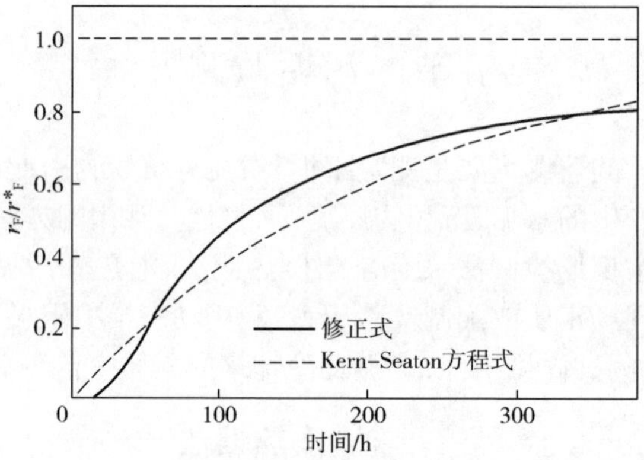

图 4 – 10　Kern – Seaton 方程式及其修正式的轨迹

利用监测换热器来预测或判断冷却水的结垢是最直接且较清楚的办法。将监测换热器中的试验管剖开，然后进行分析测量，用带测微装置的金相显微镜测出垢厚，同时分析垢层的水垢晶体成分和组成。

二、电热式污垢监测法

采用电热式污垢监测仪在线监测冷却水系统中发生的污垢或沉积物的情况。污垢监测仪具有小巧、简便、直读的优点，既可监测冷却水系统中的污垢，又可监测冷却水系统中金属设备的腐蚀；在使用场合方面，既可用于实验室，也可用于现场。

现以一种电热式污垢监测仪为例，介绍电热式污垢监测法。

1. 仪器结构

仪器的结构如图 4－11 所示。

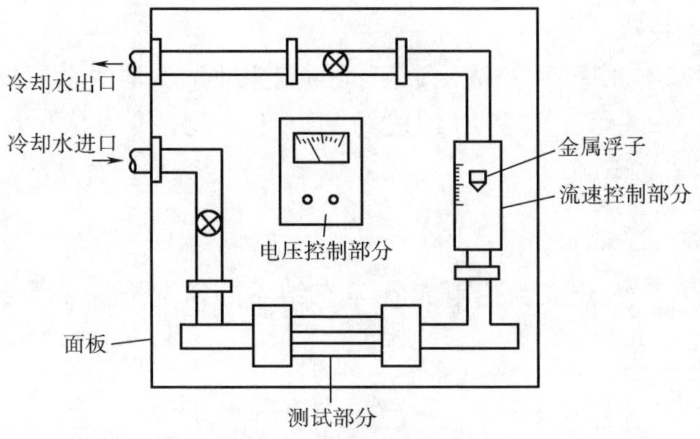

图 4－11　电热式污垢监测仪的结构示意图

电热式污垢监测仪分三部分:电压控制部分、流速控制部分和测试部分。

电压控制部分实质上是一个可控硅调压变压器,带有电压指示,可用手动调节。

冷却水的流速控制部分包括阀门及带控制器的流量指示器。如果冷却水的流量下降到一定值或断水,加热电源就被切断,测试管内的加热电阻停止加热,保护测试管。测试部分由透明的玻璃套管和内部加热的金属测试管组成,冷却水在玻璃套管和测试管之间的空间流过,如图 4－12 所示。

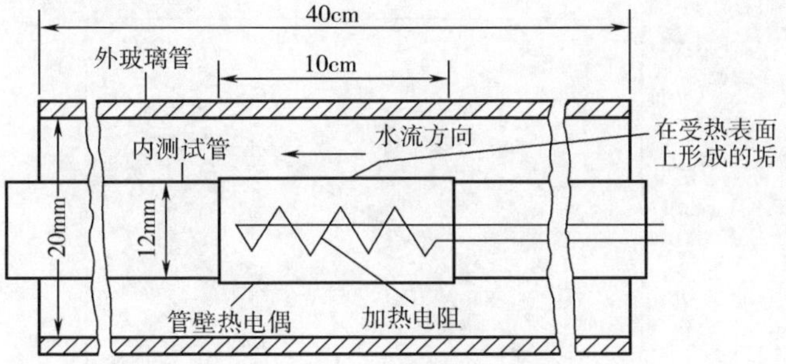

图 4－12　测试部分的结构

测试管为 40cm 长金属管,中间有 10cm 长的加热段,管壁嵌有一支热电偶。测试管的一端封死,另一端有两组导线引出。其中一组为加热丝导线,与调压变压器的输出端连接。另一组为管壁嵌热电偶的导线,与仪表相连接读得壁温,也可与计算机相连接,经计算机直接算出污垢热阻 r_F 值。

将进口和出口水管与冷却水系统相连接,插入表面洁净的测试管,通入冷却水,并调至所要求的流速,调节加热,使测试管的壁温达到要求值。随着污垢的增加,壁温发生变化。由测试管表面处于清洁状态和处于污垢状态时的壁温 T_W、热负荷 Q/F、冷却水的温

度 T_B 和流速 V,可求出污垢热阻 r_F。

2. 测试管管壁热阻的标定

测试管的管壁热阻 r_W($m^2 \cdot K/W$)标定方法为威尔逊(Wilson)曲线图解法,扼要介绍于下。

根据传热学的基本原理,用蒸馏水以不同的流速通过清洁的金属表面,可得到一系列传热系数 K。相对于每一流速,管壁(温度为 T_{WC})和外层流体(温度为 T_B)间的传热系数 K 有如下关系:

$$K = \frac{Q/F}{T_{WC} - T_B} \tag{4-11}$$

传热系数的倒数 $1/K$ 定义为热阻 r,在没有结垢的情况下等于管壁的热阻 r_W 和流体的热阻 r_2 之和:

$$\frac{1}{K} = r = r_W + r_2 \tag{4-12}$$

在恒温情况下,流体的热阻 r_2 反比于流速 V 的 n 次方,式(4-12)变为:

$$r_2 = \frac{1}{K} - r_W = \frac{C}{V^n}$$

$$\frac{1}{K} = r_W + \frac{C}{V^n} \tag{4-13}$$

以 $1/K$ 对 $1/V^n$ 作图可得一直线,其截距[$(C/V^n)=0$ 或 $V^n \to \infty$ 时]即为 r_W,即为 Wilson 曲线。

图 4-13 为一条典型的 Wilson 曲线,通过非线性回归,可由实验数据求得 r_W、C 和 n(通常为 0.8~0.9)。如此,标定好测试管的常数。

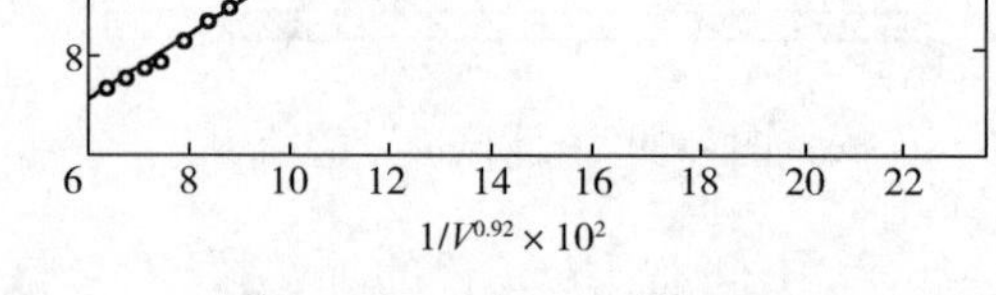

图 4-13　典型的 Wilson 曲线

3. 污垢热阻的测定

当污垢监测仪刚接入冷却水系统时,测试管的金属表面处于清洁状态(下标 C 表示)。分别测定下列参数。

T_{WC}——测试管的金属表面处于清洁状态时的管壁温度,K

T_{BC}——测试管的金属表面处于清洁状态时冷却水的水体温度,K

$(Q/F)_C$——测试管表面清洁时的热负荷，W/m²

V_C——测试管表面处于清洁状态时冷却水流速，m/s

监测开始后，测试管表面逐渐积累污垢，测试管处于污垢状态（下标 F 表示）。分别测定下列参数：

T_{WF}——测试管表面处于污垢时的管壁温度，K

T_{BF}——测试管表面处于污垢时冷却水的水体温度，K

$(Q/F)_F$——测试管表面处于污垢时的热负荷，W/m²

V_F——测试管表面处于污垢时冷却水的流速，m/s

其中 T_{WC}、T_{BC}和$(Q/F)_C$的物理意义如图 4－14 所示。

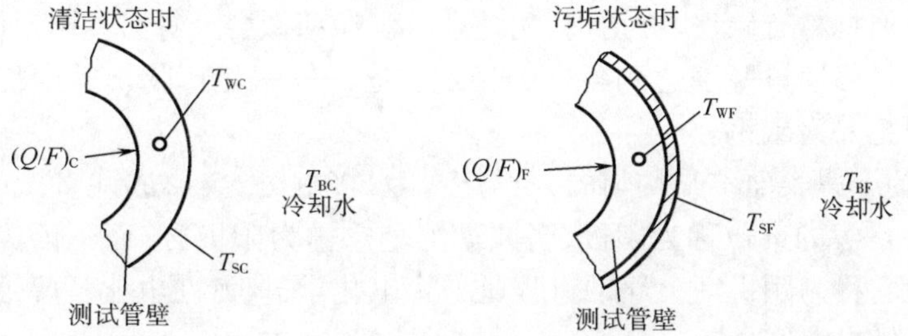

图 4－14　各参数的定义示意图

测试管的污垢热阻 r_F 为：

$$r_F = \frac{T_{WF} - \frac{(Q/F)_F}{(Q/F)_C} \cdot \left(\frac{V_C}{V_F}\right)^n \cdot [T_{WC} - r_W (Q/F)_C - T_{BC}] - T_{BF}}{(Q/F)_F} - r_W \tag{4-14}$$

当$(Q/F)_F \approx (Q/F)_C$和 $V_F \approx V_C$时，式（4－14）简化为：

$$r_F = \frac{(T_{WF} - T_{WC}) + r_W (Q/F)_C + (T_{BC} - T_{BF})}{(Q/F)_F} - r_W \tag{4-15}$$

因此，采用这种电热式污垢监测仪以在线监测方式，可测得循环冷却水系统的污垢热阻，了解沉积物的情况。

第五章　循环冷却水系统的腐蚀及控制

第一节　循环冷却水系统金属腐蚀的机理

循环冷却水系统的腐蚀是指系统中的金属材料在周围液体和气体的作用下，由于化学反应、电化学反应或物理作用而使金属受到破坏或性能恶化的现象。在循环冷却水系统中，常用的金属材料有碳钢、不锈钢、铜合金、铝、钛和钛合金等，这些金属材料在冷却水中是不稳定的，最终通过腐蚀达到各自的稳定状态——氧化产物。其中使用最普遍的金属材料为钢材，主要为碳钢。

由于碳钢的金属表面不是均匀的，当与冷却水接触时，会形成许多微小的微电池（腐蚀电池）。其中活泼的部位称为阳极，腐蚀学上把它称为阳极区；而不活泼的部位称为阴极，腐蚀学上把它称为阴极区。腐蚀过程是一个电化学过程，在电化学腐蚀过程中有电子转移，因而有腐蚀电流产生。

在有溶解氧存在的中性水溶液中，金属腐蚀是一个氧化还原过程。在这个过程中，金属发生氧化反应，氧被还原。由于金属的氧化反应在阳极区域发生，而氧的还原反应在阴极区域发生，因此，金属的腐蚀是一个电化学过程。

一、电化学腐蚀

从导体中形成电流的荷电粒子来看，一般将导体分为两类，一类在电场作用下运动的荷电粒子是电子，这类导体称为电子导体，包括金属导体和半导体，另一类在电场作用下运动的荷电粒子是离子，这类导体称为离子导体，例如，电解质溶液导电就属于这类导体。

当金属浸泡在含有金属离子的溶液中时，金属离子就沉积在金属表面，在金属表面附近形成双电层。金属表面与其附近的溶液之间形成的电位差，称为电极电位。如将不同活泼性的金属片如 Zn 和 Cu，浸泡在 $CuSO_4$ 溶液中，再用导线将两金属片与检流计连接起来，发现检流计上有电流流过，这种由化学能转变成电能的装置称为原电池，如图 5－1 所示。

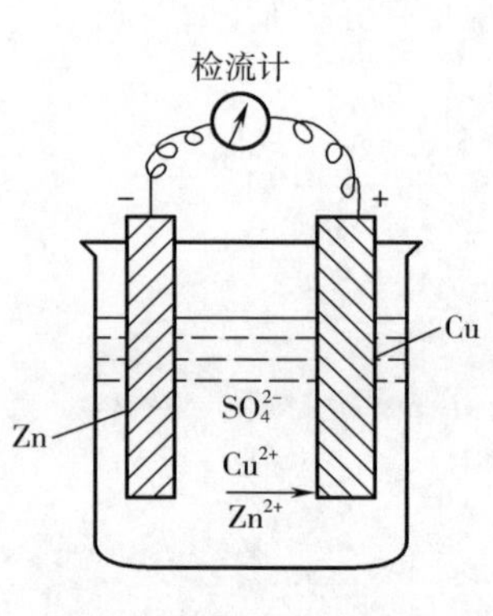

图 5－1　原电池示意图

从外部电路来看，锌片上有电子流出称为负极（用“－”表示），铜片上得电子称为正极（用“＋”表示）。

从内部电路来看，在 $CuSO_4$ 溶液内部有 $Zn \longrightarrow Zn^{2+} + 2e$，称为阳极，阳极发生氧化反应，阳极金属发生溶解。溶液中

Cu^{2+}得到电子转成 Cu 沉积在铜片上，该极称为阴极，阴极发生还原反应。

原电池的电化学过程是由阳极的氧化过程、阴极的还原过程以及电子和离子的运输过程组成，电子和离子的运动构成了原电池的电回路。

二、循环冷却水中金属的腐蚀

1. 金属的不均匀性

由于工业上使用的金属中含有各种杂质，当金属与水溶液接触时，这些杂质则以微电极的形式与金属基体构成了许多短路微电池，若杂质作为微阴极，将加速金属基体的腐蚀，反之，若杂质作为微阳极，则金属基体就会受到保护而减缓腐蚀。另外，在工业上所使用的金属中，例如，钢和铸铁，由于其成分不均匀，存在着第二相碳化物和石墨，在与水溶液相接触时，这些第二相的电位成为无数个微阴极，从而加速了金属基体的腐蚀。此外，还由于金属和合金的晶粒与晶界的电位不完全相同，以晶粒为阴极，以晶界为阳极构成微电池，发生沿晶腐蚀。更重要的是，金属在加工或使用过程中通常产生部分变形或受力不均匀，以及热应力或相变组织的应力等，都会形成微电池。因此，要想使整个金属的物理化学性质、金属各部位所接触的介质的物理化学性质完全相同，从而使金属表面各点的电极电位完全相同是不可能的。

2. 金属腐蚀原电池

循环冷却水中金属的腐蚀实际上是一个腐蚀原电路，不论是何种类型的腐蚀，必须包括：阳极、阴极、电解质溶液和电路四个部分，缺一不可。这四个部分构成了腐蚀原电池工作的基本过程。图 5－2 给出了碳钢在含氧中性水中腐蚀原电池示意图。

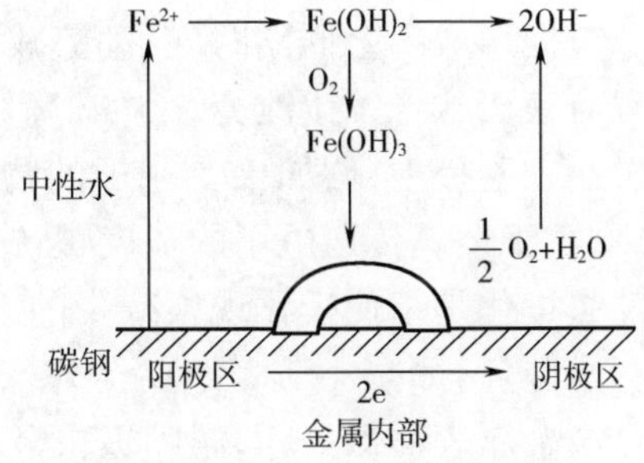

图 5－2　碳钢在含氧中性水中的腐蚀原电池

碳钢的电化学腐蚀包括以下过程：

（1）在阳极区　金属溶解，碳钢氧化生成亚铁离子进入水溶液中，并在碳钢金属基体上留下两个电子。

（2）电子转移　电子通过碳钢金属基体电路从阳极转移到阴极。

（3）阴极过程　水中的溶解氧在阴极区接受从阳极区流过来的两个电子，还原为 OH^-。

这两个电极反应可以表示为：

在阳极区：

$$Fe \longrightarrow Fe^{2+} + 2e \tag{5-1}$$

在阴极区：

$$1/2O_2 + H_2O + 2e \longrightarrow 2OH^- \text{（氧去极化）} \tag{5-2}$$

$$2e + 2H^+ \longrightarrow 2H \longrightarrow H_2 \text{（氢去极化）} \tag{5-3}$$

两个反应在金属表面同时发生，且速度相同，保持着电荷守恒。这种凡能分成两个或更多氧化还原分反应的腐蚀过程，都可以称为电化学反应。

当亚铁离子和氢氧根离子在水中相遇时，就会生成 $Fe(OH)_2$ 沉淀：

$$Fe^{2+} + 2OH^- \longrightarrow Fe(OH)_2 \tag{5-4}$$

这种反应产物又被称作次生过程产物。若溶液呈碱性时，$Fe(OH)_2$ 就会以沉淀的形式析出。若阴极、阳极直接接触，次生物就沉淀在金属表面上形成氢氧化物膜，若这层膜比较致密，则可转化为氧化保护膜覆盖在阳极金属表面上，或者在氢去极化反应中生成的 H_2 均匀而牢固地覆盖在金属表面上，会阻止金属进一步溶解，使金属的腐蚀得以减缓，直至停止，此种作用称为极化。

若水中存在去极化剂，则腐蚀过程可继续进行，例如，水中的溶解氧比较充足，$Fe(OH)_2$ 会进一步氧化，生成黄色的锈 FeOOH 或 $Fe_2O_3 \cdot H_2O$，而不是 $Fe(OH)_2$。如果水中的氧不充足，则 $Fe(OH)_2$ 进一步氧化为绿色的水合四氧化三铁或黑色的无水四氧化三铁。

由以上金属腐蚀机理可知，造成金属腐蚀的是金属的阳极溶解反应。因此，金属的腐蚀破坏仅出现在腐蚀电池中的阳极区，而腐蚀电池的阴极区是不腐蚀的。

综上所述，腐蚀原电池的原理与一般原电池一样，但在金属腐蚀原电池中，电流不对外做功，而是消耗于腐蚀电池内部阴极的还原反应中，其工作的直接结果是加速了金属的腐蚀。

3. 极化与去极化

电池形成闭合回路时，电动势减小的现象称为极化，极化能使腐蚀现象减少。一般阳极只有表面状态发生改变，例如，腐蚀产物在金属表面堆积形成保护膜才能造成阳极极化。而在阴极上，假如接受电子的物质不能迅速地扩散，或阴极反应产物不能很快地排走，则由于金属传送电子的速度很快，由阳极传送来的电子就会堆积起来，产生阴极极化。

去极化是指使极化现象减少的现象。去极化会促进腐蚀，去极化的物质称为去极化剂。水中含有的 O_2、Fe^{3+}、Cu^{2+}、H^+、NO_3^- 都是去极化剂，会促进腐蚀。还有 Cl^- 可破坏某些合金金属表面保护膜，属阳极去极化剂。

4. 共轭反应和共轭体系

孤立的金属腐蚀时，在金属表面上同时以相等速度进行着一个阳极反应和一个阴极反应的现象，称为电极反应的耦合，互相耦合的反应称为共轭反应，而相应的腐蚀体系则称为共轭体系。在共轭体系中，总的阳极反应速度与总的阴极反应速度相等。此时，阳极反应释放出的电子恰好为阴极反应所消耗，金属表面没有电荷的积累，故电极电位也不随时间而变化。

从以上的讨论中可以看到，在腐蚀控制中，只要控制腐蚀过程中的阳极反应和阴极反应两者中的任意一个电极反应的速度，则另一个电极反应的速度也会随之而受到控制，从而使整个腐蚀过程的速度受到控制。

三、伊文思极化图

从理论上讨论腐蚀问题和现象时常用到伊文思（Evans）极化图，简介如下。

1. 极化曲线

表示电极电位与极化电流密度或极化电流强度之间关系的曲线称为极化曲线。当电极进行阳极极化时的极化曲线称为阳极极化曲线；当电极进行阴极极化时的极化曲线称为阴极极化曲线。

2. 伊文思(Evans)极化图

如果只考虑腐蚀过程中阴极极化和阳极极化性能的相对大小，不考虑电位随电流变化的细节，可简单将极化曲线表示为直线的形式，并用电流强度代替电流密度作横坐标，这样简化得到的腐蚀极化曲线就称为伊文思极化图，利用伊文思极化曲线可判断电极的极化程度及特征，如图5－3所示。

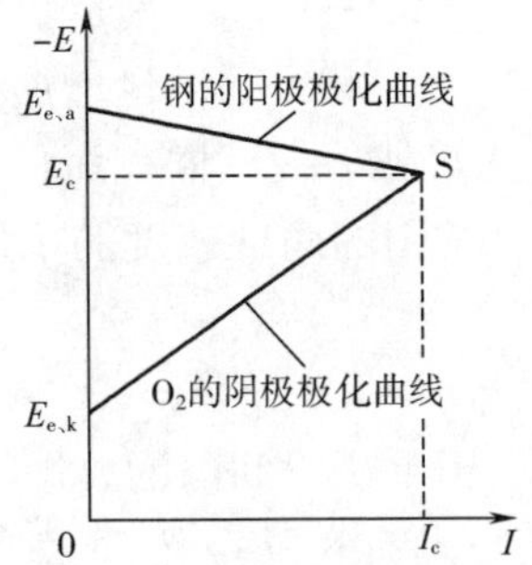

图5－3　伊文思极化图

图5－3中的纵坐标代表电极电位E，上端电位为负，下端电位为正，故上端用$-E$标出；横坐标表示电流I。现以碳钢的腐蚀为例，讨论伊文思极化过程。

图中的$E_{e,a}-S$线是Fe的阳极极化曲线，代表Fe在阳极溶解$Fe \longrightarrow Fe^{2+}+2e$时碳钢的电极电位随其电流强度变化的情况。当电流强度趋于零时，它处于Fe的平衡电位$E_{e,a}$。随着Fe的阳极溶解的电流强度的增加，电极电位逐渐向正的方向移动。

图5－3中的$E_{e,k}-S$线是水中溶解氧的阴极极化曲线，代表O_2在碳钢电极表面进行阴极还原反应$1/2O_2+H_2O+2e \longrightarrow 2OH^-$时$O_2$的阴极还原电位随电流强度变化的情况。当电流强度趋于零时，它处于O_2的平衡电位$E_{e,k}$。随着电流强度的增加，氧的阴极还原电位逐渐向负的方向移动。

由于孤立金属的腐蚀过程中发生的阳极反应和阴极反应是一对共轭反应，其阳极反应的速度应等于其阴极反应的速度，即阳极区的极化电流强度I_a等于阴极区的极化电流强度I_k，故此时钢的阳极极化曲线与氧的阴极极化曲线两者相交于S点。S点的电位即为该金属的腐蚀电位E_c，S点的电流强度即为该金属的腐蚀电流强度I_c。在腐蚀电位E_c时，有：

$$I_a=I_k=I_c \qquad (5-5)$$

用阳极区的面积A去除I_c，即可得到表征腐蚀速度的腐蚀电流密度i_c。

在理想电极上得到的极化曲线不能直接测量出来，而是在测得实测极化曲线的基础上或根据实验数据的计算或用实测极化曲线外推而绘制出来。在对腐蚀过程的机理及控制因素进行理论分析时，常用理想极化曲线，例如，伊文思极化图就是一种简化的理想极化曲线组成的图，用它来分析、解释腐蚀问题极为方便。

第二节　金属腐蚀速度表示方法及控制指标

腐蚀速度又称为腐蚀率，有多种表示方法和单位。

一、质量表示法

用单位时间单位面积上腐蚀前后试样质量的变化来表示腐蚀速度，也称失重法。

$$V_{重} = \frac{\Delta m}{S \cdot t} \tag{5-6}$$

式中 $V_{重}$——腐蚀速度

Δm——腐蚀前后试样的质量差，当腐蚀后试样质量减小时，称为失重，当腐蚀后试样质量增加称为超重

S——试样表面积

常用的腐蚀速度的单位是 mg/(dm² · d)，简写为 mdd，有时也用 g/(m² · h)表示。

二、深 度 法

用单位时间内的腐蚀深度来表示腐蚀速度。在工程上，腐蚀深度直接影响部件的寿命，更具有实际意义，更适合衡量不同密度的金属的腐蚀程度。

将金属失重腐蚀速度换算为腐蚀深度的公式为：

$$V_{深} = 8.76\frac{V_{重}}{\rho} \tag{5-7}$$

式中 $V_{深}$——以腐蚀深度表示的腐蚀速度，mm/a

$V_{重}$——腐蚀速度，g/(m² · h)

ρ——金属的密度，g/cm²

8.76——单位换算系数

在欧美，也常用密耳/年(mpy)，即毫英寸/年为单位：

$$1\text{mil}(密耳) = 10^{-3}\text{in}(英寸)$$

$$1\text{mpy} = 0.0254\text{mm/a} \tag{5-8}$$

《工业循环冷却水处理设计规范》(GB 50050—2007)中规定：碳钢换热器管壁的腐蚀速度宜小于 0.075mm/a(2.95mpy)；铜、铜合金和不锈钢换热器管壁的腐蚀速度宜小于 0.005mm/a(0.2mpy)。

第三节 冷却水系统金属腐蚀的类型

在淡水冷却水系统中最常见的腐蚀类型可分为全面腐蚀和局部腐蚀两大类。

一、全 面 腐 蚀

全面腐蚀即腐蚀分布在整个金属表面上，可以是均匀的也可以是不均匀的。这种腐蚀中如果知道了腐蚀率和材料的厚度，就可以知道使用期限。金属发生全面腐蚀时，可以把整个电极表面看成是一个阳极，也可以看成是一个阴极，可以近似地把受蚀金属当作一个单电极，阴极和阳极反应同时在电极上产生。所以在全面电化学腐蚀时金属表面上是不能分别测出阴极或阳极的电位值或电位差，而监测的混合电位或腐蚀电位也不能观察到腐蚀电流的方向。

在不通气的纯水系统中，室温时碳钢的腐蚀速度小于 0.04mm/a，这时腐蚀几乎觉察不到，但如果被空气中的氧饱和后，腐蚀率增加得很快。初始腐蚀速度可达约 0.45mm/a，经过几天以后，由于锈层的形成起到了氧扩散势垒的作用，使腐蚀速度下降。当达到稳态

时,腐蚀速度一般恒定在约0.1mm/a,有溶解氧的水由于溶解氧的去极化作用,其腐蚀速度比纯水要大,这类腐蚀是不均匀的全面腐蚀。

二、局部腐蚀

局部腐蚀即腐蚀作用仅局限在一定的区域内进行,这类腐蚀通常危险性大。局部腐蚀电池的特征是阴阳极部位是分离的。可以在金属表面上不同的部位测定其电极电位值,从而判断其阴阳极,也可观察到恒定的腐蚀电流方向,腐蚀产物没有保护作用。大多数局部腐蚀是电化学腐蚀,有些局部腐蚀是电化学因素和机械因素共同造成的。例如,铜管的冲刷腐蚀,使铜管形成马蹄形腐蚀坑。最常见的局部腐蚀大致可归纳为三种类型。

1. 第一种类型

第一种类型是在表面上的液体滞留区或慢流动区域产生的局部腐蚀电池。它的破坏形式主要是点蚀(较深的小孔),腐蚀的部位是在缝隙区,主要有缝隙腐蚀、不锈钢的点蚀、垢下腐蚀、纤维状腐蚀、沉积作用腐蚀等。

(1)孔蚀　孔蚀又称为点蚀,是一种高度局部的腐蚀形态。孔径有大有小,多数情况下比较小。一般孔表面直径小于或等于它的深度,也有些为皿状、碟状浅孔。孔蚀通常发生在表面有钝化膜或有保护膜的金属上。由于金属表面存在缺陷和溶液内存在能破坏钝化膜的活性离子,钝化膜在局部被破坏,破口周围大面积的膜为阴极,因此腐蚀迅速向内发展,形成孔蚀。可用金属材料的最大孔蚀深度与平均腐蚀深度之比来表示孔蚀系数。平均腐蚀深度是根据单位面积试片的失重换算得到的。

①溶解氧造成孔蚀:循环冷却水管道碳钢的孔蚀是一种电化学腐蚀,水中溶解氧是腐蚀的主要原因。铁和氧形成两个电极,组成腐蚀电池。碳钢的电极电位比氧的电极电位低,在碳钢孔蚀中,铁是阳极遭受腐蚀,氧为阴极被还原,在此,溶解氧起阴极去极化作用。此种腐蚀称氧去极化腐蚀,简称氧腐蚀。

碳钢在水中发生孔蚀时,在金属表面会形成许多小型鼓包,直径在1~30mm不等,腐蚀特征为溃疡性腐蚀。鼓包表面的颜色由黄褐色到砖红色不等,次层呈黑色粉末状,都是腐蚀产物。清除这些腐蚀产物后,便出现腐蚀造成的陷坑。

造成这种腐蚀产物的原因是腐蚀产生的阳离子在溶液中与水中某些物质发生反应,此过程称为腐蚀的二次过程,生成的产物称为二次产物,大多腐蚀产物为二次产物。

腐蚀产生的Fe^{2+}在水中进行的二次过程为:

$$Fe^{2+} + 2OH^- \longrightarrow Fe(OH)_2$$

$$4Fe(OH)_2 + 2H_2O + O_2 \longrightarrow 4Fe(OH)_3$$

$$Fe(OH)_2 + 2Fe(OH)_3 \longrightarrow Fe_3O_4 + 4H_2O \qquad (5-9)$$

二次产物主要是由$Fe(OH)_3$和Fe_3O_4组成。由于它们是由不同形态的化合物组成的,因此溃疡腐蚀点上各层腐蚀产物有不同的颜色。腐蚀产物表面层的黄褐色到砖红色是各种形态的氧化铁,次层的黑色粉末是Fe_3O_4。有时在紧靠金属表面处,还有黑色的FeO。

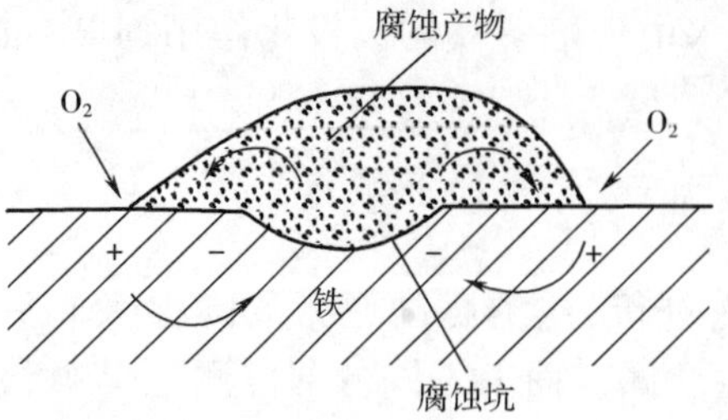

图5－4　溃疡腐蚀

在腐蚀点上产生的二次产物常是疏松的，没有保护性，腐蚀点上会继续腐蚀。这是由于腐蚀产物的阻挡与其周围无腐蚀产物的金属表面形成溶解氧的浓度差，如图5－4所示，即它的周围富氧成为阴极，腐蚀点上缺氧成为阳极，腐蚀将继续进行。

腐蚀产生的Fe^{2+}会通过疏松的二次产物层向外扩散，遇到水中OH^-或O_2，又产生新的二次产物，积累在原有的二次产物层上形成鼓包，鼓包下面腐蚀加深，形成陷坑。

溃疡腐蚀点上的腐蚀产物会被磁铁吸引，这是由于许多腐蚀产物中的Fe_3O_4和$\gamma-Fe_2O_3$能被磁铁吸引。

②游离二氧化碳形成孔蚀：水中含游离CO_2时，水呈微酸性。

$$CO_2 + H_2O \rightleftharpoons H^+ + HCO_3^- \quad (5-10)$$

水中H^+量增多，产生氢去极化腐蚀，此时腐蚀电池中的阴极反应为：

$$2H^+ + 2e \longrightarrow H_2 \quad (5-11)$$

阳极反应为：

$$Fe \longrightarrow Fe^{2+} + 2e \quad (5-12)$$

当CO_2溶于水时，水的pH明显地降低。如1L纯水中溶有1mgCO_2，水的pH由7.0降至5.5左右，所以弱酸引起的腐蚀，维持pH在一个较低的范围内，直到所有的弱酸全部电离完。因弱酸只有部分电离，腐蚀消耗的H^+由弱酸继续电离来补充。

游离CO_2腐蚀受温度影响，温度升高，碳酸电离度增大，腐蚀大大增加。

游离CO_2腐蚀产物是易溶的，在金属表面不易形成保护膜，金属均匀变薄。这种腐蚀不会很快地引起金属的严重损伤，但大量的腐蚀产物带入锅炉内后，会引起锅炉内水质结垢和腐蚀。

③溶解氧和游离CO_2同时形成的孔蚀：在循环水系统中若同时有O_2和CO_2，则腐蚀更严重，如图5－5所示。

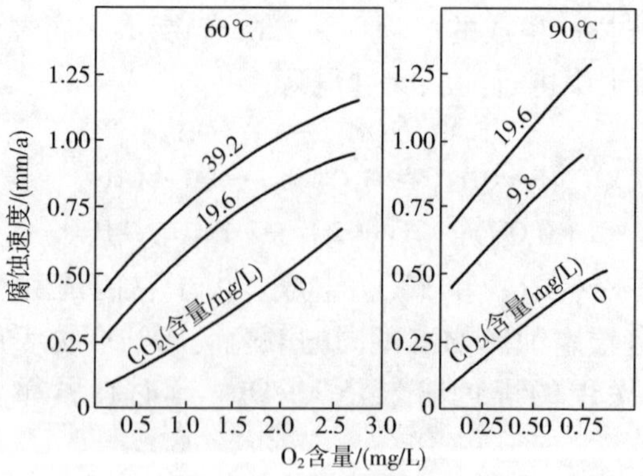

图5－5　O_2和CO_2同时存在时的腐蚀速度

从图 5－5 中可知，O_2、CO_2的浓度和温度升高都会加剧腐蚀。这种腐蚀比较严重，是因为氧的电极电位较高，易形成阴极，腐蚀性强。CO_2使水呈微酸性，破坏保护膜，同时 H^+ 也产生去极化腐蚀，并且随含氧量多少，在金属表面呈或大或小的溃疡状态，而且腐蚀速度很快。黄铜受 O_2和 CO_2腐蚀时，管壁同样均匀变薄，锌和铜同时被溶解，管壁呈现出密集的麻坑，黄铜变脆。这种腐蚀在低于 100℃时，随温度升高而加剧。

(2)缝隙腐蚀　缝隙腐蚀发生在金属缝隙内(如焊缝、铆接缝、垫片或沉积物下面等)，因此称为缝隙腐蚀。破坏形态为沟缝状，严重的可穿透。它是孔蚀的一种特殊形态，它的发生和发展机理与孔蚀类似，缝隙内是缺氧区，成为阳极。

(3)接触腐蚀　接触腐蚀又称电偶腐蚀。接触腐蚀通常在两种不同金属的连接处速率最大，离连接处越远，腐蚀速率越小；在使用半咸水或海水的系统中，腐蚀电偶的阴极面积与阳极面积的比值越大，则造成电偶腐蚀的危害性越大。

循环冷却水系统中，电偶腐蚀是很多的。例如，换热器中黄铜换热管和钢制水室之间发生的电偶腐蚀，被加速腐蚀的是钢制水室，而不是铜管；又如黄铜零件与纯铜管在热水中接触，在此电偶腐蚀中，黄铜腐蚀加速产生脱锌现象。

2. 第二种类型

第二种类型是晶间腐蚀，产生这种腐蚀时，金属的局部区域沿着晶粒间界的边缘出现裂纹或进一步开裂。如果裂纹不是沿着晶界而是横切或穿过晶粒之中则称为穿晶腐蚀。晶间破裂沿晶界进行，而穿晶破裂的扩展则没有明显的择优晶界，这两种腐蚀都会被胀应力加速。例如，不锈钢的热交换器管采用胀管工艺而不能很好地消除胀应力，在高温端产生点蚀后会沿着晶界开裂使整根管子断裂。

(1)晶间腐蚀　晶间腐蚀是从金属表面沿晶界深入内部，外表看不出腐蚀迹象，用金相显微镜观察可看出晶界呈现网状腐蚀，金属严重失去强度和延性，在载荷下发生破裂。

(2)应力腐蚀破裂　应力腐蚀破裂是指拉应力和特定腐蚀介质的共同作用而引起金属或合金的破裂。应力腐蚀破裂的特点是，大部分表面实际上未遭破坏，只有一部分细裂纹穿透金属或合金内部。应力腐蚀破裂能在常用的设计应力范围内发生，因此后果严重。

应力腐蚀破裂的重要变量是温度、溶液成分、金属或合金的成分、应力和金属结构。电厂凝汽器黄铜管拉制后应力未消除时发生的腐蚀就属于应力腐蚀。应力腐蚀破裂的裂纹外貌是脆性机械断裂。

应力腐蚀破裂的方向一般与作用应力的方向垂直，其主要来源有外加应力、残余应力、焊接应力以及腐蚀产物产生的应力等。

(3)腐蚀疲劳　腐蚀疲劳是由交变应力(应力方向周期性变化)和腐蚀的共同作用引起的金属腐蚀破裂。当铁基合金所承受的交变应力低于一定数值时，它可在交变应力无限周期作用下不产生疲劳破裂，这个临界应力值称为疲劳极限。对于其他合金，疲劳极限为在一定数量周期下合金不破裂的最大交变应力。在腐蚀环境中疲劳极限会大大下降，因而有时在不高的交变应力下，金属就很容易发生腐蚀疲劳。

腐蚀疲劳最容易发生在引起孔蚀的环境中，这是由于蚀孔起了应力集中的作用。腐蚀疲劳的外形特征是金属表面有许多深蚀孔，通过蚀孔的裂缝可以有若干条，方向和应力垂直，呈典型的穿晶型，没有分支裂缝，缝边呈现锯齿形。

3. 第三种类型

第三种类型是选择性腐蚀,又称为选择性浸出。选择性腐蚀是从一种固体金属中有选择性地除去其中一种元素的腐蚀。

冷却水系统中最常见的选择性腐蚀是黄铜管的脱锌。普通黄铜含锌约 30% ,铜约 70% 。黄铜脱锌现象很容易发现,因为此时黄铜从原来的黄色变为红色或铜的颜色。

黄铜脱锌一般有两类:一类是均匀型或层型脱锌,另一类是局部型或塞型脱锌。

均匀型脱锌发生于高锌黄铜,且发生在酸性介质中。局部型脱锌多发生于低锌黄铜和中性、碱性或微酸性介质中。对于冷却水,一般是在海水中容易产生均匀型脱锌,在淡水中容易产生局部型脱锌。

黄铜脱锌的机理目前有两种理论。一种认为由于锌比铜活泼,脱锌是黄铜表面层中的锌发生选择性溶解,而铜则仍留在黄铜的表面层中。另一种认为铜和锌一起溶解之后,锌离子留在溶液中,而铜则镀回到黄铜的基体上。

第四节 冷却水中金属腐蚀的影响因素

在循环冷却水系统中,影响金属腐蚀的因素主要如下:

一、水 质

水对钢材受氧腐蚀的影响如图 5 - 6 所示。

含有 Cl^- 和 SO_4^{2-} 等侵蚀性离子的水由于对金属表面氧化膜有破坏作用,因而这种水具有更大的腐蚀性。含有盐类的非纯水,对金属的腐蚀具有电化学腐蚀的性质。纯水或含盐量极低(电导率 <0. 15 ~0. 2μS/cm)的水,电化学腐蚀特性明显减弱。

钙硬度较高的水质或钙硬度虽不高,但浓缩倍数高时,容易产生致密坚硬的 $CaCO_3$ 水垢,对碳钢起保护作用,所以软水的腐蚀性比硬水严重。水中 Cl^-、SO_4^{2-} 和溶解盐类含量高时,会加速金属腐蚀,所以海水的腐蚀性比淡水严重。

二、pH

pH 对金属表面的氧化钝化膜的溶解度和溶解动力学有影响,如图 5 - 7 所示。

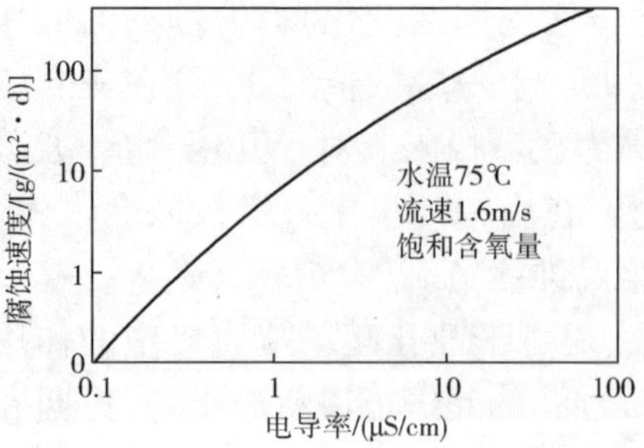

图 5 - 6 水的电导率对钢材受氧腐蚀的影响

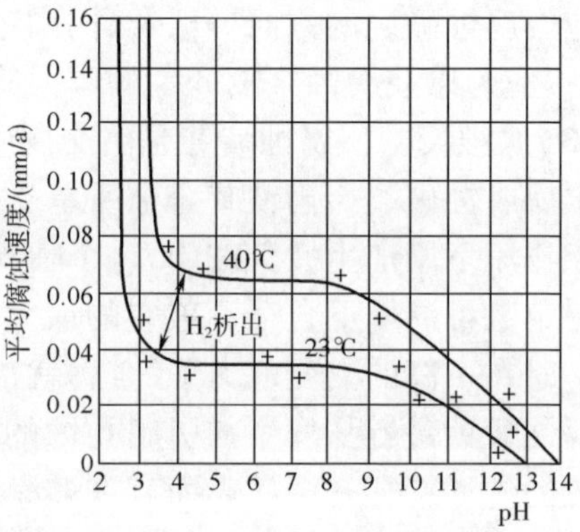

图 5 - 7 pH 和平均腐蚀速度的关系

(1)当 pH 很低时,也就是在含有氧的酸性水中,pH 越低,腐蚀速度越大,这是因为在低 pH 时,铁的腐蚀主要是由 H^+ 充当去极化剂引起的。

(2)当 pH 在中性点附近时,曲线成水平直线状,即腐蚀速度随 pH 的变化很小,这是因为此时发生的主要是氧的去极化腐蚀,水中溶解氧扩散到金属表面的速度才是影响腐蚀过程的主要因素。

(3)当 pH 较高,即 pH >8 时,随着 pH 的增大,腐蚀速度降低,这是因为 OH^- 含量增高时,在铁的表面会形成保护膜。

在 pH 为 8 ~ 10 时,腐蚀率保持稳定,几乎与 pH 无关。这是因为在碳钢表面形成了一层 $\gamma-Fe_2O_3$ 保护膜,当 pH <4.3,H^+ 离子的去极化作用加强,不断从阴极移去电子,促使阳极溶解,腐蚀速度呈直线上升。将循环水的运行 pH 控制在 8.0 以上的处理方式,为碱性水处理,是循环水处理中的一种主要形式。

三、溶　解　氧

O_2 是一种去极化剂,水中溶解氧在金属表面的去极化作用,是金属腐蚀的主要原因。在一般情况下,水中 O_2 含量越多,钢铁的腐蚀越严重。在常温下,脱氧水中碳钢的腐蚀率为 0,随溶解氧量增加,腐蚀率也随之增加,当溶解氧高到一定值(临界点)后,金属表面形成氧化膜,阻碍氧的扩散,腐蚀率下降。临界溶解氧值与 pH 有关。当 pH 分别为 7、8 和 10 时,对应的临界溶解氧浓度分别为 20mg/L、16mg/L 和 6mg/L。在 pH <7 的酸性水中,不存在氧的临界点现象。

在密闭系统中,水的温度越高,腐蚀速度越快,因为温度升高,O_2 的扩散速度加快,水的电阻降低,腐蚀电池的阴阳两极的电极过程加快。

四、水　　温

一定温度(79.3℃)以下,水温升高,腐蚀速度加快,水温升高能加快氧的扩散速度,也加快腐蚀速度。实验表明,温度每升高 15 ~ 30℃,碳钢的腐蚀率就增加一倍。当水温超过 79.3℃时,腐蚀速率最大,以后随水温升高溶解氧量减少,腐蚀速率急剧下降。这是因为水温升高,气体在水中溶解度降低,腐蚀速度也降低。到沸点时,气体在水中溶解度降至 0,溶解气体的腐蚀也降到了最低。因此,水温高的腐蚀速度比水温低的快。

五、流　　速

热力设备的结构会影响介质的流动状况,造成扰动或涡流,而且对氧化保护膜的溶解也有影响。当水的流动从层流状态变为湍流状态时,腐蚀过程将加剧,因为氧气向金属表面的扩散速度增加了,但是,随着流速进一步提高,由于大量氧气的存在而使钢表面钝化,腐蚀速度有可能降低。在介质的高流速冲刷作用下,例如,阀门、节流孔、水泵和汽轮机通流部分等部位,容易造成冲蚀。

流速较低时(<0.3m/s),增大流速可减小边界层厚度,溶解氧及盐类容易扩散到金属表面,冲去表面上的沉积物,使腐蚀加快。流速继续增加(0.3 ~0.9m/s),扩散到表面的氧量足以形成一层氧化膜,起到缓蚀作用。当流速更高时,又会磨损氧化膜,使腐蚀率

又急剧上升。我国《工业循环冷却水处理设计规范》(GB 50050—2007)规定,在敞开式系统间壁换热设备中,管程的冷却水流速不宜小于0.9m/s,壳程流速不应小于0.3m/s。

六、微　生　物

冷却水中滋生的微生物直接参与腐蚀反应。首先,微生物排出铵盐、硝酸盐、有机物、硫化物和碳酸盐等代谢物,改变水质而引起腐蚀。其次,微生物生长繁殖,一般都耗氧而使氧浓度分布不匀;微生物黏泥覆盖下的表面也会缺氧,形成氧的腐蚀电池,发生点蚀。

七、水溶液的氧化还原电位

氧化还原电位可表明介质的氧化性或还原性。金属-水体系的电位-pH图表明,在一定pH下,金属的稳定性与该金属在介质中的电极电位有密切关系。pH或氧化还原电位超出热力学稳定范围,都会造成金属的腐蚀。

八、应　　力

在腐蚀环境中运行的金属由于受到周期性拉伸应力的作用而发生腐蚀疲劳,使金属的稳定性降低,严重时可能使金属部件发生裂纹,甚至断裂。

第五节　冷却水中金属腐蚀的控制

《工业循环冷却水处理设计规范》(GB 50050—2007)中对循环冷却水系统中腐蚀控制指标规定:碳钢换热器管壁的腐蚀速度宜小于0.075mm/a(2.95mpy);铜、铜合金和不锈钢换热器管壁的腐蚀速度宜小于0.005mm/a(0.2mpy)。由此可见,对冷却水系统中金属的腐蚀控制并不是要求金属的腐蚀速度为零,而是要求把金属的腐蚀速度控制在一定范围,保障管道、凝汽器等设备有足够的使用寿命。

控制循环冷却水系统中金属腐蚀的方法较多,常用以下几种:

(1)添加缓蚀剂。

(2)控制冷却水的pH,例如,将冷却水pH控制在8.0~8.5。

(3)选用耐蚀材料的换热器,例如,凝汽器采取白铜管或钛管。

(4)用防腐涂料涂覆,例如,凝汽器端板涂膜。

(5)电化学保护法等。

一、添加缓蚀剂

目前,循环冷却水系统普遍采用添加缓蚀剂控制腐蚀。现场运行经验表明,这种方法成败的关键在于合理选用缓蚀剂。

1. 缓蚀剂和缓蚀率

缓蚀剂是一种抑制金属腐蚀的添加剂。对于一定的金属腐蚀介质体系,只要在腐蚀介质中加入少量的缓蚀剂,就能有效地降低该金属的腐蚀速度。缓蚀剂的使用浓度一般很低,故添加缓蚀剂后腐蚀介质的基本性质不发生变化。缓蚀剂的使用不需要特殊的附加设备，也不需要改变金属设备或构件的材质或进行表面处理。因此，是一种经济效益较高且适应性较强的金属防护措施。

通常用 ε 表示缓蚀剂抑制金属腐蚀的效率（缓蚀率），其定义是：

$$\varepsilon = \frac{v_0 - v}{v_0} \times 100\% \tag{5-13}$$

式中　v——有缓蚀剂时金属的腐蚀速度

v_0——无缓蚀剂（空白）时金属的腐蚀速度

缓蚀率的物理意义是，与空白时相比，添加缓蚀剂后金属腐蚀速度降低的百分率。

2. 缓蚀剂的分类

（1）根据所抑制的电极过程分类　根据所抑制的电极过程，缓蚀剂抑制电极化过程的四种类型如图 5-8 所示。

由于缓蚀剂的用量很少，显然它不会改变金属在介质中的腐蚀倾向，而只能减缓金属的腐蚀速度。金属腐蚀是由一对共轭反应——阳极反应和阴极反应所组成。在腐蚀过程中，如果该缓蚀剂抑制了共轭反应中的阳极反应，使伊文思极化图中的阳极极化曲线的斜率增大，使腐蚀电流从 I_1 减少到 I_2，则是阳极型缓蚀剂[图 5-8(a)]。

如果该缓蚀剂抑制了共轭反应中的阴极反应，使伊文思极化图中的阴极极化曲线的斜率增加，那么它就是阴极型缓蚀剂[图 5-8(b)]；如果该缓蚀剂能同时抑制共轭反应中的阳极反应和阴极反应，使伊文思极化图中的阳极极化曲线和阴极极化曲线的斜率同时增大，那么它就是混合型缓蚀剂[图 5-8(c)]；当然，当阳极极化的同时也可能导致阴极去极化的加强，使腐蚀电流增加到 I_3[图 5-8(d)]，从而加剧腐蚀。

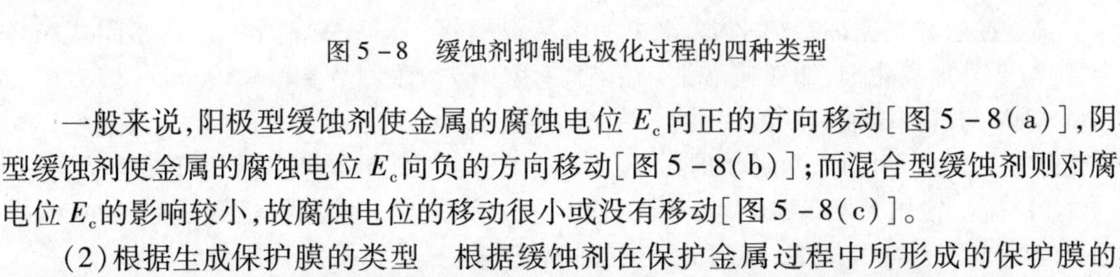

图 5-8　缓蚀剂抑制电极化过程的四种类型

一般来说，阳极型缓蚀剂使金属的腐蚀电位 E_c 向正的方向移动[图 5-8(a)]，阴极型缓蚀剂使金属的腐蚀电位 E_c 向负的方向移动[图 5-8(b)]；而混合型缓蚀剂则对腐蚀电位 E_c 的影响较小，故腐蚀电位的移动很小或没有移动[图 5-8(c)]。

（2）根据生成保护膜的类型　根据缓蚀剂在保护金属过程中所形成的保护膜的类型，缓蚀剂可以分为氧化膜型缓蚀剂、沉淀膜型缓蚀剂和吸附膜型缓蚀剂。

氧化膜型缓蚀剂的典型例子是铬酸盐和亚硝酸盐。铬酸盐可以使钢铁表面氧化，生成主要成分为 $\gamma-Fe_2O_3$ 的保护膜，厚度通常为几十埃（$1Å = 10^{-10}m$），从而抑制钢铁的腐蚀，由于它们具有钝化作用，能使钢铁钝化，故又称为钝化剂。

沉淀膜型缓蚀剂的典型例子是硫酸锌和碳酸氢钙等，它们能与介质中的有关离子反应,并在金属表面上形成防腐蚀的沉淀膜。沉淀膜的厚度一般都比钝化膜厚,为几百到1千埃,且其致密性和附着力比钝化膜差,所以保护效果比氧化膜要差一些。

吸附膜型缓蚀剂的例子有硫脲和乌洛托品等,它们能吸附在金属表面,形成一层屏蔽层或阻挡层,抑制金属的腐蚀。吸附膜的厚度是分子级的厚度,它比氧化膜更薄。吸附膜型缓蚀剂在酸性溶液中得到广泛的应用。

3. 常用的冷却水缓蚀剂

(1)铬酸盐　常用四水合铬酸钠($Na_2CrO_4 \cdot 4H_2O$),是一种氧化性缓蚀剂。铬酸盐能将钢铁表面氧化生成一层连续而致密的含有 $\gamma-Fe_2O_3$ 和 Cr_2O_3 的钝化膜,使钢铁得到保护。与其他氧化性缓蚀剂一样,用药量太少时反而会导致金属的点蚀,所以,用药量必须足够。在敞开式循环冷却水系统中,单独使用铬酸盐的起始浓度为500mg/L以上,维持浓度200~250mg/L。为了降低用量,在实际应用时,铬酸盐通常以较低的剂量与其他缓蚀剂(例如,锌盐、聚磷酸盐、有机磷酸盐等)复配成复合缓蚀剂使用。

铬酸盐的优点是可用于多种材质的保护,例如,钢铁、铜、锌、铝及其合金等,适用的pH为6~11,缓蚀效果好,可将碳钢的腐蚀速度降低至0.0254mm/a(1mpy)。缺点是毒性较大,不利于环境保护,容易被还原而失效。

(2)硅酸盐　作为冷却水缓蚀剂的有硅酸盐,主要是硅酸钠和二氧化硅,即市场上的水玻璃,又名泡花碱。常用 Na_2O 与 SiO_2 之比(称为水玻璃模数)为2.5~3.5的水玻璃。硅酸盐在金属表面上生成的保护膜是多孔性的。当冷却水中硅酸盐浓度低时,金属有形成点蚀的倾向。用硅酸盐作缓蚀剂时,冷却水中必须有氧。在循环冷却水中,硅酸盐的使用浓度(以 SiO_2 计)为40~60mg/L,最低为25mg/L;使用的pH为8.0~9.5。

硅酸盐的优点是:可用于多种材质的保护,例如,钢铁、铝和铜及其合金、铅、镀锌层等,对抑制黄铜脱锌效果较好;适用的pH为6~11;无毒;价格便宜。缺点是成膜慢,从开始加药到形成保护膜作用一般需要3~4周时间,缓蚀效果比铬酸盐和聚磷酸盐差,因为容易产生硅酸镁垢,不适合用于 Mg^{2+} 含量高的系统。

(3)钼酸盐　常用二水合钼酸钠($Na_2MoO_4 \cdot 2H_2O$)。由于铬酸盐毒性大,人们很自然地想到在元素周期表中ⅥB族寻找替代元素,并成功地开发出了钼酸盐缓蚀剂。

钼酸盐是一种氧化性较弱的缓蚀剂,需要其他氧化剂帮助在金属表面产生一层氧化性保护膜。在敞开式循环冷却水中,水中的溶解氧提供了丰富的氧化剂。在密闭式循环水中,则需要外加氧化剂,如亚硝酸钠。单独使用钼酸盐浓度为400~500mg/L。为了降低用量,通常与其他缓蚀剂复配使用。

钼酸盐的优点是低毒、对环境的污染小。缺点是缓蚀效果不如铬酸盐,价格较贵。

(4)锌盐　常用七水硫酸锌($ZnSO_4 \cdot 7H_2O$)。锌盐是一种阴极性缓蚀剂,能在阴极区迅速地生成 $Zn(OH)_2$ 沉淀,抑制金属腐蚀的阴极反应。

锌盐的优点是能迅速生成保护膜;成本低。缺点是单独使用时的缓蚀效果不太好,常需要与其他缓蚀剂联合使用;对水生物有毒。在 $pH>8.0$ 时,Zn^{2+} 易在水中而不是在金属表面生成 $Zn(OH)_2$,失去缓蚀作用,需要与稳锌剂一起使用。

(5)巯基苯并噻唑　巯基苯并噻唑简称MBT,是铜及其合金的特效缓蚀剂。在冷却水系统中,少量(如2mg/L)的MBT就可以使铜及其合金的腐蚀速度降得很低。

MBT 的优点是对控制铜和铜合金的腐蚀特别有效，用量少。缺点是耐氧化能力差，实验结果表明：在 20℃和余氯量 1mg/L 条件下，仅经过 6h 的氧化时间，就分解了 86%。因为 MBT 的氧化产物为二硫化物，故该缓蚀剂被氧化后失去缓蚀作用。

（6）苯并三唑　苯并三唑简称 BTA，是另一种铜及其合金的特效缓蚀剂。BTA 耐氯氧能力比 MBT 强，实验结果表明：在 60℃和余氯量 8mg/L 条件下，经过 48h 的氧化时间，分解率只有 18% 左右。

另外，前述的一些阻垢剂，如磷酸盐、聚磷酸盐（三聚磷酸钠、六偏磷酸钠）、有机多元膦酸（ATMP、HEDP、EDTMP）等，除了具有阻垢作用外，还具有缓蚀作用。

（7）复合型缓蚀剂　目前，在敞开式和密闭式循环水系统中使用的缓蚀剂大多是复合型缓蚀剂，与单一缓蚀剂相比，采用复合型缓蚀剂具有总投加量少、缓蚀效果好，同时兼有阻垢作用等优点，获得了广泛的应用，表 5－1 给出了常见的缓蚀阻垢剂复合配方。

表 5－1　　常见的缓蚀阻垢剂复合配方

序号	配方	加药量/（mg/L）	pH	备注
1	铬酸盐＋聚磷酸盐	40～60	7.0～7.5	对各种水质适用性强，缓蚀效果好，对碳钢、铜及合金、铝都有缓蚀效果
2	铬酸盐＋聚磷酸盐＋锌	10～15	6.0～7.0	对各种水质实用性强，金属保护膜形成快，缓蚀效果好
3	聚磷酸盐＋锌		7.0～7.5	金属保护膜形成快，且较牢固
4	三聚磷酸钠＋EDTMP＋聚丙烯酸钠		7.0～7.5	使用效果稳定，操作方便
5	HEDP＋聚马来酸		不调节	缓蚀阻垢效果好，加药量少，成本低，药剂稳定，药剂停留时间长，无药剂引发的霉菌问题
6	钼酸盐＋葡萄酸盐＋锌盐＋聚丙烯酸盐		8.0～8.5	对不同水质实用性强，有较好的缓蚀阻垢效果，耐热性好，要求 $Cl^- + SO_4^{2-} < 400mg/L$
7	硅酸钠＋聚丙烯酸钠		不调节	减少对环境的污染，价格低
8	钼酸盐＋聚丙烯酸盐＋苯并三唑		不调节	对不同水质实用性强，操作简便

二、选用耐蚀材料

在条件允许的情况下，设计时可优先选择耐微生物腐蚀的金属材料。常用金属材料耐微生物腐蚀的优劣顺序大致如下：钛＞不锈钢＞黄铜＞纯铜＞碳钢。

随着材料科学的发展，近年来开发出一系列新型耐蚀材料换热器，其中有钛和钛合金换热器、254SMO 全奥氏体不锈钢换热器、铝镁合金换热器、聚丙烯换热器、微晶搪瓷换热器和氟塑料换热器等。这些新型换热器的出现，使系统可以在较为苛刻的条件下工作，例如，钛和钛合金换热器是用海水冷却的凝汽器较为理想的冷却设备，这些新型耐蚀换热器较成功地解决了换热管束冷却水一侧（如用海水作冷却水时）的腐蚀。

三、电化学保护

由电化学原理可知，在腐蚀电池中受到腐蚀的是阳极而不是阴极。阴极保护就是利用这一原理，将被保护的设备做成一个电池中的阴极，这样该设备就受到保护。阴极保护有两种方法：

1. 外部电源法

将需要保护的碳钢设备接到直流电源的负极上，并在正极上再接一个辅助阳极，如石墨/炭精等，设备在外加电流作用下转成阴极而受到保护，防止凝汽器被腐蚀。

2. 牺牲阳极法

在凝汽器水室内安装一块电位低于被保护体的金属（如锌板），与需要保护的碳钢设备连接，使碳钢设备整个成为阴极而受到保护。这样，此金属本身成为阳极，被保护的凝汽器变成阴极。所以，受蚀的是此阳极，故称为牺牲阳极法。

表5-2给出了各种凝汽器材料所需的阴极保护电流密度。

表5-2　各种凝汽器材料所需的阴极保护电流密度

凝汽器材料			电流密度/(A/m^2)	冷却水含盐量/(mg/L)
水室	管板	管子		
碳钢	铝青铜	90-10Cu-Ni	0.54	1000
铸铁	40-60Zn-Cu	不锈钢	1.08	35000
环氧涂覆的碳钢	环氧涂覆的碳钢	钛	0.75	35000
碳钢	40-60Zn-Cu	铝黄铜	0.65	1000
碳钢	40-60Zn-Cu	90-10Cu-Ni	0.65	1000
碳钢	40-60Zn-Cu	铝黄铜	2.15	30000

表5-3给出了几种金属和合金的阴极保护电位。

表5-3　几种金属和合金的阴极保护电位

金属或合金		参比电极/V		
		$Cu/CuSO_4$	Ag/AgCl	Zn
铁和钢	含氧环境	-0.85	-0.80	0.25
	缺氧环境	-0.95	0.90	0.15
铜合金		-0.5~-0.65	-0.45~-0.60	0.6~0.45
铝及铝合金		-0.95~-1.20	-0.90~-1.15	0.15~-0.10
铅		-0.60	-0.55	0.50

四、防腐涂料覆盖法

这种方法是在碳钢换热器的传热表面涂上防腐涂料，形成一层连续的牢固附着的薄膜，使金属与冷却水隔绝，避免受到腐蚀。涂料的品种很多，与一般的金属防腐涂料相比，冷却水防腐涂料应满足以下要求。

(1)有良好的屏蔽性和化学稳定性。由于冷却水防腐涂料长期浸泡在水中，要求在冷却水中的化学性能稳定，能够阻止水分子、溶解氧和其他腐蚀性物质透过涂层与碳钢基体接触而发生腐蚀。

(2)与基体金属有良好的结合力，不易脱落。

(3)涂覆后不应显著地降低换热器的换热效率。

(4)能防止微生物的附着和微生物的破坏。

(5)能耐受较高的温度而不被破坏。

五、提高循环冷却水运行 pH

由金属腐蚀的理论可知，随着溶液 pH 的增加，水中氢离子浓度降低，碱度增大，金属腐蚀过程中氢离子去极化的阴极反应受到抑制，碳钢表面生成氧化性保护膜($\gamma-Fe_2O_3$)的倾向增大，故冷却水对碳钢的腐蚀速度随水的 pH 升高而降低。

金属材料腐蚀的电位 - pH 图，主要是 $Fe-H_2O$、$Cu-H_2O$ 体系的电位 - pH 图，简化形式如图 5 - 9 和图 5 - 10 所示。

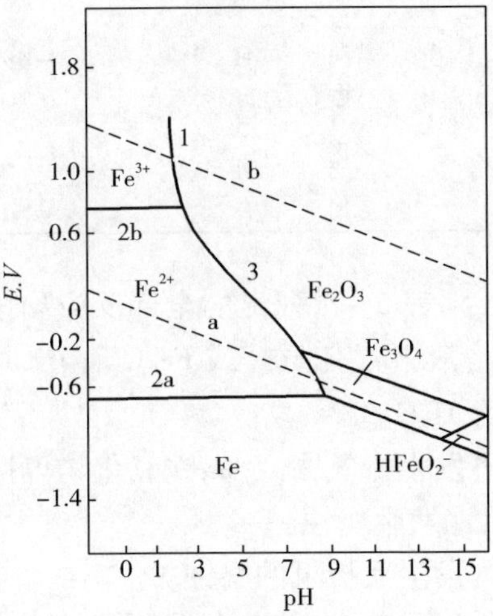

图 5 - 9　$Fe-H_2O$ 体系电位 - pH 图(25℃)

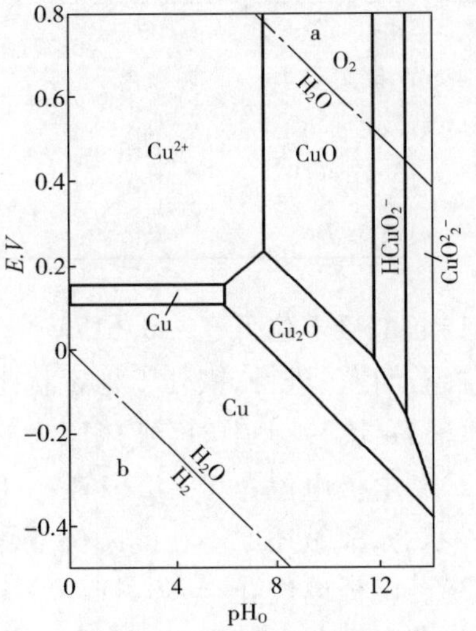

图 5 - 10　$Cu-H_2O$ 体系电位 - pH 图

在电位 - pH 图上都有 a 和 b 两条虚线，其中 a 线相当于平衡氢电极，其电极反应为：

$$H_2 \longrightarrow 2H^+ + 2e \tag{5-14}$$

在 25℃的电极反应平衡方程式是：

$$E = 0.000 - 0.0592\text{pH} - 0.0296P_{H_2} \tag{5-15}$$

式中　P_{H_2}——H_2的分压

b 线相当于平衡氧电极，其电极反应为：

$$2H_2O \rightleftharpoons O_2 + 4H^+ + 4e \tag{5-16}$$

在 25℃ 的电极反应平衡方程式是：

$$E = 1.229 - 0.0592\text{pH} - 0.0148P_{O_2} \tag{5-17}$$

式中　P_{O_2}——O_2的分压

在电位 - pH 图上，虚线 b 上面的区域是氧的稳定区；在虚线 a 下面的区域是氢的稳定区；在虚线 a 和虚线 b 之间的区域是 H_2O 的稳定区。

在电位 - pH 图上大致有三种类型的线：

①与 pH 坐标平行的线，代表与 pH 无关而仅与电极电位有关的平衡状态。

②与 pH 坐标垂直的线，代表与电极电位无关而仅与 pH 有关。

③斜线，代表与电极电位和 pH 都有关的平衡状态。

在各线的上方，氧化态是物质的稳定态；下方则还原态是物质的稳定态。电化学反应方向与金属在溶液中的电极电位有密切关系，归纳见表 5 - 4。

表 5 - 4　金属电极电位和电化学反应方向之间的关系

（溶液 pH = 7，$Fe^{2+} = 10^{-6}$mol/L）

编号	电位/V	(Fe/Fe^{2+}) $Fe \rightleftharpoons Fe^{2+} + 2e$	(H_2/H_2O) $H_2 \rightleftharpoons 2H^+ + 2e$	(Fe^{2+}/Fe_2O_3) $2Fe^{2+} + 3H_2O \rightleftharpoons Fe_2O_3 + 6H^+ + 2e$	(H_2O/O_2) $2H_2O \rightleftharpoons O_2 + 4H^+ + 4e$
1	$E < -0.617$	还原	还原	还原	还原
2	$-0.617 < E < -0.414$	氧化	还原	还原	还原
3	$-0.414 < E < -0.159$	氧化	氧化	还原	还原
4	$-0.159 < E < 0.815$	氧化	氧化	氧化	还原
5	$0.815 < E$	氧化	氧化	氧化	氧化

（1）若电极电位低于 -0.617V（氢标准电极）　则表 5 - 4 列出的全部反应均按还原方向（由右向左）进行，铁处于稳定状态，不受腐蚀，溶液中若有 Fe^{2+} 或 Fe_2O_3存在，均可还原为原子 Fe 状态，水中 H^+被还原为 H_2，氧被还原为 H_2O。

（2）若电极电位介于 -0.617 ~ -0.414V　Fe 可发生析氢腐蚀，高铁氧化物可溶解形成 Fe^{2+}状态，氧被还原。在此条件下，金属铁可自然地发生腐蚀。

（3）若电极电位介于 -0.417 ~ -0.159V　Fe 可发生无析氢的腐蚀。

（4）若电极电位高于 -0.159V　铁可被高铁氧化物覆盖。当高铁氧化物与铁表面结合牢固，而且是致密无孔隙时，该层氧化膜将会使铁表面与溶液完全隔绝，则金属因钝化而受到保护。若氧化物与金属表面结合不牢固或有孔隙，则铁表面有发生局部腐蚀的危险。

（5）电极电位高于 0.8V　发生特别强的氧化作用，在此情况下，水可氧化成氧。

根据 $Fe - H_2O$ 体系电位 - pH 图，pH > 8.0 时，氧使铁的表面生成一层钝化膜，铁的腐蚀电位升高进入钝化区内，铁将得到保护，对控制冷却水中钢铁的腐蚀是十分有利的。

第六节　冷却水系统的腐蚀测试

进行腐蚀测试是为了了解腐蚀的形式、腐蚀的规律等。通常进行腐蚀测试应达到以下几个目的:探讨腐蚀机理和防腐方法,最佳防腐工艺条件的选择,金属被破坏的原因分析,合理进行选材和材料的质量检查。

一、测试方法分类

一般腐蚀测试分成两类:实验室控制条件测试和生产现场测试。

实验室控制条件测试有两种情况:一种是完全模拟生产装置的实际操作条件,利用模拟设备进行较长时间的测试;另一种是把对腐蚀有影响的因素如介质浓度、化学组分、温度、流速等加以改变,使之强化而加速腐蚀,称为强化测试。第二种情况可以减少测试时间,在短时间内可得出规律,例如,水质稳定测试可以模拟当地的水质。这种测试的优点是排除了生产过程中其他因素、工艺或操作污染所产生的干扰,使测试工作有针对性、测试结果有重现性。重现性在腐蚀测试中是非常重要的因素,例如,得到重现性的结果,任何测试结果上的差异都可真实地反映被测试体系腐蚀程度上的差异。

常用的实验室测试方法有挂片失重法、旋转试片法、模拟装置实验法等。实验室控制条件测试详见第九章“循环冷却水的实验室监测”。

然而,实验室的模拟测试和实际操作情况总是存在着一定的差异。例如,对实验所用水质而言,模拟实验也只是选择几种主要危害性离子加以控制,对于其他微量杂质或偶尔出现的污染就无法模拟,而现场测试可以更全面地了解腐蚀的变化规律。

二、生产现场测试

生产现场腐蚀监测方法有挂片法、旁路试验管法、线性极化法和监测换热器法。其中以挂片法使用最为广泛。

最简单的方法是在进入冷却塔前装一个引流管,在一个适当的容器内悬挂挂片进行现场检测。这种方法较简单,但是没有传热面,流动状态不易达到现场情况。正确的方法是加旁路测试装置,在测试装置中放入挂片,定期检测。旁路测试装置可以是闭合回路,也可以是敞开回路。挂片装置旁路管应当安装在垂直管线上,防止挂片周围有沉淀物积聚或空气,另外用浮子流量计控制流速,使之更接近生产实际。

1. 挂片法

挂片法是冷却水系统中最简便、经济、使用最广泛和最经典的腐蚀监测方法。可以测定腐蚀速度、蚀孔密度、蚀孔深度,并了解腐蚀形态。

(1)挂片的材质和规格　腐蚀挂片的材质应与所监测的换热器管子的材质相同。若冷却水系统中有几种不同材质的换热器,则应同时采用相应的几种材质的挂片。

标准腐蚀挂片有两种:Ⅰ型和Ⅱ型,尺寸如图5－11所示。

为了消除边界效应的影响,减少暴露的端面以减少实验的误差,故要求挂片单位质量的表面积要大,边缘面积比较小,即要求薄形挂片。Ⅰ型挂片的边缘效应比Ⅱ型小。

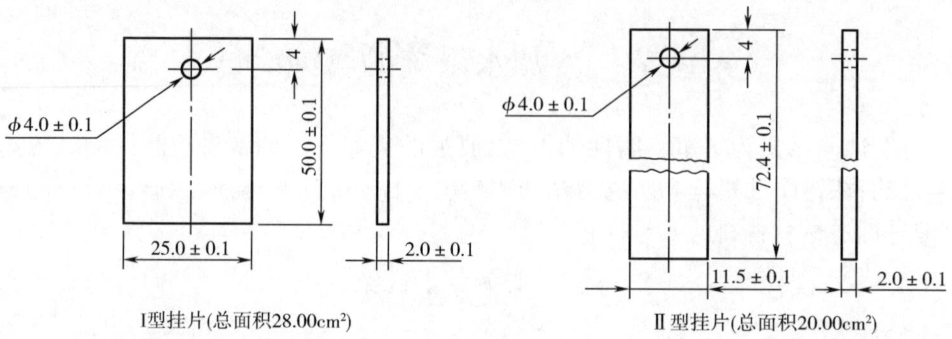

图 5－11　腐蚀挂片的规格

冷却水处理中监测时使用的标准腐蚀挂片通常由专门的工厂生产、加工成规定光洁度及尺寸的挂片，打上数码编号。

使用时可按以下步骤进行操作：

①启封后用不锈钢镊子把挂片取出放在滤纸上。

②在盛有蒸馏水的小搪瓷盆中，用脱脂棉擦洗一遍，再用蒸馏水冲洗 15s。

③立即置于盛有化学纯无水乙醇的小搪瓷盆中，用脱脂棉擦洗两遍。

④将挂片放在干净滤纸上，用冷风吹干。

⑤用滤纸将挂片包好，放在干燥器中，24h 后称重待用。

最好同时使用经预处理（即经清洗和预膜）和未经预处理（即未经清洗和预膜）的两种挂片。挂片的预处理条件应尽可能与所监测的冷却设备（换热器）的预处理条件接近。

（2）挂片的安装　挂片应安装在所监测的换热器的回水管线上，可固定在直径为 60mm 的有机玻璃管内，有机玻璃管应连接在旁路管上，直接观察挂片的腐蚀情况，逐日进行记录。挂片也可放在特制的冷却水槽中，置于泵房内，连接在循环冷却水的回水管路中。

挂片在冷却水系统中的安装情况如图 5－12 所示。

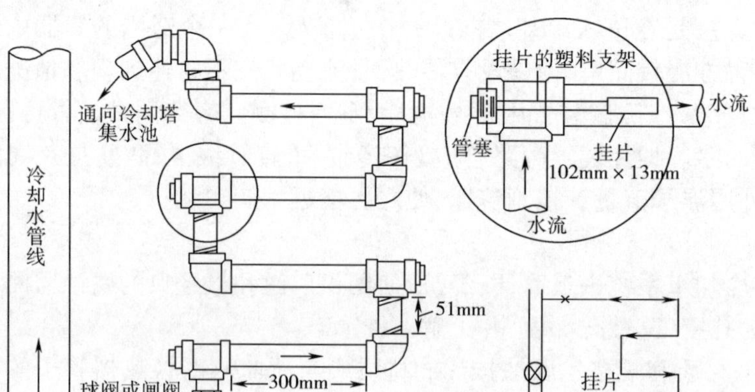

图 5－12　腐蚀挂片安装方法

挂片固定在带有螺纹塞子的塑料架上，便于取出观察、称重和更换。挂片的两侧都可以与流动的冷却水接触，较接近于换热器中冷却水流动的实际情况。

如果同时使用经预处理的和未经预处理的两种挂片，挂片应该安装两对，两种挂片要交替安装，使冷却水先流过经预处理的挂片。以保证未经处理的挂片能暴露于同样的缓蚀剂浓度中。

(3)监测时间　试片的监测时间一般为 30～90d。长年观察时，每次放 12 个或 24 个挂片，每月取出 1 或 2 片，分别测定腐蚀速度，绘出腐蚀速度－时间曲线。

(4)监测内容　挂片法监测的内容包括：外观检查、腐蚀速度测定和对孔蚀的监测。

①外观检查：观察并记录腐蚀产物的颜色、形态、分布情况等。除去腐蚀产物，经清洗、干燥后，称重精确到 0.1mg。

去除腐蚀产物用酸洗方法：对低碳钢用 15% HCl + 0.5% 缓蚀剂常温下浸泡 15s；对不锈钢用 15% HNO_3，常温下浸泡 5min；对铜及铜合金用 10% H_2SO_4，常温下浸泡 5min；对铝及铝合金用重铬酸钾 20g + 磷酸 28mL 于 1L 水中浸泡 30s。

根据挂片的腐蚀情况、冷却水系统的运行条件、金属的材质、所使用的水质稳定剂的特性等因素，确定腐蚀形态，分析产生腐蚀的原因。

②腐蚀速度的测定：由挂片的总表面积、金属的密度、实验时间、挂片的失重，按计算式(5－18)算出金属的腐蚀速度：

$$v = 87.6\Delta W/(S \cdot \rho \cdot t) \tag{5-18}$$

式中　ΔW——挂片的失重，mg

S——挂片的总表面积，cm^2

ρ——金属的密度，g/cm^3（碳钢 7.85，不锈钢 7.92，黄铜 8.50，铝 2.70）

t——实验时间，h

③对孔蚀的监测：测定蚀孔深度和蚀孔密度。蚀孔密度是指单位面积上的蚀孔数，而蚀孔深度以挂片上出现的蚀孔最大深度来表示，可用孔深仪、金属切削法、金相显微镜或 X 光电子能谱仪测量。

(5)挂片法的优点和局限性　挂片法的优点是所需设备简单、费用低、操作容易、结果直观；可同时监测腐蚀速度、蚀孔深度和蚀孔密度，观察腐蚀形态，有助于找出产生腐蚀的原因。

挂片法的局限性是挂片不是一个传热面，而传热面上的腐蚀速度不同于挂片的腐蚀速度；监测周期较长，不易发现冷却水系统中瞬间出现的急剧变化。

2. 试验管法

试验管法是以金属试验管代替腐蚀挂片进行监测的一种方法，可以使监测的条件与冷却水在换热器管子中流动的条件更接近。试验管的尺寸一般为($\phi 10 \times 150$)mm，长300～500mm。安装前对试验管的处理与对挂片的处理相同。具体装置如图 5－13 所示。

试验管法虽在某种程度上模拟了冷却水在换热器内管子中流动的条件，但暴露在冷却水中的表面仍然不是传热面。

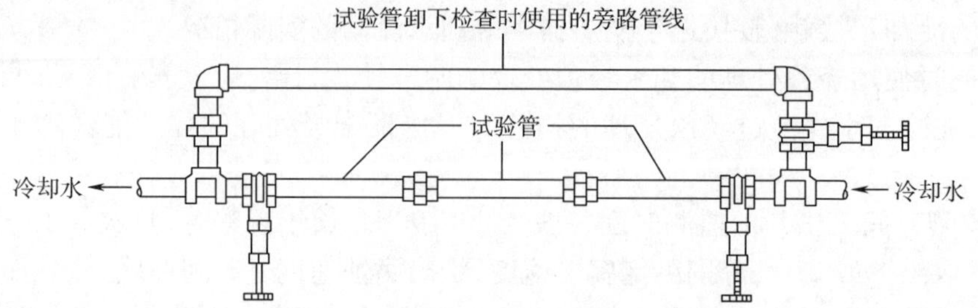

图 5-13　试验管的安装

3. 线性极化法

线性极化法又称为极化电阻法,在冷却水系统的腐蚀监测中得到广泛使用。

(1)原理　金属电极从自然腐蚀电位 E_{corr} 被极化到极化电位 E 时的电位变化 ΔE 与流过该电极的外测电流密度 Δi 的比值,称为极化电阻 R_P。

$$R_P = \left(\frac{\Delta E}{\Delta i}\right)_{\Delta E \to 0} \tag{5-19}$$

对于处于自然腐蚀电位下正在腐蚀着的金属电极,根据混合电位理论,可以推导出 Stern - Geary 关系式:

$$R_P = \left(\frac{\Delta E}{\Delta i}\right)_{\Delta E \to 0} = \frac{b_a b_c}{2.3(b_a + b_c)} \cdot \frac{1}{i_{corr}} \tag{5-20}$$

式中　R_P——极化电阻,$\Omega \cdot cm^2$

ΔE——电位变化,即 $E - E_{corr}$,V

ΔI——外测电流密度,A/cm^2

i_{corr}——E_{corr} 下的腐蚀电流密度,A/cm^2

b_a 和 b_c——阳极极化曲线和阴极极化曲线的塔菲尔斜率 $\partial E / \partial \lg t$

定义:

$$B = \frac{b_a b_c}{2.3(b_a + b_c)} \tag{5-21}$$

并把它称为极化电阻常数,则可得:

$$\left(\frac{\Delta E}{\Delta i}\right)_{\Delta E \to 0} = R_P = \frac{B}{i_{corr}} \tag{5-22}$$

或:

$$i_{corr} = B / R_P \tag{5-23}$$

上式的物理意义是:在一定的条件下,表征金属腐蚀速度的腐蚀电流密度 i_{corr} 反比于其极化电阻 R_P。

由 R_P 即可求出 i_{corr},从而可按下式把 i_{corr} 换算成以腐蚀深度表示的金属腐蚀速度 v_s:

$$v_s = K \frac{A_r}{n\rho} i_{corr} \tag{5-24}$$

式中　A_r——金属的相对原子质量

i_{corr}——腐蚀电流密度,$\mu A/cm^2$

n——腐蚀前后金属原子价的变化

ρ——金属的密度，g/cm^3

K——换算常数，当腐蚀速度单位分别为 mpy、μm/a 和 mm/a 时，K 值分别为 0.129、3.27 和 0.00327

极化电阻常数 B 的数值随金属的材料和腐蚀介质而变化，通常为 10～50mV。B 值可以通过以下两种方法来获得：

①利用在相同条件下测得 R_P 值和失重法测得的腐蚀速度，通过式(5－23)和式(5－24)确定 B 值。

②利用相同条件下的电化学参数－塔菲尔斜率 b_a 和 b_c，代入关系式(5－21)求得。

(2)测量过程　在工作－辅助电极之间施加可变电压(0～10mv)，测定 R_p 值，然后将可变电压反向，再测定 R_p，以两次测量的算术平均值作为测量值；以两次测量之差值 ΔR_p 作为点蚀倾向的半定量测量值。ΔR_p 值越大，表明点蚀倾向越大。

(3)优缺点　线性极化法可测量出金属的瞬间腐蚀速度，可据此原理制作腐蚀事故报警装置；测得的结果可以连续记录，可把设备的腐蚀状况与冷却水系统的失常情况联系起来，便于分析腐蚀速度增高的原因；线性极化法所提供的也是金属均匀腐蚀数据，而不是局部腐蚀数据。不同的是线性极化法提供的是腐蚀的瞬间值，而试片法提供的是腐蚀的累计数据，两种方法最好同时使用。

4. 监测换热器法

监测换热器是一种模拟用的小型换热器，工作条件接近换热器的实际运行条件，最大特点是具有传热的金属表面，能监测传热面上的腐蚀和沉积情况，故是冷却水系统进行腐蚀监测和评价的一种重要方法。

监测换热器的结构如图 5－14 所示，使用低压饱和蒸汽作为加热介质。

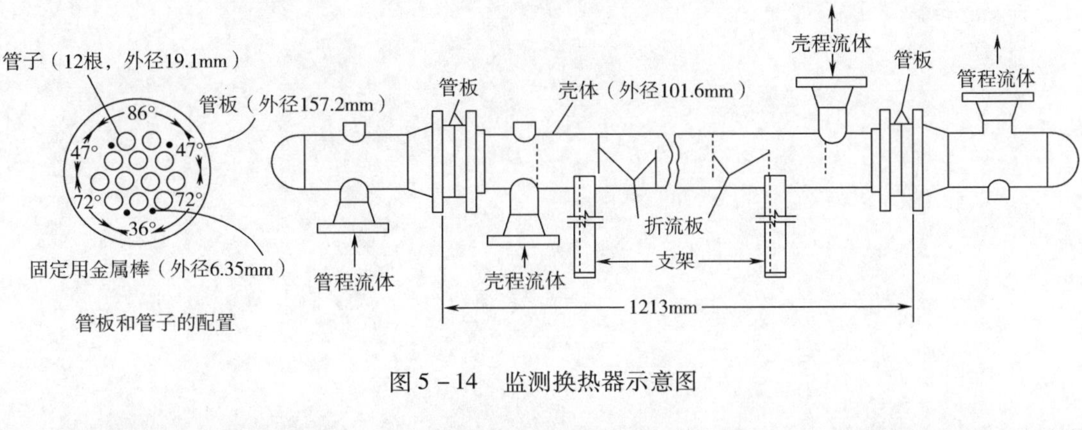

图 5－14　监测换热器示意图

材质为碳钢，管径 Φ19.1mm，12 根，按三角形排列，管心距 25.4mm；管长 1.22m；折流板 8 块，间距为 101.6mm；使用 O 形环密封件将 12 根管子装在管板上，用 4 根两端有螺母的金属棒把两块管板紧固定在 12 根管子的两端。

(1)操作条件　操作条件见表 5－5。

表 5－5　监测换热器的操作条件

参数	水走管程	水走壳程
流速/(m/s)	0.6、1.5 或 2.4	以横截面 $2.68\times10^3 m^2$ 计算
蒸汽压力/Pa	207×10^3	207×10^3

(2)腐蚀数据的收集　实验时间最少为30d，一般1～3个月；抽出管子、剖开，观察内壁的腐蚀和结垢情况；用喷(细)砂或用加有缓蚀剂的酸清洗，除去管上的腐蚀产物和污垢；估计局部腐蚀的面积，以总面积的百分数计；鉴别局部腐蚀的类型；观测均匀腐蚀的情况；在长周期的测试中，做出蚀孔最大深度－时间曲线，从而预测换热器的使用寿命。

上述四种腐蚀监测方法各有优劣，最好同时采用多种腐蚀监测方法，例如，试片法与线性极化法联合使用，试片法、线性极化法和监测换热器法联合使用，得到更多、更快、更全面的腐蚀数据。

第六章　循环冷却水系统微生物的危害及控制

第一节　循环冷却水中的微生物

系统中微生物主要来源于两个方面：一是空气及外界携带的灰尘。通常情况下，大部分循环冷却系统设置于室外，冷却水和空气可以充分接触，空气尘粒杂物及其上粘附的大量微生物及孢子随洗涤过程进入水中，再加上光照充分，循环冷却水系统具备了阳光、空气、水三大要素，系统的水温适中，常年水温在32～42℃，pH中性，营养物质丰富，为水中微生物的生长繁殖提供了有利条件。二是由于循环冷却水使用过程中长时间循环、浓缩利用，并且水量存在蒸发、风吹、泄漏等损失，需要不断向循环冷却系统补充水，补充水中输入了大量的各种微生物、黏泥及少量的NH_4^+、NO_2^-等，会导致循环水中微生物进一步增加。另外，循环水系统环境条件如温度和pH又较适合多数微生物生长，导致冷却水系统中微生物迅速繁殖，水质恶化，加快了金属腐蚀，进而引发微生物结垢和腐蚀等一系列危害。

循环冷却水中的微生物有多种分类方式，可以按微生物的种类、存在形式、呼吸方式、摄取碳源方式等进行分类。按微生物种类进行分类，在冷却水系统中引起问题的微生物主要有三类：细菌、藻类和真菌，其中细菌是循环冷却水中存在数量最多，对冷换设备危害最大的一类微生物，占到存在微生物数量的60%～70%，循环水中生长的细菌主要是假单胞杆菌科、肠杆菌科、硫细菌科和芽孢杆菌科等。按照微生物在系统中存在形式不同，可分浮游微生物和固着微生物。依据碳源的摄取方式，循环冷却水中的微生物可分为自养型（Autotrophy）和异养型（Heterotrophy）。自养型微生物的碳素营养为无机碳，循环冷却水中的自养菌主要包括铁细菌、硫细菌、厌氧的硫酸盐还原菌；异氧菌微生物的碳素营养为有机碳，循环冷却水中的异养菌从水中的醇、糖、酸等有机源中获取能量。循环冷却水中异养菌主要包括好氧的铜绿假单胞菌、水生黄杆菌、乙酸钙不动杆菌、藤黄微球菌、枯草芽孢杆菌和兼性厌氧的明亮发光杆菌、嗜水气单胞菌和大肠菌群等。按照细菌在冷却水系统产生危害方式不同，分为产黏泥细菌、铁沉积细菌、产硫化物细菌、硝化细菌。

以下介绍几种工业循环冷却水中常出现的微生物。

（1）好氧异养菌　好氧异养菌包括的属种很多，常见菌属包括假单胞菌属（*Pseudomonas*）、不动细菌属（*Acinetobacter*）、芽孢杆菌属（*Bacillus*）、肠杆菌科（Enterobacteriaceae）等，大部分是革兰阴性细菌，比较适合循环冷却水的pH和温度，在循环冷却水中，以异氧菌的生长繁殖最快，数量也最多，基本上代表了水中全部细菌的数量。循环水中60%为假单胞菌属的14种菌及产气杆菌属（*Aerobacter*）的7种菌，同时还有黄杆菌属（*Flavobacterium*）。好氧菌中很多是好氧荚膜细菌，例如，气杆菌属、假单胞菌属等在冷却水中能大量生长。由于具有荚膜,这些好氧性荚膜细菌都会产生黏液。芽孢细菌在某些不良环境下产生孢子,这些孢子也能产生黏液。这些细菌产生的黏液和芽孢是冷却水系统中形成黏泥的主要原因,黏泥极易与水中的胶体物质、悬浮物等粘合在一起形成污垢,附着在管道及设备上影响换热效率,而且黏泥附着的部位金属无法与阻垢缓蚀剂接触,导致阻垢缓蚀剂无法发挥作用,是循环冷却水中的主要影响菌类。所以异氧菌属于黏液型细菌,所产生的黏液对循环冷却水系统危害很大。

(2)硫化细菌　属于化能自养菌,硫化细菌主要是能氧化还原态或部分还原态的硫化物,包括元素硫、硫代硫酸盐和亚硫酸盐的一类细菌,其最终产物是硫酸盐,因其氧化过程能产生强酸,故容易使水环境中的 pH 降低到 1.0～1.4,低 pH 能腐蚀破坏金属管或水泥管。硫氧化细菌归属硫杆菌属(*Thiobacillus*),为革兰阴性,大多数是严格好氧自养菌。

(3)硫酸盐还原菌(*SRB*)　属于厌氧兼性营养微生物,以异养型为主,以硫酸盐、亚硫酸盐、硫代硫酸盐等为能量的细菌群。硫酸盐还原菌是脱硫弧菌属中的一类特殊菌种,可氧化含碳有机化合物或氢、还原硫酸盐产生 H_2S。它可以在 pH5.5～9.0、温度 5～50℃生长,最适宜的温度为 20～40℃,其中的梭菌不但能产生硫化氢而且还能产生甲烷,促进周围的产黏泥细菌增殖。在循环冷却水系统中,金属表面和沉积物之间往往缺氧,以硫酸盐还原菌为主的厌氧菌得以繁殖,当温度为 25～30℃时,繁殖更快。它的主要危害是对金属表面的去极化作用,由于其氢化酶的作用,将硫酸盐还原成硫化物和初生态氧[O],而[O]与[H]去极化生成 H_2O,靠它的去极化作用加速对管道和设备的腐蚀,腐蚀产物 FeS 又可以堵塞管道。虽然国内外学者对硫酸盐还原菌诱发腐蚀的机理存在不同认识,但硫酸盐还原菌能加剧腐蚀却是不争的事实。

(4)铁细菌　铁细菌是一类能将二价铁盐氧化成三价铁化合物,并能利用此氧化过程中产生的能量来同化二氧化碳进行生长的细菌总称,铁细菌是一类好氧菌,有兼性异养和自养的,在含氧量小于 0.5mg/L 的系统中也能生长。在冷却水系统中铁细菌的存在能产生大量氧化铁沉淀,是由于它们能够把可溶于水中的 Fe^{2+} 转变为不溶于水的 Fe_2O_3 的水合物,此过程中铁细菌属化能自养型微生物。铁细菌是钢铁锈瘤产生的主要原因,增加管道腐蚀速度,铁细菌的锈瘤覆盖在金属表面,使缓蚀剂不能与金属表面作用形成保护膜,并在锈瘤下形成氧浓差电池,在铁制水管中的生长繁殖会造成腐蚀,从而缩短水管的使用寿命。形成的氢氧化铁在细菌周围形成大量的棕色淤泥,造成金属管道堵塞,并为专行厌氧的硫酸盐还原菌提供有利条件,进而在铁管管道上形成锈瘤结节,产生坑蚀,并散发强烈的臭味。

(5)藻类　藻类生长需要空气、水、阳光和营养物,尤以光的影响最为重要,因而只能生长在能照到阳光的地方或能反射到一些阳光的地方,在循环冷却水系统中,如冷却塔顶、水池和进出水总管口等处就会滋生一定量的藻类。许多藻类外面是黏多糖成分的果胶,藻类大量繁殖之后就形成黏泥。藻类不断繁殖又不断脱落,死亡脱落的藻类又成为冷却水系统的悬浮物和沉积物,堵塞管道,影响输水,降低传热能力。藻类死亡腐化后使水质变坏,发生臭味,为细菌等微生物提供养料。藻类本身并不直接引起腐蚀,生成沉积物覆盖的金属表面由于形成差异腐蚀电池发生沉积物下腐蚀。

(6)病原微生物的指示细菌　部分循环冷却水来自地表水和城市中水，虽然在进入循环冷却水系统之前已经去掉了大部分病原菌，但水中的病原微生物种类繁多，不可能完全去除干净，可以用一种指示微生物作为替代菌，用替代菌间接反映水中病原微生物的残余量以及判断水质的卫生学质量。大肠菌群在温血动物的肠道中大量存在，在水中存活时间和对氯的抵抗力等与致病菌，如沙门氏菌、志贺氏菌相似，采用杀菌方法使总大肠菌群减少的同时，致病菌也相应减少，因此将总大肠菌群作为指示菌。

表6－1给出了火电厂循环冷却水中常见的微生物按照碳源分类和生长条件。

表6－1　　火电厂循环水中常见的微生物按照碳源方式分类和生长条件

碳源方式	呼吸方式	细菌种类	菌属	生长条件	危害
异养菌	好氧	水生黄杆菌	黄杆菌属	温度 20～40℃，pH 为 5～9	数量大，容易形成细菌黏泥，并产生难以杀死的芽孢
		铜绿假单胞菌	假单胞菌属		
		乙酸钙不动杆菌	不动杆菌属		
		枯草芽孢杆菌	芽孢杆菌属		
		藤黄微球菌	微球菌属		
		真菌	丝状型、酵母型、担子型菌属	温度 0～38℃，pH 为 2～8	产生细菌状黏泥，使木材变色、腐烂
	兼性厌氧	大肠菌群	埃希氏菌属、柠檬酸杆菌属、肠杆菌属	最适温度 20～40℃，pH 为 6～9	病原菌
		明亮发光杆菌	发光杆菌属		形成细菌黏泥
		嗜水气单胞菌	气单胞菌属		
		异养硫细菌	硫杆菌属	温度 20～40℃，中性环境	氧化硫、硫化物或硫代硫酸盐为硫酸，引起腐蚀
自养菌	好氧	铁细菌	鞘铁菌属、铁球菌属	温度 10～35℃，中性偏酸环境	在细菌的外膜沉淀氢氧化铁，形成大量的黏泥沉积物
		自养硫细菌	硫杆菌属	温度 20～40℃，中性环境	氧化硫、硫化物或硫代硫酸盐为硫酸，引起酸腐蚀
	厌氧	硫酸盐还原菌	脱硫肠状菌属、脱硫弧菌属、梭菌属	最适合温度 20～40℃，最适 pH 为 7.0～7.8	在好氧菌产生的黏泥下面进行繁殖，导致硫化氢的形成，引起腐蚀

从表6－1中可以看出，火电厂循环冷却水中的自养菌主要包括好氧的铁细菌、硫细菌和厌氧的硫酸盐还原菌；异养菌主要包括好氧的铜绿假单胞菌、水生黄杆菌、乙酸钙不动杆菌、藤黄微球菌、枯草芽孢杆菌和兼性厌氧的明亮发光杆菌、嗜水气单胞菌和大肠菌群等。

针对某火电厂循环冷却水中的铁细菌、硫酸盐还原菌、大肠菌群进行细菌检测，检测结果如图 6－1 至图 6－4 所示。

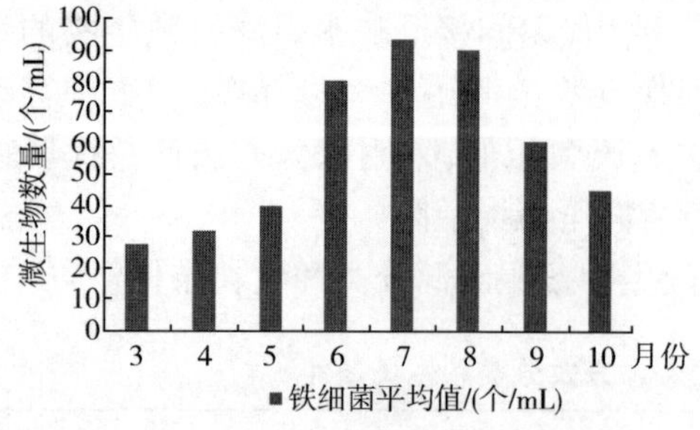

图 6－1　循环冷却水中铁细菌的变化

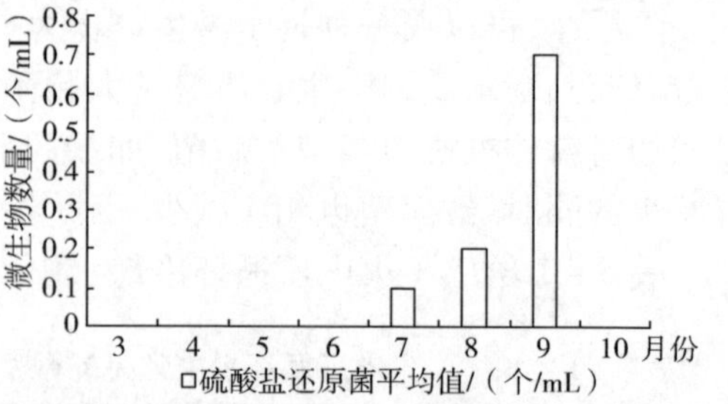

图 6－2　循环冷却水中硫酸盐还原菌的变化

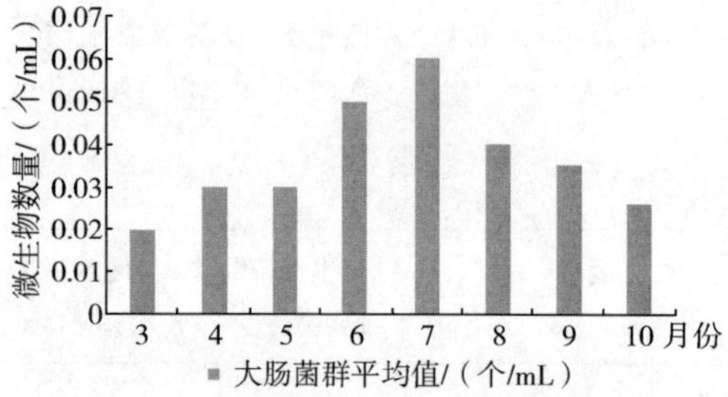

图 6－3　循环冷却水中大肠菌群的变化

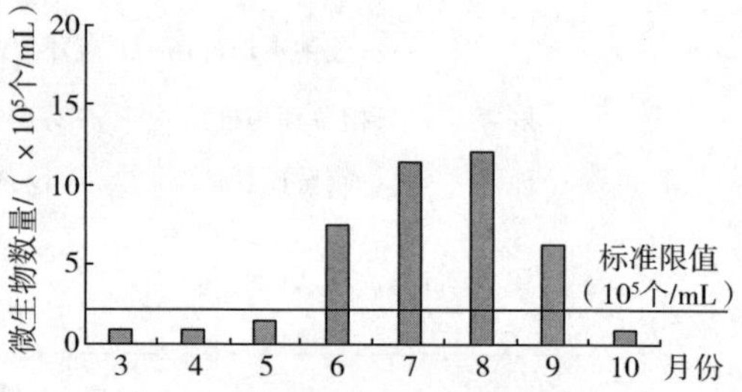

图 6－4　循环冷却水中异养菌的变化

由图 6－1 可见，循环冷却水中 3～10 月份铁细菌平均数均小于循环冷却水中微生物控制指标提出的 100 个/mL，在安全范围内。由图 6－2 可见，循环冷却水中硫酸盐还原菌量最大值出现在 9 月，数量为 0.7 个/mL，小于控制指标提出的 50 个/mL，远在安全限度之内。由图 6－3 可见，3～10 月大肠菌群的数量均小于 2 个/mL。根据对异养菌的检测，得出循环冷却水中异养菌的变化曲线如图 6－4 所示。可见循环冷却水中的异养菌数值从 6～9 月份的平均值都在 10^5～10^6个/mL 范围内波动，其数值大于循环冷却水中允许的异养菌数，是循环冷却水系统中数量较多的一类细菌，夏季高峰时达 10^6个/mL。

第二节　循环冷却水中微生物的危害

循环冷却水系统中许多细菌在新陈代谢过程中分泌黏液而促进污垢沉积，有些可以促进腐蚀，因此要解决腐蚀和结垢问题，必须同时解决微生物问题。所以微生物的危害、水垢和腐蚀并列为三大危害，而这三大危害中结垢、腐蚀和微生物繁殖是相互关联的，污垢和微生物黏泥可以引起垢下腐蚀，而腐蚀产物又形成污垢。三者之间关系密切，其中微生物的生长是导致腐蚀和结垢的主要原因之一。微生物所产生的污垢和腐蚀问题尤为突出，它的危害往往与水垢、电化学腐蚀混合在一起，互相促进。目前随着水处理技术的发展，大多数循环冷却水系统中的化学腐蚀和结垢都能得到较好的解决，但循环冷却水系统中的微生物滋生和黏泥问题仍没有得到较好的解决。

微生物滋生和黏泥现象的存在，不但很大程度上降低了设备的传热效率，缩小管道的有效面积，增加了水流摩阻，降低了水流速度，减少水流量，还可导致管道堵塞，引起流体的损失，造成频繁停机检修，更换设备，影响生产等后果。例如，部分霉菌在繁殖时会形成一团状丝体，造成管道堵塞；部分真菌可使水中有机质腐烂，使水质变坏、发臭；真菌能分解木材的主要成分纤维素、木质素等，把高分子降解为分子，使木材结构严重损坏。总之，微生物在循环冷却水中的大量滋生，对电厂热力设备的安全经济运行造成严重影响。但要明确，对循环冷却系统中的微生物进行处理的目的不是完全消灭微生物，而是将微生物数量控制在规定且不引起危害的数量之内。微生物在工业循环冷却水系统中的危害，主要体现在两个方面：一是微生物黏泥危害；二是微生物的腐蚀危害。

一、微生物的腐蚀作用

微生物腐蚀是指循环冷却水系统中微生物的新陈代谢活动促进的化学腐蚀，即微生物在其活动过程中，直接或者间接对系统中的金属产生腐蚀，例如，参与局部晶间腐蚀，沿着金属或合金的晶粒边界腐蚀，例如，有些硫化细菌在生长、繁殖过程中会利用冷却水中溶解的氧将硫化物氧化为硫酸；有些硝化细菌会利用冷却水中溶解的氧将氨氧化为亚硝酸、硝酸，生成的这些酸在局部富集，会使这部分的pH下降，有时可能会低于1.0，进而对这部分区域的金属直接产生腐蚀。有些藻类在生长、繁殖过程中会产生二氧化碳，也会降低pH，同样会引起这部分区域的金属直接产生腐蚀。在循环水中还有硫酸盐还原菌腐蚀现象，硫酸盐还原菌腐蚀钢和不锈钢时，会生成黑色的FeS沉积物，会闻到H_2S气味。与水垢和电化学腐蚀相比，微生物腐蚀作用危害更大，而且它通常与水垢、电化学腐蚀混合在一起，互相促进。由于微生物对冷却水系统的危害相当严重，因此必须对其实施有效控制。

二、微生物产生黏泥

在循环冷却水系统中，微生物不但可以直接对金属造成腐蚀，更大的危害是在其繁殖、生长活动过程中产生黏泥引起的腐蚀、隔热、阻水作用。微生物黏泥是由微生物群体及其黏性分泌物、泥砂、无机物、尘土等组成的软泥性沉积物，黏附在换热器、管道、冷却塔壁上，造成沉积物的多种危害。真菌对金属并没有直接的腐蚀作用，但在冷却水系统设备上生长繁殖过程中，产生一种胶状的、黏性的或黏泥状的、附着力很强的沉积物，这种沉积物聚集在换热器中换热表面上，降低冷却水的换热效果，阻止冷却水中的缓蚀剂、阻垢剂、杀菌剂到达金属表面发生缓蚀阻垢和杀菌作用，并使金属表面形成浓差腐蚀电池，而发生沉积物下电化学腐蚀。

第三节　循环冷却水中微生物的控制

循环冷却水中的结垢、腐蚀和微生物问题三大危害会导致循环冷却水系统效率和寿命的降低，对工业生产过程产生巨大的危害。因此，为了保证工业循环水安全运行，必须对其进行严格控制，其中微生物的有效控制是循环冷却水处理技术中重要一环，必须控制其生长繁殖。敞开式循环冷却水系统不断有微生物补充到系统中，要全部杀灭系统中的微生物是不可能的，也是不经济的。通常只是将水中微生物控制在较低数量，并限制其活动，把微生物造成的危害减小到可以接受的程度。我国《工业循环冷却水设计规范》(GB 50050—2007)中以异氧菌的数量代表水中全部细菌总数，循环冷却水水质中异养细菌监测频率1次/周，控制指标为$<1\times10^5$个/mL；黏泥监测频率1次/天，控制指标为$3mL/m^3$；真菌监测频率1次/周，控制指标为10个/mL；铁细菌监测频率1次/月，控制指标为100个/mL；硫酸盐还原菌监测频率1次/月，控制指标为50个/mL范围之内。

循环冷却水中微生物生长的监测与控制指标见表6-2。

表6-2　循环冷却水中微生物的控制指标

监测项目	控制指标	监测频率
异养菌数	$<5.0\times10^5$个/mL(夏天，平皿计数法)	1次/周
	$<1.0\times10^5$个/mL(冬天，平皿计数法)	1次/周
真菌	<10个/mL	1次/周
硫酸盐还原菌	<50个/mL	1次/月
铁细菌	<100个/mL	1次/月
黏泥量	$<3mL/m^3$(生物过滤网法)	1次/天
	$<1mL/m^3$(碘化钾法)	1次/天

目前有物理处理方法，化学处理方法，生物处理方法。其中控制循环冷却水系统中的微生物的生长当前标准的做法是使用化学杀生物剂。其中游离氯是最流行的，是在世界各地的主要使用的消毒剂，物理和生物控制方法大多应用在实验室阶段，未得到广泛推广应用。

一、物理控制

1. 优先选用耐蚀材料或涂料

在条件允许的情况下，设计时可优先选择耐微生物腐蚀的金属材料及涂料，破坏微生物滋生环境。常用金属材料耐微生物腐蚀的优劣顺序大致如下：钛>不锈钢>黄铜>纯铜>碳钢。例如，用含有杀菌剂$CuCl_2$和ZnO的涂料涂刷在冷却塔和水池的内壁上，可以控制藻类的滋生。使用这一方法杀菌时应注意防止涂料的脱落。

2. 恶化微生物生长的条件

采取各种技术措施，控制循环冷却水系统中微生物生长所需的水质及环境条件。

(1)断绝微生物生长养料　例如，防止油和氨漏入冷却水中，尽量降低水中无机磷含量等。

(2)控制水质　从冷却水补充水源中减少微生物的输入量，生产实践证明，水流过滤是一种有效地降低循环冷却水中生物黏泥的方法。例如，采用混凝处理除去约80%的微生物，也可以在循环水系统中增加旁流过滤，滤除水中微生物和悬浮物。

(3)减少光照　藻类繁殖需要阳光,避免阳光直接照射冷却水。为此,可以给水池加盖,选用密闭式循环冷却水系统,冷却塔的进风口装百叶窗等减少阳光的直接照射,抑制藻类滋生。

3. 采取物理方法杀灭循环冷却水系统中的微生物

磁场水处理技术是一种高效、节能、绿色、环保的物理灭菌法,是相对成熟的一种物理灭菌法,该技术直接向循环水中通入微电流,利用高频电磁场击破微生物的细胞壁而杀灭微生物。还可采用直接向水中通以微电流,在不改变水的化学成分条件下对微生物进行杀灭。

4. 清洗

通过清洗可以把冷却水系统中微生物生长所需的养料、微生物黏泥、腐蚀产物和淤泥以及微生物本身,从冷却水系统中的金属设备表面上除去。

二、生物化学控制

1. 噬菌体法

循环冷却水系统中控制微生物及其黏泥的典型生物方法是噬菌体法。噬菌体也称为细菌病毒,依靠"寄主"细菌进行繁殖,最终可通过溶菌作用而消灭细菌。噬菌体靠寄生在"宿主"细菌里进行繁殖,繁殖的结果是将"宿主"吃掉,这个过程称溶菌作用。利用细菌的天敌——噬菌体,防止和消除冷却水系统中的生物黏泥也是一种十分有效的生物学方法。

2. 添加杀菌剂

添加杀菌剂法是向循环冷却水系统中投加有机或无机化学杀菌剂,杀菌剂又称抑制菌剂或杀菌灭藻剂,各种杀菌剂以不同的杀菌机理杀死或抑制微生物的繁殖,控制微生物的生长。

常用的循环冷却水杀菌剂品种很多,根据杀菌机理可分为氧化型杀菌剂和非氧化型杀菌剂两大类。常用的氧化型杀菌剂有氯、次氯酸钠、溴和溴化物、氯化异氰尿酸、二氧化氯、臭氧和过氧乙酸等。常用的非氧化型杀菌剂有季铵盐、氯酚类化合物、有机硫化物、有机锡化物、有机溴化物、异噻唑啉酮、戊二醛和季鏻盐等。另外,根据杀菌剂的化学成分可分为无机杀菌剂和有机杀菌剂。氯、次氯酸盐、二氧化氯、臭氧、溴化物和过氧化氢等属于无机杀菌剂,季铵盐、氯酚、过氧乙酸和异噻唑啉酮等则属于有机杀菌剂。添加杀菌剂是目前控制冷却水系统中微生物生长最有效和最常用的方法之一。

杀菌剂投加方法有连续与间歇投加两种。连续投加可经常保持循环冷却水中一定的杀菌剂浓度,将微生物总量持续控制在一个较低的水平之下,但费用大。间歇式投加时在停止加药期间允许微生物总量有所升高,不过当它们总量还未达到危害程度时,一次冲击式大剂量投药,有利于迅速将其集中杀灭。视微生物繁殖情况,一般是每天或每隔数日投药一次,每次持续加药时间一般为1~3h。这种方法比较经济,也是普遍采用的一种杀菌处理方法。

第四节 杀 菌 剂

杀菌剂是控制敞开式循环冷却水系统微生物生长最有效和最常用的方法之一。杀菌剂又称杀生剂、灭菌剂。循环冷却水中所用杀菌剂需要在高硬度、高碱度、高 pH、高氯离子或较高有机污染物等条件下的正常运行，因此选择药剂要综合考虑水质、pH、温度、离子含量以及常用的杀菌剂药剂性质、价格等因素。优良的杀菌剂应具备以下一些条件：广谱，杀菌效果好，即它能有效地杀灭细菌、真菌和藻类，对生物黏泥有穿透性和分散性；相容性好，与阻垢缓蚀剂互不抑制，互不干扰；污染小，在循环冷却水中完成杀菌任务并排入环境后，易生物降解而尽快消失；低毒，对人畜应为低毒或无毒，且不会产生毒性积累；经济性好，价格便宜，对水质适应性好等。

杀菌剂主要分为两大类：氧化性杀菌剂和非氧化性杀菌剂。目前普遍采用的氧化性杀菌灭藻剂均为氯剂，非氧化性杀菌灭藻剂品种较多，例如，季铵盐、氯酚、有机硫化合物、铜盐、异噻唑啉铜、有机胺化合物等。我国《工业循环冷却水处理标准》（GB 50050—2007）中提出循环冷却水微生物控制宜以氧化型杀菌剂为主，非氧化型杀菌剂为辅。杀菌剂的品种应进行经济技术比较确定，同时标准中给出了常用氧化性杀菌剂的投加方式和投加量。

一、氯 化 处 理

1. 原理

氯是一种强氧化性杀菌剂。氯在水中，水解生成次氯酸（HClO）。次氯酸是消毒的有效成分，它能透过微生物的细胞壁，迅速与原生质化合，与细胞的蛋白质作用生成稳定的氮－氯键。虽然它不损害细胞壁，但可以引起细胞内部的严重损伤。氯还能氧化破坏微生物呼吸系统，将它体内酶的巯基氧化，而使细菌死亡。

氯杀菌效果随水的 pH 下降而上升，但是 pH 太低易引起冷却水系统的酸性腐蚀，所以 pH 在 6.5 ~ 7.5 时杀菌较合适。水中 NH_3、H_2S 等还原性物质将氯还原成无杀菌能力的 Cl^-，此时，氯的杀菌效率降低。此外，氯还能与水中许多有机物作用生成有毒的三氯甲烷，造成循环水的二次危害。

2. 氯化处理的药品

这类药品除液氯外，还有次氯酸钙（漂白精）、漂白粉、氯胺、三氯异氰尿酸、稳定性二氧化氯和无机溴化物等。

（1）液氯　分子式为 Cl_2，相对分子质量为 70.91。氯在常温常压下是黄绿色气体，有刺激性、有毒。常温时将氯加压到 0.6 ~ 0.8MPa，会转变成液态。

（2）次氯酸钙（漂白精）　主要成分为次氯酸钙［$Ca(ClO)_2$］，是石灰乳经氯化、离心、干燥和粉碎而制得。

（3）漂白粉　也称氯化石灰，分子式是 $CaO \cdot 2Ca(ClO)_2 \cdot 3H_2O$，是用消石灰经过氯气氯化而制得。

（4）三氯异氰尿酸　分子式为 $C_3Cl_3N_3O_3$，相对分子质量为 232.41。三氯异氰尿酸是由氰尿酸、氢氧化钠和氯气为原料制得，产品为白色结晶粉末，散发出次氯酸的刺激气味。

三氯异氰尿酸是一种极强的氧化剂和氯化剂，具有高效、广谱、较为安全的消毒作用，对细菌、病毒、真菌、芽孢等都有杀灭作用，对球虫卵囊也有一定杀灭作用。

（5）二氧化氯　稳定性二氧化氯是一种强氧化剂，与氯气相比具有以下优点：抑制微生物的能力比氯气强，不仅能杀死一般微生物，而且具有杀灭真菌孢子、病毒等作用；不易与氨、酚和不饱和化合物作用，适合 pH 范围广。缺点是沸点低（11℃），气体和液体均不能运输，必须配发生器到现场制作和使用。由于二氧化氯具有高效、广谱、无毒、无刺激性，在循环冷却水中作杀菌灭藻剂时可替代氯气，是新一代安全型多功能的氧化性杀菌消毒剂。

二、季　铵　盐

季铵盐是一类高效低毒的非氧化性杀菌剂，主要有十二烷基二甲基苄基氯化铵（洁尔灭）、十二烷基二甲基苄基溴化铵（新洁尔灭）、十六烷基二甲基苄基氯化铵和十八烷基二甲基苄基氯化铵等。

洁尔灭的分子式为 $C_{21}H_{38}NCl$，相对分子质量 340.00。洁尔灭是以十二烷基二甲基胺与氯化苄基合成制得。它属于阳离子型表面活性剂，水溶性好，对弱酸弱碱均稳定。

季铵盐杀灭存在于黏泥下的硫酸盐还原菌、铁细菌和藻类效果较好。用量较高时，具有一定杀真菌的能力。它还可以渗透到生物黏泥内部，剥落黏泥。季铵盐用量通常为 10～20mg/L，适宜 pH 为 7～9。季铵盐类的缺点是：投药量大，产生的泡沫多；在被尘埃、油类和碎屑严重污染的系统中，通常失效；产生的泡沫多，易产生假水位，因此常要与消泡剂一起使用。季铵盐也能使蛋白质变性，使氯和磷化合物从细胞内渗出而导致细胞死亡。

三、氯　　酚

氯酚是一类非氧化性杀菌剂，常用五氯酚钠［C_6Cl_5ONa］和三氯酚钠［$C_6H_2Cl_3ONa \cdot 3/2H_2O$］两种药品，它们都易溶于水，基本上不与其他化学物质反应而失去有效成分，两者混合使用可起增效作用。氯酚是通过吸附与透过微生物的细胞壁后，与细胞质形成胶体溶液，并使蛋白质沉淀出来，以杀死微生物的。氯酚对杀灭藻类、真菌及细菌均有效。然而，这类药剂毒性较大，对水生生物和哺乳动物有危害，且不易进行生物降解，易造成环境污染，近年来用途逐渐减少。

四、有机硫化合物

有机硫化合物如二硫氰基甲烷又称二硫氰酸甲酯，对于抑制藻类、真菌和细菌，尤其是硫酸盐还原菌杀灭作用显著。由于该杀菌剂杀灭广谱和水解产物残毒少且易溶于水，所以常被用于有严格排污限制或需要控制生物黏泥的冷却水系统。二硫氰基甲烷用量一般为 10～25mg/L，适宜的 pH 为 6.0～7.0，当 pH 超过 7.5 以后，尤其是在高碱性的水中，它会迅速水解而失效。

五、铜　　盐

铜盐中的铜离子能凝结菌体的胶质物质，破坏细胞的呼吸和代谢作用，使细胞死亡。常用的铜盐是硫酸铜（$CuSO_4$），它是一种传统的杀菌剂，能杀菌灭藻，缺点是对水生生物的毒性较大，排放易造成环境污染，且带入冷却水中的Cu^{2+}可引起碳钢的腐蚀。即使硫酸铜用量为1～2mg/L也能有效地控制冷却塔中的藻类繁殖。

六、异噻唑啉酮

异噻唑啉酮杀菌有广谱性，同时对黏泥有剥离作用，有投药时间间隔长，不起泡沫等优点，应用越来越广泛。常用异噻唑啉酮的衍生物，如2－甲基－4－异噻唑啉－3－酮、5－氯－2－甲基－4－异噻唑啉－3－酮等，是一种广谱杀菌剂，即使用量低至0.5mg/L，也能有效地杀灭藻类、真菌和细菌。

异噻唑啉酮是通过断开细菌和藻类蛋白质的键而起杀灭作用的。异噻唑啉酮与微生物接触后，能迅速地不可逆地抑制其生长，从而导致微生物细胞的死亡，故对常见细菌、真菌、藻类等具有很强的抑制和杀灭作用。

其杀菌机理主要有三种：①阻碍菌体的呼吸作用，绝大多数微生物是靠呼吸作用进行新陈代谢，含有蛋白质硫醇的酶在呼吸作用中起关键作用。异噻唑啉酮一经加入，在极短的时间内便可迅速进入微生物细胞，并与蛋白质硫醇发生作用从而破坏酶，由于酶被破坏，细胞的呼吸作用立即受到抑制，于是细胞的生长马上停止。同时，异噻唑啉酮与蛋白质硫醇反应还可导致细胞内生成极具反应活性的游离基，这些游离基进一步破坏细胞，使其失去自身修复的功能，最终导致微生物死亡。②破坏细胞壁，杀菌剂能融化细胞壁，破坏了内外环境的平衡，导致细菌死亡。③异噻唑啉酮的活性基团可以与核酸上的碱基反应，阻碍核酸的形成，破坏菌体的生长和繁殖。

根据微生物在循环冷却水中的存在形式的不同，有存在于循环水整体流动中的浮游微生物和在生物膜或生物黏泥中具有生长优势的附着微生物，常规监测循环水系统中微生物数量和相应杀生剂性能评价的传统指标，仅着眼于控制水中的浮游微生物群体，研究表明，黏泥中各种菌类数量都要比循环水中高得多，但是由于其滋生在黏泥中不能够直接杀灭，可以通过剥离黏泥进行去除。尽管水中的悬浮细菌被杀灭，附着在系统壁上的生物黏泥仍然对系统构成危害，并且黏泥中的细菌又为循环水中细菌的再度繁殖提供了基础。这也是投加杀菌剂来控制循环水中活苗数量有时并不能有效解决系统微生物孳长问题的原因。所以杀菌同时需要剥离黏泥，联合进行，才能够有效控制。

第五节　循环冷却水中的微生物监测

循环冷却水系统的微生物监测包括：异养菌、真菌、硫酸盐还原菌、铁细菌、氨化细菌、硝化细菌、藻类和黏泥量等。本节仅介绍循环水冷却中数量较多的异养菌数和黏泥量的测定。

一、异养菌数的测定

异养菌分为本身能从水质中摄取无机物或有机物而生活的腐生菌和依赖寄主供给营养的寄生菌两类。通常所说的异养菌指的是存在于水中的腐生菌。无论在工业循环冷却水中，还是宾馆的中央空调水系统或油田注水中，都存在着大量的异养菌。

在循环冷却水中，异养菌不仅生长繁殖快，而且为数多，基本上代表了水中全部好氧菌的数量，所以一般在测定时，以这类细菌的数量作为细菌总数。异养菌群在循环冷却水和油田注水系统中常聚集在金属表面粗糙处或凹坑和构件缝隙处，能产生致密的黏液，故也称为产黏泥细菌，黏附水中的悬浮物和其他丝状菌、霉菌、藻类、原生动物等，在管壁形成黏泥。

异养菌是循环冷却水处理、油田水处理以及宾馆水处理中微生物现场监测的主要对象之一。循环冷却水中异养菌数的监测频率应为1次/周。敞开式循环冷却水中的异养菌数宜小于1×10^5/mL。

1. 培养基的制备

异养菌的培养基可采用如下的配方来配制：蛋白胨10g；琼脂15～20g；牛肉膏3g；加蒸馏水至1000mL；氯化钠5g；pH7.2～7.4。

按上述用称量好各试剂。先将琼脂加适量蒸馏水加热溶解，待琼脂溶透后再将其余试剂加入混匀，加蒸馏水至1000mL，再混匀。然后趁热用几层纱布内夹脱脂棉花过滤。用1mol/L HCl和1mol/L NaOH溶液调节pH至7.5左右。趁热分装于三角瓶内，塞上棉塞用牛皮纸包扎，用高压蒸汽于121℃灭菌30min。灭菌后pH为7.2～7.4。

2. 测定方法

通常用平皿计数法测定冷却水中的异养菌数。具体操作如下：

(1)稀释　每个水样做3～5个稀释度。

(2)接种　用已灭菌的移液管吸取水样稀释液1mL，注入无菌培养皿中，每个稀释度做3～5个平行皿。

(3)制平板　再将溶化并冷至45～50℃的无菌培养基倒入无菌培养皿中，每皿中倒入12～15mL，迅速摇匀，静置凝固。

(4)恒温培养　倒置平皿于28～30℃的恒温培养箱中培养72h。

(5)对菌落计数　用平皿计数法对异养菌的菌落进行计数，然后再计算每毫升水样中的异养菌数。

3. 计算

1mL水样中的异养菌数为某一稀释倍数的3～5个培养皿的平均菌落数乘以该稀释倍数(即稀释度的倒数)。

二、黏泥量的测定

微生物黏泥量的测定常采用生物过滤网法。

生物过滤网法是让循环冷却水以一定的流速流经转子流量计后，再通过生物过滤网过滤。将过滤后的水导入水箱，测量水的体积，或由转子流量计中的流速和通过时间计算水的体积，然后将生物过滤网捕集的黏泥移入量筒，测定黏泥的体积，并以$1m^3$冷却水中含有的黏泥的体积(mL)表示黏泥量。

1. 采集黏泥的装置

采集黏泥的装置如图6－5所示。其中采集黏泥的生物过滤网应使用25号浮游生物网。它是用25号筛绢制成，网孔的直径为0.064mm。浮游生物网呈圆锥状，口径约

20cm,网长约60cm(图6-6)。用一金属(如铝或铜)或玻璃小筒套结在网底,用于收集黏泥。该金属或玻璃小筒通常被称为网头或考克。

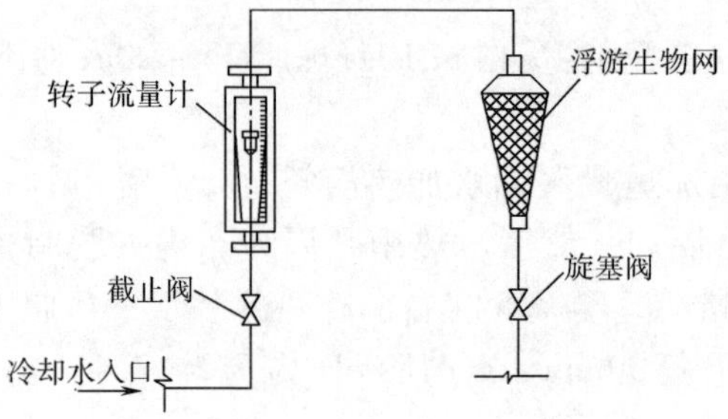

图6-5 采集黏泥的装置

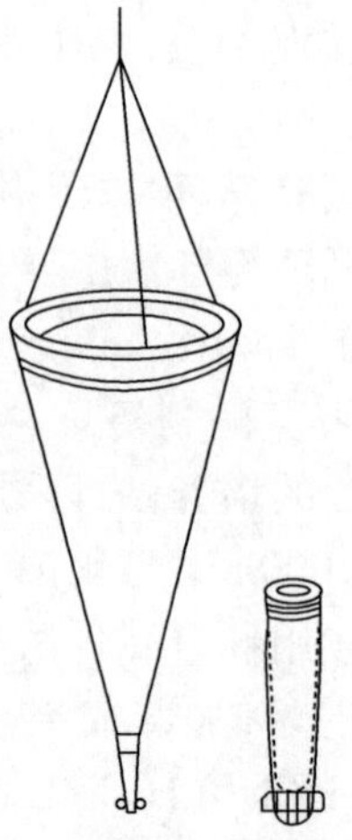

图6-6 浮游生物网

2. 测定的方法

(1)调节采集黏泥装置中的阀门,使冷却水的流速控制在0.8m/s左右,水量在$1m^3/h$左右。然后关上浮游生物网的旋塞阀,过滤$1m^3$水。

(2)关闭进水阀门,取下浮游生物网。打开浮游生物网上的旋塞阀,将黏泥收集在一个500mL量筒内,静置30min使其沉淀后倾出上层清液。将剩余浊液转移至25mL量筒内,静置30min,记录沉淀出的黏泥体积(mL)。

(3)黏泥量V按式(6-1)计算

$$V = V_2/V_1 \tag{6-1}$$

式中 V——循环冷却水中的黏泥量,mL/m^3

V_1——通过浮游生物网过滤的循环水量,m^3

V_2——量筒中的黏泥体积,mL

微生物黏泥会堵塞冷却水的通道,降低冷却塔和冷却水的冷却效果,降低水质稳定剂的作用,引起金属设备的腐蚀。因此冷却水中微生物黏泥量的多少,直接反映了冷却水系统中微生物活动的情况和危害程度。测定微生物黏泥量是监测冷却水处理质量和微生物生长情况的主要方法之一。标准要求,敞开式循环冷却水中的黏泥量宜小于$3mL/m^3$。

第七章　循环冷却水的电磁处理

从20世纪80年代发展起来的物理水处理方法，包括紫外线、超声波、磁场、电场处理等新技术，这些技术集阻垢、缓蚀等多项功能于一身，使用方便、成本低、无污染，其产品已经在部分中小型循环水处理系统中获得了应用，其中变频电子阻垢技术、高压静电离子棒水处理技术等已经在一些电厂投入运行，取得了较好的效果。

目前比较成熟的物理处理方法主要有磁化法、电磁处理法、高压静电法和微电解电子处理法等。

第一节　循环冷却水的磁化处理

一、磁处理装置

磁化处理在水处理领域的应用目前主要集中在除垢、缓蚀、杀菌、灭藻和分离净化等方面。磁场处理装置必须具备两个基本条件才能实现作用。

(1)一个足够强的磁场，能产生6000~8000Gs以上磁场强度的磁极。

(2)水以一定流速流过磁力线分布的环状通道。

根据产生磁场的方式不同，磁处理器可分为永磁式和电磁式；根据磁体与流体是否接触又可分为浸入(内磁)式与非浸入(外磁)式。

图7-1为永磁式磁化处理示意图，当被处理的水流流过静磁场时，做切割磁场线流动，同时获得了磁场能量使水溶液性状发生改变，以此达到除垢、缓蚀、杀菌、灭藻等目的。

图7-2为缠绕式磁化处理示意图。

缠绕式磁化处理主要通过电脉冲发生装置对缠绕在水管上的电磁脉冲线圈施加一定频率、一定功率的脉冲电流，使电磁脉冲线圈内部产生交变磁场，磁场方向与水流方向平行。根据法拉第电磁感应定律，交变磁场会在水管内部感应出与电磁脉冲线圈内部磁场线平行的感生电场。水管中的水溶液在交变电场作用下，其内部各种离子及水分子的物

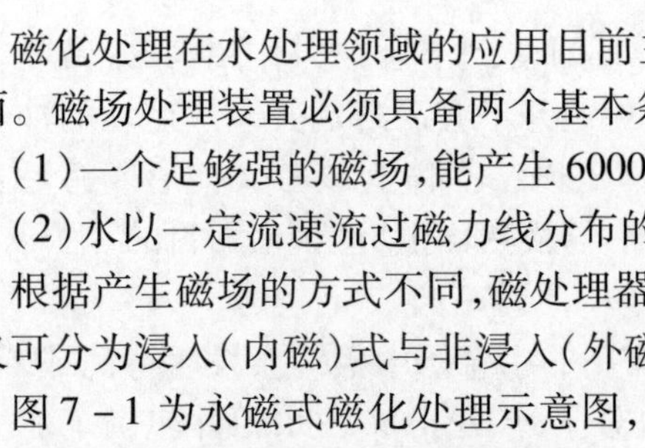

图7-1　永磁式磁化水处理示意图

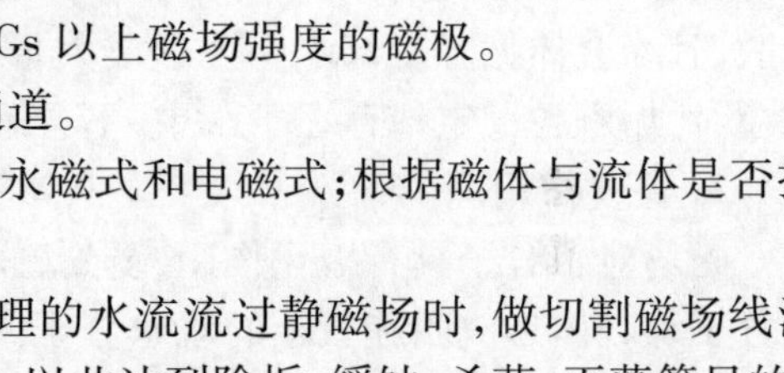

图7-2　缠绕式磁化处理示意图

理化学性质发生改变，进而影响固相沉积水垢在沉淀过程中的晶核形成及生长，或破坏微生物细胞的作用，从而起到阻垢、杀菌等功能。

二、磁化阻垢的机理

磁化阻垢的机理比较复杂，相关的机理分析也较多，没有形成统一的学术观点。一种观点认为，磁场改变了水分子结构及水中成垢离子的特性。由于水分子是极性分子，在常态下分子间任意排列，磁场作用致使水分子极化，从而形成定向排列。另一种观点认为，由于磁场作用打破了体系中水分子团簇断裂和连接的总平衡，导致水分子团簇间氢键的断裂，原来大水分子团$(H_2O)_m$向小水分子团方向移动，致使小水分子团的数量增多，小水分子团会包围成垢离子，降低结垢离子的结合概率，从而达到阻垢目的，见式(7-1)。

$$(H_2O)_m \rightleftharpoons (H_2O)_n + (H_2O)_{m-n} \tag{7-1}$$

另一方面，小分子团改变了水分子的整体性能与溶解性能，使水中成垢盐类溶解度加大，水分子与成垢离子的亲和性增强，也可达到阻垢目的。

目前，学术界对磁化防垢的机理较为认同的解释有洛仑兹力理论、氢键作用理论和磁致胶体效应理论等。

1. 洛仑兹力理论

带电粒子或水合离子以一定的速度通过电磁场时受到洛仑兹力作用，其中带电粒子或污垢颗粒互相碰撞形成了缔合体。缔合体结构稳定并不会因溶剂分子热运动的冲击被拆散，且缔合体循环冷却水中会形成大量的结晶体。以结晶体为核心又会形成污垢悬浮颗粒，污垢颗粒稳定地存在于水中，不会沉积到换热器换热面上，达到阻垢目的。

2. 氢键作用理论

磁场对水分子具有极化作用，受到磁场极化作用的水分子中氢键会发生弯曲或断裂，水分子缔合体形成团簇较小的双水分子或单个水分子，广泛分布在水中并包围了成垢粒子，阻止了污垢的进一步形成，起到了阻垢作用。

3. 磁致胶体效应理论

磁场会促使胶体粒子表面形成双电层，双电层可使胶体粒子不被溶解，此胶体粒子又作为结晶核心沉降。此外，磁致胶体效应对盐类具有增溶作用，溶解度的增加间接抑制污垢晶体颗粒的形成，起到阻垢效果。

三、影响磁化处理效果的因素

1. 磁场方向的影响

磁处理器的形式多种多样，根据磁场方向与流体流动方向间的关系可分为正交式和平行式两种，目前应用效果好的磁处理设备多为正交式。

磁处理作用时间与次数是影响防垢与除垢的重要因素之一，通常水在磁场中停留的时间越长，磁作用的效应越明显，即在磁场循环作用下的水阻垢效果较好。

2. 磁处理与流速的关系

磁处理的作用时间与水的流速是紧密相关的，磁处理存在着最佳流速。磁场强度与水的流速的乘积有一恒定的最佳值，当磁处理器磁场强时，最佳流速小，反之亦然。一般在磁场强度6000~8000Gs时,最佳流速为1.5~3.0m/s,目前磁处理器选择的流速为2m/s左右。

3. 溶液中离子的影响

溶液中的离子种类不同,磁处理的效果也不一样,通过比较磁场对CO_3^{2-}与SO_4^{2-}的作用效果表明,磁场可以影响碳酸钙的结晶过程,但对硫酸钙的结晶过程影响较小,只有强磁场下,对含SO_4^{2-}的溶液才有作用。

成垢物质的阴离子与阳离子受磁场的影响是不一样的,在$CaCO_3$体系中,磁处理的影响主要是对成垢物质的阴离子起作用。但Ca^{2+}的浓度对磁处理的效果也有影响,一般情况下是阻垢效果随着Ca^{2+}浓度、硬度和碱度增加而降低。

磁场作用下金属的腐蚀方面,研究较多的阳离子是Fe^{2+}或Fe^{3+},经过磁场处理促进了铁的腐蚀,而且可以使生锈铁管上的红锈(Fe_2O_3)逐步转变为黑锈(Fe_3O_4)。通常水溶液中都含有痕量的铁。

4. 溶液pH的影响

磁处理的效果与pH是紧密相关的,当$pH>8.5$时,电磁场对$CaCO_3$防垢率有下降趋势,pH在8附近为宜,pH过低或过高,磁处理效果均不理想。

pH对$CaCO_3$体系影响明显,这与CO_3^{2-}的平衡体系有关,因为CO_2的溶解与脱气均能影响平衡反应和pH,磁处理促进了CO_2向CO_3^{2-}的转变,增大了CO_3^{2-}的浓度,使$CaCO_3$达到饱和,在溶液中产生沉淀。

5. 水样的“磁记忆”现象

在磁场作用下,水溶液的许多性质会发生改变,例如,水分子集聚程度、水分子的活化、化学键角度的改变、UV和荧光光谱的改变,自由基的生成、水合离子半径的减少、势能ξ电位的改变、金属离子表面积的减少和水合作用能力的增加、气体在水溶液中的溶解等,这些性质的改变在磁场作用消除后,仍能持续一段时间,人们将这种现象称为水的“磁记忆”现象,根据磁场处理条件的不同,磁记忆的时间可从几小时到几天不等。

磁处理除了具有除垢、防垢、杀菌、灭藻功能外,还可使暴露水中的金属长时间不发生腐蚀。经磁化处理的水,渗透压升高,对微生物的生长繁殖具有一定的抑制作用。磁处理水的杀菌率随pH、水温和作用时间的增大而提高,当pH从6.5上升到9.0,杀菌率从87.5%提高到98.2%;水温从20℃上升到45℃,杀菌率从91.2%提高到97.2%;磁作用时间从1.0h增加到8.0h时,杀菌率从88.6%提高到97%。

特别指出,应用磁化处理水时,应注意以下两点:第一,磁化处理只能起缓垢作用,不能代替冷却水处理的全部内容,因此,在应用磁化处理的同时,必须考虑如何解决其他处理问题。第二,磁化处理能否起缓垢作用,不能在使用前做出准确预测,需要通过实验确定其有效范围和合适的工艺条件。

第二节 高压静电场水处理

高压静电场处理水垢(又称电子阻垢)技术的出现是近十几年才发展起来的技术,虽晚于磁场阻垢技术,但发展势头超过了磁场阻垢技术。静电场水处理技术具有低能耗、无污染、高效率的特点,获得了广泛的应用。

一、高压静电场水处理器

高压静电场处理是给水体施加恒定的高压静电场，多用于水温较高、压力较大的低硬度的水处理系统。目前，应用较多的是管式电极（离子棒）技术。离子棒水处理器是水处理领域中一种新型设备，最初由加拿大约克能源公司研制成功，在北美、欧洲等工业发达国家被广泛使用，20 世纪 90 年代引入我国，在电力、钢铁、石化等工业循环水及空调系统使用，取得满意的效果，被喻为水处理技术的一次革命。

高压静电场水处理器是由一根管状电极棒（离子棒），以及外设的高压发生器、耐高压绝缘导线和金属输水管所组成，高用静电场水处理器如图 7－3 所示。

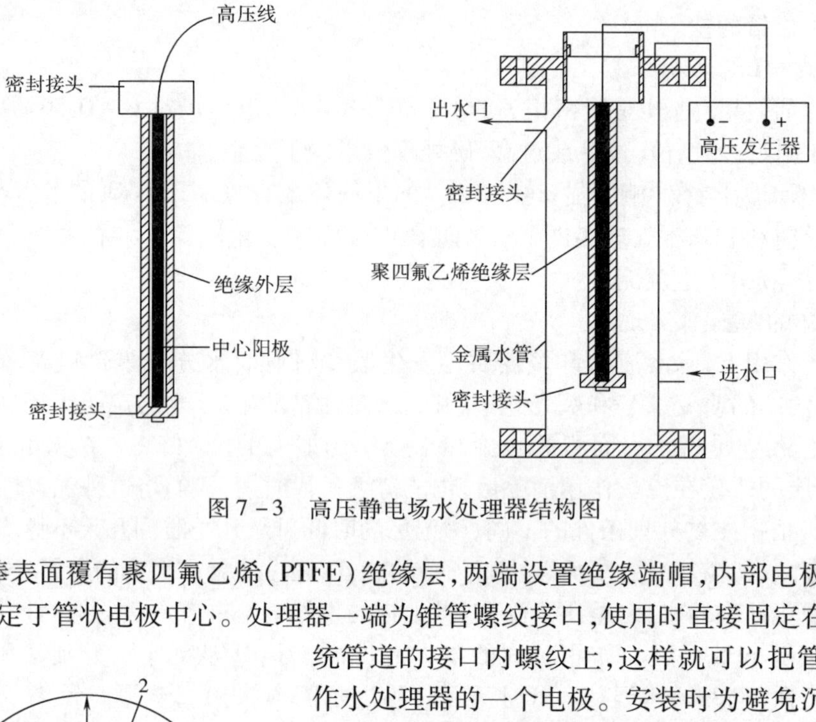

图 7－3　高压静电场水处理器结构图

离子棒表面覆有聚四氟乙烯（PTFE）绝缘层，两端设置绝缘端帽，内部电极由不锈钢制成，并固定于管状电极中心。处理器一端为锥管螺纹接口，使用时直接固定在水处理系统管道的接口内螺纹上，这样就可以把管道外壁当作水处理器的一个电极。安装时为避免沉积物沉淀在水处理器上，最好选择垂直安装，压盖在上部，由水处理器的下端进水，上端出水。

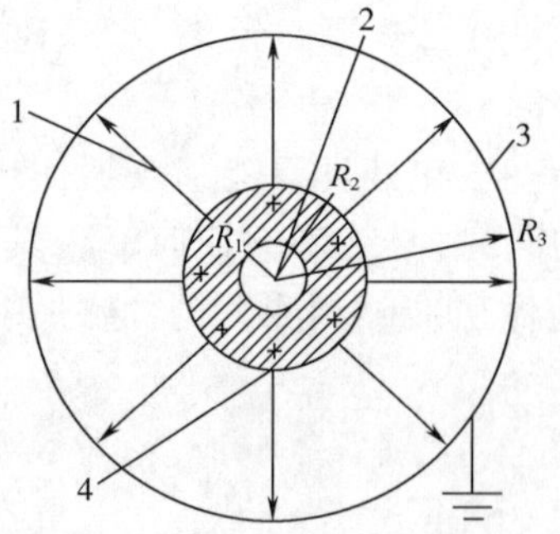

图 7－4　高压静电水处理器腔内电场强度分布

1—电场线　2—离子棒中心电极
3—金属管壁　4—聚四氟乙烯绝缘层

高压静电场水处理器腔内的静电场由离子棒与金属水管之间形成。场强方向由离子棒中心阳极指向金属水管负极，呈辐射状分布。电场分布情况如图 7－4 所示。

PTFE 是各相同性的介质，密度 2.14～2.20g/cm^3，相对介电常数 ε_r 为 2.0，介电损耗 $\tan\delta$ 为 4.8×10^{-4}～6.4×10^{-4}，在所有的绝缘介质中是较低的，这是由于 PTFE 是由极强的 C－F 键和被原子所强化的 C－C 键组成的线型高分子聚合物。PTFE 的击穿电压为35kV/mm、体积电阻率为$10^{16}\Omega\cdot m$,这是由于PTFE的分子结构对称度极高,属于非极性高分子聚合物电介质。是一种相对介电常数ε_r较低、介电损耗率和击穿电压较高,且耐电弧性的理想绝缘材料。

当离子棒金属阳极接通高压直流电源时,在PTFE层内壁上感应出束缚负电荷。根据电荷守恒定律,在PTFE层外壁就会产生等量的束缚正电荷,束缚电荷反过来就会削弱原来的高压静电场。

没有外电场力作用时,由于水分子是极性分子,其热运动的方向是混乱无序的。当有外电场力作用时,由于电场力对水分子产生极化作用,水分子中的固有电偶极矩发生偏转,但是水分子自身存在热运动现象,导致不能完全极化。

将高压电接入后,水中形成了非均匀辐射状的静电场,此静电场构成了循环冷却水与电场进行能量交换的空间。

1. 高压静电场水处理器腔内电场强度的计算

首先做如下设定:①由于水中的电场强度极小,不足以产生强极化场,故忽略水分子极化电荷所产生的附加电场的影响;②视离子棒电荷分布无限长,并且忽略其边界效应。

高压静电场水处理器腔内可以看作一个共轴柱面电容器,根据电磁学基本理论,利用电位函数的拉普拉斯方程,采用柱面坐标系,计算PTFE和循环冷却水两种介质电场强度分布的表达式。

拉普拉斯方程见式(7－2):

$$\nabla^2\varphi = \frac{1}{r}\frac{d}{d\rho}\left(\rho\frac{d\varphi}{d\rho}\right) = 0 \tag{7-2}$$

PTFE介质中的电位函数和电场强度:

$$\varphi_1(t) = \left(\frac{U_1}{\ln\frac{R_2}{R_1}}\right)\ln\left(\frac{R_2}{r}\right) \tag{7-3}$$

$$E_1(r) = -\nabla\varphi_1 = -\frac{d\varphi_1}{dr} = \frac{U_1}{r\ln\frac{R_2}{R_1}} \tag{7-4}$$

水溶液中的电位函数和电场强度:

$$\varphi_2(r) = \left(\frac{U_2}{\ln\frac{R_3}{R_2}}\right)\ln\left(\frac{R_3}{r}\right) \tag{7-5}$$

$$E_2(r) = -\nabla\varphi_2 = -\frac{d\varphi_2}{dr} = \frac{U_2}{r\ln\frac{R_3}{R_2}} \tag{7-6}$$

式中　φ——电位函数,V

U_1——PTFE介质中的电压,V

U_2——循环冷却水中的电压,V

E_1——PTFE介质中的电场强度,V/m

E_2——水溶液中的电场强度,V/m

r——阻垢处理器腔内任意位置的半径坐标,m

R_1——离子棒中心电极半径，m

R_2——离子棒聚四氟乙烯绝缘层的半径，m

R_3——金属水管半径，m

由稳恒电场的边界条件，在 PTFE 与循环冷却水界面上电流连续，见式(7－7)。

$$\kappa_1 \frac{\partial \varphi_1}{\partial r}\bigg|_{r=R_2} = \kappa_2 \frac{\partial \varphi_2}{\partial r}\bigg|_{r=R_2} \tag{7－7}$$

即：

$$\kappa_1 U_1 \ln \frac{R_2}{R_1} = \kappa_2 U_2 \ln \frac{R_3}{R_2} \tag{7－8}$$

由电磁学共轴柱面电容器理论，有：

$$U = U_1 + U_2 \tag{7－9}$$

式中　U——离子棒总电压，V

κ_1——PTFE 的电导率，2.5×10^{-15}S/m

κ_2——循环冷却水的平均电导率，0.2S/m

取金属管壁为零电位，电位差即为所施加的电压。由式(7－2)至式(7－9)，得处理器内电场强度分布的表达式。

$$E = \begin{cases} \dfrac{\kappa_2 U}{r\left(\kappa_2 \ln \dfrac{R_2}{R_1} + \kappa_1 \ln \dfrac{R_3}{R_2}\right)}, & R_1 < r < R_2 \\ \dfrac{\kappa_1 U}{r\left(\kappa_2 \ln \dfrac{R_2}{R_1} + \kappa_1 \ln \dfrac{R_3}{R_2}\right)}, & R_2 < r < R_3 \end{cases} \tag{7－10}$$

式中　E——处理器腔内电场强度，V/m

2. 高压静电场水处理器腔内的能量密度

根据静电场能量密度的表达式，得：

$$\omega_{\mathrm{eF}} = \frac{1}{2}\varepsilon_{\mathrm{r}}\varepsilon_0 E^2 \tag{7－11}$$

式中　ω_{eF}——高压静电场能量密度，J/m^3

ε_{r}——相对介电常数

ε_0——真空介电常量，8.854×10^{-12}F/m

式(7－10)即为阻垢处理器腔内任意位置坐标 r 处的电场强度表达式，根据给定条件 U、R_1、R_2、R_3、κ_1 和 κ_2，代入式(7－10)，即可求得阻垢处理器腔内任意位置坐标 r 处的电场强度值。式(7－11)是已知阻垢处理器腔内 r 处电场强度 E 的情况下，该点的能量密度计算式，并非阻垢处理器腔内的平均能量密度值。

二、高压静电场的阻垢机理

目前，对于高压静电水处理的阻垢机理尚无定论，但总体来说可以归纳为以下几种。

1. 破解缔合水分子团

由于水分子是极性分子，按照热力学原理，水分子不趋向于表现极性而趋向于能量最低的稳定存在状态,因此,极性相异的偶极子互相吸着形成较大的缔合水分子团。在无外力作用下,水分子多以这些缔合水分子团方式存在。当有外力施加到缔合水分了团时,使缔合水分子团破裂形成较小水分子团,水分子的活化度被加大。当施加的外力足够强大,就可以使水的缔合分子团破解成单一的极性水分子。

在外加电场作用下,水分子的活性增强,当水中含有 $CaCO_3$ 等溶解盐类时,盐类离子 Ca^{2+} 和 CO_3^{2-} 被活性水分子包围,起到了阻碍 $CaCO_3$ 微晶形成的作用,达到阻垢目的。

2. 水分子的水合作用增强

有一种观点认为,静电场作用下水分子的偶极矩和极性增大,水分子对盐类晶体的水合作用增强,对水垢的溶解度增大,故静电水处理具有阻垢和溶垢的能力。

(1) $CaCO_3$ 在固体中的存在形式　用 X 射线研究晶体时发现,$CaCO_3$ 晶体是以离子的形式,例如 Ca^{2+} 和 CO_3^{2-} 存在的。在晶体中,这些离子按一定的次序和规律排列,形成晶格。

晶格能是 1mol 自由气体离子生成晶体的生成热。晶格能是由正离子和负离子之间的吸引能和排斥能两部分组成:

$$U = -N \cdot \frac{6az_1z_2\varepsilon^2}{r_0} + N \cdot \frac{6az_1z_2\varepsilon^2}{r_0} \cdot \frac{1}{n} = -N \cdot \frac{Az_1z_2\varepsilon^2}{r_0}\left(1 - \frac{1}{n}\right) \tag{7-12}$$

式中　U——摩尔晶格能

N——Avogadro 常数

a——和几何形状有关的常数

z_1——正离子的价数

z_2——负离子的价数

ε——电子的电荷

r_0——正、负离子在晶格中的平衡距离

n——常数,可从晶体的压缩性系数求出,为 8 ~ 12

A——麦德隆(Madelung)常数

式(7-12)中,第一项 $-N \cdot \frac{6az_1z_2\varepsilon^2}{r_0}$ 为晶格中平衡距离上正、负离子的吸引能,第二项 $N \cdot \frac{6az_1z_2\varepsilon^2}{r_0} \times \frac{1}{n}$ 为正、负离子间的排斥能。

由于 n 值为 8 ~ 12,由式(7-12)可见,在晶格中平衡位置上,正、负离子间的吸引能为正、负离子间排斥能的 8 ~ 12 倍。对于方解石和文石而言,U 为负值,说明从自由气体离子形成晶体的反应为一放热反应。离子要从晶格上脱离下来溶入水中,就需要克服晶格对它很大的吸引能。

(2) $CaCO_3$ 在水中的存在形式　电解质溶液理论的研究表明,盐类晶体的离子在水中是以水合离子(Hydrated Ion)的形式存在的,即 $CaCO_3$ 溶入水后是以离子形式存在并与若干个水分子结合在一起的形式存在于水中。$CaCO_3$ 晶体溶入水中的能量变化介绍如下。

为了忽略溶液中的离子相互作用,令 1mol 盐类晶体离子 $C_+A_-(s)$ 溶入大量的水中,成为无限稀释水溶液,并测定无限稀释水溶液中的溶解热。发现无限稀释水溶液中的溶

解过程可细分为两步:第一步,晶格离子 $C_+A_-(s)$ 变为自由气体离子 $C_+(g)+A_-(g)$:

$$C_+A_-(s) \longrightarrow C_+(g)+A_-(g)-U \tag{7-13}$$

该反应恰是自由气体离子变成晶体的逆反应。因此其能量的变化是晶格能的负值 $-U$。

第二步,自由气体离子进入水中,和水分子作用生成水合离子 $C_+ \cdot h_1H_2O$ 和 $A_- \cdot h_2H_2O$。

$$C_+(g)+A_-(g)+(h_1+h_2)H_2O \longrightarrow C_+ \cdot h_1H_2O + A_- \cdot h_2H_2O \quad \Delta H_1+\Delta H_2 \tag{7-14}$$

式中 h_1——正离子的水合数

h_2——负离子的水合数

ΔH_1——正离子的水合热

ΔH_2——负离子的水合热

其能量变化是正、负离子的水合热 $\Delta H_1+\Delta H_2$。

第一步和第二步反应的能量变化总和就是1mol 盐类晶体的溶解热 ΔH_B。

$$\Delta H_B = -U+\Delta H_1+\Delta H_2 \tag{7-15}$$

25℃下,碱金属卤化物的晶格能 U、溶解热 ΔH_B、水合热 $\Delta H_1+\Delta H_2$ 和水合自由能 $\Delta G_1+\Delta G_2$ 见表 7-1。

表 7-1　碱金属卤化物的晶格能 U、溶解热 ΔH_B、水合热 $\Delta H_1+\Delta H_2$ 和水合自由能 $\Delta G_1+\Delta G_2$

单位:kcal/mol

盐	U	ΔH_B	$\Delta H_1+\Delta H_2$	$\Delta G_1+\Delta G_2$
NaF	-217	0.6	-216	-198
NaCl	-185	1.3	-184	-171
NaBr	-177	0.2	-177	-165
NaI	-166	-1.4	-167	-156
KF	-194	-4.1	-198	-183
KCl	-169	4.4	-165	-154
KBr	-163	5.1	-158	-148
KI	-154	5.1	-149	-141

注:1kcal =4.184kJ。

(3)离子的水合作用　电解质溶液理论的研究结果表明,最接近离子的第一层水分子和这一层以外的水分子性质不同。第一层水分子由于离子和水偶极子的强大电场作用,水分子定向与离子一起移动,这部分水分子的数目不受温度变化的影响。这样的水合作用称为原水合作用(Primary Hydration)或化学水合作用。

第一层以外的水分子层也受到离子,特别是多价单原子离子的吸引,但由于距离较远,吸引力较弱,这一层中的水分子数随温度的变化而变化。此外,如果该离子的配位数 >4,则水的四面体结构就会受到较大破坏,例如,一个具有配位数 6 的离子很可能和周围的水分子形成一个八面体,因而破坏离子周围一层以上的水分子结构。这两种对第一层以外水分子的作用，即离子的电场作用和结构变化的作用称二级水合作用（Secondary Hydration）或物理水合作用。

用各种方法测量出的原水合数（第一层的水合数）结果通常并不一致，原因是任何方法测出的水合数都是原水合数加上部分的二级水合数。

表7－2列出了不同的实验和计算方法给出的一些离子的原水合数。

表7－2　　不同的实验和计算方法给出的一些离子的原水合数

离子	离子淌度法		水化熵法	压缩系数法	统计力学计算法
	根据乌立许	根据奥伊肯			
H_3O^+			5	1～2	2.9
Li^+		6.0	5	5～6	6
Na^+	3.5～7	3.1	4	6～7	4.5
K^+	2～4	1.5	3	6～7	2.9
Rb^+		1.8	3		2.3
Cs^+			2		0
Mg^{2+}		14	13	16	
Ca^{2+}	10.5～13	11.8	10		
Al^{3+}	7.5～10.5		21		
F^-			5	2	4.7
Cl^-		0.9	3	0～1	2.9
Br^-		0.6	2		2.4
I^-		0.2	1	0	0

（4）静电水处理阻垢作用的机理　从以上几节中的讨论可以看出。

$CaCO_3$水垢晶体的晶格能为负值，且数值相当大。说明$CaCO_3$水垢晶格的形成，即从自由气体状态的$Ca^{2+}(g)$和$CO_3^{2-}(g)$进入晶体的晶格将释放大量能量。其逆反应为$Ca^{2+}(s)$、$CO_3^{2-}(s)$离开晶体的晶格变为自由气体$Ca^{2+}(g)$、$CO_3^{2-}(g)$。该逆反应，需要提供大量的能量，所以水垢晶格上的$Ca^{2+}(s)$和$CO_3^{2-}(s)$离子是很稳定的。

要使$Ca^{2+}(s)$和$CO_3^{2-}(s)$离开$CaCO_3$晶格并溶入水中，转变为水合离子$Ca^{2+}(l)$、$CO_3^{2-}(l)$的必要条件是应存在一个提供足够能量的过程，用以补偿$Ca^{2+}(g)$和$CO_3^{2-}(g)$离子形成晶格时的能量损失。该过程就是$Ca^{2+}(g)$、$CO_3^{2-}(g)$离子的水合过程，即生成$Ca^{2+}(l)$、$CaCO_3^{2-}(l)$的过程。提供的能量就是$Ca^{2+}(g)$和$CO_3^{2-}(g)$的水合热$\Delta H_1+\Delta H_2$或水合自由能$\Delta G_1+\Delta G_2$。

离子水合的实质是$Ca^{2+}(g)$和$CO_3^{2-}(g)$与水中的若干个水分子结合生成水合离子$Ca^{2+}(l)$和$CO_3^{2-}(l)$。水分子是强偶极子，一端带正电荷，另一端则带负电荷。当水中有$CaCO_3$水垢存在时，由于静电相互作用，部分水分子偶极子的负端趋向$CaCO_3$水垢晶格上的$Ca^{2+}(g)$，把$Ca^{2+}(g)$包围起来，形成水合$Ca^{2+}(l)$，将其从晶格上溶入水中；同理，另外一些水分子偶极子的正端则趋向 $CaCO_3$ 水垢晶格上的 $CO_3^{2-}(g)$，把 $CO_3^{2-}(g)$ 包围起来，形成水合 $CO_3^{2-}(l)$，使其从晶格上溶入水中。

显然，水分子的偶极矩越大，极性越强，对水垢晶格上的 $Ca^{2+}(g)$ 和 $CO_3^{2-}(g)$ 的水合作用越强，$Ca^{2+}(g)$ 和 $CO_3^{2-}(g)$ 越容易溶入水中。同理，水偶极子的偶极矩越大，极性越强，水中的水合离子 $Ca^{2+}(l)$ 和 $CO_3^{2-}(l)$ 越不容易从水中析出在 $CaCO_3$ 水垢的晶体上。

当循环冷却水从静电水处理器的腔体中流过时，在静电场作用下，水分子的偶极矩增大，极性增强，水对 $CaCO_3$ 水垢晶格上的 $Ca^{2+}(g)$ 和 $CO_3^{2-}(g)$ 离子的水合作用增强，使水垢溶入循环冷却水中的倾向增大，$Ca^{2+}(l)$ 和 $CO_3^{2-}(l)$ 离子析出生成 $CaCO_3$ 水垢的倾向降低，从而达到阻垢目的。

3. 晶体发生同质多象转变

静电场对水中的成垢离子发生作用，改变成垢晶体的结晶速率、晶粒大小、晶体结构等。在 $CaCO_3$ 的晶型中有四种同质异象体：胶状碳酸钙（Gal calcium carbonate）、球霰石（Vaterite）、文石（Aragonite 也称霰石）和方解石（Calcite）晶体，但主要有两种结构：方解石和文石。能量依上述顺序降低、稳定性增加。

在方解石和文石晶格内，碳原子都被 3 个氧原子依平面的方式而包围，平面状的碳酸根均垂直于碳原子轴排列，不同之处是方解石的结构属三方晶系的菱面体晶胞，在菱面体的顶点和面心为 Ca^{2+} 离子，在菱中间和体中心为 CO_3^{2-} 离子，三重轴垂直于 CO_3^{2-} 平面。三方晶系晶胞参数为 $a=12.82$，$\alpha=101.9°$。Ca^{2+} 填隙于 O^{2-} 形成的八面体空隙中，配位数为 6，每个 Ca—O 键的强度为 1/3，方解石呈块状，在室温和标准大气压下是热力学最稳定的形式。

文石的结构为正交晶系结构，晶胞参数 $a=4.94$，$b=7.94$，$c=5.72$，CO_3^{2-} 平面垂直于 C 轴。Ca^{2+} 和 9 个临近的 O^{2-} 配位，配位数为 9，Ca—O 键的强度为 2/9，文石如石墨一样的层状，所以文石呈粉末状或淤泥状。在高温下文石通常是从溶液中析出的第一相，但文石不稳定且较疏松，会重结晶为方解石形成紧密的垢层。从方解石至文石的相变主要与正离子的大小有关，而 Ca^{2+} 的大小恰在分界线附近，$CaCO_3$ 在不同条件下出现多晶型现象。

静电场的阻垢作用，实际上是形成 $CaCO_3$ 水垢晶体过程中同质多象转变的结果。方解石和文石属于同种化学成分的物质。同种化学成分的物质，在不同的物理化学条件（温度、压力、介质）下形成不同晶体结构的现象，称为同质多象（polymorphism）。这些不同结构的晶体，称为该成分的同质多象变体，变体之间在固态条件下的相互转变，称为同质多象转变。同质多象转变可分为可逆的（双向的）和不可逆的（单向的）两种类型。由文石相向方解石相的结晶转变，就属于同质多象体间的不可逆转变。文石是 $CaCO_3$ 的斜方晶系，在温度升高的时候转变成为三方晶系的变体方解石，但温度降低时，则不再转变成为文石，即原先在受热面上形成的方解石，是不会再转变成文石的。

从热力学角度来看，自然界所有的自发过程都向着自由能减少的方向进行，某一体系的吉布斯自由能（G）可表示为：

$$G=H-TS \tag{7-16}$$

式中　G——吉布斯自由能

T——绝对温度

H——体系或相的焓

S——体系或相的熵

自发过程中,吉布斯自由能的改变量为:

$$\Delta G = \Delta H - T\Delta S \tag{7-17}$$

式中　ΔH 和 ΔS——焓变和熵变

方解石和文石的化学组成都是 $CaCO_3$,在标准状态(25℃,1.013×10^5Pa)下,方解石的 $\Delta G = -1234.697$kJ/mol,文石的 $\Delta G = -1233.964$kJ/mol。显然,朝自由能降低的方向,方解石更加稳定,这就是为什么自然界中的文石会转化为方解石的原因。

当向循环冷却水中施加高压静电场时,电场能量传输到循环冷却水中,使热平衡体系中的自由能增加,导致文石晶核形成的几率增大,形成了文石偏多,方解石偏少的现象。由于文石呈粉末状,易随水流冲走而减少了在换热表面的沉积,达到了阻垢目的。

三、高压静电场的杀菌

水在高压静电场作用下产生大量自由电子,这些自由电子被 O_2 吸收后易生成超氧阴离子自由基 O_2^-、H_2O_2 等物质,水的电导率增大,破坏了微生物的生物膜和细胞核,使微生物细胞壁破裂,原生质流出而死亡。

到目前为止,有关高压静电场杀菌技术的研究比较多,在工程中也有实例。利用高压静电场对天然水体进行杀菌灭藻处理,在最佳电场强度 20kV/m,处理 6h 的条件下,杀菌率为 70% ~100%,平均杀菌率为 91.3%。利用高压静电场处理二沉池出水,消毒效果也很好,利用高压静电场对城市水厂的二沉池出水进行处理,4000V 的电压下,处理 0.5h 以后,杀菌率可达 98% 以上,而且该设备能耗很低(<1W)。

模拟工业循环水系统进行的离子棒的阻垢、缓蚀及杀菌性能的实验研究中,通过改变水溶液的 pH、水温和处理时间分别测试离子棒的杀菌性能,杀菌率可达 90% ~99.9%。

高压静电场杀菌技术因其适用水质范围广泛,管理方便,运行成本低,不会产生二次污染等优点而迅速发展。

离子棒虽然具有体积小、处理成本低、安装方便、适用范围广等特点,然而离子棒阻垢作用的影响因素复杂,对其阻垢作用的机理至今不明,使离子棒只能应用在一些小规模、低硬度的循环冷却水处理中,在火电厂等一些规模较大水量上的处理效果并不十分稳定。

高压静电场的杀菌效果和电场强度相关密切,过低电场强度下的处理效果较差,但当电场强度过高,如超过 5V/cm 时,杀菌率基本保持在 90% 以上,差异不是很明显。因此,为了提高杀菌效果,在保证电场强度足够的同时,选择合适的电场强度,长时间合适的电场处理才会对生物体产生抑制或致死作用。

第三节　变频脉冲电磁水处理

变频式直流脉冲水处理器是由微电脑控制的脉冲信号发生器与缠绕在水管外壁上的导线绕组所组成。缠绕在水管上的导线形成一个电感线圈,信号发生器产生的脉冲电流通过电感线圈的电磁感应，传送到水体中，利用电磁场的能量进行水处理，因此，这一类水处理器的实质就是利用电场与磁场进行能量的传递，将电能转变为水中的化学能，改变了水分子与其他离子的结合状态，使水体发生了各种物理反应、化学反应、电化学反应和生物反应。变频脉冲电磁厂发生器原理图如图 7－5 所示。

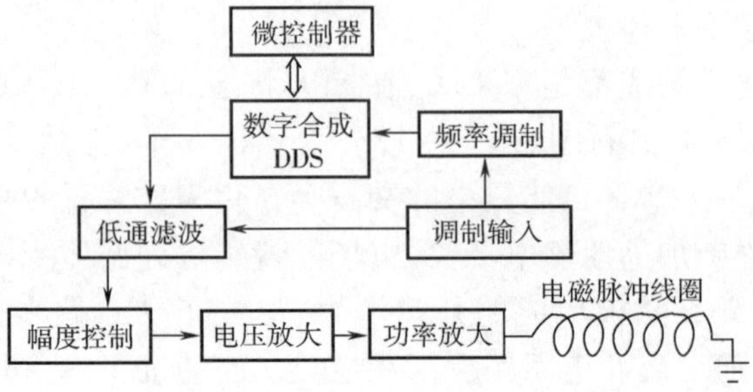

图 7－5　变频脉冲电磁场发生器原理图

变频式直流脉冲电磁水处理技术的核心是采用微电脑芯片控制频率的调整与变化。通过微电脑的控制，实现了信号发生器能自动、周期性、有规律地产生各种频率的强大脉冲电磁场。微电脑的中央处理器，通过识别、译码，产生一系列扫频信号或固定频率信号，并根据水质特点，可随时调整。

一、变频脉冲直流磁场的工作原理

变频脉冲电磁水处理的基本工作原理是，接通电源后，缠绕在水管外壁上的线圈将发生器产生的电磁波传递到水管内的水体中。当强大的脉冲电流从高电平转入低电平的瞬间，在线圈两端产生反冲高压，导致水管中感应电压瞬间猛增，产生了一个很大的瞬间电流，增强了电磁能量的传递效率，提高了电磁场能量的传递效率。

由于各种水质状况不同，应用频率固定不变的电磁场进行水处理时，处理效果也会表现出不稳定性。另外电磁场对水体的作用也是一个相当复杂的过程，伴随着物理反应、化学反应、电化学反应和生物反应等，为了使水体中更有效地发生各种反应，除获得足够的能量外，还需要使发生器的脉冲电磁波产生持续的频率变化，建立由低频至高频不同频率的电磁场，既具有交流感应性能，又具有直流电场阴阳极的电离作用，还具有脉冲波冲击功能，提高水处理效能。

变频有三种形式：

扫频：在每一秒内，频率由低至高循环地自动发出一系列有规律性的变化。

移频：为适应各种水质特征需要，频率范围可以进行调整，并可以随机进行更改。

选频：针对某些确定的水体，可以预先调选到某一固定频率，以便达到理想效果。

二、变频脉冲电磁场的阻垢机理

当高频电磁场作用于水体时，水分子吸收电磁场的能量，水分子中的电子被激励，从低能级轨道跃迁向高能级轨道，电子的能量上升，电位下降，使水分子与接触器壁的电位差减小。水中各盐类离子因静电引力减弱而趋向于分散，不至于趋向器壁积聚，防止了水垢生成，吸收能量后的水分子一般称为活化水分子，由于活化水分子的存在使其与离子的结合力增强，水合离子层厚度大，正负离子的接触半径增大，成垢离子的碰撞几率减小，延缓了盐类离子向器壁的扩散。

另外，当水通过高频电磁场时，水分子作为偶极子被不断极化而产生扭曲、变形、反转、振动，且与外加电磁场共振使分子运动加强，原来缔合形成的各种综合链状、团状大分子$(H_2O)_n$解离成单水分子，会形成比较稳定的双水分子$(H_2O)_2$，增强了水的活性，改变了水分子与其他离子的结合状态，提高了水处理效果。

对于管道中已有的垢层，当缔合水分子以一定的流速经过电磁场时，水切割磁力线，缔合水分子获得能量，产生极化和磁化，使水的偶极分子发生定向极化，电子云发生变化，导致缔合水分子结构氢键拉长、弯曲和局部折裂，部分氢键被破坏，使较大的缔合水分子团变成较小的水分子团或单个水分子。单个水分子的增多，提高了水的活化性和对水垢的溶解度，极微小的水分子可以渗透、包围、疏松、溶解、去除陈垢。

因此，高频电磁场的阻垢作用主要是通过向水体释放能量，使水体本身以及其中的成垢物质的物理性状发生改变，阻碍了致密水垢的形成。

三、变频脉冲电磁场的杀菌机理

变频脉冲电磁场水处理装置通过向水中发射变频电磁场，影响细胞膜的通透性、蛋白质大分子与酶活性、染色体畸变并且可直接或间接地影响DNA，从而影响微生物的正常生理代谢。磁场的生物效应不仅和磁场的强度、分布以及频率有关，也与微生物的种类和生长特性有关。

首先，生物体的磁导率与真空中的磁导率相近，因此，磁场很容易透过生物体。在脉冲磁场的作用下，由于脉冲时间短，磁场的变化率很大，会导致穿过细胞的磁通量变化并激励起细菌细胞内的感应电流，感应电流与磁场的相互作用力可以破坏细菌细胞正常的生理功能，达到杀灭细菌的目的。

其次，由于细胞膜具有一定的电阻，感应电流在膜的两侧产生一定的电位差，从而改变了细胞的膜电位，当膜电压达到临界值时，细胞膜上的离子通道被击穿，细胞膜受到破坏，影响细胞正常生命活动，进而影响细菌的存活率。另一方面，在磁场作用下，细菌细胞中的带电粒子尤其是质量小的电子和离子，由于受到洛伦兹力的影响，其运动轨迹被束缚在某一半径内，磁场强度越大，细菌细胞中带电粒子的运动范围越小，导致了细菌细胞内的电子和离子不能正常传递，从而影响细菌细胞正常的生理功能，达到杀菌的目的。

另外，当所施加的激励波形为突变波形时杀菌效果普遍高于平缓变化的波形。例如，以脉冲方波作为激励波形时，由于方波具有更陡峭的上升沿和下降沿，当脉冲波由高电平转入低电平瞬间，积聚在脉冲电磁线圈中的能量由于电位的突然降低，所产生的反冲电动势变化更强烈，使水中的感应电动势瞬间增大，产生一个增大的瞬态电流。这种作用集中在细菌细胞膜上，使镶嵌在细菌细胞膜上蛋白质的氨基酸电偶极矩发生改变，影响细菌细胞膜的离子通透性，使得细胞膜流度发生改变，引起一系列与细胞膜相关的变化，例如，细胞膜离子通道的变化，破坏正常的细胞生理功能。根据研究表明，无论是静磁场还是交变磁场都会对细胞组织产生影响，静磁场对细胞的影响实质上是使细胞钝化，使其生长繁殖受到抑制。低频磁场对细胞组织会产生较大影响，低频高强度脉冲磁场会使微生物的细胞膜和细胞组织破坏，使单位体积内的微生物数量急剧减少，尤其是微生物细胞比起动物细胞所承受的能力更弱。

此外，强变频脉冲磁场作用下还可使水分子氢氧键断裂，产生一定量的活性氧自由基，例如，O_2^-、OH^-、H_2O_2等，活性氧破坏生物细胞的离子通道改变了细菌、藻类生存的生物场，影响菌藻的新陈代谢，起到杀菌灭藻作用。活性氧的杀菌作用与氯相比要高出600～3000倍，且无余毒影响。

四、直流脉冲磁场方向对异养菌杀菌率的影响

在利用直流脉冲磁场螺线管装置对水中的异养菌进行杀菌处理时，发现水流方向与直流脉冲磁场方向相同（同向）情况下，比水流方向与磁场方向相反（反向）时的杀菌率高。这一情况下的杀菌率如图7－6所示。

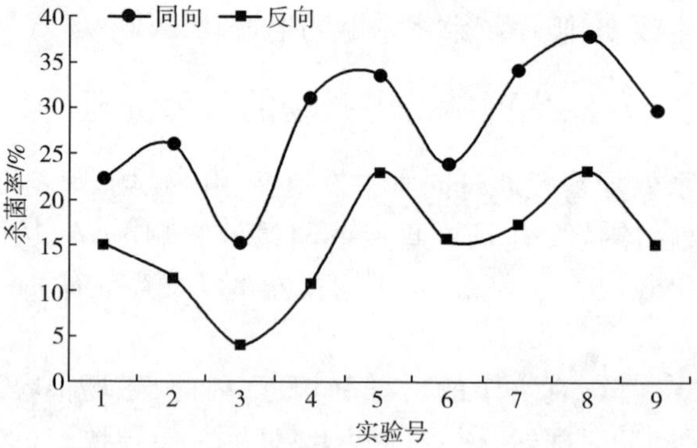

图7－6　直流脉冲磁场方向对异养菌杀菌率的影响

磁性质普遍存在于生物组织中。生物组织作为一种磁性物质是因为生物磁介质的分子或原子具有多个轨道电子，其中外层价电子绕核运动时也在做自旋运动，两种运动产生动量矩和磁矩，两者的矢量和就是分子磁矩或原子磁矩。一些生物组织的分子或原子中的电子已经填满各个电子层，电子自旋运动和轨道运动产生的磁矩相互抵消，使分子或原子的静磁矩为零，而在外磁场作用下电子运动受到影响，感应出与外磁场相反的磁矩，表现出抗磁性。研究表明绝大多数生物组织都具有抗磁性，它们在磁场中显示出强烈的方向性。在外加磁场的作用下，微生物细胞膜里的抗磁性分子会排列成行，根据所加磁场方向做加速或减速运动，使微生物的移动速度大幅度加快或降低。产生上述现象的主要原因是以下因素：

（1）直流脉冲磁场是一种变化磁场，变化的磁场对细菌细胞的作用主要集中在细胞膜上。脉冲磁场通过电磁线圈转变为水中的脉冲磁场能，当脉冲波由高电平转入低电平的瞬间，积聚在感应线圈上的能量由于电位突然降低，产生强烈的冲击波，使镶嵌在细胞膜上的蛋白质的氨基酸电偶极矩发生改变，影响细菌细胞膜的离子通透性，使得细胞膜流

度发生改变,引起一系列与细胞膜相关的变化。例如,细胞膜离子通道的变化,破坏了正常的细胞生理功能,使得细胞膜上的蛋白质的氨基酸电偶极矩发生改变,使细胞新陈代谢中断,破坏了细菌细胞,导致微生物死亡。

(2)异养菌细胞表面是由酯类双分子层和镶嵌蛋白质构成的细胞膜。构成细胞膜的酯类具有亲水的极性头部和疏水的非极性尾部。酯类分子极性头部向外,疏水的非极性尾部向内,构成细胞膜的基质——可流动的磷脂双分子层。嵌入细胞膜的蛋白质具有多种功能,例如,离子通道、受体等,具有一定电偶极矩。无论是静磁场还是交变磁场都会对细胞组织产生影响,研究表明,静磁场对细胞的影响实质上是使细胞钝化,使其生长繁殖受到抑制。脉冲磁场对细胞组织会产生较大影响,低频高强度脉冲磁场会破坏微生物的细胞膜和细胞组织,使单位体积内的微生物数量急剧减少。

(3)由于异养菌细胞中存在抗磁性物质,当受到磁场力作用时,会产生与磁场方向相反的移动,在磁场中的运动速度会根据磁场方向的改变减慢或加快,从而影响异养菌的杀菌效果。当直流脉冲磁场方向与水流方向相同时,由于异养菌细胞存在抗磁性,使异养菌在磁场力作用下产生与水流相反的加速度,在磁场中的运动速度大大减缓,延长了脉冲磁场的作用时间;当直流脉冲磁场方向与水流方向相反时,在磁场力作用下异养菌细胞产生与水流相同的加速度,异养菌的运动速度大大加快,缩短了脉冲磁场的作用时间。这样,经过 15h 的连续运行,循环冷却水多次穿过螺线管受到脉冲磁场累积作用,宏观上表现出“同向”时的杀菌率高于“反向”时的杀菌率。

五、高频电磁场的除锈防腐机理

水流经高频电磁水处理装置时,水中正负离子在洛仑兹力的作用下分别向相反的方向移动,正离子向磁场中阴极移动,负离子向磁场中阳极移动,磁场中阴阳两极间产生电位差,微小电子流发生,水管壁上生成的红锈与电子发生如下反应:

$$3Fe_2O_3 + nH_2O + 2e \longrightarrow 2Fe_3O_4 + 1/2O_2 + nH_2O \tag{7-18}$$

生成的磁性氧化物——四氧化三铁,成膜后把铁管壁与水隔开,缓解了腐蚀的进一步发生。

六、影响处理效果的因素

1. 处理时间

对于一个输出能量恒定的处理装置来说,提供能量的多少与处理时间成正比,所以一般高频电磁水处理装置对水体的流速有一定的限制,过高的流速将明显降低装置的处理效果。经过处理的活化水活性的保持时间也有限制,当水体离开处理装置以后活性就逐渐减弱直至完全消失。因此,高频电磁水处理装置比较适合在循环水系统中使用,水体通过不断地流过处理装置反复活化,达到更好的处理效果。

2. 水的共振频率

水分子中氢键吸收能量有一定的选择性,当高频电磁水处理装置的输出频率在氢键的共振频率附近时,水分子吸收能量的效率最高。因此在设计高频电磁水处理装置时,应将输出频率设定接近共振频率,这样处理效果会比较好一些。

3. 温度

设定电磁水处理装置的输出参数时,温度是一个重要数据。随着温度的提高,水中离子的热运动加剧,碰撞几率加大,水垢的产生速度会提高;高频电磁水处理从本质上讲并不改变成垢物质的化学性质,只是将结垢的趋势降低了。如果成垢速度大于降低趋势的时候,处理装置就失效了,因此,电磁水处理装置只能在低于一定温度的条件下使用。另外,温度也会影响水的共振频率,虽然温度与水的共振频率偏移量的关系尚不十分清楚,但高频电磁水处理装置的处理效果与水温是有密切关系的。

4. 电导率

循环水的电导率或者说含盐量会影响处理效果。一般处理装置对所处理水的硬度有一定的要求,对于过硬的水质,处理效果会降低。同时,在电磁水处理装置工作一段时间以后,循环水的电导率会随着老垢的脱落而不断地增大,为了避免处理效果下降,必须控制电导率不超过一定的数值。当电导率在一定范围内发生变化时,适当更改电磁水处理装置的输出频率会使得控垢的效果有所改观。

需要指出的是,利用电磁方法进行水处理时,存在一个适用范围,超越这个范围,电磁水处理装置就会失效,因此在很多重要的工业用途上,通常采用多种处理方法互为补充。

第四节　电解水处理技术

电解水处理技术是以直接向水中通入微电流达到处理目的。其实质是电化学除垢和消毒,即利用电化学的氧化还原原理进行水处理,既能增加溶解氧,又能除去水中的铜、汞、铅、镍、铁等重金属离子和硫酸盐、磷酸盐、氯酸盐等无机离子杂质以及有机污染物等。

电解水处理的基本原理是:电极接通电源后,水分子在电场作用下,在阴、阳两极产生电化学反应。阳极主要由 H_2O 分子在水解时产生的 OH^- 放电形成新生态的氧[O],新生态的氧再互相结合形成 O_2,产生的 O_2 水解并在阴极上还原产生过氧化氢阴离子 HO_2^-,并进一步形成过氧化氢 H_2O_2 等活性氧物质。H_2O_2 与 O_2^- 经 Haber - Weiss 反应则可以产生更强的羟基自由基·OH,另外 H_2O_2 也可在还原态金属离子的作用下经 Fenton 反应形成羟基自由基·OH,反应如下:

$$2OH^- + 2e \longrightarrow H_2O + [O]$$

$$2[O] \longrightarrow O_2$$

$$O_2 + H_2O + 2e \longrightarrow HO_2^- + OH^-$$

$$HO_2^- + H_2O \longrightarrow H_2O_2 + OH^-$$

$$O_2^- + H_2O_2 \longrightarrow O_2 + OH^- + \cdot OH$$

一、电解水杀菌处理

电解水处理产生的活性氧物质有明显的杀菌作用,其含量随电流密度、处理时间的增大而上升。随着电解处理时间的延长,大肠杆菌细胞内的活性氧[ROS 需氧细胞在代谢过程中产生一系列活性氧簇(Reactive Oxygen Species),包括 O_2^-、H_2O_2 及 $HO_2\cdot$、·OH

等］相对含量逐渐升高，细胞内可溶性蛋白含量则逐渐下降。短时间内，电解作用诱导超氧化物歧化酶（SOD）、过氧化氢酶（CAT）活性上升，随着处理时间的延长，酶活性又迅速下降；膜脂过氧化物丙二醛（MDA）的含量也先升后降。

研究表明，电解作用对于自来水、工业循环水、蒸馏水、池塘水中的大肠杆菌，以及工业循环水中的铁细菌群、硝酸盐还原菌群、硫酸盐还原菌群和螺旋藻有明显的杀灭效果。杀菌作用随施加的电流密度、处理时间的增大而增强，且细菌浓度越低、水样电导率越高，杀菌效果越好。微生物细胞膜中的不饱和脂肪酸被氧化，产生大量的脂质过氧化物，使细胞膜柔韧性降低，膜的脆性增加，溶酶体膜通透性增强，释放溶酶体酶，导致细胞裂解死亡。

在电解水处理杀菌实验中，电流密度 $20mA/cm^2$，电解水处理器的杀菌率随着水质的不同而有差异，电导率越高，杀菌率越高。因此，电解水处理技术完全能够杀灭水中的细菌，达到生活饮用水的要求，而且经过电解水处理后的水具有一定的持续杀菌能力。

二、电解水除垢处理

当应用电解水处理设备进行除垢时，一般是将电解水处理设备作为一个旁流管路装置增设在循环冷却水管道上，与循环冷却水管道并联运行。当循环冷却水流过电解水处理设备时，水中部分碳酸钙沉积在阴极板上，只要定期清除这些沉积在阴极板上的碳酸钙沉淀物，即可有效降低旁流部分的循环冷却水中的硬度和碱度。电解水处理设备安装在循环冷却水系统中的旁流管路示意图，如图 7－7 所示。

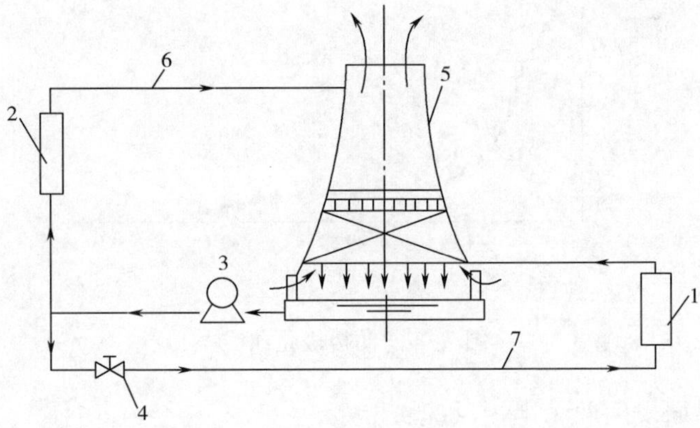

图 7－7　电解水处理设备在循环冷却水系统中旁流管路示意图

1—电解水处理设备　2—换热器　3—循环水泵　4—调节阀门　5—冷却塔

6—原循环冷却水管路　7—电解水旁流管路

在电解水处理旁流管路中，电解水处理装置相当于一个水质软化器，起到降低循环冷却水硬度和碱度的作用。为了达到降低循环冷却水系统水质硬度和碱度的目的，电解水处理装置要尽可能多地除掉水中的致硬离子 Ca^{2+}、Mg^{2+}，降低水中的碱度 HCO_3^-。

为了解电解水装置的工作原理，下面结合电解水实验，了解电解水装置如何引起

$CaCO_3$水垢在处理装置内部的阴极板上结垢的。实验装置如图7－8所示。其中，阳极板采用钛基涂钌不溶性金属板，阴极板采用不锈钢板（1Cr18Ni9Ti），两板规格50×100×1.0mm^3，电解池为3L烧杯，参比电极为饱和甘汞电极（SCE），水质的总硬度400mg/L，总碱度200mg/L（均以$CaCO_3$计），pH＝7.19，水温15℃。

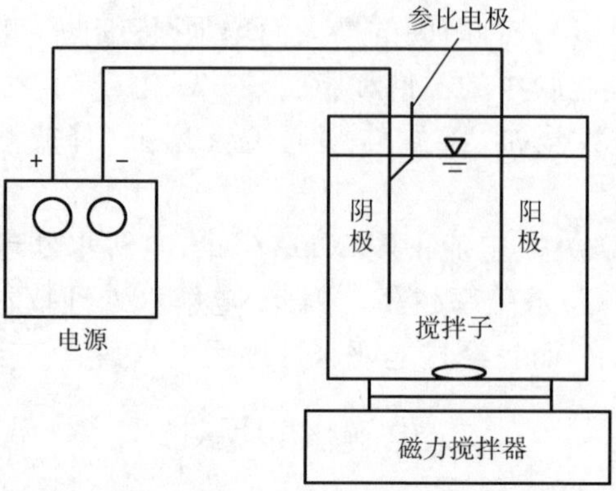

图7－8　电解水实验装置

当两极板间施加直流电压，在两极板间产生静电场，逐渐增高电压，此时相对于饱和甘汞电极（SCE）的阴极极化曲线如图7－9所示。

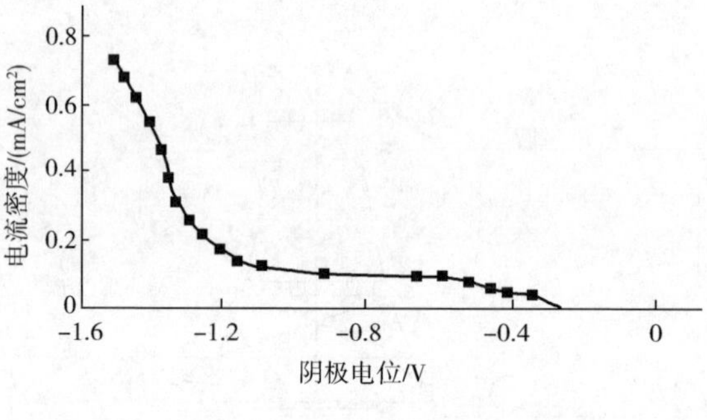

图7－9　阴极极化曲线

在阴极与水界面发生两个电极反应：

$$1/2O_2 + H_2O + 2e \longrightarrow 2OH^- \quad (7-19)$$

$$2H_2O + 2e \longrightarrow 2OH^- + H_2 \quad (7-20)$$

当极化电位正于－700mV（SCE）时，发生溶解氧还原反应，见式（7－19）。当电位负于－1200mV（SCE）时，氢气析出反应逐渐显著起来，如式（7－20）。由于两种反应都产生OH^-，使阴极板表面附近的pH上升，CO_3^{2-}增多，导致Ca^{2+}、Mg^{2+}结晶析出，发生如下反应：

$$HCO_3^- + OH^- \longrightarrow H_2O + CO_3^{2-} \quad (7-21)$$

$$Mg^{2+} + 2OH^- \longrightarrow Mg(OH)_2\downarrow \quad (7-22)$$

$$Ca^{2+} + CO_3^{2-} \longrightarrow CaCO_3 \downarrow \qquad (7-23)$$

·个电解池内电化学氧化还原反应能够发生,必须有电子作为氧化还原剂,从而产生电子传递过程,这一过程可以是阴极反应。反过来,电子传递也可以是阳极过程,阳极电极表面失去电子被氧化。

1. pH 与通过电量的关系

水质的 pH 随通过电量的变化,如图 7-10 所示。

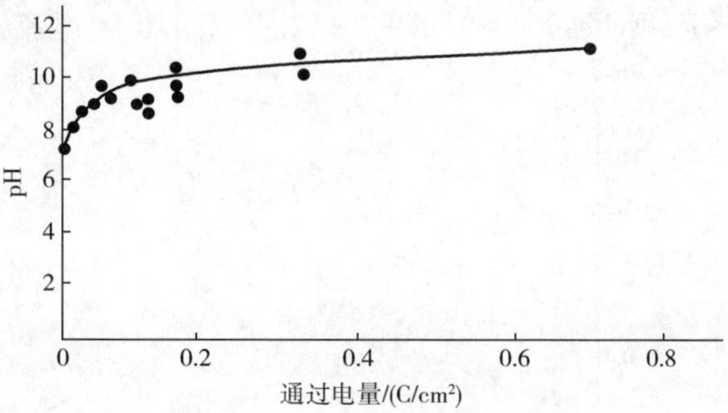

图 7-10　阴极板上 pH 随通过电量的变化

由图 7-10 可见,开始时 pH 迅速上升,当电量 $>0.2C/cm^2$、$pH>9$ 以后变化趋于平缓。即电解池阴极板表面的 pH 随着通过电量的增加趋于平缓。

上述原因主要是由于 $CaCO_3$ 水垢不断结晶析出造成的。由式(7-21)可见,由于式右边的 CO_3^{2-} 减少引起左边的 OH^- 的消耗。由此可知,当电解进行一段时间后,阴极界面处 $CaCO_3$ 水垢的析出速度将趋于一个常数。根据资料表明,电解时阴极上的 CO_3^{2-} 离子浓度可达水中的 8 倍。因此,在电解过程中应及时清除阴极界面处 $CaCO_3$ 水垢,否则随着 $CaCO_3$ 水垢的积累,$CaCO_3$ 水垢的析出速度将减缓,不利于电解水处理设备的连续运行。

2. 阴极板上的平均垢量与电流密度间的关系

以不同的电流密度通电 60min,单位阴极板上的平均垢量,如图 7-11 所示。

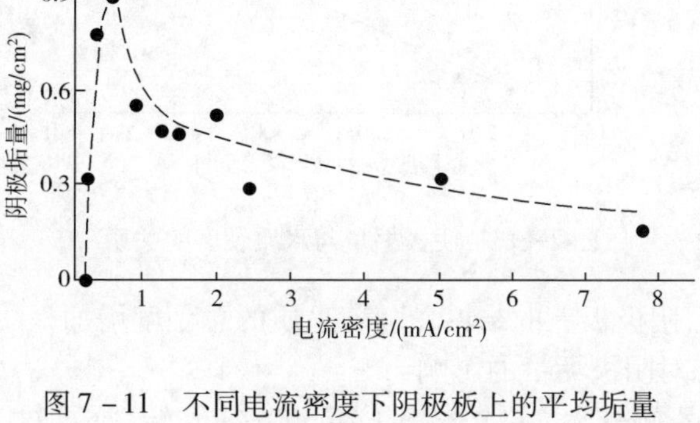

图 7-11　不同电流密度下阴极板上的平均垢量

由图7-11可见，阴极板上的结垢量与电流密度之间并非线性关系，存在一个最佳电流密度。实验中的最佳电流密度0.5mA/cm^{2}时，单位面积上的垢量约0.8mg/cm^2。电流密度过低，生成的OH^-较少，阴极板面pH增高不多，$CaCO_3$结晶析出量较少；而电流密度过大，反应式(7-20)产生出大量氢气，气泡上升时将析出的晶粒带走，使板上的结垢量减少。显微镜下观察发现，电流密度低时，结出的垢层均匀致密。电流密度大时垢层疏松，晶粒分散，证实了上述分析。

3. 电解时间与阴极板上平均垢量的关系

电解时间与阴极板上垢量的关系，如图7-12所示。其中，电流密度1.25mA/cm^2。

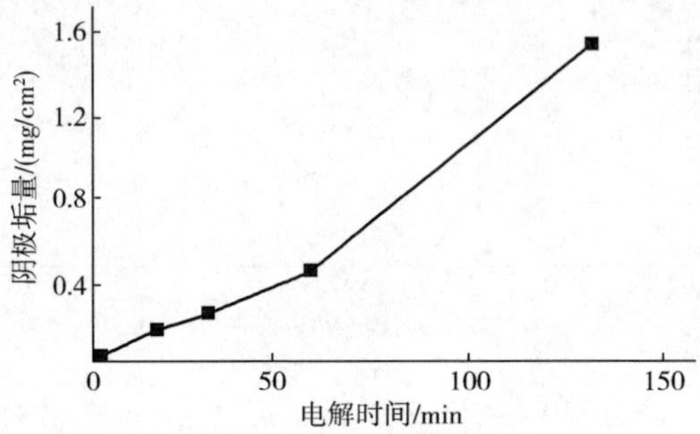

图7-12　电解时间与阴极结垢量

图7-12显示，电解时间<5min，极板上基本无垢，为结晶孕育期，电解时间≤60min，结垢量随电解时间增加呈线性增加，电解时间>60min后结垢速度约0.01mg/(cm^2·min)。阴极板上的结垢量与电解时间基本成正比关系。

4. 阴极垢量与水质硬度的关系

在保持水的总硬度与总碱度之比不变情况下，阴极垢量与水质总硬度的关系，如图7-13所示。实验中电流密度0.25mA/cm^2，通电时间60min。

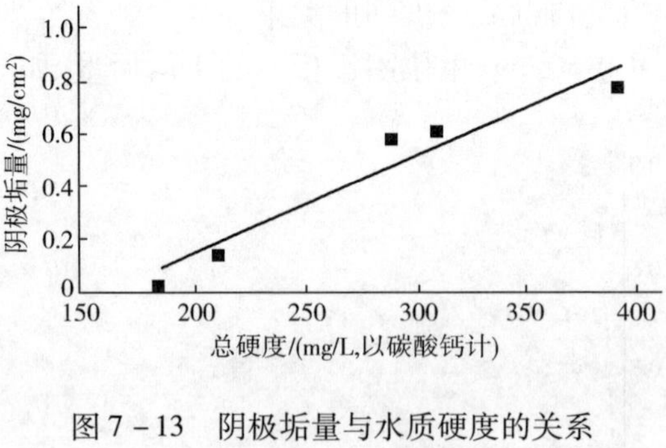

图7-13　阴极垢量与水质硬度的关系

由图7-13可见，阴极板上的结垢量随着水质的总硬度增加呈线性增加。

5. 水质流动状态对阴极垢量的影响

搅拌对阴极垢量影响较大，在水体静止和300r/min转数的搅拌下，发现有无搅拌可使阴极垢量相差4倍以上。搅拌速度太快,阴极板面的积垢会被水流冲刷掉;搅拌速度太慢,水中离子来不及向极板扩散。实验中还发现,不同材料的阴极板结垢量不同。另外,阴极板表面光洁度越高越不容易结垢。

上述实验用水与工业上实际运行的循环冷却水有两点不同:一是水质流动状态不同。实验中的水质处于静止状态,而实际运行的循环水处于流动状态;二是系统的开放与封闭状态不同。上述实验过程是一个封闭系统,水中离子随着结垢量而减少。而实际运行的循环水是处于开放状态的,由于开放状态下补充水的注入,水中各种离子浓度基本保持恒定,不会随着运行时间而减少。因此,上述实验结论不能简单地推广到实际工业循环冷却水系统中,但应用电解水装置进行除垢处理时,首先要进行实验这种方法值得借鉴。如应用电解水装置除垢时,需要加多大的电压,是电解中遇到的首要问题。其次,电解过程中,电解液中除了盐类离子外还有水解离出来的 H^+ 和 OH^-,在所施加电压下,哪种离子首先在阳极或阴极发生氧化或还原反应。电解水装置运行过程中,阴极板上结垢量与结垢速率的测定,以及水垢清除时间间隔等,均需要通过实验进行验证。在实验中试的基础上,取得实验数据,设置电解水设备的最佳运行参数。

第八章　循环冷却水系统的清洗与预膜

循环冷却水系统的清洗目的是恢复设备效率，包括输水效率、传热效率、药剂作用效率等，确保设备安全正常运行。另外，设备由于以下原因：新设备在制造加工过程中会带入切削油、防锈油；设备在运输及贮存期间会发生锈蚀；在安装设备过程中会留下碎屑、油类、泥沙和杂物，所以在开车前通常需要清洗。清洗方法包括物理清洗（人工清洗、机械清洗、超声波清洗等）和化学清洗。

清洗后，尤其是酸洗后的金属设备在投入正常运行前，需要进行预膜。预膜的目的是让清洗后处于活化状态下的新鲜金属表面上，或其保护膜受到损伤的金属表面上，预先生成一层完整而耐蚀的保护膜。

第一节　物理清洗

通过物理的或机械的方法对冷却水系统或设备进行清洗称为物理清洗，常用的物理清洗方法有人工清洗、吹气、水冲洗、清管器清洗、胶球清洗、湿式喷砂清洗、超声波清洗等。物理清洗的优点有：①无需化学药剂；②没有清洗废液处理问题；③不会引起清洗设备的腐蚀；④当管路完全堵塞时，化学清洗有时会无效，而物理清洗则是有效的；⑤化学清洗时可能产生有毒气体，而物理清洗基本上不产生有毒气体。缺点是：①一部分物理清洗方法需要在冷却水系统中断运行后才能进行；②对于硬垢和腐蚀产物，有些物理方法的清洗效果不佳；③有些物理清洗操作比较费时。

一、吹　　气

吹气是把空气吹入换热器中，以破坏水的正常流动方式，促使换热器管壁上的沉积物松动或开裂。吹气清洗一般不影响冷却水系统的正常运行。

二、水　冲　洗

水冲洗是将洁净的工业用水通过水枪或高压泵输送，以较大的流速去冲击垢层，使之松动脱落。冲洗水流方向可与运行时水流方向相同（正洗）或相反（反洗）。高压水喷射清洗所需设备包括高压泵、驱动装置、给水配管、调压设备、高压软管、各种喷射喷嘴及各种附件等。可把这些设备集中在箱子里并组装在一台汽车上形成喷洗车。压力 30 ~ 70MPa，喷嘴出口处流速可超过 300m/s。也有小型喷射清洗装置，质量轻（100kg），最高使用压力可达 15MPa。操作简单，用水量少（$1m^3/h$ 左右）。

三、清管器清洗

清管器清洗是使用具有弹性、耐压性、压缩性及耐磨性的泡沫聚氨酯制的圆形筒，或者炮弹形的清管器,用压力水或气体,使之在管内移动,排除管内的流体、气体、粉状物体,去除管内壁上的垢物和附着物。根据去除物的硬度和使用目的,选用最佳的清管器硬度和种类。清管器可以通过直管、90°弯头、180°弯头、止回阀、球阀、正T形管等。清管器清洗所需器材有清管器、发射清管器的发射器、接收清管器的收集器及压力源(压缩机或泵)。清管器清洗的操作顺序,见表8－1。

表8－1　　清管器清洗的顺序

序号	清洗顺序	备注
1	把发射器、收集器安装在清洗管线上	确保可以安装的空间
2	安装压力源和排放端软管、安装压力表	当工厂用空气、氮气和水时,安装泵
3	把清管器装入发射器中	
4	开始加压	慢慢开启压力源
5	检测正常运行	用发射器,收集器的压力表控制在管线中间,安装运行监测装置
6	清管器到达收集器时,关闭压力源的阀门	
7	把清管器从收集管取出	
8	去除收集器内的垢物和去除物	

四、湿式喷砂清洗

湿式喷砂清洗是把喷砂材料(磨料)均匀地混合在水中,用压缩空气使其形成高速喷雾体去冲击清洗对象,以去除垢物和附着物。

湿式喷砂法因有水,故粉尘飞扬不起来。水在金属表面和喷砂材料之间起缓冲作用,防止喷砂材料损伤金属表面或嵌入金属内。另外,由于水中混入空气,可以均匀喷射少量的喷砂材料,提高清洗效率。

喷砂材料采用氧化铝粉、铁粉、玻璃珠等固体,根据清洗目的和清洗对象的材质等进行选择。湿式喷砂装置的种类和特点,见表8－2。

表8－2　　湿式喷砂装置的种类和特点

型式	装置的特点	处理对象
手动操作型	小型,操作简单	手工具类,小件类(活扳手、锤、螺丝刀)
旋转滚筒型	形状简单可用于多处	用于形状比较简单、同一种、数量多的东西(螺栓、螺母等)
旋转工作台型	可用于形状复杂,大型、重量大的对象,可以从各方面处理转盘上的对象物	泵工件、内腔、齿轮等
传送型	有许多喷射喷嘴,可以自动处理滚轮上的对象物	构造简单的长工件
喷嘴移动型	喷嘴可以移动,配合对象物可以调节装置	移动困难的大型件,透平叶片、叶轮等

以反应器壳侧焊缝的湿式喷砂清洗为例。为检查反应器焊缝,要研磨、暴露焊缝表面,所以在喷射清洗时,随水喷出硅砂,以提高清洗效果。硅砂由特制喷嘴自动供给。要想不损伤反应器内的设备,可覆盖薄板。为回收用后的硅砂,也应在地面铺设薄板。湿式喷砂清洗,通常所用水压为20~35MPa,使用4~5号的硅砂,主要清洗150~200mm宽的焊缝。

五、刮管器清洗

刮管器由一个杯状塑料头、一根芯棒和三个或四个杯式刮刀组成。刮刀交错重叠覆盖在整个管子的内表面上。由喷枪喷出压力为1.4~2.1MPa的水驱动刮管器以3~6m/s的速度穿过管子。由于水的冲击作用以及刮刀的刮削作用,全部软质阻塞物和硬垢将被刮下并推送至出口端。刮管器可以在不损坏管子内壁的条件下,更彻底地清除各种污垢,刮光管子的内表面。用刮管器清洗铝黄铜、黄铜、白铜、钛或不锈钢管子,效果很好。刮管器在管内的工作状况如图8-1所示。

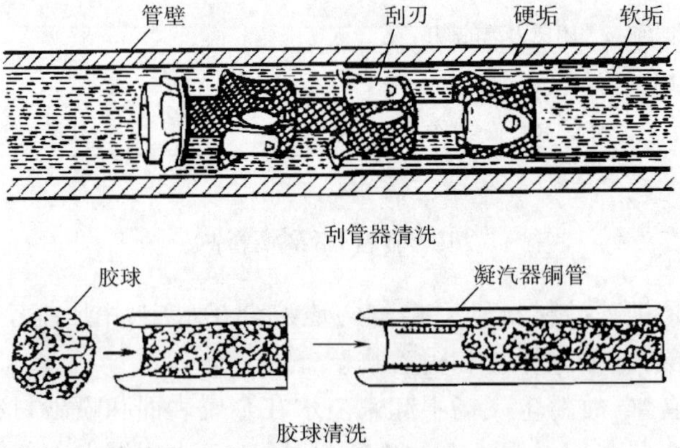

图8-1　凝汽器管子内壁的刮管器清洗和胶球清洗

六、胶 球 清 洗

胶球清洗是用比换热器管子内径稍大一些的海绵状橡胶球,借助水流的压力进入换热管内,利用胶球的挤擦作用将附在管壁上的沉积物除去的一种清洗方法。在换热器的出口处,则用粗筛将胶球截住,然后通过一台泵使胶球进行循环,循环时间可根据需要而定。胶球清洗可以在不停车条件下进行,故多用于发电厂凝汽器铜合金管内壁的清洗。胶球清洗的工作状况也如图8-1所示。

七、其他清洗方法

其他清洗方法的种类和应用对象见表8-3。

表 8 –3　　其他清洗方法的种类和应用对象

清洗方法的种类	应用对象实例
抽吸清洗	池、槽、塔器等
超声波清洗	机械零件，精密零件，手工具小物件类
电解研磨方式清洗	手工具小物件类，管子类、罐类
洗刷清洗	池、槽、手工具小物件等

1. 抽吸清洗

抽吸清洗是利用泵的吸力，吸引壁面的沉淀物，用接有特殊吸嘴的软管吸取垢物的机械清洗方法。抽吸清洗所需器材有抽吸泵、软管、吸嘴过滤装置等。在抽吸清洗时，泵能力、吸嘴面积及吸嘴的型式影响着抽吸率。因此，三者适当组合，才能取得较好的清洗效果。吸嘴的型式和种类，如图 8 –2 所示。

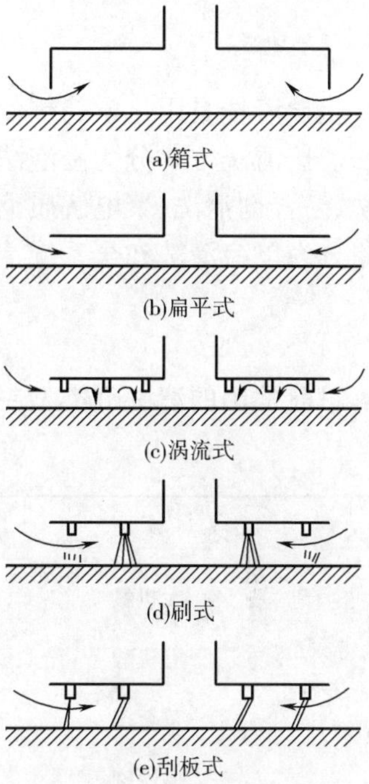

图 8 –2　实验用吸嘴的种类

其中刷式和刮板式最好。抽吸清洗不能用于狭小场所和复杂表面，适用于宽阔、光滑的表面清洗。此外，在消除原子能设备的污染时，其优点是可利用水对放射线的屏蔽效应。

2. 超声波清洗

超声波清洗主要是利用超声波空化效应。金属表面超声波清洗的第一个专利是在 1943 年取得的。需要清洗的金属制品放到水中，再用具有能保证最大限度空化的频率和强度的超声波照射。空化产生的冲击波冲刷物体表面，可很有效地进行清洗。超声波可以穿透到被清洗物的另一侧面，以及到达介质的内腔、盲孔、狭缝等处，因此清洗全面，除污垢效果好。因为声波形成空化的能力随频率的增加而降低，所以大多数超声波清洗机的工作频率 20kHz 左右。超声波清洗所需器材主要是存放媒介和清洗对象的槽、超声波振荡器和振动子。超声波清洗适用于具有特别复杂形状和微细空隙的清洗对象，例如，机械零部件。由于振动子的大小和有效作用范围等方面的限制，目前还不适于大型清洗对象。

3. 电解研磨方式清洗

电解研磨法是在 20 世纪 30 年代初，法国人 Jacquet 在处理金属表面时采用的一种方法。在电解液中把被研磨物与外部直流电源的阳极连接，与阴极相对，通过规定的电流，被研磨物表面因电化学作用而溶解，附着在表面上的附着物被去除。同时，微小的凹凸部分消失，使被研磨物表面光滑。这是一种金属表面处理法，因此，被研磨物必须是金属，一切金属、合金都可作为电解研磨的对象。

因为电化学反应是人为进行的,因此,电解研磨是一种研磨金属表面的方法,其研磨效果因电解条件(电流密度、电压、电量等)和电解液组成而异。电解研磨不仅作为金属加工研磨的抛光处理,而且也用于脱垢、脱脂和工件的加工处理。

由于电解研磨法的特点是迅速、容易控制等,最近作为大型机械的表面研磨处理以及原子能设备的消除污染的方法受到重视。

电解研磨法除垢,从原理上讲也可以将扩散到母材中的放射性物质去除,与其他方法相比,可得到最好的消除污染效果。可是,电解研磨的电解液一般是以磷酸和硫酸等为主的溶液,其废液的处理是最大课题。

第二节 化学清洗

化学清洗是用化学药剂使被清洗设备中的污垢溶解、疏松、脱落或剥离的一大类清洗方法。按清洗方式分为浸泡法、喷淋法、泡沫法和循环法;按使用的清洗剂分为碱清洗、酸清洗、络合剂清洗、聚电解质清洗、表面活性剂清洗、杀菌剂清洗、有机溶剂清洗等;按清洗对象分为单台清洗和全系统清洗。化学清洗法常与物理清洗法配合使用。

一、清 洗 剂

目前常用的清洗剂类型主要分为清洗主剂和清洗助剂两大类,见表 8 - 4。

表 8 - 4　主要清洗剂

种类		常用清洗剂
主剂	无机酸	盐酸、硫酸、硝酸、氨基磺酸(H_2NSO_2OH)、磷酸、氢氟酸等
	有机酸	柠檬酸、葡萄糖酸、甲酸、马来酸、草酸、羟基乙酸
	螯合剂	乙二胺四乙酸(EDTA)、氨基三乙酸(NTA)等
	碱洗剂	氨、氢氧化钠、碳酸钠、磷酸钠、联氨等
助剂		酸抑制剂、还原剂、铜溶解剂、溶解加速剂、润湿剂等

一般多使用无机酸。当清洗对象构造复杂、清洗液难以彻底排放,或者由于氯离子残留使结构材料可能引起应力腐蚀开裂时,不能使用无机酸,而采用有机酸,有时也使用螯合剂。用于化学清洗的主剂,既有优点,也有缺点。此外,对不同的清洗对象(即垢物)有时主剂也不能完全溶解,为弥补这些主剂的缺点,或者为了进一步强化主剂的优点,以提高清洗的效果,化学清洗时通常使用一些清洗助剂。在选择主剂时,选定合适助剂也是非常重要的。

金属表面经过化学清洗后处于没有保护和活化状态,尤其是碳钢在这种条件下会很快生锈。因此,在酸清洗后需要对金属表面作稳定化处理。这种起稳定作用的化学药剂称为中和剂和钝化剂。

1. 盐酸

盐酸是广泛应用的化学清洗剂,它对于水垢中除了二氧化硅以外的组分均具有很强的溶解能力,一般用于室温至60℃的低温清洗,而且,它与沉积物和水垢反应生成的各种盐类的溶解度大。优点是在盐酸酸洗后,可产生较好的涂装表面。但采用盐酸酸洗时,对不锈钢材质的系统应慎重,需防止由于高氯离子产生的点腐蚀和缝隙腐蚀,甚至应力腐蚀开裂。

综合比较各种无机酸对垢物的溶解能力、操作难易、价格等因素,以盐酸作清洗剂最好。

2. 硫酸

硫酸可以在广泛的温度范围内使用不易挥发,而且可以回收后再利用,即将硫酸和水垢反应生成的盐类分离以后,添加一些酸补充消耗的酸量后再用于酸洗。但它和水垢生成盐类的溶解度一般比盐酸的低,故在设备和装置清洗钙垢时受到限制,多用于钢铁的酸洗。在锅炉清洗时可使用硫酸与柠檬酸的混合酸。

由于浓硫酸不仅反应性强,而且稀释时产生大量的热,是危险的化学品,所以在贮存和使用时应特别小心。

3. 氨基磺酸(氨基硫酸)

氨基磺酸是粉剂便于贮藏和运输,它与碳酸盐和氢氧化物等一类的垢物的反应性强,但对铁氧化物的溶解能力弱。作为清洗用药剂,氨基磺酸的最大特点是对钙盐的溶解度非常大,适用于钙盐和镁盐为垢物主体的冷水系统的清洗。当使用温度≥60℃后,氨基磺酸分解生成硫酸,分解率随温度升高而迅速增大。因此,对以钙为主要成分的垢物及清洗不锈钢设备时,需加以注意。此外,氨基磺酸盐对大米类植物有较强的毒性,而且价格偏高,这是缺点。

4. 磷酸

磷酸是强酸,但是腐蚀性小,其优点是在钢铁表面能形成有防锈能力的磷酸盐薄膜,防止生锈。因此,大多用于设备零件清洗、涂敷的埋地处理等。可是,价格比较贵,而且与垢物反应而生成的盐类溶解度也小,故一般不用于大型设备的清洗。此外,使用磷酸作清洗剂,其废清洗液排放时应注意防止引起水体富营养化。

5. 硝酸

硝酸的化学反应性强,对藻类的溶解度也大。因为有氧化性,可钝化不锈钢和铝。大多数的硝酸盐在水中的溶解度很大,故硝酸有很强的清洗能力。不利的是它对低碳钢等的腐蚀性强。过去由于没有高效的缓蚀剂,因此,仅用于清洗耐硝酸的纯铝及不锈钢设备,不用于清洗有低碳钢材料的系统。后来开发了高效的硝酸酸洗缓蚀剂(如Lan-5或Lan-826),使硝酸酸洗的适用材质范围扩大到碳钢、铜、黄铜等。

6. 氢氟酸

氢氟酸的反应性很强,与盐酸相似,它对垢物的溶解能力也大,而且能较好地溶解二氧化硅、玻璃和铁的氧化物。对碱土金属盐之外的盐类,溶解度也不小;对奥氏体不锈钢不会引起应力腐蚀。其缺点是有挥发性,腐蚀性极强,毒性大,难处理,因此,在冷却水系统中很少单独使用氢氟酸进行清洗。

7. 柠檬酸

在有机酸中,柠檬酸与垢物的反应产物的溶解度比较大,对铁离子的络合力很强,即使在碱性条件下,它也不会与氢氧化铁生成沉淀,所以在大型锅炉的清洗中常用。但是,柠檬酸的铁盐通常在较低浓度(4900×10^{-6})下可以析出,要阻止其沉淀,可以用氨先中和柠檬酸生成柠檬酸铵,然后用于清洗,或采用与其他有机酸合用等方法。此外,与盐酸等无机酸比较,柠檬酸对垢物的溶解能力较弱,为了增大对垢物的溶解能力,在清洗时,常加热至80~100℃使用。

柠檬酸可以是固体,容易贮运,危险性也小,因此,通常作为简易清洗剂的主剂使用。但是,由于对钙盐的溶解度小,所以其使用范围受到限制。

8. 乙醇酸(羟基乙酸)和甲酸

乙醇酸和甲酸对氧化铁的溶解能力与柠檬酸相当或略强。虽然它们的分解温度低,但分解后也是无害的。为增大其对垢物的溶解能力,在清洗时需加热至较高温度(80~100℃)下使用。其缺点是在碱性条件下不能与铁形成络合物,因此,常与其他有机酸混合使用。

9. 苹果酸

苹果酸对氧化铁的溶解能力比柠檬酸稍差,但是,与其他有机酸相比毫不逊色。此外,它与垢物的反应产物的溶解度比较大,在碱性条件下对铁形成络合盐的能力强。

10. 草酸

在有机酸中草酸对氧化铁的溶解能力最强,而且可用于较低温度(约60℃)。但是,因为析出的草酸铁、草酸钙等盐类的溶解度小,所以用作清洗剂时要注意。

11. 葡萄糖酸

葡萄糖酸呈弱酸性,无毒,可与铁、铜、钙、镁等离子螯合。葡萄糖酸的最大特点是在碱性条件下有溶解铁锈的能力,因而常用作电镀和涂敷等的预处理剂。

12. 马来酸

马来酸和其他有机酸相比,对氧化铁的溶解能力比柠檬酸差,但它也可以在碱性溶液中和铁离子反应生成络合盐。

13. 乙二胺四乙酸(EDTA)

EDTA 可以在较宽的 pH 范围内与多种金属离子形成稳定的络合物,因此,可在较宽的 pH 范围内使用。EDTA 的优点是分解温度比较高(155℃),故可在高温下使用。在清洗锅炉时,可使用设备本身的燃烧器直接加热进行清洗,但 EDTA 的价格比有机酸高。

14. 氨

当水垢中含有大量铜离子时,可以用氨来清洗,因为氨可以和铜形成络合离子。但是氨有挥发性,产生有刺激性的臭气,所以难以在高温(>60℃)下使用。

15. 氢氧化钠

氢氧化钠有溶解二氧化硅的能力,也可以同植物油和脂肪发生皂化反应而除油。

16. 碳酸钠

碳酸钠的作用是把难溶于酸的硫酸钙垢物转变为可溶于酸的碳酸钙,它也可以与氢氧化钠一起使用。此外,它可以与硬度成分螯合而防止在清洗液中生成不溶的金属皂。与氢氧化钠等合用时,由于碳酸钠有缓冲作用,可以抑制清洗液 pH 变化而稳定清洗的效果。

17. 酸抑制剂

酸抑制剂是一类可以在酸性条件下降低材料腐蚀的有机化合物。一般其分子结构上有两种活性基团:一是对金属有吸附作用的极性基团;二是疏水性的有机基团。由于极性基团吸附在金属表面上形成保护膜,从而抑制了酸对金属的腐蚀。

实际上并没有在任何条件下使用均能显示抑制腐蚀效果的万能型酸抑制剂,因此,需要根据实际的使用条件选择最佳的抑制剂。以盐酸清洗剂为例,选择抑制剂应注意以下因素。

(1)抑制剂的投加量　通常随着抑制剂投加量的增大,防腐蚀效果也提高,但当抑制剂增加到一定量后,其效果的提高很小。因此,应了解投加量与效果的关系,从而确定合适的投加量。

(2)盐酸浓度的影响　在进行盐酸清洗时,盐酸浓度通常采用5%～10%。在此浓度范围内,抑制剂防腐蚀效果一般不受酸浓度变化的影响。但当盐酸浓度更高时,则需要选择适合的抑制剂,以确保其在高浓度的酸液中有良好的缓蚀效果,并且本身的稳定性高。

(3)温度的影响　盐酸清洗剂通常加热使用,但是,抑制高温酸液的腐蚀是相当困难的。因而,应根据使用温度的上限,选用适合的抑制剂。

(4)清洗时间的影响　某些水垢需要长时间的清洗反应,选择的抑制剂也必须在整个清洗过程维持有效。

(5)氧化性离子的影响　若有三价铁离子等氧化性离子共存时,则抑制剂的效果会急剧下降。因为氧化性离子的腐蚀机理与酸腐蚀的机理不同,这样的腐蚀,即使投加抑制剂也不能缓解,这是值得注意的。

(6)流速的影响　一般情况下,清洗液流速越大,除垢效果越好,而抑制剂的缓蚀效果也会受流速的影响,故事先应掌握流速与缓蚀效果的关系。

(7)伴随水垢溶解而产生气体的影响　含硫化物和亚硫酸盐等的水垢,在清洗时会产生硫化氢和二氧化硫气体,这些气体可能直接侵蚀钢铁表面,使金属表面着色,也可以导致某些抑制剂的缓蚀性能明显降低。

18. 还原剂

在酸清洗液中溶有各种构成水垢的金属离子,包括三价铁离子和二价铜离子等氧化性离子。这些氧化性离子的存在将加速金属的腐蚀。氧化性离子与金属铁反应如下所示:

$$2Fe^{3+} + Fe \longrightarrow 3Fe^{2+}$$

$$Cu^{2+} + Fe \longrightarrow Fe^{2+} + Cu$$

投加还原剂可以降低氧化性离子浓度及对系统的腐蚀率,如图 8 - 3 所示。由图可见,不投加还原剂时,钢材腐蚀率与三价铁离子浓度成正比,但是,若投加一定浓度的还原剂,则腐蚀率不受三价铁离子浓度所左右,成为定值。

19. 铜溶解促进剂

在锅炉的冷凝器和给水加热器中,通常使用铜合金。当这些铜合金腐蚀时,铜离子会作为金属铜沉积在钢材表面上,这种金属铜用通常的酸清洗,几乎不能去除。若添加铜溶解螯合剂,可以明显改善在酸清洗中除铜的效果。如图 8 - 4 所示。

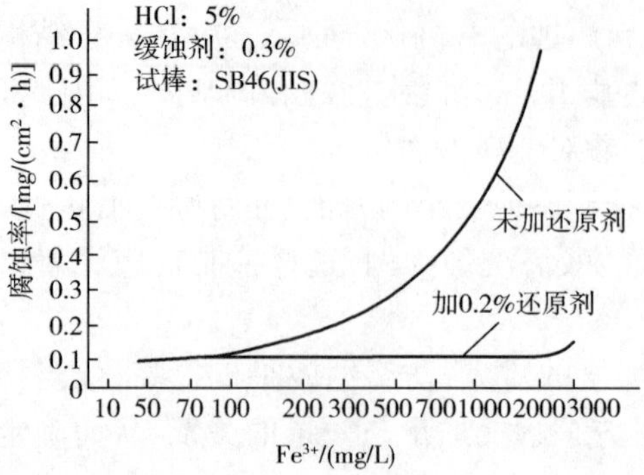

图 8-3　还原剂的效果

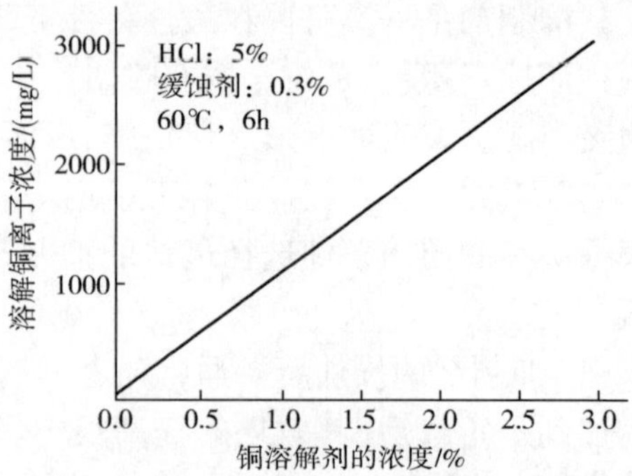

图 8-4　铜溶解促进剂的效果(盐酸)

在氨清洗时，若单独使用氨，对铜的溶解速度不太快，添加铜溶解剂和溶解促进剂可以促进铜的溶解，其效果如图 8-5 所示。

20. 二氧化硅溶解促进剂

二氧化硅除溶于氢氟酸以外，基本上不溶解于任何酸。因此，在酸清洗时，为了去除二氧化硅需使用二氧化硅溶解促进剂。硅垢溶解促进剂效果如图 8-6 所示。

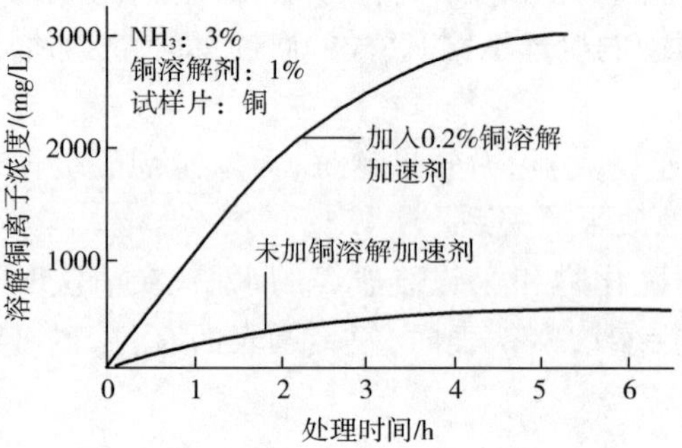

图 8-5　铜溶解促进剂在氨溶液中的效果

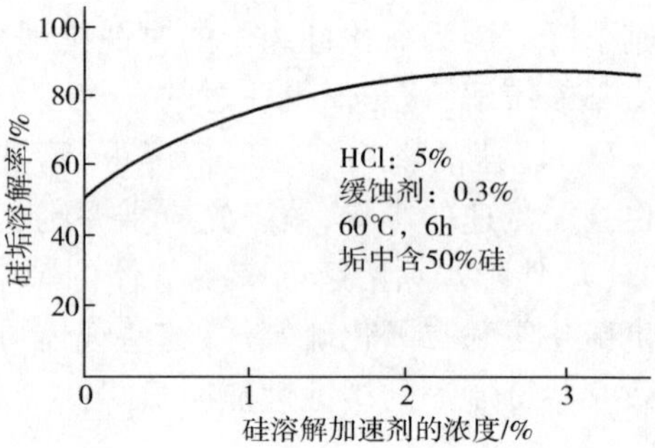

图 8-6　硅垢溶解促进剂的效果

21. 脱脂和润湿剂

油和脂在酸溶液中几乎与水不互溶，即使在碱溶液中也较难溶解。为加快油脂的乳化，强化其同碱溶液的接触效果，可使用表面活性剂作为润湿剂。此外，为加快清洗液在致密的硬质水垢中浸透，也可使用表面活性剂。常用的润湿剂有烷基苯磺酸盐、OP-15、JX-1、吐温-80 或海鸥洗涤剂等。

22. 中和预处理剂

在酸清洗结束之后，在水冲洗阶段和随后的中和阶段，因为随 pH 上升，一度溶解了的铁可能变成氢氧化铁再次沉积在金属表面上，这是清洗不良的原因。因此，需要投加在中性或碱性条件下对铁有络合能力的药剂，这类药剂称为中和预处理剂。

作为中和预处理剂应具有如下性能：①可以溶解氢氧化铁；②在低浓度时没有腐蚀

性;③与金属离子的螯合能力强;④在中性或碱性条件下不会在金属表面析出。

23. 中和剂

在钝化处理前,需把冲洗水 pH 中和至 9 ~ 10 左右。作为中和剂通常使用氢氧化钠、碳酸钠、氨等。一般来说,多使用容易调整 pH 且在清洗系统内不易残留固形物的氨。

24. 钝化剂

在碱性环境中,能在金属表面上形成钝化薄膜的药剂。钝化与缓蚀有许多相似之处,许多钝化剂也是缓蚀剂。例如,在中性和弱碱性条件下使用的主要药剂有以下几种。

(1)磷酸钠　用磷酸盐对铁进行钝化处理(磷化处理),可以生成磷酸盐保护膜。但是在钝化工序所使用的浓度下,很难测定这种薄膜的组成,预测其主要成分可能是磷酸铁。这种薄膜的稳定性不良,出现不了暂时稳定区。

(2)联氨　联氨有助长晶体性四氧化三铁($\gamma-Fe_3O_4$)氧化膜生成的性质,所以,可用于清洗后的金属表面的稳定化处理,生成薄膜是柔软的,但是稳定性较好。

(3)亚硝酸盐　亚硝酸盐处理可在较低温度下(60℃)短时间进行。生长的薄膜是晶体氧化铁($\gamma-Fe_2O_3$),膜极薄,但是,在干燥状态下,稳定性好。钝化通常是在碱性条件中进行的,因此,氢氧化钠也是最好的钝化剂之一。

一般各类化学清洗不采用单一的清洗剂,而是若干种清洗剂组分按照一定的浓度组合起来,并在适当的清洗工艺条件(如清洗温度、清洗时间等)下使用,才能收到最佳的综合效果。几种清洗工艺的药剂配方见表 8 – 5。

表 8 – 5　　清洗剂的配方

工艺过程	清洗剂及其浓度/%		清洗温度/℃	清洗时间/h	清洗目的
脱脂清洗	NaOH	0.1 ~ 0.3	60 ~ 80	6 ~ 8	去除油脂
	Na_2CO_3	0.1 ~ 0.3			
	表面活性剂	0.05 ~ 0.2			
氨洗	NH_3	1 ~ 3	40 ~ 60	4 ~ 6	去除铜
	铜溶解剂	0.3 ~ 1			
	铜溶解剂加速剂	0.2			
碱清洗	NaOH	3 ~ 6	80 ~ 90	2 ~ 3	除油、防锈
	$Na_3HPO_4 \cdot 12H_2O$	2 ~ 5			
	水玻璃(模数 3.2)	1 ~ 2			
	洗衣粉	1 ~ 2			
碱清洗	NaOH	0.5 ~ 0.8	90 ~ 95	8 ~ 24	除油、防锈
	Na_3HPO_4	0.2 ~ 0.5			
	湿润剂	0.05 ~ 0.2			
盐酸清洗	HCl	5 ~ 10	50 ~ 60	4 ~ 8	去除氧化铁和硬度组分
	缓蚀剂	0.3 ~ 0.5			
	还原剂	0.2 ~ 0.5			
	铜溶解螯合剂	0.5 ~ 3			
	溶解加速剂	0.5 ~ 2			

续表

工艺过程	清洗剂及其浓度/%		清洗温度/℃	清洗时间/h	清洗目的
有机酸清洗	有机酸 缓蚀剂 还原剂 铜溶剂螯合剂 溶解加速剂	2 ~ 5 0.3 ~ 0.5 0.1 ~ 0.3 0.5 ~ 2 0.5 ~ 2	85 ± 5	4 ~ 8	去除氧化铁
中和钝化	中和及预处理剂 NH_3(pH9 ~ 10) 钝化剂	 0.1 0.05 ~ 0.5	80 ~ 100	2 ~ 4	酸洗后钝化
螯合清洗	EDTA 缓蚀剂 还原剂	2 ~ 10 0.1 ~ 0.5 0.1 ~ 0.3	120 ~ 150	4 ~ 8	除氧化铁、硬度成分

对于冷却水系统的管线和热交换器，其水垢组成因用水类型的不同而异。通常作为冷却水可以使用工业用水和海水，主要是含硬度成分、二氧化硅成分和氧化铁垢物。一般使用清洗能力强的无机酸类清洗剂。但是，在材质为奥氏体不锈钢的系统中，当水洗不良时，可使用不含氧的无机酸类清洗剂，或者使用有机酸类清洗剂。

(1)硬质成分多的垢物清洗剂　可以使用无机酸类清洗剂。首先在低浓度(5% ~ 10%)下循环，直到二氧化碳气体的发生停止，一面循环，一面补充投加清洗剂，达到所规定浓度(10% ~15%)，与此同时升温到 50 ~60℃，清洗 4 ~6h。

(2)清洗以氧化铁为主的垢物清洗剂　投加 20% ~40% 无机酸类清洗剂，循环并升温到 50 ~60℃，清洗 6 ~8h。

(3)清洗黏泥和泥状物的排泥剂　在口径大而长的管线以及热交换器壳侧等处，因为不能达到规定的清洗流速，容易产生沉泥。因沙土和剥离黏泥等堆积，使流量降低，从而引起冷却效率下降，并且逐渐成为引起二次损害发生腐蚀的原因。为排出这些堆积物，需使用排泥剂。排泥剂可用含氢氧化钠 2.4%，磷酸钠 0.6%，偏硅酸钠 3.0%，表面活性剂(磷酸酯化壬基苯氧基聚乙氧基乙醇)2.0% 和丁基溶纤剂 5.0% 的多功能清洗剂。开启原有设备的泵，在通水的同时在泵出口侧，连续加入 3% ~5% 的排泥剂，常温下清洗 2 ~3h。

(4)用于热交换器和管线的黏泥剥离剂　在容易产生黏泥的温度(20 ~40℃)下运行的冷却水系统中，常发生流量下降和冷却水喷嘴的堵塞等故障。排除这些故障可使用氧化性的黏泥剥离剂。操作方法同上。

二、影响清洗效果的各种因素

影响清洗除垢效果的因素较多，主要有以下几点。

1. 清洗温度

一般来说，清洗药剂与垢物的溶解反应速度随清洗温度升高而加快。因此，为提高清洗速率，清洗温度越高越好。但是实际上还需要综合考虑以下限制因素，确定合适的清洗温度。

(1)腐蚀的增大　各种材料的腐蚀性,依照材质的种类、清洗药剂的种类及其组合而明显不同。但是温度越高,腐蚀性越大,清洗温度和腐蚀速度的关系如图 8 - 7 所示。

因而从材料腐蚀考虑,不能无限制地提高清洗温度。另一方面,清洗药剂在高温下,通常会自行分解而失去清洗功能。即使投加缓蚀剂,因为缓蚀剂的性能对温度也有一定要求,自然也就决定了清洗的上限温度。

(2)无机清洗剂中挥发性成分的挥发　有的药剂如氨和盐酸,若温度升高,易生成蒸汽,因此,必须在尽可能低的温度下使用。有机溶剂类也有低沸点化合物的挥发问题,清洗温度不能过高。

2. 药剂浓度

清洗剂的必要浓度应以垢物的总量按化学反应式计算来决定。但是,在垢物溶解过程中,若未反应的药剂浓度逐渐减少时,随着清洗液性质的变化(如 pH 上升),将引起溶解反应速度下降及助剂效果的降低。为此,通常在按化学计算所需的最低量上加上一定余量,作为规定浓度。现在的问题是如何确定所需的最低药剂浓度,这需要确切知道垢物的附着量和组成,而这通常又是比较困难的。

各种材料的腐蚀速度也受药剂浓度影响。一般来说,清洗剂浓度越大,腐蚀速度也越大,如图 8 - 8 所示。因此,需要在配方中添加适用于一定清洗剂的缓蚀剂。

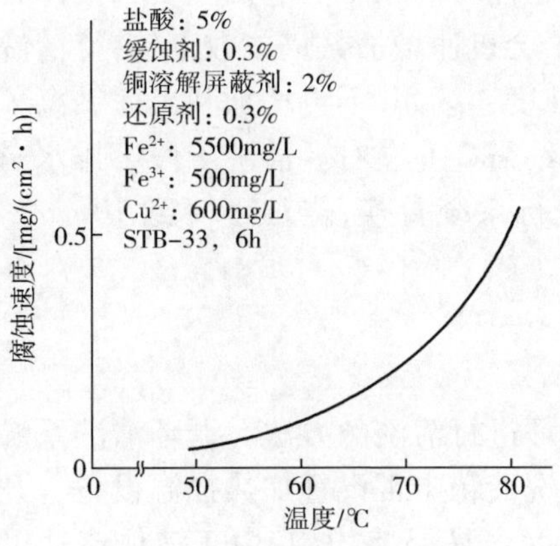

图 8 - 7　清洗温度和腐蚀速度的关系

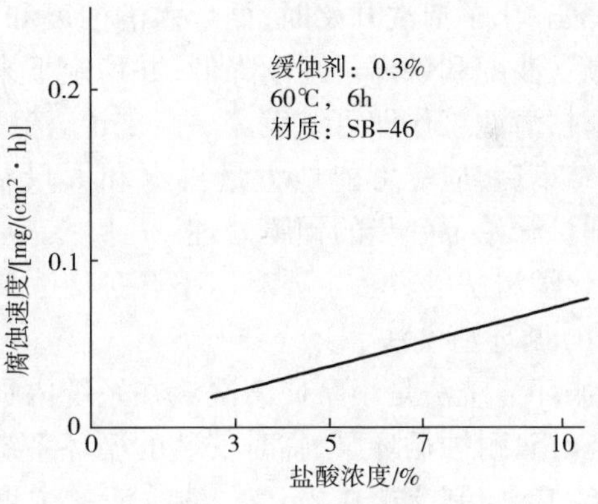

图 8 - 8　盐酸浓度和腐蚀速度的关系

3. 流速

流速影响清洗剂和反应生成物的扩散。在水垢表面上,水垢与清洗剂的反应产物的浓度逐渐增高,未反应药剂的浓度逐渐减少,所以反应速度逐渐降低。通过使清洗液不断地流动,可以把有效的药剂不断地供给到水垢表面,以提高反应速度。当水垢的溶解反应速度比较大时,容易实现流速对反应的加速效果。

水垢的物理剥离作用受流速的影响较大。在水垢溶解脱落过程中,水垢逐渐失去本体的致密性及对母材的黏附性,因水流流动的冲刷作用而从母材表面剥离下来。流速越大,剥离效果越好。但是,流速提高要求泵的扬程增大,清洗系统的钢材用量增加。流速

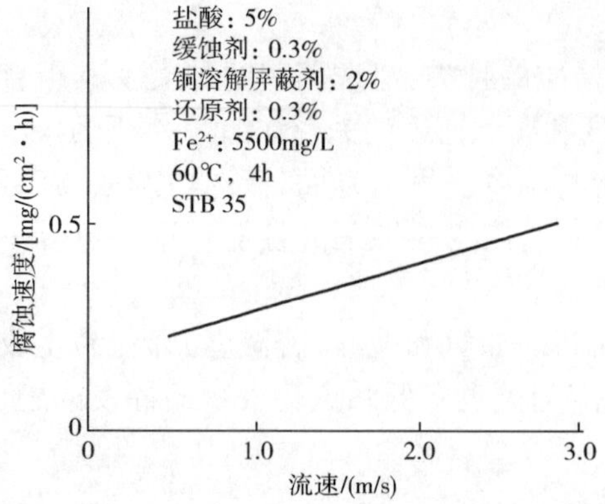

图 8-9　流速和腐蚀速度的关系

也影响材料的腐蚀,如图 8-9 所示。

因此,应综合考虑多方面因素来确定适当流速,而不能只注意清洗效果。一般清洗流速通常 0.2m/s 左右。

三、化学清洗工艺

冷却水系统化学处理的顺序一般是先用水冲洗,然后进行化学清洗,接着进行预膜处理,最后转入正常的化学处理运行。新系统由于没有经过运行,设备内部一般比较干净,故清洗的目的主要是去除设备表面氧化物(如铁锈)、油脂和杀菌。主要采用表面活性剂,例如,琥珀酸二乙酯磺酸钠(渗透剂 T)、十二烷基磺酸钠、聚氧乙烯山梨糖醇酐油酸酯(吐温-80)等。也有采用表面活性剂与阻垢分散剂的复配药剂。杀菌常用氯或次氯酸钠,连续投加,控制余氯为 0.5~1.0mg/L,直到化学清洗结束。也可先加杀菌剂,剥离 4~8h 后,再加入清洗剂。

使用表面活性剂清洗过程中会出现大量泡沫,因此事先要准备好消泡剂。当泡沫大量产生时向水池内加入消泡剂 3~5mg/L,不久泡沫即可消除。消泡剂主要含液体石蜡和硬脂酸。化学清洗开始时,循环水的浊度和铁离子会迅速增加数倍或数十倍,待清洗一段时间后,浊度和铁离子逐渐降低,并稳定下来,待浊度连续 3h 不再增加和出口铁离子浓度不变时,清洗工作即可结束。一般来说,清洗时间约需 24h 左右。清洗阶段不排水、补水。清洗结束后,应尽可能地大量排水和大量补水进行系统置换,当浊度降到 10mg/L 以下时,即可开始下一步的预膜处理。

化学清洗的方法主要有以下几种。

1. 循环清洗法

循环清洗法是用泵使清洗液在系统内强制循环进行清洗的方法。循环清洗系统包括清洗液箱、耐蚀循环泵、临时安装的循环系统。清洗液箱中常设置加热控温设备。升温到 55~60℃,控制流速 0.2m/s。清洗液的浓度和温度容易保持均匀,由于液体流动可以提高清洗效果,所以被采用得最多。

用 5%~7% 的热盐酸溶液循环清洗适合于铁的氧化物含量在 40% 以上,并且含有相当数量磷酸盐的水垢。氧化铁垢中常混有铜或铜的氧化物,如果其含量超过 5%,可加硫脲隐蔽;如果其含量达 10%,应增加氨与过硫酸铵除铜步骤。在循环清洗期间,定时采样分析酸液浓度和铁离子浓度。正常情况下二价铁离子浓度升高,三价铁离子基本保持在 400mg/L 以下。当酸浓度和亚铁离子浓度基本不变时,可结束酸洗,排出废清洗液,用清水冲洗至 pH>5 后,转入钝化操作。

应该指出的是,清洗过程中硬垢大量剥离与崩解是不正常现象。剥离的氧化皮和硬垢片很容易产生堵塞。崩解的水垢来不及溶解则会造成阻塞和气塞,使清洗难以顺利进行,并影响清洗效果。为防止垢的崩解,在清洗较疏松的碳酸钙垢时,应使用低浓度盐酸

(例如,由0.5%起,逐渐提高到2%),并且防止加酸过快过猛。直管的热交换器解垢后,如果垢体松软,可用压缩空气载压力水冲洗。有些水垢介于堆积的沉渣和硬质水垢之间。例如,用阻垢剂处理的循环水冷却塔,常因为超过规定的极限碳酸盐硬度或超过规定的浓缩倍率而积渣,但是尚未硬化成垢,可用普通压力水或压缩空气自设备上吹下。

2. 浸泡清洗法

浸泡清洗法是把预先配制好的清洗液装满要清洗的对象,静置浸泡一定时间,然后放出废液,用水冲洗。该法适用于小型冷却设备以及被沉积物堵死而无法将清洗液进行循环的设备。浸泡清洗省去了循环系统的安装工作和循环泵、阀门等的设备费用,是经济廉价的清洗方法,但需时间较长。清洗效果取决于药剂浓度和浸泡时间。药剂用量按垢量计算。对碳酸钙垢,通常取2~2.5kg/(m^2·mm厚)需30%盐酸2.4kg/kg(垢)。

3. 脉动清洗法

脉动清洗法是介于循环法和浸渍法之间的清洗方法。在清洗对象中装满清洗液浸渍一定时间后,从下部放出清洗液,再注入操作。利用所谓"液体的搅动",达到浓度和温度的均匀。清洗液的搅动量越多越好,下部连接点有多个时,若把排出部位和注入部位互相变换一下,则更有效。适用于不能循环的结构和水垢量多、管线较长以及远离连接点的设备。

4. 喷淋清洗法

喷淋清洗法适用于罐等容积比表面积大的清洗对象,以及因满水而强度不够的清洗对象。用喷嘴喷淋清洗液进行清洗。喷射喷嘴根据需要可通过清洗液进行360°自动旋转。

5. 泡沫清洗法

在浸泡清洗时,将发泡剂加入清洗液中,再鼓入空气、氮气等气体,使药剂充满整个容器,以便用少量的清洗剂去清洗一个大容器设备的内壁。这种方法称为泡沫清洗或鼓泡清洗。该方法适用于清洗碳酸钙、磷酸盐和铁铜垢混杂的水垢。当水垢中磷酸盐或铁的氧化物含量较多时,用盐酸清洗液溶垢速度慢,而且缺少碳酸钙垢溶解时的二氧化碳鼓泡搅动和使垢松动崩解的作用,清洗效果将受影响,除垢率有时不足70%,为此需鼓入氮气或同时加入发泡剂和加热。当氮气流量达300mL/min就有较好的冲击搅拌助溶效果,使除垢速度与除垢率较静态浸泡有明显提高。

6. 涂敷清洗法

有时清洗对象没有必要进行全面清洗,只需要清洗一部分或特殊部位,可采用涂敷清洗法。将黏结剂和清洗液混合后做成涂敷清洗液,涂敷在必要的部位,静置一定时间后再清洗。

第三节　预　膜

在系统清洗之后,需要进行预膜处理,即预先在金属表面上形成一层保护膜。通常在循环水系统开车初期投加较高浓度的缓蚀剂,待金属表面形成保护膜后,再降低缓蚀剂浓度以维持正常处理。

金属表面经过清洗后，尤其是酸洗后，处于活化状态，或表面保护膜受到重大损伤，仍处于新鲜状态，这些金属表面很容易腐蚀。加上循环水系统初期运行时，因没有热负荷，浓缩倍数提不上来，水温低，溶解氧含量高，则更容易产生腐蚀，初期的腐蚀速度很大。对碳钢试样进行预膜和不预膜的对比实验，结果见表 8－6。

表 8－6　碳钢预膜和不预膜处理的对比结果

编号	聚磷酸盐复合缓蚀剂浓度（以 PO_4^{3-} 计）/(mg/L)	腐蚀速度		沉积物的量/(mg/cm²)
		mm/a	mpy	
1	预膜 60（预膜 4d）20（运行 10d）共 14d	0.015	0.59	2.0
2	不预膜 60（连续运行 14d）	0.025	1	1.4
3	不预膜 20（连续运行 14d）	1.225	49	33.7

由表 8－6 可见，不经过预膜而直接使用聚磷酸盐复合缓蚀剂，当聚磷酸盐浓度为 60mg/L（以 PO_4^{3-} 计），连续运行 14d 时，碳钢的腐蚀速率为 0.025mm/a，碳钢表面上的沉积物的量 1.4mg/cm²；当聚磷酸盐浓度降为 20mg/L、连续 14d 时，则碳钢的腐蚀速度增加到 1.225mm/a，而沉积物量则增加到 33.7mg/cm²，均比以 60mg/L（PO_4^{3-} 计）聚磷酸盐复合缓蚀剂预膜 14d 处理后的值大很多。

由此可见，如果不经过预膜处理，要想有效地控制碳钢的腐蚀和沉积物的增长，冷却水中缓蚀剂的浓度必须提高。若先用 60mg/L（PO_4^{3-} 计）聚磷酸盐复合缓蚀剂预膜 4d，然后把聚磷酸盐复合缓蚀剂的浓度降低到 20mg/L 继续运行 10d，则碳钢的腐蚀速度只有 0.015mm/a，碳钢表面的沉积物量仅为 2.0mg/cm²。这一结果与不经预膜，连续用 60mg/L 聚磷酸盐复合缓蚀剂运行 14d 的结果相近。然而，前者比后者节约 2/3 的缓蚀剂。由此可见，若先用高浓度的缓蚀剂进行预膜，然后用低浓度的缓蚀剂进行正常运行，比不经预膜而直接用高浓度缓蚀剂运行要经济得多，又比直接用低浓度缓蚀剂运行去抑制腐蚀要有效得多。

一、预膜方案的分类

根据预膜时使用的药剂配方组成与日常运行时使用的药剂配方组成之间是否有直接的联系，可将冷却水系统换热器中金属冷却设备的预膜方案分为以下两大类。

1. 专用配方的预膜方案

这种方案所用的预膜配方的性能一般都较好，但它们的组成与该冷却水系统今后日常运行时所用配方的组成之间并无直接联系。专用配方的预膜方案较多，国内广泛使用聚磷酸盐－锌盐预膜方案。

2. 提高浓度的预膜方案

这种预膜方案的特点是预膜配方的组成与正常运行配方的组成之间有着密切的联系。在预膜阶段，将该冷却水系统今后日常运行时配方的浓度提高若干倍（通常 2～4 倍）作为预膜配方，在预膜浓度下运行一段时间（通常是几天或 1～2 周）。然后，把配方的浓度降低到日常正常运行浓度运行。这种方案由于操作和管理比较简单，所以得到广泛的应用。

二、预膜的时机

通常在下列情况下,需对冷却水系统中的金属冷却设备进行预膜处理:

(1)新的换热器或冷却水系统清洗之后。

(2)旧的换热器或冷却水系统清洗,尤其是酸洗之后。

(3)冷却水系统出现了低 pH 漂移(pH <4 达 2h),但被复原到控制的 pH 之后。

(4)冷却水系统进行年度检修后。

(5)停水 40h 或换热设备暴露在空气中 12h 后。

三、影响聚磷酸盐 - 锌盐预膜效果的因素

影响聚磷酸盐 - 锌盐预膜效果的因素主要有以下几方面。

(1)流速　聚磷酸盐缓蚀剂对水流速度有一定要求,流速大时水处于湍流状态,加快了聚磷的扩散速度,有利于成膜;同时流速增加有利于沉积过程,因而成膜良好,提高了缓蚀效果。此外,流速加大可以防止污垢沉积。但流速过大会引起冲刷作用。故流速最大不要超过 3m/s,最低不要低于 0.5m/s。

(2)聚磷浓度　提高聚磷酸盐浓度可加快成膜速度,提高成膜质量。但浓度过高,例如,超 1000mg/L,则保护膜由于全部络合增溶而稳定于水溶液中,膜就不存在了。如聚磷浓度太低,则成膜速度太慢也影响膜的质量。一般推荐聚磷浓度高限为 800mg/L,低限为 60mg/L,预膜时间为 12h ~ 14d。

(3)钙离子浓度　聚磷酸盐缓蚀很关键的一个因素是要有足够的钙离子浓度。一般来说,预膜时钙离子至少要大于 80mg/L,水中钙离子要在 100 ~ 200mg/L 预膜效果较好,低于 50mg/L 时预膜效果欠佳。当钙离子浓度不足时,可以添加氯化钙。

(4)温度　冷却水温高的情况下有利于成膜,但提高冷却水水温有困难时也可以在常温下进行,不过要延长预膜时间,但过高的水温有使磷酸盐水解成羟基磷灰石污泥的危险。

(5)pH　预膜中控制好 pH 很重要。聚磷酸盐成膜的最佳 pH 是 5 ~ 7,当 pH >7.4 后成膜效果有所下降;当 pH 超过 8 时,易于产生污垢,使局部腐蚀加大。反之当 pH <5 时,聚磷酸盐络合物膜将因增溶而破坏,引起金属腐蚀。

(6)锌离子　聚磷和锌离子复合使用有较好的缓蚀效果。锌离子成膜快,聚磷酸盐的膜耐久,两者复配有协调效应。在上述配方中,锌离子含量为 58mg/L。

(7)浊度和铁　水中浊度过高或含有较多的铁离子会影响成膜的质量,故一般要求浊度小于 10mg/L,并最好没有铁离子。

(8)停留时间　由于聚磷酸盐在系统中会发生水解和降解,因此预膜时间不能太长。实际上也不是预膜越长,预膜越牢固。

预膜效果的现场检验,目前采用旁路挂片进行检测,预膜过程中可观察挂片上成膜情况,如已成膜,则挂片上会呈现一层色晕,用肉眼观察,如膜层均匀致密、色晕一致、无锈蚀即表示预膜良好,也可以用硫酸铜溶液或亚铁氰化钾滴于挂片上检验成膜的效果。

第九章　循环冷却水的实验室监测

第一节　概　　述

循环冷却水的监测通常采用三种方法:现场监测,实验室内监测分析以及计算机数值模拟等。

循环冷却水的现场监测是最基本和最重要的工作。现场监测可以了解和掌握循环冷却水的各种变化过程和结果。但是,由于受环境、水量和气象等条件影响,现场监测常受到多种因素干扰和限制。另外,由于发生在现场的影响因素十分复杂,受控于多方面的因素,多种作用交织在一起,因此仅采用现场监测还是不够的,必须结合实验室监测,进行简单或复杂的实验测试、模拟、分析等,揭示水质变化的内在规律性,才能更好地控制循环冷却水系统的运行。

循环冷却水的实验室测试和监测,还具有一项循环冷却水系统不可或缺的优点。即由于工业规模的循环冷却水系统中的水量十分巨大,加之循环冷却系统过于庞大,因此,各种水处理技术的开发和研究,一般要在实验室内先进行小规模动态模拟实验,在取得实验效果和使用安全的基础上再扩大到工业中试。

所谓循环冷却水的实验室监测和测试,是在实验室内模仿建造特定的、经过简化的循环冷却水运行环境,在人工控制条件下,通过改变或限制某些运行参数,再现实际循环冷却水现场运行环境的某些变化过程,从而定量或定性地研究影响循环冷却水水质因素的相互作用及变化的关系,用来判断所采取的措施对循环冷却水系统的处理效果,分析处理措施的安全性。

循环冷却水的实验室测试实验一般可分为如下几种,按研究过程可分为静态实验和动态模拟实验;按研究内容可分为阻垢实验研究、缓蚀实验研究、杀菌实验研究和阻垢缓蚀性能评价研究等;按实验的规模和复杂程度可分为简单模拟实验和综合模拟实验等。

实验室内的动态模拟实验是工业水处理的一个必要步骤,在工业循环水处理领域的重要性是不言而喻的。许多阻垢缓蚀剂和循环冷却水杀菌剂的研制、新型阻垢杀菌技术的开发等,必须首先经过实验室内静态或动态模拟验证,通过循环冷却水静态、动态模拟实验,明确阻垢缓蚀剂性能,确定循环水应用的最佳控制指标,在取得实效的基础之上,再进一步进行工业中试或推广应用。经验表明,循环冷却水的实验室实验研究所获取的运行参数对工业节约用水、防腐、阻垢、杀灭菌藻、生产的安全运行和可持续发展具有重要意义。

近年来,随着工业水处理实验技术的发展,一批满足实验条件、可连续自动运行、具有实验数据自动采集分析功能的动态模拟实验装置、水垢测定仪、旋转挂片腐蚀实验仪等一系列水处理实验仪器和设备相继开发,丰富和发展了工业水处理实验室监测分析手段,为循环冷却水的实验室监测分析提供了技术和物质保障。

本章中将通过对一些模拟实验实例介绍说明循环冷却水实验室测试研究的方法。

第二节　循环冷却水的实验室阻垢测试

一、静态烧杯实验法

（一）静态烧杯实验

实验室内评定药剂的阻垢缓蚀性能方法有多种，从方法简单、快捷来看，首推静态烧杯实验（也称残余硬度法、碳酸钙沉积实验法），对于不同厂家测定步骤有较大的差别，现举例如下：

1. 方法一

在三角瓶中，加入循环水样 500mL 和一定量的药剂，在 60℃的水浴中保持 24h，水样经 0.2μm 滤膜过滤，测定滤液中 Ca^{2+} 的含量，按下式计算阻垢率：

$$阻垢率 = \frac{滤液中\ Ca^{2+}\ 的含量}{水样中\ Ca^{2+}\ 的含量} \times 100\% \tag{9-1}$$

2. 方法二

配制下列两组溶液：

第一组：$CaCl_2$　2.10g/L；KCl　2.04g/L；$MgCl_2 \cdot 6H_2O$　4.97g/L；NaCl　26.68g/L。

第二组：Na_2CO_3　1.0g/L；KCl　2.04g/L；$MgCl_2 \cdot 6H_2O$　4.97g/L；NaCl　26.68g/L。

将第一组溶液 50mL 加入一个烧杯中，然后加入 3mL 共聚物药剂（1%）水溶液，在第二组 50mL 溶液加入同样药剂。密封罐子，在 70℃中于摇床转动 6h，取出试样，过滤后测滤液中 Ca^{2+} 的浓度，阻垢率表示法同式（9-1）。

3. 方法三

配置 2~3 倍（Ca^{2+}、HCO_3^-）于原水的水样，在（80±1）℃恒温 16h，过滤，测定 P 碱度、全碱度 M、Ca^{2+}、pH，计算阻垢率，阻垢率表示法同式（9-1）。

4. 方法四

配制 Ca^{2+} 浓度 150mg/L，CO_3^{2-} 浓度 150mg/L 的溶液，加入一定量的药剂，在室温下保持 24h，过滤，滤液分析 Ca^{2+}，计算阻垢率。

配置 Ca^{2+} 浓度 120mg/L 和 HCO_3^- 浓度 366mg/L 的溶液，加入一定量的药剂，在（80±1）℃下恒温 16h，过滤，滤液分析 Ca^{2+}，计算阻垢率，阻垢率表示法同式（9-1）。

5. 方法五

在恒温水浴上，在 500mL 烧杯中加入 400mL 水样，并加入相应浓度的阻垢剂，在 50℃下连续蒸发 24h，此时浓缩倍数约 2 倍（如确定实验阻垢剂浓度为 2mg/L，则开始实验时，加入药剂量为 1mg/L），取水样，冷至室温，测定总碱度和总硬度，并按下式计算阻垢率。

$$\eta = \frac{H_Z - H_0}{NH_{T,B} - H_0} \times 100\% \tag{9-2}$$

式中　η——阻垢率,%

H_Z——阻垢剂在某一浓度下能够稳定的碳酸盐硬度值,mmol/L

H_0——未加阻垢剂时,同样浓缩后水的碳酸盐硬度值,mmol/L

$H_{T,B}$——补充水的碳酸盐硬度,mmol/L

N——浓缩倍数

综合上述方法的差异,主要表现在原水水质、实验温度、加热时间、阻垢剂浓度等方面。

(二)静态烧杯实验法存在的问题

在应用静态烧杯实验法时存在问题是:第一,分辨率不高,测得的阻垢率偏高,不易辨别不同水质阻垢剂性能的差异;第二,重现性不够好。

下面分别加以说明:

(1)分辨率不高　分辨率不高的问题,可从以下一组实验中看出:取 200mL $CaCl_2$ 溶液(浓度 18mmol/L),加入 1mol/L 的 $NaHCO_3$ 4mL(或 0.5mol/L $NaHCO_3$ 8mL),再加入 0.4mL 阻垢剂(浓度为:1mL 近似为 1mg),使样品中浓度为 2mg/L,在 60℃水浴上加热 10h 后,继续在水浴上放置 10h,过滤,取滤液测定 Ca^{2+},然后计算阻垢率,测定结果见表 9-1。

表 9-1　静态烧杯实验结果

药剂名称	阻垢率/%	药剂名称	阻垢率/%
ATMP	95.83	三聚磷酸钠 + ATMP(2:1)	91.67
DDF-2	95.83	三聚磷酸钠 + ATMP(1:1)	94.44
三聚磷酸钠	90.28	三聚磷酸钠 + ATMP(1:2)	94.44
三聚磷酸钠 + ATMP(3:1)	91.67		

从表 9-1 中的实验结果可看出,各阻垢剂的阻垢率过于接近,据此分辨阻垢剂的阻垢性能是比较困难的。

(2)重现性不好　重现性不好表现在:在相同情况下,实验结果通常有较大的差别。

(三)静态烧杯实验法的改进

1. 影响实验效果的四个主要因子

影响实验效果的四个主要因子选择如下:

(1)温度的选取　在多数情况下,电厂循环水温度不超过 45℃,因此选取以下三个水平:45℃、60℃和 80℃。其中 45℃接近现场温度。而 60℃和 80℃则是考虑到强化实验,为缩短实验时间而选取的两个温度。

(2)水质条件的选取　为了得到重现性较好而便于比较的测试结果,实验采用配制水样。

电厂循环冷却水运行条件下,水垢的主要成分为 $CaCO_3$ 水垢,阻垢剂对 $CaCO_3$ 的阻垢效果是考察的重要指标,因而在配制水样时,仅加入 Ca^{2+}、Mg^{2+}、Cl^-、SO_4^{2-}、HCO_3^-。

配制水一般有两种类型,一是根据现场状况配制的模拟循环水,二是实验室所用的高碱、高硬水。根据强化实验的要求，我们采用高碱、高硬水，因为这种强化介质可缩短测试时间，提高结果分辨率。

根据资料，选取以下两组配制的水质进行对比：

第一组：$CaCl_2$5.4mmol/L，$MgSO_4$1.8mmol/L，$NaHCO_3$20mmol/L（水质1）。

第二组：$CaCl_2$10mmol/L，$MgSO_4$3mmol/L，$NaHCO_3$10mmol/L（水质2）。

同为高碱、高硬水的情况下，第一种水质中硬度小于碱度，第二种水质中硬度高于碱度。

（3）阻垢剂浓度的选取　冷却水系统中添加阻垢剂的浓度一般为2～3mg/L，为了确定烧杯实验中的添加浓度，进行了下列实验。

配制水样为$CaCl_2$ 5.4mmol/L，$MgSO_4$ 1.8mmol/L，$NaHCO_3$ 20mmol/L，取配制水300mL加入磨口三角瓶中，加入不同种类及剂量的阻垢剂，60℃水浴中保持10h，过滤，测定滤液中的Ca^{2+}含量（同时进行空白实验）。利用式（9－1）计算阻垢率，实验结果见表9－2。

表9－2　　阻垢剂浓度选取实验结果

药剂	加药3mg/L		加药2mg/L		加药1mg/L		加药0.5mg/L	
	残余Ca^{2+}/mmol/L	阻垢率/%	残余Ca^{2+}/mmol/L	阻垢率/%	残余Ca^{2+}/mmol/L	阻垢率/%	残余Ca^{2+}/mmol/L	阻垢率/%
ATMP	4.7	90.4	1.8	34.6	1.1	21.2	0.4	7.7
HEDP	5.2	100.0	3.5	67.3	2.0	38.5	1.2	23.1
三聚磷酸钠	3.7	71.2	1.0	19.2	0.8	15.4	0.4	7.7

不同剂量的阻垢剂与阻垢率关系如图9－1所示。

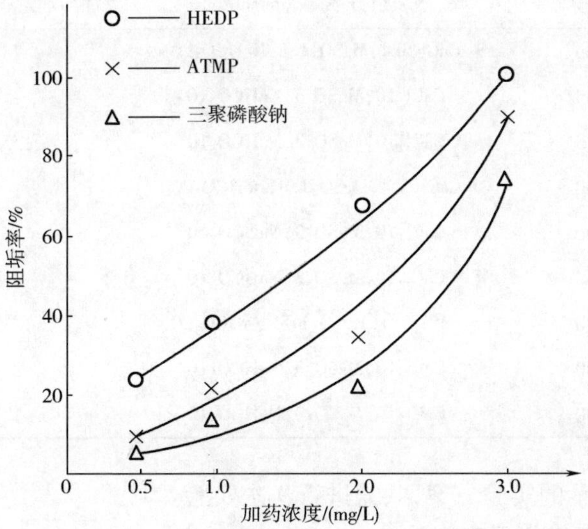

图9－1　阻垢剂浓度与阻垢率关系曲线

从图 9-1 可以看出，阻垢率随阻垢剂浓度的增长而增长，此外，当阻垢剂浓度在 1.0~2.0mg/L 时，各种磷系阻垢剂的阻垢能力相差较显著，即在此浓度区域内，各阻垢剂测定结果差值较大，有利于评价药剂的优劣。

因此，阻垢剂浓度值在 1.0~2.0mg/L 范围内选取，选取 1mg/L、1.5mg/L 和 2mg/L。

(4)加热时间选取　缩短加热时间可达到快速实验的目的。改进前加热时间有 10h、12h、24h 等。改进后的实验加热时间选取 6h、10h 和 24h。

综上所述，对影响阻垢剂效果的四个主要因子及水平见表 9-3。

表 9-3　　静态烧杯实验方法改进后的因子及其水平表

因子 / 水平 / 编号	A	B	C	D
	温度/℃	水质组分浓度/(mmol/L)	加药剂量/(mg/L)	加热时间/h
1	45	$CaCl_2$5.4，$MgSO_4$1.8，$NaHCO_3$20(水质 1)	2	24
2	60	$CaCl_2$10，$MgSO_4$3.0，$NaHCO_3$10(水质 2)	1	6
3	80		1.5	10

2. 改进后的静态烧杯正交实验设计

静态烧杯实验的四个因子和水平选定后，可以设计一正交实验对阻垢剂的效果进行进一步验证。

实验共有四个因子，其中三个因子具有三个水平，一个因子为两水平，即 2×3^3 形式。根据正交实验法，可以选用 $L_9(3^4)$ 型正交表来拟定实验方案。正交表见表 9-4。

表 9-4　　改进后的正交实验表

因子 / 实验方案 / 实验号	A	B	C	D
	温度/℃	水质组分浓度/(mmol/L)	加药剂量/(mg/L)	加热时间/h
1	45	$CaCl_2$5.4，$MgSO_4$1.8，$NaHCO_3$20	2	24
2	45	$CaCl_2$10，$MgSO_4$3，$NaHCO_3$10	1	6
3	45	$CaCl_2$10，$MgSO_4$3，$NaHCO_3$10	1.5	10
4	60	$CaCl_2$5.4，$MgSO_4$1.8，$NaHCO_3$20	1	10
5	60	$CaCl_2$10，$MgSO_4$3，$NaHCO_3$10	1.5	24
6	60	$CaCl_2$10，$MgSO_4$3，$NaHCO_3$10	2	6
7	80	$CaCl_2$5.4，$MgSO_4$1.8，$NaHCO_3$20	1.5	6
8	80	$CaCl_2$10，$MgSO_4$3，$NaHCO_3$10	2	10
9	80	$CaCl_2$10，$MgSO_4$3，$NaHCO_3$10	1	24

根据表 9-4 所示的实验方案，共需进行 9 次实验。

3. 改进后的静态烧杯正交实验

药品：无水氯化钙、硫酸镁、碳酸氢钠。

阻垢剂：ATMP、HEDP、三聚磷酸钠、聚丙烯酸。

实验步骤如下：

(1)分别配制 $CaCl_2$ 浓度为 5.4mmol/L、$MgSO_4$ 浓度为 1.8mmol/L、$NaHCO_3$ 浓度为 20mmol/L，以及 $CaCl_2$ 浓度为 10mmol/L、$MgSO_4$ 浓度为 3mmol/L、$NaHCO_3$ 浓度为 10mmol/L 的水样，不调 pH 或用 0.01$NaHCO_3$将 pH 调至 8.5。

准备 5 只磨口三角瓶，分别加入配制水样 300mL，在其中 4 只内依此加入不同阻垢剂 2mg/L。加药顺序为：先加阻垢剂，用除盐水稀释后，再加 $CaCl_2$，再稀释后，加入 $MgSO_4$，最后加入 $NaHCO_3$。剩余一只用来作空白实验。

将 5 只磨口瓶置于水浴锅中，在 45℃下保持 12h；加热完毕后，再放置 12h。

(2)实验完毕后，取出水样，用定量滤纸或 0.4μm 滤膜过滤，并测定滤液中的 Ca^{2+} 含量。

(3)计算公式　利用式(9-1)计算阻垢率。

4. 改进后的静态烧杯正交实验结果

实验结果见表 9-5。

表 9-5　改进后的静态烧杯正交实验结果

序号	阻垢率/%				差值平方和 Q	评分
	ATMP	聚丙烯酸	HEDP	三聚磷酸钠		
1	100	51.7	100	39.4	2448	2
2	98.04	72.55	100	94.20	53.78	1
3	96.08	72.55	98.04	94.12	7.68	1
4	21.2	17.3	42.3	9.62	549	1
5	98.04	51.96	100	82.35	187	2
6	100	63.7	100	100	0	0
7	15.38	7.7	38.46	9.6	466.3	2
8	82.35	35.3	89.22	40.20	1409	4
9	52.94	44.1	72.55	32.35	808	1

从表 9-5 中可见，多数实验中磷系阻垢剂与聚羧酸类阻垢剂的阻垢效果相差较大，这与实际情况相符。但也有个别实验，磷系药剂阻垢率反而低于聚羧酸类药剂阻垢率。

5. 最佳实验参数的选取

磷系药剂中，有的结果比较容易辨别阻垢剂的优劣，有的结果则无法分辨，这些都是实验操作条件不同而造成的。

为此，采用评分办法来选定最佳实验参数条件。

(1)评分以前，先计算出每次实验中磷系三种阻垢剂阻垢率的差值平方和，表示三种药剂阻垢能力的差异，计算公式为：

$$Q = (X_{HEDP} - \bar{\mu})^2 + (X_{ATMP} - \bar{\mu})^2 + (X_{三聚} - \bar{\mu})^2 \qquad (9-3)$$

式中　Q——差值平方和

X——阻垢率

$\bar{\mu}$——三种阻垢剂阻垢率的平均值

(2)对表9-5中的数据进行评分:

$Q=0$ 者得零分;

$0<Q<100$ 者得1分;

$100\leqslant Q<500$ 者得2分;

$500\leqslant Q<1000$ 者得3分;

$1000\leqslant Q<2000$ 者得4分;

$Q\geqslant 2000$ 者得5分。

(3)ATMP和HEDP之间阻垢率相等,无法分辨者,扣1分。

(4)实验测得三聚磷酸钠阻垢率小于聚丙烯酸者,扣2分。

根据以上评分标准,对表9-5进行打分,归纳计算得出表9-6。

表9-6　改进后的静态烧杯实验结果计算表

因子 / K,k,R	A(温度)	B(水质条件)	C(药剂浓度)	D(加热时间)
K_1	4.0	5.0	6.0	5.0
K_2	3.0	7.0	3.0	3.0
K_3	7.0	2.0	5.0	6.0
k_1	1.3	1.7	2.0	1.7
k_2	1.0	2.3	1.0	1.0
k_3	2.3	0.7	1.7	2.0
R	1.3	1.6	1.0	1.0

其中,K 为各因子一定水平下的指标总和。

例如,A(温度)因子共有三个水平(45℃,60℃,80℃),根据这三个水平可把实验分为三批,相对于第一水平(45℃即 A_1)三个实验得分总和即为 K_1(K_1 等于4.0),相对于 A_2 三个实验指标总和 K_2 为3.0。同理,其余三个因子也如此进行计算。

k 为各指标的平均值,此实验中 $k=K/3$。例如,$k_1=K_1/3$ 等。

而 k 之间的极差(即 k_1,k_2,k_3 中最大与最小之差)称为 R,R 值反映了因子所选水平的差异对结果的影响,R 值越大,表明因子所选水平对指标影响越大。

比较表9-6中 R 值,可得出 $R_B>R_A>R_C=R_D$,反映了因子主次关系为:B→A→C、D,对于主要因子,由于对实验结果影响大,应将其控制在得分最高水平上。

根据 k 值大小,可得出 B_3、A_2、C_1、D_3 为最好水平,即温度为80℃,水质条件 $CaCl_2$ 10mmol/L,$MgSO_4$ 3mmol/L,$NaHCO_3$ 10mmol/L,阻垢剂浓度2mg/L及加热时间10h是最佳实验条件。因子指标如图9-2所示。

从实验得知,D因子为次要因子,对实验结果影响不大,为了提高实验速度,选取加热6h作为实验条件。因此,最终选取的工艺条件为:$B_3A_2C_1D_2$。

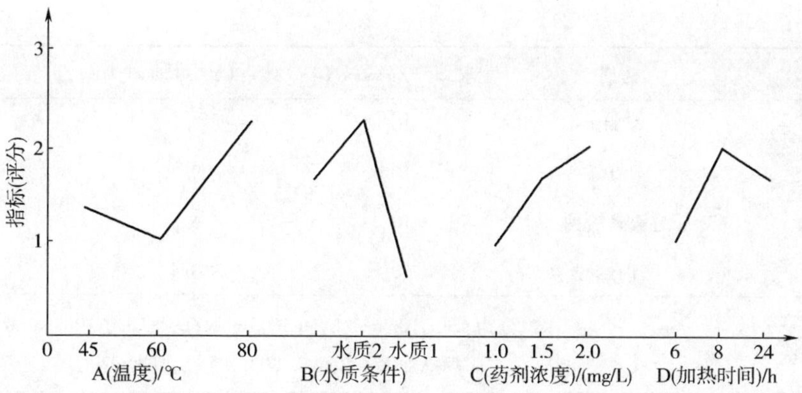

图 9-2　因子指标图

6. 最佳实验参数下的再次实验验证

为了验证，在最终选取的工艺条件下再次进行了实验。结果见表 9-7。

表 9-7　最佳实验参数下的再次实验结果

阻垢剂	配制水中的 Ca^{2+}/(mmol/L)	过滤水中的 Ca^{2+}/(mmol/L)	阻垢率/%
ATMP	10	8.1	81
HEDP	10	9.2	92
三聚磷酸钠	10	6.9	69
聚丙烯酸	10	3.5	35
实验条件	$CaCl_2$ 10mmol/L，$MgSO_4$ 3mmol/L，$NaHCO_3$ 10mmol/L 阻垢剂添加 2mg/L，80℃水浴加热 6h		

从表 9-7 可看出，数据间分辨程度较高，且实验时间较短，可作为较优实验条件。

7. 重现性实验

实验方法的重现性是评价该方法可靠性的依据之一。用所选实验条件重复进行了几组实验，结果见表 9-8。

表 9-8　重现性实验

序号	药剂	配水 Ca^{2+}/(mmol/L)	残余 Ca^{2+}/(mmol/L)	阻垢率/%
1	ATMP	10	8.2	82
	HEDP	10	9.4	94
	三聚磷酸钠	10	7.0	70
	聚丙烯酸	10	3.4	34
2	ATMP	10	8.1	81
	HEDP	10	9.2	92
	三聚磷酸钠	10	6.9	69
	聚丙烯酸	10	3.5	35

续表

序号	药剂	配水 Ca^{2+}/(mmol/L)	残余 Ca^{2+}/(mmol/L)	阻垢率/%
3	ATMP	10	8.1	81
	HEDP	10	9.3	93
	三聚磷酸钠	10	6.8	68
	聚丙烯酸	10	3.4	34
实验条件	原水组分为 $CaCl_2$ 10mmol/L，$MgSO_4$ 3mmol/L，$NaHCO_3$ 10mmol/L 阻垢剂加入量 2mg/L，80℃水浴上加热 6h			

表 9-8 的数据说明实验重现性良好。

通过上述研究，得出如下结论：

（1）较优实验条件　原水组分 $CaCl_2$ 10mmol/L，$MgSO_4$ 3mmol/L，$NaHCO_3$ 10mmol/L，阻垢剂加入量 2mg/L，在 80℃水浴中加热 6h（也可以在 60℃水浴中加热 8h）。

（2）加药顺序　先加阻垢剂，用除盐水稀释后，再加 $CaCl_2$，摇匀，加入 $MgSO_4$，最后加入 $NaHCO_3$。

（四）复配阻垢剂的静态烧杯实验

在确定了较优实验参数之后，为了验证实验方法的分辨率，进行了一次 ATMP 和三聚磷酸钠按不同比例复配的阻垢实验，复配药剂的实验结果见表 9-9。

表 9-9　复配药剂的实验结果

药剂	配水中 Ca^{2+}/(mmol/L)	残余 Ca^{2+}/(mmol/L)	阻垢率/%
ATMP + 三聚磷酸钠 1∶1	10	7.8	78
ATMP + 三聚磷酸钠 1∶2	10	7.6	76
ATMP + 三聚磷酸钠 1∶3	10	7.4	74
ATMP + 三聚磷酸钠 1∶4	10	7.1	71
实验条件	$CaCl_2$ 10mmol/L，$MgSO_4$ 3mmol/L，$NaHCO_3$ 10mmol/L 加药 2mg/L，80℃水浴加热 6h		

表 9-9 数据表明，优选条件下的实验较大改善了实验中测定结果分辨率低的现象，证明了优选条件的可行性。

（五）水质改变时静态烧杯阻垢实验

应当说明的是，对于不同的水质，不同阻垢剂的阻垢效果是不同的，表 9-10 列出不同水质下静态烧杯阻垢实验的结果。

表 9－10　　　　不同水质下静态烧杯阻垢实验结果

药剂名称	阻垢率/%		
	模拟负硬水（5mol/L $CaCl_2$ 和 20mmol/L $NaHCO_3$）	模拟暂硬水（10mol/L $CaCl_2$ 和 10mmol/L $NaHCO_3$）	模拟永硬水（10mol/L $CaCl_2$ 和 5mmol/L $NaHCO_3$）
丙－丙共聚物	22	36	94
PBTCA	26	52	80
MB	28	57	90
HPMA	34	53	93
PAA	64	50	93
ATMP	40	77	95
HEDP	40	74	82
磺酸共聚物	56	63	82
复配药 1	4	58	79
复配药 2	56	80	93
复配药 3	68	84	88
复配药 4	80	94	98
复配药 5	82	95	99

由表 9－10 可以看出，在模拟负硬水、模拟暂硬水和模拟永硬水等不同水质下，同一种药剂的阻垢效果还是有较大差别的，其中复配药剂 1 对模拟负硬水的阻垢率仅有 4%，对模拟永硬水的阻垢率达到 79%。其他阻垢剂也有类似情况。

可以说，水质条件改变时，必须根据水质条件改变药剂配方，进行实验室内的模拟阻垢实验，在取得较好的阻垢效果基础上，方可实际应用。一般在模拟永硬水情况下，对于复配药剂，希望其阻垢率大于 98%。

二、静态极限碳酸盐硬度实验

静态实验装置如图 9－3 所示。

实验装置是由敞口圆柱形玻璃缸（直径 300mm，高 300mm）、电加热管、搅拌器、控温仪、温度计和 5L 下口瓶组合而成。玻璃缸中内置 5L 水，加热升温，保持水温（45 ±1）℃。

如进行加药实验，应在升温前加入所需的阻垢剂，一般为 1～2mg/L 有效含量药剂，搅拌 5min，使水和药剂混合均匀。实验中，一面蒸发浓缩，一面连续补充含 1～2mg/L 药剂的水样，保持玻璃缸内水位恒定。同时定期从玻璃缸中取水样，测定全碱度和氯离子，以式（9－4）计算氯离子浓缩倍数与碱度浓缩倍数的差值 ΔA。当 $\Delta A > 0.2$ 时，水中的碳酸盐硬度值即为极限碳酸盐硬度值。

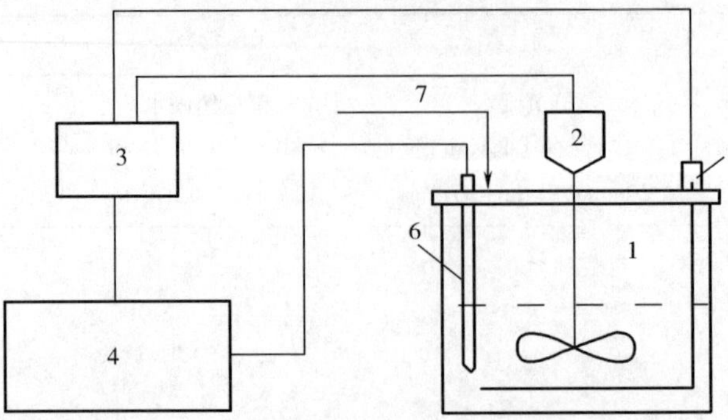

图 9-3　极限碳酸盐硬度静态实验装置

1—玻璃缸　2—搅拌器　3—电源　4—控温仪

5—加热管　6—热敏电阻　7—补充水

$$\Delta A = \frac{[Cl_X^-]}{[Cl_B^-]} - \frac{A_X}{A_B} = N_{Cl} - N_A \tag{9-4}$$

式中　Cl_X^-——循环冷却水中 Cl^- 浓度，mg/L

Cl_B^-——补充水中 Cl^- 浓度，mg/L

A_X——循环冷却水的总碱度，mmol/L

A_B——补充水的总碱度，mmol/L

N_{Cl}——循环冷却水中 Cl^- 的浓缩倍数

N_A——循环冷却水中碱度 A 的浓缩倍数

用上述方法求得的极限碳酸盐硬度值，如图 9-4 和表 9-11 所示。

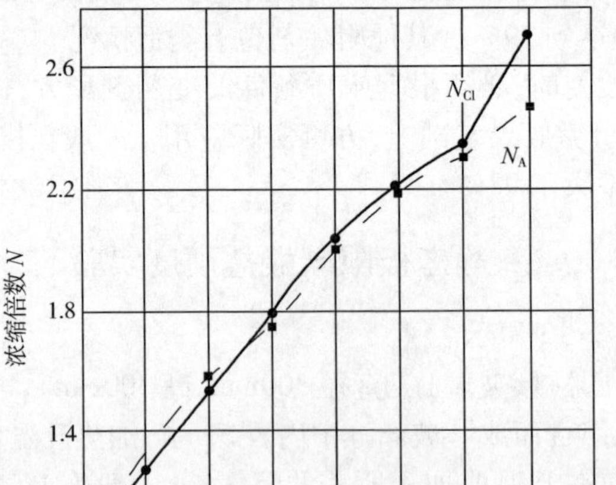

图 9-4　极限碳酸盐硬度实验曲线

表 9－11　　极限碳酸盐硬度实验数据表(加阻垢剂)

实验持续时间/h	碱度/(mmol/L)		[Cl⁻]/(mg/L)	浓缩倍率		ΔA	备注
	P	M		N_{Cl}	N_A		
48	0.6	5.45	162	1.47	1.47	0	
72	1.0	6.6	196	1.78	1.78	0	
96	1.2	7.65	230	2.09	2.07	0.02	
120	1.4	8.6	260	2.36	2.32	0.04	
144	1.6	9.3	280	2.55	2.51	0.04	
168	1.7	9.6	288	2.62	2.59	0.03	
192	1.9	10.4	312	2.84	2.81	0.03	
216	1.9	10.5	328	2.98	2.84	0.14	
228	1.9	10.8	348	3.16	2.91	0.25	
240	1.7	9.9	368	3.35	2.68	0.67	有垢析出

注:原水总碱度 3.7mmol/L,[Cl^-]110mg/L。

从表 9－11 可以看出,随着实验时间的延长,水样的浓缩倍数加大,水中的[Cl_X^-]与 M 碱度均增大,氯离子浓缩倍数与碱度浓缩倍数的差值 ΔA 也在增大。当实验时间达到 228h 后,$\Delta A = 0.25 > 0.2$,此时水中的碳酸盐硬度值超过极限碳酸盐硬度值。因此,可确定本次阻垢剂实验测定中,到达极限碳酸盐硬度所用的时间≤228h。

极限碳酸盐阻垢实验,可以用来比较两种不同配方的阻垢剂的阻垢效果,判断标准就是出现极限碳酸盐硬度的时间,出现极限碳酸盐硬度的时间越长,其阻垢效果就越好。

极限碳酸盐静态实验结果,还可以用绝对指标 Δb 值进行校对,校对公式见式(9－5)。

$$\Delta b = A_B \cdot \frac{[Cl_X^-]}{[Cl_B^-]} - A_X \leqslant 0.5 \qquad (9-5)$$

式中　A_X——循环冷却水的总碱度,mmol/L

A_B——补充水的总碱度,mmol/L

三、动态模拟实验法

静态法的缺点:一是距工业实际运行的循环冷却水系统差距较大,二是缺少冷却塔充分曝气的条件,三是浓缩时间过长。为此,对实验装置进行改进,采用动态模拟现场运行条件的方法进行实验。

可以说,动态模拟实验是一种最接近实际的实验方法,实验结果具有很好的参考价值。对于敞开式循环冷却系统,最主要的是模拟以下条件应尽量与现场条件相符:

①换热管为电厂用凝汽器管。

②铜管内水流速。

③换热器进出口水温。

④加热侧温度。

⑤系统水容积/循环水量之比。

⑥浓缩倍率。

1. 双通道工业循环冷却水动态模拟实验台

为了缩短实验时间,同时也尽可能地模拟工业循环冷却水运行系统实际运行工况,可采用双通道工业循环冷却水动态模拟实验台进行实验。一次实验,同时获得实验组与对照组的两组实验数据,便于实时对比、检测阻垢、缓蚀和杀菌效果。

双通道工业循环冷却水动态模拟实验台流程图,如图9-5所示。

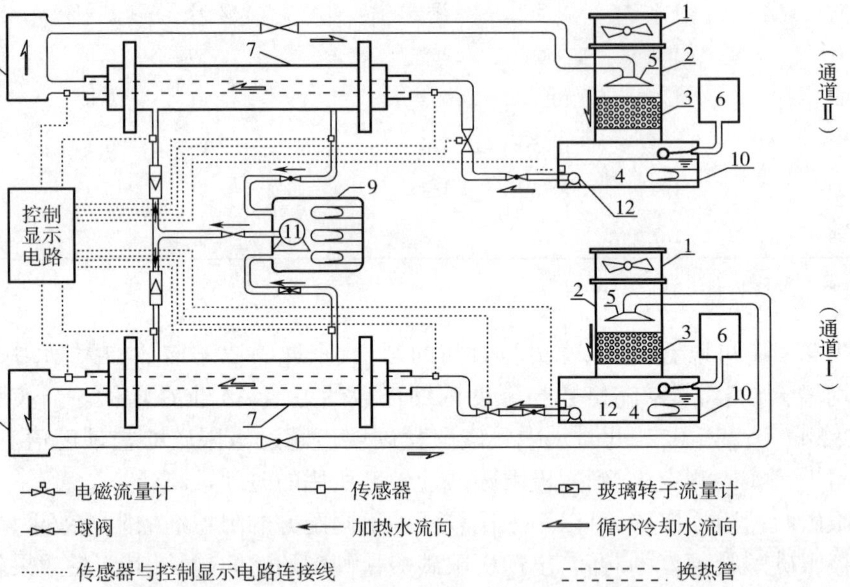

图9-5　双通道工业循环冷却水动态模拟实验台结构图

1—轴流风机　2—冷却塔　3—填料　4—集水池　5—喷头　6—自动补水系统　7—换热器　8—挂片筒　9—恒温水油槽加热器　10—电热棒　11—加热循环水泵　12—循环冷却水泵

实验台由两个通道、五大主要部分组成:循环冷却水系统、加热水系统、自动补水系统、补药系统和数据采集系统。两个通道在结构、材质、水量、运行时间等方面完全相同,实验中可将一组设置为实验组,另一组设置为对照组。

由于图9-5中的两个通道完全相同,以其中一组通道为例,说明实验台的结构及循环冷却水的运行流程。图9-5中,循环冷却水经水泵12,通过流量计后进入换热器7内与加热介质进行热量交换。换热器7内装有换热铜管,循环冷却水经换热铜管后进入冷却塔2,经喷头5喷入填料层3与冷空气进行对流换热后,回到集水池4中完成一次循环。

冷却塔2上部装有轴流风机1用以调节循环冷却水温度,集水池4装有加热棒10用以对循环冷却水加温,保证循环冷却水温度在实验过程中的基本恒定。

加热介质由恒温水油槽加热器9加热后,流经换热器7换热后回到恒温水油槽中,加热介质与循环冷却水以逆流方式热量交换。实验过程中由于蒸发所减少的循环冷却水由自动补水系统6补充。

实验中，通过 Pt100 一体化温度传感器分别测得加热端进出口与冷却端进出口水温，经控制器和采集器输送至电脑后，利用温度分析软件分别记录上述各温度值，再经软件计算后转变为水垢的热阻值，可进行实验数据的采集、存储，并实时显示污垢热阻曲线和阻垢率曲线。

双通道工业循环冷却水动态模拟实验台具有以下功能：

(1)按照国家发改委颁布的《冷却水动态模拟试验方法》(HG/T 2160—2008)标准设计，主要元器件如换热器、集水池、模拟冷却塔、测温元件、水路系统、控制电路及加热装置等符合标准。

(2)能够进行循环水的动态循环，不堵塞、不淤积、便于清洗和排放废水。

(3)便于更换换热铜管，可选用不同型号、材质的铜管。

(4)循环冷却水的温度：25～40℃，±1℃。加热介质温度：导热油：30～150℃，±1℃；高纯水：30～90℃，±1℃。

(5)便于采集水样、垢样测试、显示和控制。

(6)采用高精度流量计量，流量测量精度达到 0.5%。

(7)采用两台蠕动泵供药，可提供 0.0002～380mL/min 的流量，供药的精确性和稳定性高。

(8)自动显示流量、温度、污垢热阻和阻垢率曲线，并能保存、调用、显示各组实验数据，可实现自动运行、自动数据采集。数据采集系统可以随时保存、调用、显示各组实验数据。

双通道工业循环冷却水动态模拟实验台可以用于模拟电厂冷却水系统的运行工况，通过动态运行，测定污垢热阻值和污垢的附着速度，测定挂片和试验管的失重，直接观察垢样的形成及垢样的采集，从而得出传热状态下的腐蚀率和腐蚀速度等参数，并以扫描电子显微镜(SEM)、X 射线衍射(XRD)和能谱(EDS)分析测试水垢的组成和晶体结构等。

2. 实验室内动态模拟阻垢实验

(1)循环冷却水的动态模拟实验　利用双通道工业循环冷却水动态模拟实验台可以进行阻垢效果评价研究。可以采取两种方法进行阻垢效果评价。第一种方法，物理阻垢的阻垢效果评价；第二种方法，化学阻垢药剂的阻垢效果评价。

(2)实验方法　为保持循环冷却水中影响水垢形成的两种主要离子 Ca^{2+}、HCO_3^- 浓度不变，需要向水中补充分析纯 $CaCl_2$ 和 $NaHCO_3$ 化学药剂。首先进行离子损失速率测定实验，测出循环冷却水中影响水垢形成的两种主要离子 Ca^{2+}、HCO_3^- 的损失率。

水中 Ca^{2+}、HCO_3^- 的损失，主要是由于实验初始阶段，随着水垢的生成，循环冷却水中钙硬度 Ca^{2+} 和碱度 HCO_3^- 离子大量黏附并沉积在管道、集水池内壁和填料层表面所致。随着实验的进行和循环冷却水的浓缩，水中的离子浓度会逐渐增大，故实验后期应逐渐减少离子的补充率。正确的办法是绘出离子损失率曲线，该曲线一般是非线性曲线，根据损失率曲线折算成分析纯 $CaCl_2$ 和 $NaHCO_3$ 的药量浓度，根据离子损失率曲线采用蠕动泵精确控制药量的补充率。每间隔一定时间调整蠕动泵的转速，逐步减少离子的补充量。

采用第一种方法进行阻垢效果评价研究时，将阻垢处理器(如电磁场阻垢器、超声波阻垢器等)安装在实验组(通道Ⅰ)的循环冷却水管路中，对照组(通道Ⅱ)的循环冷却水管路中不安装阻垢处理器。

采用第二种方法进行阻垢效果评价研究时，可将阻垢化学药剂一次性或分时段多次定量投加到实验组（通道Ⅰ）的集水池中，对照组则不投加阻垢化学药剂。

（3）阻垢效果评价　为了观察阻垢效果，可采用两种方法进行阻垢效果评价。

①污垢热阻的计算和阻垢率：计算换热铜管的污垢热阻值，通过比较实验组（通道Ⅰ）和对照组（通道Ⅱ）的污垢热阻值的大小评价阻垢效果。也可利用实验组（通道Ⅰ）和对照组（通道Ⅱ）的污垢热阻计算得到阻垢率，通过阻垢率分析阻垢效果。

根据传热学的热平衡条件，当采用对流式热量交换时，实验组与对照组的污垢热阻值见式（9－6）、式（9－7）。

$$R_{f,\mathrm{S}}=\frac{S}{m_{\mathrm{c}}c_{\mathrm{pc}}}\left[\frac{(T_{\mathrm{ho,t,S}}-T_{\mathrm{ci,t,S}})-(T_{\mathrm{hi,t,S}}-T_{\mathrm{co,t,S}})}{(T_{\mathrm{co,t,S}}-T_{\mathrm{ci,t,S}})\ln\dfrac{T_{\mathrm{ho,t,S}}-T_{\mathrm{ci,t,S}}}{T_{\mathrm{hi,t,S}}-T_{\mathrm{co,t,S}}}}-\frac{(T_{\mathrm{ho,0,S}}-T_{\mathrm{ci,0,S}})-(T_{\mathrm{hi,0,S}}-T_{\mathrm{co,0,S}})}{(T_{\mathrm{co,0,S}}-T_{\mathrm{ci,0,S}})\ln\dfrac{T_{\mathrm{ho,0,S}}-T_{\mathrm{ci,0,S}}}{T_{\mathrm{hi,0,S}}-T_{\mathrm{co,0,S}}}}\right] \quad (9-6)$$

$$R_{f,\mathrm{D}}=\frac{S}{m_{\mathrm{c}}c_{\mathrm{pc}}}\left[\frac{(T_{\mathrm{ho,t,D}}-T_{\mathrm{ci,t,D}})-(T_{\mathrm{hi,t,D}}-T_{\mathrm{co,t,D}})}{(T_{\mathrm{co,t,D}}-T_{\mathrm{ci,t,D}})\ln\dfrac{T_{\mathrm{ho,t,D}}-T_{\mathrm{ci,t,D}}}{T_{\mathrm{hi,t,D}}-T_{\mathrm{co,t,D}}}}-\frac{(T_{\mathrm{ho,0,D}}-T_{\mathrm{ci,0,D}})-(T_{\mathrm{hi,0,D}}-T_{\mathrm{co,0,D}})}{(T_{\mathrm{co,0,D}}-T_{\mathrm{ci,0,D}})\ln\dfrac{T_{\mathrm{ho,0,D}}-T_{\mathrm{ci,0,D}}}{T_{\mathrm{hi,0,D}}-T_{\mathrm{co,0,D}}}}\right] \quad (9-7)$$

式（9－6）、式（9－7）中：

$R_{f,\mathrm{D}}$——对照组的污垢热阻值，$\mathrm{m^2K/W}$

$R_{f,\mathrm{S}}$——实验组的污垢热阻值，$\mathrm{m^2K/W}$

$T_{\mathrm{ci,0,D}}$——对照组零时刻冷却水进口端温度，℃

$T_{\mathrm{co,0,D}}$——对照组零时刻冷却水出口端温度，℃

$T_{\mathrm{hi,0,D}}$——对照组零时刻加热水进口端温度，℃

$T_{\mathrm{ho,0,D}}$——对照组零时刻加热水出口端温度，℃

$T_{\mathrm{ci,0,S}}$——实验组零时刻冷却水进口端温度，℃

$T_{\mathrm{co,0,S}}$——实验组零时刻冷却水出口端温度，℃

$T_{\mathrm{hi,0,S}}$——实验组零时刻加热水进口端温度，℃

$T_{\mathrm{ho,0,S}}$——实验组零时刻加热水出口端温度，℃

$T_{\mathrm{ci,t,D}}$——对照组 t 时刻冷却水进口端温度，℃

$T_{\mathrm{co,t,D}}$——对照组 t 时刻冷却水出口端温度，℃

$T_{\mathrm{hi,t,D}}$——对照组 t 时刻加热水进口端温度，℃

$T_{\mathrm{ho,t,D}}$——对照组 t 时刻加热水出口端温度，℃

$T_{\mathrm{ci,t,S}}$——实验组 t 时刻冷却水进口端温度，℃

$T_{\mathrm{co,t,S}}$——实验组 t 时刻冷却水出口端温度，℃

$T_{\mathrm{hi,t,S}}$——实验组 t 时刻加热水进口端温度，℃

$T_{\mathrm{ho,t,S}}$——实验组 t 时刻加热水出口端温度，℃

S——换热铜管的换热面积，$\mathrm{m^2}$

c_{pc}——循环冷却水的定压比热容，J/kg · K

m_{c}——循环冷却水的质量流量，kg/s

式（9－6）、式（9－7）中的 S、c_{pc}、m_{c} 均为常量。由一体化温度传感器测得换热器进、出口端的温度值，可得实验组的污垢热阻值 $R_{f,\mathrm{S}}$ 和对照组的污垢热阻值 $R_{f,\mathrm{D}}$。

根据污垢热阻值计算出任意时刻的阻垢率：

$$\eta = \frac{R_{f,D} - R_{f,S}}{R_{f,D}} \times 100\% \tag{9-8}$$

式中　η——任意时刻的阻垢率，%

在换热铜管的换热面积 S、循环冷却水的定压比热容 c_{pc}、循环冷却水的质量流量 m_c 确定的条件下，只要分别测出循环冷却水和加热水的进、出口端的温度，带入式(9－6)至式(9－8)中，可得到换热器的阻垢率值。

②重量法阻垢率：对换热铜管称重，利用实验前、后两个通道的换热铜管的质量差计算得到的阻垢率。重量法阻垢率的计算：

$$\eta = \frac{\Delta m_2 - \Delta m_1}{\Delta m_2} \times 100\% \tag{9-9}$$

式中　η——重量法阻垢率，%

Δm_2——对照组换热铜管的增量，g

Δm_1——实验组换热铜管的增量，g

需要注意的是，称量换热铜管时，必须是干燥状态下的铜管重量。取出换热铜管后，放入95℃烘干箱烘干8h后，使用高精度的精密天平称量。

(4)极限碳酸盐硬度实验　在进行极限碳酸盐硬度的动态模拟阻垢实验时，一般要在达到要求的浓缩倍数后，再连续运行一个月，实验结束后，将换热管剖管检查，观察有无结垢腐蚀。

动态模拟实验开始后，定期补水，以保持系统水容积不变。当系统浓缩倍率达到要求时，此时系统开始排污，并调节排污量，以保持系统浓缩倍率稳定在要求的范围内，实验进入稳定工况运行阶段，实验期间，每天取循环水分析一次，分析项目为全碱度、全硬度、钙硬度、氯离子、电导率，并控制 ΔA 值 <0.2，当 $\Delta A>0.2$ 时，应调整工况，使 ΔA 值 <0.2。

第三节　循环冷却水的实验室缓蚀测试

循环冷却水的实验室内缓蚀测试一般采用静态浸泡实验、旋转挂片法实验以及动态模拟实验台实验等。

一、实验室控制条件测定

实验室控制条件测定有两种情况：一种是完全模拟生产装置的实际操作条件，利用模拟设备进行较长时间的测试；另一种是把对腐蚀有影响的因素，例如，介质浓度、化学组分、温度、流速等加以改变，使之强化而加速腐蚀，称之为强化测试。第二种情况可以减少测试时间，在短时间内可得出规律，在筛选评定缓蚀剂时可采用这种方法。

常用的实验室测试方法有挂片失重法、旋转试片法、模拟装置实验法等。

1. 试样的制备

(1)试样成分的选择　为使测试试样更接近于实际工况，测试试样材质的化学成分、金相组织要具有代表性，一般试样用过后不再重复使用，如果一定要使用时，应当把用过的试样磨掉一层表面，最好能记录下列项目：成分含量、材料牌号、金相组织和结构特征，冶炼方法和批号，加工状况等。

（2）试样的外形和大小　为了重现性好，不仅要选择有代表性的材质，也要注意试样的外形和表面的处理。在腐蚀实验中常采用薄片状的试样，试样的形状可用圆形、方形或试管。形状要简单、便于测量面积和加工，试样尺寸见表9-12。

表9-12　腐蚀实验试样规格参考表

试样形状	规格/mm	精度/mm	材质
方形	50×25×2	±0.1	A3、20#、不锈钢、黄铜、紫铜、铝、铸铁、HSn70-1AB、BFe10-30等
	72.4×11.5×2	±0.1	
	40×13×2	±0.1	
圆形	Φ(30~40)×(2~3)	±0.1	
试管	Φ10×1	±0.1	
	Φ19×3	±0.1	
	Φ25×2	±0.1	

（3）表面处理　腐蚀是金属和介质间的界面反应，表面状态对腐蚀速度的测量是有影响的，要想得到重现性好的结果，应当尽量使测试的试样表面处于同一状态，因而试样通常是在磨床加工后再用各种不同型号的粗、细砂纸进行打磨，要求每次测试试样的粗糙度相同，打磨试样时应当注意。

（4）试样的标识　试样用钢印打上记号以作标识。记号在腐蚀测试过程中不应消失，记号处易产生局部或应力腐蚀时，可作在支架上或悬挂试样的尼龙线上，也可作在容器上。

（5）试样的清洁　试样表面的残屑或油污会影响测试结果，在测试前，试样要进行脱脂清洗。不能用漂白粉等清洁剂洗涤试样，应先用水洗或用毛刷清除表面上的油污残渣，然后用无水乙醇清洗脱脂。洗净的试样要用滤纸吸干，包好后存放于干燥器内，放置10~24h后再进行称重和悬挂试样。试样在清洗脱脂后，应当避免再用手指去接触，安装时可戴乳胶手套或用乙醇洗涤手指后小心捏住试片边缘进行安装。

（6）专用试样制备　以上是一般的试片处理，对于不同的测试方法应当采用不同的试样。例如，腐蚀中由于水流动状态对腐蚀和缓蚀有很大影响，为了测试流速对腐蚀速度的影响可采用管状试样。又如测试缝隙腐蚀的实验可做专用的缝隙测试用样。

2. 测试介质的控制条件

（1）测试溶液的成分　实验室测试的介质可直接取自现场，也可用纯试剂加除盐水配制。配制测试溶液时，应根据有害物质的影响进行配制。实验过程中要防止溶液的蒸发、浓缩、浓度的变化等。用来进行腐蚀测试的介质，根据测试要求有三种来源：

①实验通用硬水，配方为：Cl^- 500mg/L、SO_4^{2-} 500mg/L、Ca^{2+} 250mg/L、Mg^{2+} 100mg/L、Fe^{2+} 0.2mg/L、Cu^{2+} 0.5mg/L，用 $NaHCO_3$ 调节碱度变化。该配方为一种强化测试，用在缓蚀剂或阻垢剂的筛选中，可以缩短测试时间，得到较好重现性的结果。

②根据现场水质成分配制的水溶液，主要控制危害性较大的离子，利用模拟装置做较

长期的测试。

③直接采用生产现场水进行中间实验，比较接近生产实际的测试。

(2)测试溶液的通气 为了模拟生产实际情况，在测试溶液中可通入气体，例如，通入空气使溶液溶解氧饱和，也可通入氮气、氩气而赶走水中的溶解氧。

因为水中的腐蚀是溶解氧扩散控制的反应，因此在实验室测试中，测试溶液中通入空气使溶解氧饱和是十分必要的措施(模拟装置没有必要)。通入空气一方面可使氧浓度恒定，同时起到搅拌作用，防止浓度极化的产生。为了结果得到重现性，每次通入气体的速度应当恒定，可以用流量计控制气体流量，也可以用管径恒定的毛细管来通气，控制每分钟气泡数量来计量。有时为了强化实验条件，也可通入纯氧。

(3)测试溶液的温度 腐蚀介质的温度对腐蚀速度影响较大，一般说来，温度升高将加速腐蚀。因此，在实验室测试中，为了得到重现性的结果，最好是在恒温下测试。要控制温度误差在±(1～2)℃，温度最好接近于实际操作温度。但是由于冷却系统温度变化较大，除了在动态模拟冷却塔测试外，在实验室，控制温度在70～80℃，因为在这一温度下氧扩散作用最大，是腐蚀最强烈的温度。但要注意，在这一温度操作时，随着水蒸发的离子的浓度变化也会带来一定误差，因此，为防止水的蒸发，可用回流冷凝装置，也可采用简便的方法，不断地补充蒸馏水或除盐水，使溶液浓度保持不变。

(4)测试溶液的体积 溶液体积的不足会使介质中有害离子或消耗或因腐蚀产物的增加而增加，影响测试结果。规定每平方厘米试样面积要求至少有50mL以上的测试溶液，如果做长时间的挂片测试，最好每天更换1/5～1/4的测试溶液。

(5)测试溶液的流速 在腐蚀测试中，溶液的流动状态对腐蚀速度有很大的影响，一方面因为水的流速会增加氧的扩散而加快腐蚀，更主要的是使用缓蚀剂时，特别是用聚磷酸盐缓蚀剂，加大流速有利于缓蚀剂分子的扩散和钝化膜的生成。在实验测试中，当挂片是静止状态下用高浓度聚磷酸盐预膜后转移到正常处理的低浓度聚磷酸盐时，发现原来已钝化了的挂片很快腐蚀了，但如果预膜和转移都是在搅拌和通气状态下，挂片要经过一定时间才会腐蚀，当流速超过1m/s时效果较好。因此，应尽可能在流动状态下进行测试。

二、静态浸泡实验

静态浸泡实验是把挂样做成已知质量的挂片形状，悬挂在容器或设备中使之与介质相接触，经过一定时间后取出挂片，观察、测量和称重，用腐蚀前后的质量差来计算腐蚀量，用单位时间内单位面积上的失重表示腐蚀速度。这是比较经典的方法，优点是直观、可靠，使用方便，设备简单，是目前经常使用的方法之一。缺点是只能用来表示均匀腐蚀的腐蚀速度，且测试周期较长。

一般采用容量为1L的广口瓶或烧杯进行静态浸泡实验。

(1)实验水样 达到设计浓缩倍率的循环水(可用极限碳酸盐硬度实验后的水样)，水中加缓蚀剂3mg/L(有效含量)或不加药。

(2)实验温度 (45±1)℃。

(3)挂片制备 腐蚀实验使用的试片数目一般挂两片，然后取两个比较接近数值的平均值作为测试结果。挂片的处理方法、所采用的介质、控制的测试条件(温度、通气、搅拌）等都要记录在报告中。

（4）实验方法　将配制好的实验水质加入1L广口瓶中，将挂片悬挂其中，然后将广口瓶放至恒温水浴内，使广口瓶内水温保持在（45±1）℃，浸泡500h，将挂片取出，记录挂片表面的腐蚀状况并照相，然后用硬橡皮对挂片进行擦拭、清洗、干燥后称重，求出其均匀腐蚀速率。同时从广口瓶中取水样，测定离子含量变化。

在整个实验过程中，定时摇动，以除去挂片表面附着的气泡，同时观察腐蚀挂片表面状态的变化。

由于静态浸泡实验测定的是平均腐蚀速度，一般认为浸泡时间越长越接近实际腐蚀速度，腐蚀较快的体系悬挂时间可短些，腐蚀较慢的体系悬挂时间应相对长一些，一般至少要挂数天。如果悬挂时间较长，最好每天更换1/5的溶液。

在测试中，每天观察腐蚀状态，记录表面和溶液的变化情况，记录所操作的条件。

浸泡结束后，观察并记录挂片和介质的状况，并清除腐蚀产物，清除干净后进行干燥、称重。计算公式为：

$$K=(W_0-W)/(S\cdot t) \tag{9-10}$$

式中　K——腐蚀速度，g/（$m^2\cdot h$）

W_0——腐蚀实验前挂片的质量，g

W——腐蚀实验后挂片的质量，g

S——挂片面积，m^2

t——悬挂时间，h

如果悬挂两片，可测得K_1和K_2，当误差小于5%时，取平均值$K=(K_1+K_2)/2$。

三、旋转挂片法实验

在静态浸泡实验中，即使采用了通气和搅拌装置，与实际流动状态还是有很大的差异。为了尽可能地增加扩散速度，在实验室中采用旋转试片法。可用强度较高的高分子材料（如塑料）来做旋转试片的固定支架，把支架固定在搅拌电动机上，试片用非金属材料固定在支架上，试片可制作成方形或圆形，为了防止其他金属与试片相互接触，产生电位腐蚀，实验中尽量避免使用其他金属材料。

旋转挂片法依据的是《水处理剂缓蚀性能的测定　旋转挂片法》（GB/T 18175—2014）规定，考虑了流动状态这一因素，测试腐蚀速度的。

1. 实验条件

（1）实验装置　采用旋转挂片实验仪，图9-6为市场上常见的一种旋转挂片测试仪实物图，整体结构采用悬臂自动升降式结构，挂片在实验过程中易装拆和观察。

测试仪共有10套旋转挂片支架，既可进行同一配方的平行实验，也可进行不同浓度、不同配方的优选实验。提高了实验数据的可靠性并节约了时间。

（2）实验温度　一般在恒温（45±1）℃条件下测定试液对挂片的腐蚀率及配方对挂片的缓蚀率。

（3）实验时间　500h。

（4）试片制备　同静态浸泡实验。

图 9 - 6　旋转挂片测试仪实物图

2. 实验方法

将配制好的实验水质，加入旋转挂片测试仪的烧杯中，将挂片固定在搅拌桨上，每杯 2 试片，旋转轴转速 75 ~ 150r/min，±3%，挂片线速度（0.35 ±0.02）m/s。挂片上端与试液面的距离应大于 2cm，或试液体积与挂片面积比 20 ~ 35mL/cm^2。

启动电动机，使挂片按一定旋转速度转动，转速计算公式如下：

$$v = \omega \times R = 2\pi \times f \times R \tag{9-11}$$

式中　v——流速，即旋转挂片的线速度，m/s

R——旋转半径

f——转速，s^{-1}

ω——角速度，弧度/s

将试液加温并保持在规定温度。每隔一定时间补水一次，使液面保持在刻度线。当运转时间达到 500h 时，停止试片转动，取出挂片进行外状观察，然后用硬橡皮对挂片进行擦拭、清洗、干燥后称重，求出其均匀腐蚀速率。

3. 结果表示和计算

以 mm/a 表示的均匀腐蚀速率按式（9 - 12）计算：

$$v = \frac{8760 \times 10(W - W_0)}{A\rho t} \tag{9-12}$$

式中　v——均匀腐蚀速率，mm/a

W——实验前试片质量，g

W_0——实验后试片质量，g

A——挂片的表面积，cm^2

ρ——挂片的密度，g/cm^3

t——实验时间，h

8760——与一年相当的小时数，h/a

10——与 1cm 相当的毫米数，mm/cm

旋转挂片的最大优点是在简易的设备中考虑了流速这一不易控制的因素,特别是在水质稳定剂的筛选中,缓蚀效率通常是由扩散速度控制,从这一观点考虑,旋转挂片法优于静态浸泡实验法。但是,旋转挂片法所模拟的仅是流速而不是流动条件,因而和实际生产中还是存在着很大的差异的,通常用在初步的定性评选缓蚀剂中。近年来也有人做了一些改进,如把支架做成有隔层的,根据流动状态来确定转速,使之更接近生产实际。

四、动态模拟实验台实验

工业循环冷却水管道通常由碳钢制成,由于碳钢在水中是不稳定的,在周围液体和气体的作用下,碳钢表面会发生化学反应、电化学反应或受到物理作用,进而使金属受到破坏或性能恶化,也就是发生腐蚀现象。引起腐蚀的原因比较复杂,可分为以下几种:溶解氧引起的电化学腐蚀、氯离子引起的孔蚀和应力腐蚀破裂、溶解盐类引起的腐蚀及硫酸盐还原菌和铁细菌等引起的腐蚀等。

利用双通道工业循环冷却水动态模拟实验台进行缓蚀效果评价研究。

(1)实验方法　利用实验台进行缓蚀效果评价时,需将待测试的金属挂片制作成规则形状,或购买成型的测试金属挂片。金属挂片可为 A3 碳钢、$20^{\#}$钢、不锈钢、黄铜、紫铜、铝、铸铁等金属片,尺寸为 50mm × 20mm × 2mm、50mm × 10mm × 2mm、40mm × 13mm × 2mm 等矩形,精度 ±0.1mm。

将金属挂片牢固固定在挂片筒 8(见图 9 - 5)的挂片钩上。挂片筒是为了测试循环冷却水对金属材料的腐蚀实验专门设计的。以往的循环冷却水腐蚀测试,一般采用静态浸泡实验或旋转挂片失重法实验等,这些方法的不足之处是测试条件与实际运行的循环冷却水的流动状态有很大差异,尽管旋转挂片失重法以金属挂片的旋转模拟水流运动,但烧杯中的水始终是静止状态,且实验测试过程中不便于补充水中损失的离子成分,也不能维持水中各种离子成分稳定,距工业上实际运行的循环冷却水环境差距较大。

设计的挂片筒串接在循环冷却水管路中,测试条件与工业实际运行的循环冷却水环境基本接近,测试结果更符合工业实际运行的结果。

实验中运用挂片失重法来测试处理后的腐蚀速率,该法是基于将已知质量的挂片悬挂于挂片筒中并与循环冷却水相接触,经过一段实验时间后取出挂片,用腐蚀前后挂片的质量差来计算腐蚀量。

挂片表面处理:腐蚀是金属和循环冷却水间的界面反应,表面状态对腐蚀速度是有影响的。实验前用细砂纸进行打磨,打磨时注意每次挂片的粗糙度相同。然后对挂片进行脱脂清洗,用水洗并用毛刷清除表面上的油污残渣,再用无水乙醇清洗脱脂。洗净的挂片用滤纸吸干,存放干燥箱内烘干后称重。挂片安装时戴手套小心捏住挂片边缘进行安装。

(2)腐蚀率的计算　用以下方法计算挂片的腐蚀速率:

以 mm/a 表示的年均腐蚀速率 B,按式(9 - 13)计算:

$$B = \frac{K(m - m_1)}{ATD} \tag{9-13}$$

式中　B——年均腐蚀速率,mm/a

m——实验前挂片的质量,g

m_1——实验后清洗完毕的挂片质量,g

A——挂片的表面积,cm^2

D——挂片的密度,g/cm^3

T——实验时间,d

K——单位常数,3.65×10^3

实验时,可将缓蚀化学药剂一次性或分时段多次定量投加到实验组(通道Ⅰ)集水池中,对照组(通道Ⅱ)不投加缓蚀化学药剂,通过对两个通道挂片腐蚀速率的比较,进行缓蚀效果评价。也可以在实验组(通道Ⅰ)的循环冷却水管路中设置物理缓蚀装置(如高压静电场等),对照组(通道Ⅱ)的循环冷却水管路中不设置物理缓蚀装置,通过对两个通道挂片腐蚀速率的比较,进行缓蚀效果评价。

第四节　循环冷却水的实验室杀菌实验

由于工业规模的循环冷却水系统水量巨大,因此,一般杀菌剂杀菌效果的验证、各种复配方杀菌剂的开发和研究,以及各种物理(如紫外线、高压静电场等)杀菌处理效果的观察,一般要在实验室内先进行小规模动态模拟实验,在取得实验效果和使用安全的基础上再扩大到工业中试。

一、实 验 装 置

实验室内进行循环冷却水的杀菌实验,应采集现场实际运行的工业循环冷却水,经实验室内培养后,再进行杀菌实验测试。进行杀菌处理时,实验环境与实验条件应尽量与现场水处理环境接近。因此,实验室内循环冷却水的杀菌实验必须是动态的实验装置,而不应使用静态烧杯等装置。

对实验装置的技术要求有如下几点:

(1)由于工业上实际运行的循环水中含有盐类、溶解氧充足、水温恒定、阳光充足,有利于微生物生长繁殖。当采集工业循环冷却水进行实验室内的杀菌实验时,要求实验室内的水质条件基本上与原循环冷却水系统接近,不应有较大幅度变化,形成水中微生物能够在此条件下生长繁殖的局部环境,否则将会因水质条件的改变造成微生物的大量死亡,导致实验数据与现场实际情况有较大偏差。

(2)水质应保持动态循环流动,使水中溶解氧充足,必要时应设置充氧设备,以保持水中溶解氧充足。

(3)水温保持恒定,波动范围 $< \pm 1$℃。

(4)便于实验过程中投药、取水等操作。

(5)水量适中,循环系统水总容积(V)与循环水量(q)的比值(V/q) $=20/1 \sim 10/1$。

若 V/q 值大,投药量将加大,经济性能下降。若 V/q 值小,将造成两种影响,一是系统浓缩加快,为保持系统水量恒定补充水量也将加大,影响水温恒定;二是水总容积降低,影响水中溶解氧含量。

(6)单位时间的蒸发水量要小,一般应 <0.1kg/h,否则水质浓缩倍数过大,对实验结

果的准确度会产生较大影响。

二、实 验 方 法

下面以某次杀菌药剂的复配实验,说明实验室内循环冷却水的杀菌实验方法。

1. 实验用水

实验用水采自某热电厂循环冷却系统冷却塔底部的水样,水中主要微生物见表9-13。

表9-13　　循环水中的主要微生物

项目	循环水中微生物数	控制指标	所产生的危害性
大肠菌群/(个/L)	≤8000	≤10000	安全限度之内
异养菌/(个/mL)	$\geq 1.03\times10^6$	$<5\times10^5$	主要微生物危害
铁细菌/(个/mL)	<100	<100	安全限度之内

2. 采集水质的预处理

对采集水质进行预处理的主要原因有两点:

(1)采集的循环冷却水,厂方为防止水中微生物的过度繁殖,已经在水中投加了杀菌药剂,为了消除所投加药剂的影响,在实验室条件还原循环冷却水的原状,因此,需要进行水质的预处理。

根据药剂散失方程:

$$\rho = \rho_0 e^{-q(t-t_0)/V} \tag{9-14}$$

式中　q——循环水流量

V——循环水容积

ρ_0——t_0时的浓度

ρ——t 时的浓度

取 $t_0=0$,当 $\ln\rho/\ln\rho_0=0.08$ 时,即药剂浓度与初始浓度的对数比小于10%时,认为添加药剂基本不起作用,经计算这时所需要的时间 $t=12\text{h}$。

(2)循环水中异养菌多为好氧型菌类,部分菌落会因缺氧而减少,因此,需对水质进行预处理。

预处理过程中由于蒸发和风吹损失而减少的水量,用蒸馏水加以补充,并控制水的温度(30±2)℃,实验室内日间阳光充足,通风良好,与循环冷却水现场条件基本相似,满足微生物生长条件。

处理方式:鼓风曝气并添加微量营养盐

实验室内采用了动态循环+鼓风曝气方式,以保持水中溶解氧充足。按照双膜理论,氧在两层膜内为分子扩散,在水体中为对流扩散。

设:C_s为与界面氧分压所对应的溶液饱和溶解氧值(kgO_2/m^3),C_t为 t 时刻的溶解氧值(kgO_2/m^3)。

氧在水中转移速率:

$$\frac{dc}{dt} = k_L a(C_s - C_t) \tag{9-15}$$

总氧转移系数：

$$k_L a = \frac{2.3[\lg(C_s - C_1) - \lg(C_s - C_2)]}{t_2 - t_1} = 0.23\mathrm{min}^{-1} \tag{9-16}$$

氧转移量：

$$Q = K_L a C_s V \times 60\% = 0.011\mathrm{kg}\ O_2/\mathrm{h} \tag{9-17}$$

选择小型鼓风机2台，鼓风机功率0.05kW，鼓风气压0.04MPa，每小时进气流量$2 \times 0.48\mathrm{m}^3/\mathrm{h}$，折算供氧量为$0.016\mathrm{kg}O_2/\mathrm{h}$，满足饱和溶解氧需求。

补充微生物营养盐：在电厂的实际循环过程中，冷却塔会自然吸入空气中飞尘、泥粒及孢子等所携带的养分。在实验室动态模拟过程中，为补充微生物所需养分，添加$MgSO_4$、K_2HPO_4营养盐各0.15g/L，蛋白胨、葡萄糖各0.02g/L，以满足微生物的生长需要。

控制实验水温30℃，pH7.5~8.5，保持溶解氧饱和状态。每隔10h取实验水质进行异养菌培养，异养菌生长曲线如图9-7所示。

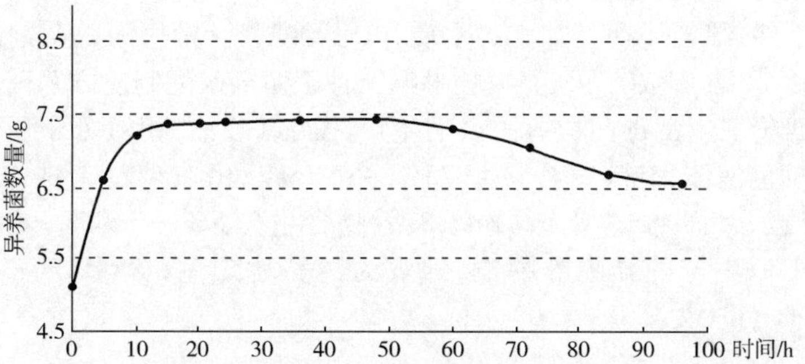

图9-7　经实验室预处理后水中异养菌生长曲线

从实验结果可以看出异养菌的生长情况符合对数生长规律，同时与式(9-14)的理论计算基本吻合，从开始培养到5h左右异养菌数逐渐增多，12h左右增加到10^6数量级，20h后达到最大值10^7数量级左右，细菌进入稳定繁殖生长期，持续时间50h左右，此后细菌开始进入衰减期。综合考虑上述异养菌的生长情况，选定培养20~50h的水质进行杀菌实验。

3. 实验装置

采用双通道工业循环冷却水动态模拟实验台以平行实验法进行实验。实验时，将化学杀菌剂一次性或分时段多次定量投加到实验组（通道Ⅰ）集水池中，对照组（通道Ⅱ）不投加杀菌剂，对两个通道集水池异养菌检验分析，进行杀菌效果评价。

4. 杀菌效果评价

采用平板菌落计数法检测，根据式(9-18)计算杀菌率。

$$\eta_3 = \frac{c_0 - c_1}{c_0} \times 100\% \tag{9-18}$$

式中　η_3——杀菌率，%

c_0——对照组细菌存活量平均值

c_1——实验组细菌存活量平均值

5. 菌样的接种培养

采集循环冷却水中的细菌，在培养皿中加入琼脂培养基15～20mL，取10^{-3}、10^{-4}量稀释度的试样1mL分别加入盛有培养基的培养皿中。轻轻晃动培养皿，使培养基与水样混合均匀。凝结后将培养皿倒置于37℃的恒温培养箱内培养24h，24h后取出并计算培养皿中生长的菌落平均数。

应用平板菌落计数法检测。平板菌落计数法是根据微生物在固体培养基上所形成的一个菌落是由一个单细胞繁殖而成的现象进行的，也就是说一个菌落即代表一个单细胞。经培养后，由单个细胞生长繁殖形成菌落，统计菌落数目，即可换算出样品中的含菌数。培养24h后，取出培养皿，计算出同一稀释度三个平皿上的菌落后计平均数。

三、杀菌剂的选择

选用的杀菌剂应具备以下条件：广谱、相容性好、污染小、易生物降解、低毒、且不产生毒性积累、价格便宜、对水质适应性好。

根据上述条件，综合循环冷却水的水质、pH、温度以及常用的杀菌剂的性质、价格等因素，选定以次氯酸钠、新洁尔灭、异噻唑啉酮三种杀菌剂来配制复方杀菌剂。

选用杭州西子卫生消毒药械有限公司生产的次氯酸钠，相对分子质量74.44，密度1.18g/cm^3，淡黄色液体，有效氯含量4.75%～6.25%；山东瑞泰奇洗涤消毒科技有限公司生产的新洁尔灭，分子式$C_{21}H_{38}BrN$，有效物含量2.5%～3.0%，无色透明液体；西安先锋精细化工厂生产的异噻唑啉酮，外观为清亮琥珀色，含量1.5%～2.5%，密度1.13～1.19g/cm^3，pH为2.0～5.0。

四、实验内容

1. 单方杀菌剂最佳杀菌浓度的确定

杀菌实验组中分别加入次氯酸钠、新洁尔灭、异噻唑啉酮各0.5mL/L、1mL/L、1.5mL/L、2mL/L、2.5mL/L、3mL/L六种不同的剂量，检测加药后2h、8h和24h循环水中异养菌的存活量。对照组不添加杀菌剂。

2. 复合配方杀菌药剂的配方确定

通过正交实验确定次氯酸钠、新洁尔灭和异噻唑啉酮三种杀菌剂的复合配方，复配最佳组合以达到以较少的药剂投加量获得较长时间杀菌效果的目的。

设计3因素3水平$L_9(3^4)$的正交实验，见表9－14。

表9－14　杀菌药剂复配正交实验的因素与水平表

水平	因素		
	A 次氯酸钠	B 新洁尔灭	C 异噻唑啉酮
1	A_1＝0.3mL/L	B_1＝0.5mL/L	C_1＝0.1mL/L
2	A_2＝0.7mL/L	B_2＝1mL/L	C_2＝0.5mL/L
3	A_3＝1mL/L	B_3＝1.5mL/L	C_3＝1mL/L

五、实 验 结 果

1. 单方杀菌剂最佳杀菌浓度的确定

单方杀菌实验结果如图 9－8、图 9－9、图 9－10 所示。

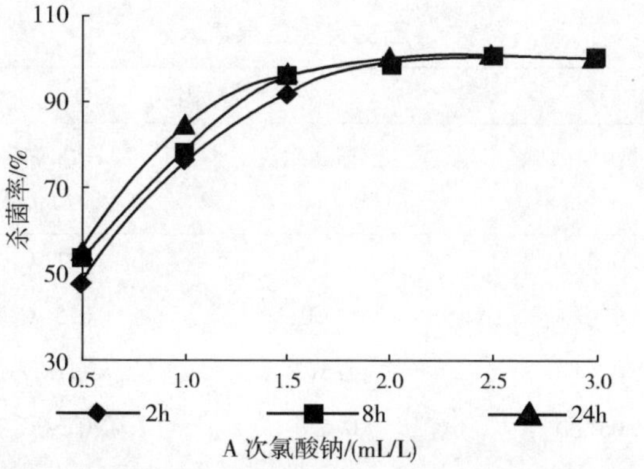

图 9－8　次氯酸钠杀菌实验结果

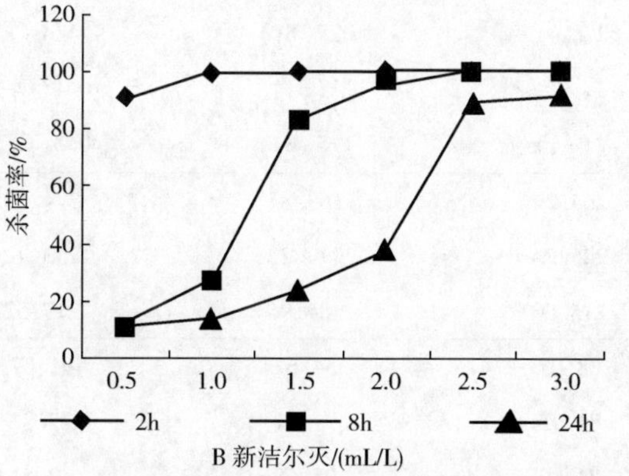

图 9－9　新洁尔灭杀菌实验结果

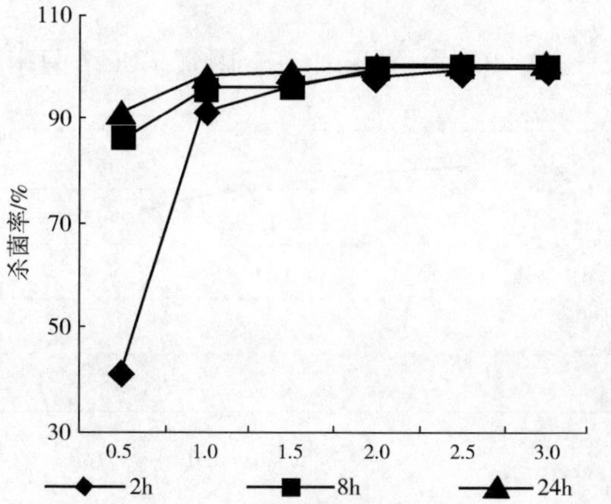

图 9－10　异噻唑啉酮杀菌实验结果

综合杀菌率、杀菌持续时间等因素，确定三种药剂的最佳投药量分别为：次氯酸钠1.5mL/L，新洁尔灭3mL/L，异噻唑啉酮2mL/L。

2. 正交实验结果

三种杀菌剂的正交实验结果见表9－15。

表9－15　正交实验结果表

实验号	因素			
	次氯酸钠 A/(mL/L)	新洁尔灭 B/(mL/L)	异噻唑啉酮 C/(mL/L)	72h杀菌率 实验结果 y/%
1#($A_1B_1C_1$)	0.3(A_1)	0.5(B_1)	0.1(C_1)	87.92
2#($A_1B_2C_2$)	0.3(A_1)	1(B_2)	0.5(C_2)	88.22
3#($A_1B_3C_3$)	0.3(A_1)	1.5(B_3)	1(C_3)	88.06
4#($A_2B_1C_2$)	0.7(A_2)	0.5(B_1)	0.5(C_2)	46.01
5#($A_2B_2C_3$)	0.7(A_2)	1(B_2)	1(C_3)	99.52
6#($A_2B_3C_1$)	0.7(A_2)	1.5(B_3)	0.1(C_1)	99.71
7#($A_3B_1C_3$)	1(A_3)	0.5(B_1)	1(C_3)	29.94
8#($A_3B_2C_1$)	1(A_3)	1(B_2)	0.1(C_1)	86.47
9#($A_3B_3C_2$)	1(A_3)	1.5(B_3)	0.5(C_2)	99.19
K_1	264.20	163.87	274.10	
K_2	245.24	274.22	233.42	
K_3	215.60	286.96	217.52	
k_1	88.07	54.62	91.37	
k_2	81.75	91.41	77.81	
k_3	71.87	95.65	72.51	
R	16.20	41.03	18.86	

图9－11、图9－12、图9－13为A、B、C三个因素72h杀菌率的影响趋势图。

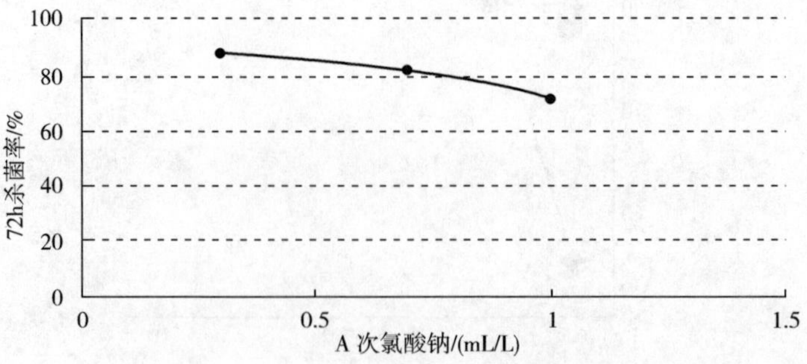

图9－11　次氯酸钠因素水平趋势图

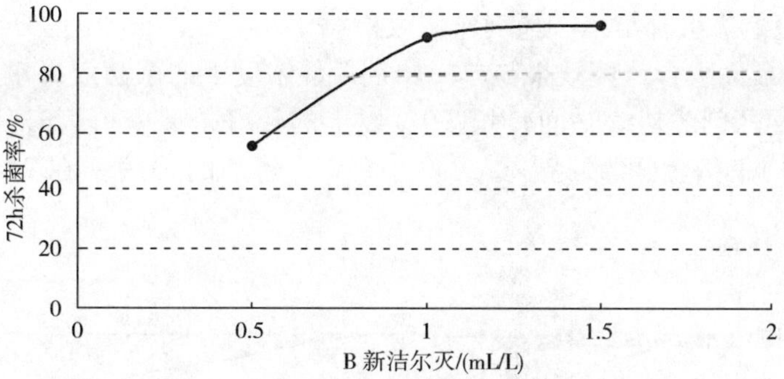

图 9－12　新洁尔灭因素水平趋势图

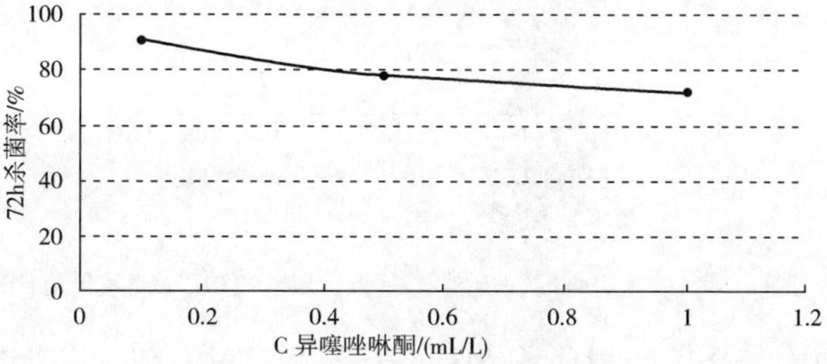

图 9－13　异噻唑啉酮因素水平趋势图

从图中看出，A 因素和 C 因素均呈下降趋势，应选取因素的较小水平，即次氯酸钠和异噻唑啉酮均取第 1 水平。B 因素呈上升趋势，应选取较大水平，即新洁尔灭取第 3 水平。因此，通过趋势图分析得出最优组合为 $A_1B_3C_1$。

3. 方差分析

对正交实验进行方差分析，方差分析结果见表 9－16。

表 9－16　　正交实验方差分析表

项目	平方和 *SS*	自由度 *DF*	均方 *MS*	统计量 *F* 值	显著性概率 *P*
因素 A	400.02	2	200.01	1.58	0.26
因素 B	3054.3	2	1527.15	12.08	0.004
因素 C	567.66	2	283.83	2.24	0.17
误差（空白列）	1011.41	2	505.71		

表 9－16 中，因素 B 的显著性概率 *P* 值小于 0.05，说明因素 B 是一个显著因素，取该因素的最大水平值；因素 A 和因素 C 的 *P* 值均大于 0.05 且两者相差不大，说明这两个因素的显著性较弱，取各自的最小水平值，因此方差分析得出的组合为 $A_1B_3C_1$。

综合上述分析，通过综合直观分析中的趋势图分析以及方差分析，推断出正交实验的最优组合为 $A_1B_3C_1$。

4. 正交实验最优组合与单一药剂作用效果对比

图 9－14 是最优组合杀菌效果与单一药剂最佳浓度下的杀菌效果对比曲线。可以看出，最优组合复配药剂的持续时间较长，90% 以上的较好杀菌率持续时间长达 90h 以上，99% 以上的高效杀菌率也可维持 36h 之久，而单一药剂的杀菌率在 24～36h 时即显著下降。

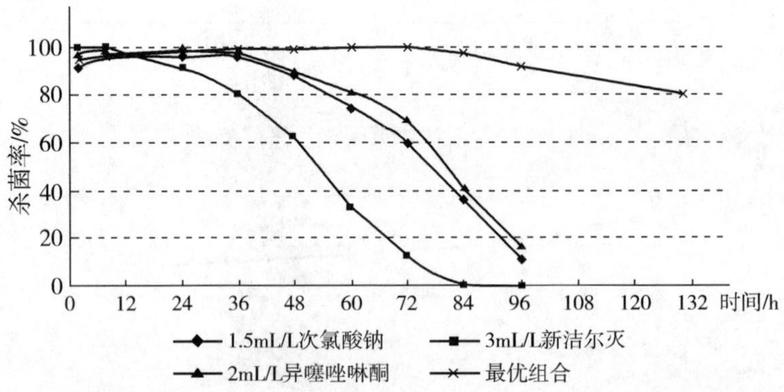

图 9－14　最优组合配方药剂与三种药剂单一作用杀菌效果对比

实验表明，最优组合复配药剂的使用量小于三种药剂中任何一种药剂的最佳剂量，且总体杀菌效果明显优于三种药剂的单一作用效果。利用正交实验筛选出最优组合配方，减少了用药量，降低了杀菌处理成本。

参考文献

[1]许保玖. 给水处理理论[M]. 北京:中国建筑工业出版社,2000.

[2]李圭白,张杰. 水质工程学(第二版)(上册)[M]. 北京:中国建筑工业出版社,2005.

[3]王圣瑞. 湖泊沉积物——水界面过程氮磷生物地球化学[M]. 北京:科学出版社,2016.

[4]席北斗,霍守亮,苏婧. 水体营养物基准理论与方法学导论[M]. 北京:科学出版社,2016.

[5]刘树坤,白音包力皋,陈文学. 水与生态环境[M]. 北京:中国水利水电出版社,2015.

[6]王九思,陈学民,肖举强等. 水处理化学[M]. 北京:化学工业出版社,2002.

[7]周云,何义亮. 微污染水源净水技术及工程实例[M]. 北京:化学工业出版社,2003.

[8]戴树桂. 环境化学(第二版)[M]. 北京:高等教育出版社,2006.

[9]陈静生. 水环境化学[M]. 北京:高等教育出版社,1981.

[10]John C. Crittenden. 水处理原理与设计——水质基础与化学反应[M]. 上海:华东理工大学出版社,2016.

[11]李培元. 火电厂水处理及水质控制[M]. 北京:中国电力出版社,2000.

[12]周本省. 工业水处理技术(第二版)[M]. 北京:化学工业出版社,2003.

[13]刘智安. 电厂水处理技术[M]. 北京:中国水利水电出版社,2009.

[14]朱月海. 循环冷却水[M]. 北京:中国建筑工业出版社,2008.

[15]齐冬子. 敞开式循环冷却水系统的化学处理(第二版)[M]. 北京:化学工业出版社,2006.

[16]唐受印,戴友芝. 工业循环冷却水处理[M]. 北京:化学工业出版社,2003.

[17]高秀山,张渡. 火电厂循环冷却水处理[M]. 北京:中国电力出版社,2002.

[18]李军,杨秀山,彭永臻. 微生物与水处理工程[M]. 北京:化学工业出版社,2003.

[19]金熙,项成林,齐冬子. 工业水处理技术问答(第四版)[M]. 北京:化学工业出版社,2010.

[20]周本省. 工业冷却水处理的物理方法及工程应用[M]. 北京:化学工业出版社,2008.

[21]周柏青. 电厂化学[M]. 北京:中国电力出版社,2003.

[22]郑书忠. 工业水处理技术及化学品[M]. 北京:化学工业出版社,2010.

[23]鲍其鼐. 我国循环冷却水处理三十年[J]. 工业水处理,2010,30(12).

[24]杨晓惠,刘仁桓,王振波等. 工业水处理技术的发展趋势[J]. 过滤与分离,2007,17(4).

[25]陆柱,蔡兰坤,陈中兴等. 水处理药剂[M]. 北京:化学工业出版社,2002.

[26]杨道武,朱志平,李宇春等. 电化学与电力设备的腐蚀与防护[M]. 北京:中国电力出版社,2004.

[27]陈朝东. 循环冷却水处理技术问答[M]. 北京:化学工业出版社,2006.

[28]李永新,方宾. 作图法求算碳酸钙水溶液的溶解度及 pH[J]. 安徽师范大学学报(自然科学版),1999,22(1).

[29]秦善. 晶体学基础[M]. 北京:北京大学出版社,2004.

[30]陈敬中. 现代晶体化学[M]. 北京:科学出版社,2010.

[31]黄嘉顺,袁善庆. 变频式直流脉冲电磁水处理技术[J]. 工业水处理,2007,27(3).

[32]吴星五,李国建,高廷耀. 微电解法检测冷却水的结垢性能研究[J]. 中国给水排水,1999,15(10).